Erb. 1900.
27.a.2.

MÉMOIRES

POUR SERVIR

A L'HISTOIRE DE FRANCE.

IMPRIMERIE DE FAIN, PLACE DE L'ODÉON.

KLEBER

MÉMOIRES

POUR SERVIR

A L'HISTOIRE DE FRANCE,

SOUS LE GOUVERNEMENT DE NAPOLÉON BUONAPARTE, ET
PENDANT L'ABSENCE DE LA MAISON DE BOURBON;

Contenant des anecdotes particulières sur les principaux personnages de ce temps :

PAR J.-B. SALGUES.

TOME DEUXIÈME.

A PARIS,
CHEZ LOUIS FAYOLLE, Libraire, rue Saint-Honoré,
n°. 284, près l'église Saint-Roch.

M DCCC XIV.

MÉMOIRES

POUR SERVIR

A L'HISTOIRE DE FRANCE,

Pendant le Gouvernement de Napoléon Buonaparte. et l'absence de la Maison de Bourbon.

―――――

CHAPITRE PREMIER.

Dernières opérations de Buonaparte en Italie. Congrès de Rastadt. Retour de Buonaparte à Paris. Préparatifs contre l'Angleterre.

Les triomphes de Buonaparte et la politique révolutionnaire du Directoire venoient de changer la face de l'Italie. Milan, soumise auparavant au pouvoir monarchique, étoit devenue la capitale d'une république; et Venise, la plus ancienne des républiques modernes, étoit tombée sous la domination d'un monarque. Aucun des états parcourus par les armées françaises n'avoit conservé sa constitution. Les dogmes de la liberté et de l'égalité avoient remplacé partout les anciennes formes de gouvernement; l'Europe sembloit pacifiée, et se taisoit devant la France victorieuse; mais de nouveaux embrasemens étoient prêts à s'allumer sur tous les points.

Le volcan révolutionnaire fermentoit sous les trônes de Turin, de Naples et de Rome; le cabinet du Luxembourg n'attendoit qu'une occasion pour en ordonner la chute, toujours fidèle à cette maxime de Brissot : *Quand il s'agit de la liberté des hommes, un grand peuple s'élève au-dessus de la foi des traités* (1).

---

(1) Le directoire ne prenoit même pas la peine de dissimuler ses intentions. Quelque temps après le 18 fructidor, on lisoit dans le Moniteur :

« On ne s'est point trompé en annonçant que la chaîne
» contre-révolutionnaire s'étendoit de Paris, le long de la
» France et de l'Italie, jusqu'au cap Spartivento.

» En Italie, à Gênes, on organisoit les compagnies de
» *Marie* et de la *Sainte-Foi*, en apparence pour dé-
» fendre la religion, mais en réalité pour remettre sur
» le trône les anciens tyrans, et exterminer les patriotes.

» La soi-disant république de Lucques armoit aussi; le
» club des Bains étoit dans la plus grande activité. Le quar-
» tier-général des compagnies de *Marie* et de la *Sainte-*
» *Foi*, qui y est fixé, agissoit de concert avec l'oligar-
» chie lucquoise.

» Le grand-duc, ami cher et intime de la république
» française, active l'armement des paysans, fait la levée
» de 800 dragons et d'un corps d'infanterie. Le club de Li-
» vourne n'est pas moins actif que celui de Lucques pour

Le Portugal faisoit d'inutiles efforts pour conserver la paix ; tout annonçoit une rupture prochaine.

La Suisse, égarée comme Venise par une politique fausse et servile, se fioit en vain à ses montagnes, à ses glaciers et à cinq ans de patience et de sacrifices : quelles considérations, quels obstacles pouvoient arrêter l'ambition du directoire ?

Venise, loin d'être pacifiée, étoit dans la plus

» disposer le peuple de la Toscane, naturellement bon, à haïr les Français et les républicains d'Italie, et à répandre mille calomnies contre eux.

» Le pape très-saint, qui dernièrement, par son ministre à Paris, a fait jurer amitié à la république française, faisoit aussi une nouvelle levée de dix mille hommes, sous prétexte que la désertion s'étoit mise dans son armée.

» Le monarque des Deux-Siciles, outre les troupes qui, malgré la paix avec la république française, étoient restées cantonnées aux frontières, avoit donné les ordres pour la marche d'un nouveau corps de 15,000 hommes.

» Les satellites de tous ces despotes, monarques, théocrates, oligarques, ne manquoient pas de répandre que l'objet de ces armemens étoit la défense de la religion et la répression des jacobins. Il est aujourd'hui évident pour tout le monde que le véritable objet de ces préparatifs étoit de faire en Italie une insurrection géné-

vive agitation. Dès qu'on eut appris dans cette malheureuse cité, que la liberté étoit perdue, que la république devoit tomber sous la domination de l'Autriche, l'indignation et le désespoir soulevèrent tous les partis. Le peuple se répandit dans les églises paroissiales pour délibérer sur son sort. On se rappela les premiers fondateurs de Venise qui, pour échapper à la tyrannie, s'étoient réfugiés dans les marais. On jura de suivre cet exemple, et de sacrifier femmes, enfans, fortune pour sauver la liberté : « Et quand nous aurons fait, s'écria-t-on, tout » ce que doivent faire des hommes libres, nous » mettrons le feu à la ville, et Venise confon- » dra ses cendres avec celles de ses derniers » citoyens! »

Les patriotes eux-mêmes refusèrent toutes les propositions du vainqueur; on leur offrit

---

» rale contre les Français. Le gardien des Alpes, Pie
» Braschi, Caroline, le grand-duc, Manfrédini, et toute
» la tourbe oligarchique, auroient agi de concert pour
» envelopper et détruire l'armée française.

» La victoire que les amis de la liberté ont remportée
» à Paris a déconcerté, mais non anéanti le plan des ty-
» rans d'Italie. Ils jureront encore mille fois amitié et fi-
» délité à la république française, et ils ne cesseront de
» tramer en secret sa destruction. Il est temps que la
» France et l'Italie soient délivrées de ce danger. »

de vendre à leur profit les vaisseaux et l'arsenal de l'ancienne république, s'ils vouloient se réfugier en France ou dans la Cisalpine. Ils déclarèrent unanimement qu'ils ne vouloient point partager les dépouilles de leur malheureuse patrie; qu'ils préféroient la misère, et que, s'ils avoient besoin d'un asile, ils le trouveroient peut-être encore chez les peuples libres.

« Si nous sommes destinés à l'opprobre d'a-
» voir un maître, dit l'un des principaux chefs
» de la révolution, plutôt que de le souffrir,
» malgré mes grandes propriétés, et ma nom-
» breuse famille, on me verra mourir les armes
» à la main pour la liberté, ou partager l'exil
» de ceux qui survivront à sa perte. »

Ainsi tout annonçoit un incendie prochain, et il auroit éclaté, si les troupes n'eussent été commandées par un homme aussi sage que le général Serrurier.

Ces dispositions pouvoient inspirer des alarmes au directoire, mais des mouvemens d'une autre nature étoient plus favorables à sa cause.

L'Écosse renfermoit dans son sein des germes de discorde et d'insurrection; des sociétés secrètes y répandoient les principes de la liberté et de l'égalité; le gouvernement avoit employé contre elles des moyens de rigueur, et relégué à Botany-Bay quelques chefs de l'association ; mais le plus ardent d'entre eux, Thomas Muïr, avoit brisé ses fers, et sa présence en France relevoit le courage et les espérances de son parti.

L'Irlande, fatiguée de la longue tyrannie de ses maîtres, sembloit résolue de tenter les derniers efforts pour s'affranchir du joug de ses oppresseurs ; chaque jour voyoit naître de nouveaux soulèvemens ; une partie de ses provinces étoit en armes ; des chefs pleins de courage et de dévouement présidoient à ses résolutions. Le sang des rebelles avoit coulé ; mais ce sang enfantoit de nouvelles révoltes, et le gouvernement anglais, loin de chercher à ramener les esprits par des voies de conciliation, n'opposoit aux insurgés que les baïonnettes de ses soldats et le fer de ses bourreaux.

Telles étoient les circonstances où le directoire, cachant des desseins plus profonds, annonçoit le projet de porter la guerre dans le sein de l'Angleterre. Le nom de Buonaparte, la haine nationale, les souvenirs de Quiberon, l'espérance de rendre au pavillon français son antique éclat ; tous ces motifs imprimoient à cette expédition un caractère de grandeur que n'avoit encore eu aucune de celles qu'on avoit entreprises jusqu'alors ; ce n'étoit plus d'une guerre de parti, mais d'une guerre nationale; ce n'étoit plus de la cause de la révolution, mais de l'intérêt public qu'il s'agissoit : tous brûloient de combattre l'implacable ennemi de la France; les républicains, parce qu'ils regardoient la politique du gouvernement anglais comme le plus grand obstacle à l'établissement de la république; les royalistes, parce qu'ils étoient convaincus que l'Angleterre ne haïssoit la république que pour nuire à la monarchie.

Le directoire ne pouvoit méconnoître ces avantages, et son manifeste répondit à ces heureuses dispositions :

« Français, dit-il, la république vous de-
» mande un dernier triomphe; il vous reste
» à réduire le premier, le plus intraitable, le
» plus perfide de vos ennemis; et cet ennemi,
» votre indignation le devine et le nomme;
» c'est le cabinet de Saint-James.

» Ce n'est pas seulement contre la France
» que ce gouvernement conspire; sa conspira-
» tion embrasse le monde entier. Américains,
» Indiens, parlez : quels sont vos dominateurs,
» vos oppresseurs, vos tyrans ? Et vous, Euro-
» péens, victimes innombrables du fléau des
» combats, dites quel a été le plus ardent insti-
» gateur de cette guerre destructive qui a dé-
» voré plus d'un million d'hommes, englouti

» des trésors immenses, et n'a laissé sur la terre
» qu'un deuil universel, une misère générale,
» un vaste désespoir?

» Quel est donc ce gouvernement intéressé
» à nos discordes, qui seul en recueille le fruit,
» qui vit de nos calamités, prospère par notre
» détresse, accumule dans ses trésors les larmes
» et le sang des peuples, et s'engraisse de leurs
» dépouilles?

» Français, vous vengerez l'univers; vous
» vous souviendrez de Toulon, de Dunkerque,
» de Quiberon, et de tous les désastres de la
» Vendée. Plus d'un moyen s'offre à vous, pour
» satisfaire vos justes ressentimens; mais le
» plus digne de votre courage, le plus sûr, le
» plus prompt, c'est de franchir les mers, de
» descendre en Angleterre. Des succès inouïs
» vous ont accoutumés à ne plus compter les
» obstacles. Le nom seul de nos armées est la
» promesse du triomphe, et la justice de la
» cause en est la garantie. Ce n'est plus le temps
» de douter, au point où en sont les Français :
» leur volonté est la victoire. C'est dans Lon-
» dres même qu'il faut dicter la paix. De nom-
» breux auxiliaires vous attendent ; là, vous
» trouverez ces hommes d'une âme élevée qui
» s'indignent de la corruption du parlement,
» et en demandent la réforme. Là seront les ou-

» vriers sans nombre que la guerre a reduits à
» la misère, et qui pèsent dans la balance de
» leurs besoins réels les magnifiques trompe-
» ries des harangues royales, l'illusion des ma-
» nifestes et la chimère des conquêtes. Là aussi
» vous trouverez cette nation irlandaise oppri-
» mée depuis tant d'années, et toute prête à
» briser les fers dont l'accable un gouverne-
» ment qui se nourrit de ses sueurs, s'abreuve
» de son sang, et insulte à son désespoir.

» Allez donc combattre sous ces auspices,
» braves républicains; marchez sous les ordres
» de ce héros qui vous a conduits tant de
» fois sur le chemin de la victoire; marchez
» aux acclamations de tout ce qui existe en-
» core d'hommes justes et vertueux. Allez
» rétablir la liberté des mers; faites rentrer
» enfin dans de justes limites ce gouverne-
» ment ambitieux qui trouble et l'univers,
» et son propre pays; assurez le repos de la
» France et celui de l'Europe! voilà le grand ob-
» jet qui vous reste à remplir: *Guerre au Ca-*
» *binet de S^t.-James!* voilà le cri du monde. »

L'adresse du ministre de la marine aux
officiers et aux soldats de nos flottes respiroit les mêmes sentimens.

« Marins, c'est à vous maintenant de com-
» battre; c'est à vous qu'est réservé l'honneur

» de consoler l'humanité et d'humilier enfin
» une puissance orgueilleuse et perfide. Sou-
» venez-vous des crimes de l'Angleterre de-
» puis le commencement de la révolution.
» C'est elle qui, par des manœuvres astu-
» cieuses, a préparé la coalition de tous les
» rois de l'Europe ; elle qui a semé en France
» les troubles, la méfiance, les dissensions ;
» elle qui, au mépris du droit des gens, a
» tenté de ruiner la fortune publique par
» l'introduction des faux assignats et l'altéra-
» tion des monnoies. Ce sont les Anglais qui,
» maîtres du port de Toulon, non par la force,
» mais par la trahison, ont porté la flamme
» dans les magasins, les vaisseaux et les mai-
» sons des citoyens, dans l'espoir de con-
» vertir en un monceau de cendres ce boule-
» vart de la république dans la Méditerra-
» née.

» C'est le gouvernement anglais qui a secoué
» les torches de la guerre civile dans la Ven-
» dée, dans les départemens de l'ouest, à
» Lyon, dans le midi. C'est lui qui, pendant
» quatre ans, a constamment attisé le feu de
» cette guerre cruelle, satisfait également des
» succès et des revers, pourvu que le sang
» des Français fût versé. C'est ce gouverne-
» ment enfin, c'est lui seul qui nourrit, en-

» tretient, prolonge la tourmente dont le fléau
» agite les deux mondes.

» Marins, la plus brillante carrière va s'ou-
» vrir devant vous. Bientôt l'armée d'Angle-
» terre se rassemblera sur les côtes de l'Océan.
» Vous allez vous mêler avec les vainqueurs
» de Fleurus et d'Arcole ; le héros de l'Italie ;
» tous les braves qui ont reculé les limites de
» la république, seront dans vos rangs, sur
» vos vaisseaux, et leur seule présence fera
» trembler un ennemi qui n'aura plus dans quel-
» que temps aucune barrière à vous opposer ! »

Tandis que le gouvernement français pu-
blioit ces violentes philippiques contre le gouvernement anglais, le cabinet britannique
rendoit compte à l'Europe des motifs qui l'engageoient de nouveau dans les malheurs de la
guerre ; il accusoit à son tour le directoire
français de repousser tous les moyens de conciliation, et d'exiger de l'Angleterre des sacrifices auxquels l'honneur national, la sûreté
de l'état, les règles de la justice et le droit des
gens ne permettoient pas de consentir. On
protestoit de part et d'autre de son amour pour
la paix, et de part et d'autre on se préparoit à
la guerre. Cette lutte prochaine de deux
grandes nations, rivales depuis tant de siècles,
fixoit les regards de toute l'Europe.

Buonaparte étoit encore en Italie, réglant le sort des états qu'il avoit fondés ; occupé tout entier de l'accomplissement de ses derniers desseins. Ce n'étoit plus seulement le général d'une république recevant avec respect, exécutant avec fidélité les ordres de son gouvernement ; c'étoit un proconsul dictant aux nations ses volontés suprèmes, réglant arbitrairement leurs lois, et traitant avec les souverains plutôt en maître qu'en égal.

Une société révolutionnaire, fondée dans la Valteline, avoit demandé, au nom du peuple, sa réunion à la république cisalpine; Buonaparte, de son propre mouvement, l'autorise à déclarer son indépendance, attendu qu'aucune nation ne peut commander à une autre nation sans violer le droit naturel.

Les chefs des Ligues-Grises le supplient d'écouter leurs réclamations, le conjurent d'être arbitre entre eux et les Valtelins :

« Magnifiques seigneurs, leur répond-il,
» déjà vous aviez sollicité la médiation de la
» république française ; je l'avais acceptée avec
» répugnance, étant dans nos principes de ne
» nous mêler que le moins possible des af-
» faires de autres peuples. Depuis quatre mois
» que je me suis chargé de décider entre vous

» et les peuples de la Valteline, de Chiavenne
» et de Bormio, ce n'est qu'aujourd'hui, lors-
» que vous avez dû savoir la décision que j'a-
» vois prise, que vous avez envoyé des députés.

» Magnifiques seigneurs, votre nation est
» mal conseillée. Les intrigans substituent la
» voix de leurs passions, de leurs préjugés, à
» celle de l'intérêt de leur patrie, et aux prin-
» cipes de la démocratie.

» La Valteline, Chiavenne et Bormio sont
» irrévocablement réunis à la république ci-
» salpine. Au reste, cela n'altérera d'aucune
» manière la bonne amitié et la protection
» que la république française vous accordera
» toutes les fois que vous vous conduirez en-
» vers elle avec les égards qui sont dus au
» plus puissant peuple de l'Europe. »

C'étoit ainsi que Buonaparte traitoit les questions diplomatiques; c'étoit ainsi qu'il avoit terminé les conférences de Campio-Formio (1): toujours inflexible dans ses résolu-

---

(1) M. de Gallo trembloit toutes les fois que Buonaparte s'emportoit. Il avoit tellement peur que l'impatience du général ne rompît les négociations, qu'un jour, celui-ci ayant quitté brusquement les conférences pour retourner à Passeriano, il courut après lui, en disant à son aide-de-camp: *Rapportez lui, au moins, que je l'ai conduit jusqu'à sa voiture.*

tions ; toujours prêt à décider par la voie des armes ce qu'il avoit commencé par les voies de la conciliation, usant de la victoire jusqu'à l'abus, mesurant sa hauteur sur la foiblesse de ses ennemis.

Ses succès dans les négociations ajoutoient encore à l'éclat de ses triomphes militaires; et le directoire, entraîné malgré lui dans le mouvement général, n'imagina rien de plus convenable à ses intérêts que de le nommer son plénipotentiaire au congrès de Rastadt.

Dès que Buonaparte en fut instruit, il fit ses adieux à son armée, et chargea le général Joubert d'aller porter au directoire le drapeau de l'armée d'Italie.

« Soldats, dit-il, je pars demain pour me
» rendre à Rastadt. En me trouvant séparé de
» l'armée, je ne serai consolé que par l'espoir
» de me revoir bientôt avec vous, luttant
» contre de nouveaux dangers. Quelque poste
» que le gouvernement assigne aux soldats de
» l'armée d'Italie, ils seront toujours les di-

A la suite d'une scène fort vive entre les plénipotentiaires autrichiens et le général de l'armée française, Buonaparte s'écria: *Eh bien! je porterai ma réponse à Vienne.* Ces menaces et ce ton d'autorité faisoient fléchir toutes les volontés.

» gnes soutiens de la liberté et de la gloire du
» nom français.

» Soldats, en vous entretenant des princes
» que vous avez vaincus, des peuples qui vous
» doivent leur liberté, des combats que vous
» avez livrés en deux campagnes, dites-vous :
» *Dans deux campagnes nous aurons plus fait*
» *encore.* »

Le drapeau destiné pour le directoire avoit été brodé par madame Buonaparte; on lisoit sur une des faces :

A l'armée d'Italie, la patrie reconnoissante. Sur l'autre, étoient les noms de tous les combats livrés, de toutes les places prises par l'armée républicaine; on y remarquoit les inscriptions suivantes :

150,000 *prisonniers.* — 170 *drapeaux.* — 550 *pièces de siége.* — 600 *pièces de campagne.* — 5 *équipages de pont.* — 9 *vaisseaux de* 64 *canons.* — 12 *frégates de* 32. — 12 *corvettes.* —18 *galères.* — *Armistice avec le roi de Sardaigne.* — *Convention avec Gênes.* — *Armistice avec le duc de Parme.* — *Armistice avec le duc de Modène.* — *Armistice avec le pape.* — *Préliminaires de Léoben.* — *Convention de Montebello avec la république de Gênes.* — *Traité de paix avec l'Empereur à Campo-Formio.*

— *Donné la liberté aux peuples de Bologne, Ferrare, Modène, Massa-Carrara, de la Romagne, de la Lombardie, de Brescia, de Bergame, de Mantoue, de Créma, d'une partie du Véronais, de Chiavenne, Bormio et de la Valteline; au peuple de Gênes, aux Fiefs Impériaux, aux peuples des départemens de Corcyre, de la mer Égée et Itaque.*

— *Envoyé à Paris tous les chefs-d'œuvre de Michel-Ange, de Guerchin, du Titien, de Paul Véronèse, du Corrége, de l'Albane, des Carrachis, de Raphaël, de Léonard de Vinci, etc.*

Jamais Rome, dans les jours de sa plus haute gloire, n'avoit proclamé avec plus de solennité les triomphes de ses légions. C'étoit Buonaparte lui-même qui avoit ordonné ce trophée, et qui se décernoit à lui-même les honneurs du triomphe, sans attendre les délibérations du sénat.

Avant de partir pour sa nouvelle destination, il se fit précéder par le général Murat et madame Buonaparte (1).

---

(1) Madame Buonaparte étoit depuis long-temps en Italie, où elle vivoit en souveraine, recevant les hommages des villes, et les présens des vaincus. On s'empressoit partout de lui donner des fêtes. Venise envahie et dépouillée lui en fit de magnifiques.

Sa route de Milan à Rastadt ne fut qu'une marche triomphale.

Le roi de Sardaigne le reçut à Turin avec les plus grands honneurs, lui donna deux superbes chevaux richement harnachés et deux pistolets d'arçon enrichis de diamans, provenant du feu roi Charles-Emmanuel.

L'empereur d'Autriche, qui déjà lui avoit fait présent d'une magnifique épée, ajouta à ce cadeau une voiture de gala, attelée de six chevaux blancs de la plus grande beauté.

Toutes les villes qui se trouvoient sur son passage, lui envoyèrent des députations. Genève ordonna des fêtes publiques et des illuminations; mais au milieu de ces réjouissances, le parti révolutionnaire, croyant l'occasion favorable, se répandit dans la ville, enfonça les portes, pilla les maisons des particuliers qu'il croyoit opposés aux principes de la démagogie, et se livra à tous les excès, sans que ni le gouvernement, ni le général, fissent rien pour arrêter ces désordres.

A Bâle, le bourgmestre, à la tête d'une députation, alla au-devant de lui et le harangua comme un souverain. Berne lui prépara un bal, un banquet, des fêtes, qu'il refusa avec un dédain superbe (1). Lausanne fut la seule ville où il accueillit avec faveur quelques chefs du parti démocratique qui vinrent lui rendre leurs hommages. On accouroit de toutes les campagnes voisines pour le voir, et le peuple s'étonnoit qu'une si foible apparence cachât un si grand homme. Sa pâleur, la petitesse de sa taille, son extrême maigreur que faisoient ressortir davantage de longs cheveux sans boucles qui couvroient ses oreilles et descendoient jusqu'à ses épaules, sembloient peu propres à indiquer un héros.

Il s'arrêta dans la plaine de Morat, auprès du tertre où sont rassemblés les ossemens des Bourguignons, défaits en 1476, et fit quelques questions sur la célèbre bataille qui a illustré ce lieu. On fut frappé de son air froid et distrait; et l'on remarqua qu'il écoutoit peu ceux qui lui parloient, comme s'il eût été plus occupé de ses propres pensées que des discours qu'on lui adressoit.

Le directeur Carnot, qui s'étoit réfugié en

---

(1) Buonaparte n'aimoit pas les Suisses; et leur abaissement entroit dans ses projets favoris. Plusieurs fois le banquier Haller, dépositaire de ses fonds à Gênes, en donna avis à ses compatriotes, qui aimèrent mieux s'humilier devant lui que de se mettre en mesure de repousser ses injustes agressions.

Suisse, crut que Buonaparte se souviendroit des anciens services qu'il lui avoit rendus; qu'il trouveroit en lui le même général qui tant de fois l'avoit appelé son maître. Il lui écrivit, sans néanmoins lui indiquer le lieu de sa retraite. Mais Buonaparte n'accueillit sa lettre que comme un renseignement précieux, qui pouvoit lui livrer une victime. Il ordonna des perquisitions, dans le dessein d'acheter à ce prix de nouvelles faveurs du directoire. Carnot, averti à temps, lui échappa.

A cette époque, la Suisse ne traitoit plus qu'à genoux avec le gouvernement français. On lui demanda la proscription des émigrés, des déportés, des membres de la représentation nationale frappés par le 18 fructidor, et elle les proscrivit; on lui demanda l'extradition de Richer de Serisy, et elle le livra; on lui intima l'ordre de chasser le ministre anglais Wikam, et elle le chassa.

Soleure fut la seule ville qui conserva quelque dignité. Elle avoit ordonné de recevoir le général français au bruit du canon, mais en spécifiant d'une manière expresse que le canon ne pourroit être tiré après la retraite battue, ni avant quatre heures du matin. Buonaparte arriva à minuit. Le capitaine d'artillerie Telmer, républicain ardent, sans égard pour les ordres de son gouvernement, fit faire une décharge générale de toutes les pièces qu'il commandoit. Dès le lendemain, il fut mis aux arrêts par ordre du conseil souverain (1).

A Bâle, Buonaparte fut harangué non-seulement par le magistrat, mais par le général Dufour, commandant d'Huningue. « Je ne con-
» nois point, lui dit cet officier, les formes du
» langage oratoire ; je ne te comparerai ni aux
» Turenne, ni aux Montécuculli ; je dirai sim-
» plement : Buonaparte est le plus grand
» homme de l'univers. »

Le bourgmestre Buxtorf l'assura que toute la Suisse tressailloit de joie en le voyant, et que le genre humain attendoit de lui son bonheur.

Il trouva sur sa route quelques-uns de ses parens, et notamment un octogénaire nommé Jarche, qui lui donna un repas somptueux, pendant lequel les compagnies franches à pied et à cheval firent leurs évolutions, et lui donnèrent une aubade. Il arriva ainsi à Rastadt

---

(1) Dès que le directoire fut instruit de cet acte de courage et de sévérité, il fit signifier au conseil souverain de mettre sur-le-champ le capitaine Telmer en liberté, sous peine d'être traité comme ennemi du gouvernement français.

le 27 novembre ; et fut logé dans une des ailes du château, avec madame Buonaparte. Dès le lendemain les ministres plénipotentiaires des diverses puissances s'empressèrent de lui rendre visite. Il reçut leurs hommages avec une froideur affectée, parla de la république avec fierté, et laissa suffisamment entrevoir qu'elle étoit décidée plutôt à dicter des arrêts au congrès, qu'à donner la paix à l'Allemagne en se prêtant sans détours à d'utiles arrangemens.

La Suède avoit envoyé des plénipotentiaires au congrès, comme garante du traité de Westphalie. La députation étoit présidée par le comte de Fersen, si célèbre par ses relations à la cour de Louis XVI. Lorsque ce ministre se présenta à la tête de la légation suédoise, Buonaparte lui demanda, d'un air sévère, quel étoit en ce moment l'ambassadeur de Suède à Paris. Sur la réponse embarrassée du comte, Buonaparte ajouta avec colère, qu'il étoit étonnant que la Suède oubliât ses anciennes relations d'amitié avec la France; qu'il étoit difficile d'expliquer la conduite de la cour de Stockholm ; qu'elle sembloit avoir pris à tâche d'envoyer en toute occasion, soit à Paris, soit auprès des plénipotentiaires français, *des personnes essentiellement désagréables à tout ci-*

toyen français; que sans doute le roi de Suède ne verroit point avec indifférence un ambassadeur français qui auroit cherché à soulever le peuple de Stockholm; que réciproquement, la république française ne pouvoit souffrir que *des hommes trop connus par leurs liaisons avec l'ancienne cour de France, vinssent narguer les ministres du premier peuple de la terre.*

Le comte de Fersen, confus de cet affront, se retira, en disant qu'il feroit part à sa cour de ce qui venoit de lui être dit.

L'apparition de Buonaparte fut de peu de durée. On avoit à peine annoncé son arrivée, qu'on apprit son départ; Treilhard et Bonnier restèrent seuls à Rastadt, et le 5 décembre il étoit de retour à Paris. Quel étoit le motif d'une retraite si prompte? Sa présence à Paris étoit-elle si urgente? l'expédition d'Angleterre étoit-elle prête? les vaisseaux n'attendoient-ils que lui pour mettre à la voile? Ces questions retentissoient partout, et le directoire se vit obligé d'annoncer que le héros d'Italie repartiroit incessamment pour le congrès.

Mais les esprits clairvoyans ne s'y trompoient point. Il étoit facile de voir que le voyage de Rastadt couvroit un secret qu'on ne vouloit point encore dévoiler. Buonaparte avoit besoin de préparer la révolution dans les cantons suisses, et d'exciter par sa présence le zèle, la confiance et l'audace des partisans de la république française. Son passage eut une influence très-marquée, il servit de signal aux novateurs et aux séditieux; ils jetèrent une partie du masque dont ils s'étoient couverts, et, par leurs transports de joie, annoncèrent tous les maux dont ils se flattoient d'accabler leur malheureuse patrie.

Des nuées d'émissaires jacobins se répandirent dans toute l'Helvétie. Le ministre M....g y répandit des libelles révolutionnaires; on organisa partout des clubs secrets; des agitateurs parcoururent les villes et les campagnes; on établit des correspondances actives, et dans l'espace de quelques mois, tout fut prêt pour recevoir les armées françaises, et leur livrer sans défense le peuple le plus confiant, le plus loyal, le plus fidèle de l'Europe.

Content d'avoir ainsi préparé les voies, Buonaparte parut tout à coup à Paris comme un de ces génies extraordinaires que la nature semble avoir élevés au-dessus de ses lois pour dominer sur les autres hommes. Il descendit rue Chantereine, dans une maison appartenant à sa femme, et le lendemain se présenta chez les directeurs et les ministres.

Les administrateurs du département lui ayant fait demander le jour et l'heure où ils pourroient lui présenter leurs hommages, il se hâta de les prévenir en allant lui-même leur faire une visite, et recevoir leurs félicitations. Ce fut M. Mathieu, ancien député, qui porta la parole; les journaux assurèrent que Buonaparte l'avoit accueilli avec une rare bienveillance. La vérité est qu'il parut fort mécontent de revoir M. Mathieu, qui lui avoit autrefois refusé son appui, et que, pour humilier cet administrateur, il lui demanda, en style très-peu digne d'un héros, s'il n'étoit point par hasard le citoyen *Fesse-Mathieu*, ce qui déconcerta beaucoup l'orateur. Le tribunal de cassation ambitionna la même faveur que le département, et envoya une nombreuse députation. Le juge de paix de son arrondissement voulut aussi avoir l'honneur de le saluer. Il fut admis avec beaucoup de bonté, et dès le lendemain le général lui rendit sa visite.

On ne parloit, à Paris, que de l'arrivée du vainqueur d'Italie; les rues se couvroient sur son passage d'une multitude immense, et retentissoient d'acclamations. On remarquoit, comme preuve d'une extrême modestie, qu'il sortoit rarement, sans suite, et dans une simple voiture attelée de deux chevaux. Deux ans auparavant il étoit entré à Paris, à pied, avec une seule valise qui composoit tout son mobilier.

Le Directoire fixa un jour pour le recevoir en cérémonie au palais du Luxembourg.

Dès le matin, les membres du gouvernement, en grand costume, se réunirent chez leur collègue la Reveillère-Lepaux ; on introduisit successivement les ministres, les membres du corps diplomatique, les officiers de l'état-major de la place, les membres des diverses autorités constituées de Paris et des environs. A midi, le cortége se mit en marche au bruit de l'artillerie, précédé de toute la musique du Conservatoire, et prit place dans la grande cour du palais.

Tout y avoit été préparé pour la fête. Au pied du vestibule principal s'élevoit l'autel de la patrie, surmonté des statues de la liberté, de l'égalité et de la paix. L'enceinte étoit décorée de trophées, monumens de la victoire. Cinq fauteuils, en forme de trône, étoient préparés pour les directeurs. De chaque côté de l'autel, s'élevoit en demi-cercle un vaste amphithéâtre destiné aux autorités constituées. Les murs de la cour étoient ornés de draperies tricolores et d'emblèmes militaires. Une vaste tente couvroit la cour sans dérober la lumière.

Une foule de spectateurs occupoit les fenêtres, les galeries et toutes les avenues du palais. L'air retentit d'acclamations et des cris de : *Vive le libérateur de l'Italie! le pacificateur de l'Europe !*

Bientôt il paroît, accompagné des ministres de la guerre et des relations extérieures, et suivi de ses aides-de-camp ; il s'avance jusqu'au pied de l'autel ; le Conservatoire entonne l'hymne marseillaise, et tous les membres du directoire, les ministres, les généraux, tous les assistans, se lèvent et se découvrent pour entendre religieusement l'invocation à la liberté.

Les chants finis, le ministre des relations extérieures prend la parole, et commence l'éloge du général. Il loue son génie militaire, son courage, son audace, ses soudaines et admirables inspirations, ces exploits glorieux qui porteront son nom jusqu'à la postérité la plus reculée.

Mais il n'admire pas moins ce goût antique de la simplicité qui le distingue, son amour pour les sciences abstraites, sa prédilection pour ce sublime Ossian qui semble le détacher de la terre, son héroïque mépris pour l'éclat, le luxe, le faste, méprisables objets des ambitions vulgaires : il rassure la France sur ces vaines craintes qu'inspirent la renommée, la

gloire et le pouvoir du héros d'Italie. « Loin
» de redouter ce qu'on voudroit nommer ses
» vues ambitieuses, il faudra peut-être le sol-
» liciter un jour pour l'arracher aux douceurs
» de sa studieuse retraite. La France entière
» sera libre, peut-être ne le sera-t-il jamais,
» telle est sa destinée. »

Tandis que le ministre parloit, l'assemblée
entière brûloit d'entendre le héros de l'Italie :
il s'avança vers le président, tenant à la main le
traité de Campo-Formio, et dit :

« Le peuple français, pour être libre, avoit
» les rois à combattre ; pour obtenir une cons-
» titution fondée sur la raison, il avoit dix-
» huit siècles de préjugés à vaincre ; la consti-
» tution de l'an 3 et vous, avez triomphé de
» tous ces obstacles. La religion, la féodalité
» et le royalisme ont successivement, depuis
» vingt siècles, gouverné l'Europe ; mais de la
» paix que vous venez de conclure date l'ère
» des gouvernemens représentatifs. Vous êtes
» parvenus à organiser la grande nation, dont
» le vaste territoire n'est circonscrit que parce
» que la nature en a posé elle-même les bornes.
» Vous avez fait plus. Les plus belles parties
» de l'Europe, jadis si célèbres par les arts, les
» sciences et les grands hommes dont elles

» furent le berceau (1), voient avec les plus
» grandes espérances le génie de la liberté
» sortir des tombeaux de leurs ancêtres. Ce
» sont deux piédestaux sur lesquels les destinées
» vont placer deux grandes nations.

» J'ai l'honneur de vous remettre le traité
» signé à Campo-Formio, et ratifié par l'em-
» pereur. La paix assure la liberté, la pros-
» périté et la gloire de la république. Lorsque
» le bonheur du peuple français sera assis sur
» les meilleures lois organiques, l'Europe en-
» tière deviendra libre. »

Ce discours fut suivi des plus vives acclamations. Il n'étoit remarquable ni par les mouvemens de l'éloquence, ni par le choix de l'expression, la liaison des idées et l'élégance du style; mais il annonçoit clairement le dessein du gouvernement français de porter ses armes en Égypte et en Grèce, et ces idées gigantesques plaisoient singulièrement aux esprits révolutionnaires qui ne rêvoient que l'affranchissement du monde entier.

Le directeur Barras, en lui répondant, ne lui épargna pas les éloges: « la nature, avare de
» prodiges, voulut, en le créant, marquer l'au-
» rore de la liberté par un de ses plus brillans
» phénomènes. Elle voulut qu'une révolution,

---
(1) L'Égypte et la Grèce.

» sans exemple dans les annales du monde, mon-
» trât à l'univers un génie sans égal dans l'his-
» toire des hommes célèbres ; elle épuisa toutes
» ses richesses pour créer Buonaparte.

» Les conquérans vulgaires arrosent des lar-
» mes de l'humanité les germes de leur gloire ; ils
» marchent précédés de la terreur, suivis de la
» mort et de l'esclavage ; Buonaparte a médité
» ses conquêtes avec la pensée de Socrate, il a
» réconcilié l'homme avec la guerre.

» Après dix-huit siècles, Buonaparte a vengé
» la France de la fortune de César ; César avoit
» apporté dans nos champs l'asservissement et
» la destruction ; Buonaparte a porté dans l'an-
» tique patrie du conquérant romain la li-
» berté et la vie ; il a acquitté l'immense dette
» que le ressentiment des Gaulois avoit con-
» tractée envers l'orgueilleuse Rome.

» Quand, du haut du Capitole, Buonaparte
» fouloit d'un pied vainqueur les tombeaux
» humiliés des anciens maîtres du monde ;
» quand il pouvoit dicter des lois au nom de
» la république française, il a mieux aimé dé-
» poser le glaive dont la patrie avoit armé son
» bras, et l'olivier de la paix a été la palme
» qu'il a préféré cueillir.

» Quand les Apennins, les rochers du
» Tyrol et de la Cariuthie s'aplanissoient sous

» ses pas; quand l'épouvante générale signa-
» loit son approche, il a suspendu tout à coup
» sa marche triomphante, et dans l'âge heu-
» reux où l'ambition se nourrit du délire de
» la jeunesse, il a sacrifié la certitude de suc-
» cès brillans à la félicité de la patrie.

» C'est sous l'épée républicaine de Buona-
» parte que sont tombés les conspirateurs roya-
» listes au 13 vendémiaire; c'est Buonaparte
» qui a provoqué contre les conseils la mémo-
» rable journée du 18 fructidor. Ainsi tous les
» genres de service, la république les a reçus
» de Buonaparte. Que manque-t-il donc à sa
» gloire? De franchir les mers, d'aller, par le
» châtiment du cabinet de Londres, effrayer les
» gouvernemens insensés qui tenteroient en-
» core de méconnoître la puissance de la
» grande nation. Que les vainqueurs du Pô, du
» Rhin, du Tibre, marchent donc sur ses pas:
» l'Océan sera fier de porter Buonaparte; il
» invoque, en mugissant, le courroux de la terre
» contre le tyran oppresseur de ses flots; il
» combattra pour la république; car c'est à
» l'homme libre seul que les élémens veulent
» être soumis. Pompée ne dédaigna pas de
» combattre les pirates; plus grand que ce Ro-
» main, Buonaparte ira enchaîner ce gigan-
» tesque forban qui pèse sur les mers; il le ter-

» rassera, et sa chute apprendra au monde que,
» si le peuple français est le bienfaiteur de
» l'Europe, il est aussi le vengeur des droits
» des nations. »

Après cette harangue le général Joubert présenta le drapeau d'Italie, et prononça un discours sur les triomphes de la république et les incomparables exploits de Buonaparte. Le directeur reprit la parole, et salua le drapeau, au nom de la république (1); puis, s'adressant aux soldats : « Allez, sur les bords de
» la Tamise, purger l'univers des monstres qui
» l'oppriment et le déshonorent. Allez anéan-
» tir un gouvernement tyrannique, qui, tandis
» que l'Europe vous admire, met à contribu-
» tion les poisons pour se venger de votre
» gloire. Que le palais de Saint-James s'é-
» croule; la patrie le veut, l'humanité l'exige,
» votre vengeance l'ordonne. »

---

(1) Ce discours est un monument d'éloquence si burlesque, que je ne puis me refuser au plaisir d'en citer quelques phrases :

« Au nom de la république française, je te salue, dra-
» peau révélateur de tant de hauts faits! que le marbre
» et le bronze te traduisent. Je te salue encore comme
» la glorieuse enseigne de la paix. Républicains français,
» ce drapeau vous commande le bonheur de tous vos
» braves défenseurs, etc. »

Cette séance, qui dura une partie du jour, fut terminée par un banquet somptueux. On y voyoit les généraux Berthier, Murat, Joubert, Champion, Ney, Desaix, Hédouville, Lemoine; les ministres plénipotentiaires de la république batave, de la république de Genève, de la république Cisalpine, de la république de Gênes, du grand-duc de Toscane, des rois d'Espagne, de Naples, de Sardaigne, de Prusse, de Danemarck, du Grand-Seigneur, du duc de Wirtemberg, de Bade, de Francfort, de Hesse-Cassel; et cet envoyé helvétique, Ochs, avec lequel on soupçonnoit que Buonaparte avoit préparé la révolution suisse. On y avoit invité les présidens des tribunaux et des administrations, et un grand nombre d'officiers de l'état-major de la place, de l'Hôtel des Invalides, de la garde nationale. On y exécuta des airs républicains, et des morceaux de musique composés pour la fête; on porta des toasts nombreux à la liberté, à l'égalité, à la république française, à toutes les républiques nouvelles, aux armées, aux vengeurs des droits du peuple; et l'on termina le jour par des feux d'artifice, des illuminations, et un bal paré chez le ministre de l'intérieur.

Bientôt toutes les autorités se disputèrent l'honneur de posséder le héros de l'Italie; et tous les poëtes, la gloire de chanter ses louanges. MM. Le Brun, Palissot, Chénier, se distinguèrent par leur empressement ; sur tous les théâtres on joua des pièces qui rappeloient les plus beaux faits des campagnes d'Italie.

L'institut, fidèle instrument des volontés du directoire, reçut l'ordre de procéder au remplacement de Carnot. Ce directeur étoit membre de la classe des sciences physiques et mécaniques ; le poëte Le Brun adressa à ce sujet une invitation à ses collègues :

> Collègues, amans de la gloire,
> Bonaparte en est le soutien ;
> Pour votre mécanicien
> Prenez celui de la victoire.

Quoique ces vers fussent très-mauvais, l'institut n'en répondit pas moins à l'appel de son collègue amant de la gloire, et Buonaparte fut proclamé membre de la classe des sciences physiques et mathématiques en remplacement de Carnot. Qui pourroit le croire ? le directeur Carnot étoit alors soupçonné de royalisme, et l'on assuroit positivement dans les journaux, que M. Lacuée, son ami, après avoir tenté inutilement de le ramener au sein de la république, avoit été réduit à lui interdire l'entrée de sa maison.

Ainsi tous les genres d'honneur et de flatterie, tout ce qui peut corrompre le cœur d'un homme, se réunissoit autour de Buonaparte. Le directoire ordonna que les tableaux, les statues et tous les monumens des arts enlevés à l'Italie, fussent exposés au Louvre dans la galerie du jardin de l'Infante. Le conseil des anciens et celui des cinq cents nommèrent des commissions pour délibérer sur les moyens de donner au pacificateur du monde une fête digne de lui. M. François de Neufchâteau, élevé au rang de directeur, depuis la proscription du 18 fructidor, fit les frais d'un magnifique festin où il réunit les savans, les gens de lettres, les artistes les plus distingués de la capitale. Le lendemain on publia que Buonaparte s'y étoit montré comme un être supérieur à tout ce que la nature avoit produit jusqu'à ce jour; qu'il avoit parlé des mathématiques comme Archimède, de la morale comme Socrate, de la poésie comme Homère, de la métaphysique comme Loke, de la législation comme Lycurgue, du droit public comme Puffendorf, de la peinture comme Michel-Ange, de la physique comme Newton, de l'astronomie comme Galilée; on cita ses bons mots, on rapporta les anecdotes qu'il avoit racontées; on annonça qu'il se disposoit à écrire l'histoire de cent braves de l'armée d'Italie, dont il avoit formé un bataillon sacré, et qui tous, à l'exception de deux, avoient eu, sous ses ordres, la gloire de mourir au champ d'honneur.

Pour ajouter à l'admiration du peuple, on publia dans les journaux qu'un particulier, ayant choisi pour composer une mise à la loterie le nom de Buonaparte, et pris pour numéros les chiffres qui correspondent aux rangs que les lettres de ce nom occupent dans l'alphabet, il avoit gagné cinquante mille francs. Un compositeur d'anagrammes découvrit qu'on trouvoit dans les mots *révolution française*, ceux-ci : *un Corse la finira* (1).

L'administration du département, pour consacrer à la postérité le séjour de Buonaparte dans la rue *Chantereine*, délibéra que cette rue porteroit désormais le nom de rue de la Victoire. Buonaparte lui-même affecta de saisir cette occasion pour publier un lettre du Bey de Tunis qui, en admirant ses exploits et son génie, le remercioit d'avoir fait mettre en liberté les esclaves musulmans qui se trouvoient en Italie, et lui annonçoit que, pour reconnoître ce service, il avoit brisé les fers de tous les esclaves français qui se trouvoient à Tunis.

---

(1) L'anagramme n'étoit point exact ; car le ç de *française*, exprimant le son de l's, ne pouvoit servir pour le mot Corse.

Le 21 décembre les membres des deux conseils se réunirent dans la grande galerie du Muséum pour la fête qu'ils avoient projetée en honneur du général français. Les cinq directeurs y étoient invités; le corps diplomatique, un grand nombre de généraux, tous les présidens des autorités constituées, y assistèrent.

Le banquet, commandé pour quatre heures, ne commença qu'à huit. On y porta de nombreuses santés : *A la souveraineté du peuple ; à la journée du 18 fructidor; à la révolution ; au héros pacificateur et vainqueur de l'Europe ; à l'affranchissement des mers.*

On avoit déplacé pour cette fête une grande quantité de tableaux, et, pour qu'ils occupassent moins de place, on les avoit roulés et mis en magasin dans une pièce voisine (1).

L'entrée de la galerie étoit décorée d'un

---

(1) Plusieurs de ces tableaux se trouvèrent détériorés. Quelques-uns étant restés long-temps dans un endroit humide, s'y couvrirent de moisissure. Un député dénonça ces actes de vandalisme à la tribune du conseil des cinq cents; et le directoire, pour satisfaire le cri public, nomma une commission et ordonna une enquête à ce sujet. Mais d'autres intérêts firent bientôt oublier celui-ci, et pour toute satisfaction on se contenta d'insérer dans un journal, que les recherches avoient été satisfaisantes.

arc de triomphe illuminé ; au milieu s'élevoit la statue de la Liberté, recevant les hommages de deux soldats français; un transparent, placé dans l'enfoncement de chaque croisée, portoit le nom des diverses armées françaises, et des victoires par lesquelles elles s'étaient illustrées ; au fond de la salle, on voyoit le temple de la Paix, avec les devises, les emblèmes et les allégories analogues. Un transparent, plus grand, plus brillant que les autres, portoit le nom de l'armée d'Italie. C'étoit sous ce transparent qu'on avoit préparé la place de Buonaparte. Il étoit assis entre l'abbé Syeyes, président du conseil des cinq cents, et le directeur François de Neufchâteau. La table étoit de sept cents couverts. On remarqua qu'il étoit arrivé dans une voiture plus que modeste, qu'il en étoit descendu précipitamment, et qu'il n'accepta que quelques œufs et des fruits, comme s'il eût craint quelque entreprise contre sa vie.

On venoit, en effet, de répandre dans Paris le bruit d'un complot contre ses jours. On parloit d'une femme qui avoit averti Buonaparte qu'on avoit le projet d'attenter à sa vie, par le moyen du poison, et qui s'étoit ensuite poignardée. On racontoit si diversement les circonstances de cet événement, et elles paroissoient si obscures, si extraordinaires, si propres à faire naître des soupçons fâcheux pour le héros de l'Italie, que le gouvernement crut devoir faire insérer, à ce sujet, une note dans le Moniteur. Voici ce qu'on y lit textuellement :

« Quelques journaux ont publié un fait
» assez extraordinaire et relatif à Buonaparte.
» Le fait est vrai ; mais il a été tronqué dans
» la circonstance la plus décisive. Il s'agit d'une
» femme qui a envoyé prévenir Buonaparte
» que l'on vouloit attenter à ses jours, et que
» le poison seroit un des moyens dont on
» feroit usage. Buonaparte a fait arrêter le
» porteur de l'avis, qui ne s'est point décon-
» certé et s'est fait accompagner par le juge
» de paix, chez la femme qui l'avoit chargé
» d'avertir Buonaparte. Elle étoit étendue sur
» le carreau et baignée dans son sang.

» Les journaux que nous rectifions, infor-
» més trop rapidement, n'ont pu l'être avec
» exactitude. Cette femme ne s'étoit point
» poignardée, mais avoit été étranglée par les
» hommes dont elle avoit révélé la conversa-
» tion, et qui s'étoient aperçus qu'ils avoient
» été entendus. Son cou porte l'empreinte de
» leur vengeance, également criminelle et pré-
» voyante. Il est meurtri et sillonné. Il pa-
» roit qu'ils étoient deux et qu'ils ont serré

» tous les deux, et par saccades, le fatal cor-
» deau. Cette intéressante victime a encore
» été frappée de plusieurs coups par des armes
» tranchantes et incisives. Elle vomit le sang
» avec abondance, et est dans un état à peu
» près désespéré. Les dépositions qu'on en a
» obtenues, portent le cachet de la vérité.

» Par sa position, non moins que par la
» conscience qu'il doit avoir de sa gloire réelle,
» Buonaparte est au-dessus du soupçon d'avoir
» voulu exciter parmi le peuple un intérêt
» dont il n'a pas besoin, et qu'il a d'ailleurs
» obtenu depuis long-temps. Ce fait, en lui-
» même, ne donne pas la moindre prise à la
» plus habile calomnie. Il faut donc rattacher
» cet événement, qui ne sauroit être fortuit
» ou isolé, à un plan d'assassinats, médité
» chez nos ennemis et exécuté déjà sur le pa-
» cificateur de la Vendée (1). D'autres têtes

---

(1) Le général Hoche avoit eu une grande part au 18 fructidor. Lorsqu'il mourut, quelque temps après cette malheureuse journée, le bruit se répandit que sa mort étoit l'effet du poison; et l'on soupçonna assez hautement le directoire d'avoir ordonné ce crime, pour se défaire d'un homme dont la réputation commençoit à lui faire ombrage. Il est constant que les partisans du directoire s'attachèrent avec beaucoup d'intérêt à dissiper ces bruits, et soutinrent que Hoche étoit mort de chagrin. Ici le fait d'empoisonnement est avoué.

» illustres sont marquées. Pour les républi-
» cains vulgaires, ils sont abandonnés en
» masse au couteau des révolutionnaires et
» des brigands qui dévorent l'intérieur. Nous
» ne pouvons en dire davantage ; mais nous
» pouvons assurer, sur la foi des plus respec-
» tables correspondans, qu'il a été arrêté ré-
» cemment sur plusieurs points de nos fron-
» tières, et envoyé à Paris, des hommes qui
» doivent donner les plus précieux et les plus
» horribles détails sur d'affreux systèmes d'as-
» sassinats et d'empoisonnemens. »

En même temps que le directoire faisoit publier cette justification plus humiliante qu'officieuse pour celui qui en étoit l'objet, un député du conseil des cinq cents dénonçoit à la tribune un écrit répandu avec profusion et affiché dans toutes les rues de Paris, où l'on déclaroit que le héros de l'Italie n'étoit point en sûreté dans la capitale; qu'il devoit se défier de ces banquets civiques offerts avec tant d'empressement ; qu'ils couvroient le noir projet d'attenter à ses jours ; que des émissaires de Louis XVIII étoient à Paris, et que Buonaparte avoit tout à redouter de leurs complices. On osoit même désigner ces complices. Ceux qu'on nommoit étoient les députés

Vernier, Champion, Lefèvre, Janod et Grenat.

On ignora toujours quel étoit l'auteur de ce placard; mais, soit qu'il eût été publié par les amis de Buonaparte dans le dessein de lui faire donner une garde, soit que le directoire eût voulu perdre encore quelques députés échappés à la proscription du 18 fructidor, la dénonciation n'eut aucune suite; personne dans le conseil ne se leva pour l'appuyer ou la combattre, et le directoire n'ordonna aucune recherche judiciaire à ce sujet. Ainsi, Buonaparte continua de faire, au sein de la capitale, l'essai de l'autorité suprême.

Le ministre des affaires étrangères lui donna un bal magnifique; l'Opéra célébra, avec un grand appareil, la représentation d'une pièce nouvelle sous le titre d'Horatius Coclès, allégorie flatteuse de l'attaque du pont d'Arcole. Buonaparte y parut sans uniforme, et comme se dérobant aux hommages publics. Mais la loge qu'il occupoit étoit si découverte et si bien désignée, que, dès qu'il se montra, il fut salué par des acclamations unanimes, et que les cris de *vive Buonaparte! vive le libérateur et le pacificateur de l'Europe!* retentirent de toutes parts.

L'institut, de son côté, lui préparoit une

réception extraordinaire. Elle eut lieu le 4 janvier (1798), en présence d'un nombre considérable d'étrangers, de tous les professeurs des écoles centrales, de l'école polytechnique, de l'école de médecine.

MM. Prony, Monge, Lassus, Fourcroy, Toulongeon, Garat, etc. lurent des dissertations sur divers objets de sciences et arts; mais la plupart oublièrent leur sujet pour s'occuper de leur nouveau collègue. M. Garat dit que c'étoit un philosophe qui avoit paru un moment à la tête des armées; il rapporta un mot du héros dont il faisoit l'éloge. On lui demandoit quel seroit l'aliment de sa grande âme, quand la paix l'auroit rendu à ses foyers : « *Je m'enfoncerai* » *dans une retraite*, répondit-il, *et j'y tra-* » *vaillerai à mériter un jour d'être membre de* » *l'institut.* » Mais rien n'égala les louanges que lui donna le poëte Chenier dans un poëme sur la mort du général Hoche; il s'érigea en prophète, déroula le livre des destinées de Buonaparte, et annonça la conquête de l'Angleterre.

Buonaparte reçut froidement cet hommage de la servitude publique, et ne prononça pas un seul mot de remercîment. Il avoit cependant écrit à l'avocat Camus, après sa nomination :

« Le suffrage des hommes distingués qui
» composent l'institut m'honore. Je sens bien
» qu'avant d'être leur égal je serai long-temps
» leur écolier. S'il étoit une manière plus ex-
» pressive de leur faire connoître l'estime que
» j'ai pour eux, je m'en servirois.

» Les vraies conquêtes, les seules qui ne
» donnent aucun regret, sont celles que l'on
» fait sur l'ignorance. L'occupation la plus
» honorable, comme la plus utile pour les na-
» tions, c'est de contribuer à l'extension des
» idées humaines. La vraie puissance de la ré-
» publique française doit consister désormais
» à ne pas permettre qu'il existe une seule
» idée nouvelle qui ne lui appartienne. »

On croiroit, en lisant le détail de toutes
ces fêtes, que la France étoit dans le délire de l'admiration et de l'enthousiasme, et
prête à enfanter des miracles (1). Cependant,
depuis le 18 fructidor, elle étoit plon-
gée dans la consternation et l'abattement ;
toutes les ressources de l'industrie et de l'ac-

---

(1) Un avocat, nommé Thilorier, proposa sérieusement
de transporter l'armée française dans une montgolfière
d'une capacité telle qu'on y logeroit cent mille hommes :
il auroit fallu, à la vérité, une machine aérostatique aussi
vaste que l'Angleterre. Mais, dans les grandes circonstances, les petites difficultés n'arrêtent pas.

tivité nationale s'étoient taries tout à coup, une léthargie mortelle avoit succédé à cet esprit de vie que produisent la sécurité et l'espérance. Les hommes raisonnables pleuroient sur les trophées de Buonaparte, et ne voyoient en lui que Marius ou Sylla prêt à bouleverser sa patrie. Le crédit public disparoissoit tous les jours, et la situation désespérée des finances présageoit cette banqueroute funeste qui, peu de temps après, consomma la ruine des créanciers de l'état.

Le directoire épuisoit toutes les ressources d'un charlatanisme audacieux pour dissimuler sa détresse, s'étourdissoit dans des fêtes publiques, et en dressoit les tentes sur un abîme. Rien n'étoit sans doute plus facile que de menacer l'Angleterre par des proclamations ; mais il falloit pour l'effrayer quelque chose de plus sérieux, des trésors, des vaisseaux, des pilotes et des officiers de marine ; et la république avoit peu de richesses de ce genre.

Pressé par la pénurie, le directoire eut recours aux banquiers et aux offrandes patriotiques. On affecta de recevoir avec une solennité extraordinaire une députation du commerce de Paris, qui venoit, au nom de la liberté des mers, offrir des secours à la France pour dompter enfin l'orgueil de son éternel et implacable ennemi.

La députation fut reçue au bruit d'une musique militaire dans la salle des audiences publiques, où le directoire s'étoit rendu en grand costume, accompagné des ministres, et précédé de ses huissiers et de ses messagers. La députation étoit composée de MM. Lecoulteux, Fulchiron l'aîné, Fulchiron le jeune, Jubié, Enfantin, Saillard, Recamier, Hupais, Mallet, Le Doyen, Decretot, Charlemagne, Després et Barillon.

M. Fulchiron l'aîné porta la parole, et, après avoir parlé de la gloire de la France, des crimes de ses ennemis; de l'oppression des mers, de la nécessité de reporter dans son sein les fléaux dont elle accable le monde; après avoir payé le tribut d'hommages *à la valeur sublime et presque fabuleuse de ce jeune héros, dont les vieillards admirent la prudence, dont les philosophes révèrent la sagesse et le génie, dont le nom, désormais inséparable de la victoire, rappelle l'idée de toutes les vertus qui peuvent embellir la gloire elle-même ;* il proposa, au nom du commerce de Paris, d'ouvrir un emprunt capable de faire face à tous les frais de l'expédition d'Angleterre, et d'en assigner le remboursement sur les produits d'un nouvel impôt indirect.

Le directeur Barras exprima, au nom de

ses collègues, la reconnoissance du gouvernement pour tant de zèle et de patriotisme; et les deux conseils se hâtèrent d'adopter toutes les mesures fiscales qui leur furent proposées.

L'exemple du commerce de Paris entraîna le commerce de Bordeaux; de toutes parts les dons vinrent s'accumuler sur l'autel de la patrie. Tous les employés du gouvernement furent requis, en secret, de voter, librement, des offrandes pour la guerre contre les tyrans des mers et les oppresseurs de l'humanité.

En même temps, le directoire ordonnoit la saisie des marchandises anglaises, dans tous les ports, dans tous les magasins, dans toutes les boutiques de l'intérieur. Cette mesure fut exécutée le même jour, à la même heure, sur tous les points de la France. Le butin fut immense. On vendit à vil prix, sur la place publique, les dépouilles des négocians français; et sous prétexte de porter un coup mortel au commerce d'Angleterre, ce fut le commerce de la république dont on consomma la ruine.

En faisant des recherches dans les magasins, on se permit d'en faire de plus exactes dans l'intérieur des maisons, et l'on se saisit de plusieurs victimes qui étoient parvenues jusqu'alors à se dérober à la proscription du 18 fructidor. J.-J. Aimé fut de ce nombre : c'étoit un de ceux que le directoire regrettoit le plus vivement de n'avoir pu atteindre. Il fut chargé de fers, conduit au Temple, et bientôt déporté dans les déserts de Sinamari.

Au milieu de ces violences, de ces menaces, de ces vains efforts d'une rage impuissante, le gouvernement anglais conservoit une attitude calme et imposante. Les imprécations du directoire l'effrayoient peu. Son pavillon victorieux flottoit sur toutes les mers et défioit toutes les vengeances ; il avoit en activité plus de cent cinquante vaisseaux de ligne, deux cents frégates et autant de corvettes. Les flottes de France, d'Espagne, de Hollande, étoient bloquées dans leurs ports. Jamais le commerce anglais n'avoit été plus brillant et plus étendu ; et l'expédition qui se préparoit à Toulon, ne se montroit au cabinet de Londres que comme une proie facile qui devoit encore augmenter sa puissance.

Toutes les tentatives du directoire pour répandre dans le peuple anglais les principes de la liberté et de l'égalité, avoient été inutiles. Fière de ses lois, la nation anglaise n'en vouloit recevoir de personne, et le gouvernement étouffoit facilement tous les germes d'insurrection, que les apôtres de l'anarchie essayoient d'y répandre. Cependant il ne négligeoit aucune des précautions qui pouvoient affermir la confiance du peuple, et accroître sa sécurité.

On augmenta l'armée de terre et de mer; on arma les milices pour la défense de l'intérieur; on construisit de nouveaux bâtimens, on leva des matelots, et l'on attendit paisiblement les résolutions du directoire.

Mais, en ce moment, de nouveaux événemens, préparés par Napoléon et exécutés par son frère Joseph, ramenoient l'attention publique sur l'Italie.

CHAPITRE II.

Élévation de la famille de Buonaparte. Révolution de Rome.

Buonaparte n'avoit pu s'élever au premier rang de l'armée, acquérir par ses victoires des richesses immenses, se rendre, en quelque sorte, l'arbitre des souverains et des peuples, sans associer sa famille à sa fortune et à sa gloire. Du sein de l'humiliation et de la misère, son oncle, sa mère, ses sœurs, étoient passés en peu de temps aux honneurs et aux distinctions de la société; leur nom seul étoit un objet d'empressement et de respect, et ceux qui leur avoient prodigué les dédains, étoient aussi les premiers à leur prodiguer les hommages.

Joseph Buonaparte, l'aîné de la famille, devenu commissaire ordonnateur, avoit épousé à Marseille mademoiselle Clary, fille d'un riche négociant de cette ville. Louis avoit été élevé au rang de chef de brigade et d'aide de camp du général en chef. Lucien, qui, peu de temps auparavant, s'étoit trouvé heureux d'accepter la main de la fille d'un aubergiste de Saint-Maximin, venoit d'être promu au titre de législateur; et le même honneur avoit été déféré à son frère Joseph. Le cardinal Fesch continuoit de grossir sa fortune dans les entreprises des vivres et des fournitures de l'armée.

Jérôme n'étoit encore qu'un simple élève du collége de Juilly, mais distingué de la foule par des soins et des honneurs particuliers. L'on porta même l'adulation jusqu'à le présenter au directoire comme un enfant d'une condition et d'un rang supérieurs.

De toutes les sœurs de Buonaparte, une seule étoit mariée; c'étoit *Marianne*, appelée, depuis, la princesse Élisa. Elle avoit épousé un Corse, nommé Bacciochi, d'une famille obscure et d'un mérite plus que médiocre. Il n'occupoit dans l'armée qu'un grade inférieur.

Fréron avoit sollicité la main de Paulette, et avoit eu l'humiliation d'éprouver un refus. On lui opposoit sa pauvreté, ses mœurs équivoques et ses liaisons avec une fille de théâtre dont il avoit eu un enfant qu'il laissoit sans secours.

Il passoit pour constant dans le public que Napoléon, avant son mariage avec M[de]. de Beauharnais, avoit ambitionné la main de la seconde fille de M. Clary, et que ce négociant avoit dit, que c'étoit bien assez pour lui qu'un Buonaparte fût entré dans sa famille, sans y en introduire un second. Celle dont il s'agit, épousa le général Bernadotte. L'une devint reine, et l'autre est encore princesse : destinée que le négociant marseillais étoit bien loin de prévoir alors.

De tous les frères de Buonaparte, le plus distingué par l'esprit et les connoissances, étoit Lucien. Il avoit cultivé dans les clubs le talent de la parole, et y avoit acquis une certaine facilité. Joseph non-seulement n'étoit point orateur, mais il savoit à peine les premiers élémens de la grammaire. Il est difficile de pousser plus loin que lui l'ignorance de la langue. On a un grand nombre de ses lettres, remarquables par l'impropriété de l'expression et la multiplicité des fautes de français et d'orthographe. Personne ne paroissoit moins propre que lui à remplir des fonctions importantes et délicates; mais le désir de plaire au héros d'Italie décida le directoire à lui confier une mission diplomatique. Il fut envoyé à Rome en qualité d'ambassadeur. Depuis long-temps l'état romain étoit en proie aux entreprises des anarchistes. L'armée française continuoit d'occuper Ancône, et de nombreux émissaires entretenoient dans le peuple l'esprit d'insurrection et de révolte. Buonaparte avoit conclu un traité de paix avec le souverain pontife; mais il étoit facile de s'apercevoir que l'intention du gouvernement français n'étoit pas d'en observer long-temps les conditions; et l'on avoit pu remarquer que, dans le tableau des traités inscrits sur le drapeau de l'armée d'Italie, celui-ci n'étoit désigné que sous le nom d'armistice. Ainsi, sous l'apparence de la paix, le gouvernement français cachoit des vues ultérieures.

Dès le mois de novembre 1797, Buonaparte avoit fait passer au directoire une prétendue correspondance pontificale et royale, saisie à Milan. C'étoit une lettre de deux curés qui rendoient compte à S. S. d'une mission qu'ils avoient entreprise en France pour le rétablissement ou le maintien des principes de l'Église catholique. Cet écrit n'avoit rien de grave, ne contenoit rien pût qui alarmer un gouvernement juste et bien intentionné; mais on en fit un crime au saint père, on en conclut qu'il entretenoit en France des intelligences propres à troubler la paix de l'état. Ce fut le premier grief qu'on articula contre lui. Joseph Buonaparte trouva bientôt d'autres moyens de le compromettre avec la république. L'indépendance de la Cisalpine venoit d'être reconnue. C'étoit un état nouveau, mais remuant et fanatique comme tous les gouvernemens créés par la révolution. L'autorité du pape étoit surtout l'objet de toutes les diatribes, le texte de toutes les déclamations des ardens démagogues qui remplissoient les premières fonctions de la république, ou dominoient dans les sociétés populaires.

Avant que le saint siége eût eu le temps de prendre une résolution, on lui intima l'ordre de reconnoître l'indépendance de la république cisalpine, sous peine d'exécution militaire. La délibération du corps législatif étoit ainsi conçue :

« Si le souverain de Rome, Pie VI, dans
» l'espace précis de huit jours à compter de ce-
» lui où il recevra la déclaration de la répu-
» blique cisalpine, ne reconnoît pas dans la
» forme la plus authentique, légale et solen-
» nelle, ladite république, on entendra qu'il
» lui soit *ipso facto* déclaré la guerre, et le
» directoire exécutif sera autorisé à faire toutes
» les dispositions nécessaires pour cet objet. »

Dans le même temps, dix mille hommes de troupes cisalpines, commandées par le général polonais Dombrouski, se mirent en marche vers Rimini, pour appuyer la délibération par l'argument irrésistible des baïonnettes, et s'emparèrent, après trois jours de siége, du fort Saint-Léon dans le duché d'Urbin. La ville et le port d'Ancône étoient encore au pouvoir des Français, malgré les clauses du traité avec le saint siége, qui portoient que cette place seroit remise à la paix générale. A l'approche des troupes cisalpines, le patriotes se rassemblèrent dans le palais national, et adressèrent une députation à la municipalité, pour lui déclarer qu'ils étoient résolus de s'ériger en république démocratique, tant en vertu du droit originaire des peuples, que pour mériter par cette action la protection de la république française.

La municipalité, composée elle-même de patriotes, accueillit cette demande avec empressement, et nomma aussitôt quatre de ses membres pour se rendre auprès du général Dallemagne, qui commandoit les forces françaises dans la Marche. Tout avoit été concerté d'avance. Le général n'attendit point que l'adresse fût achevée; il interrompit les députés pour louer la généreuse résolution du peuple, les assura de l'intérêt personnel qu'il prenoit à leur affranchissement, et leur promit la protection et le secours de la république française; et, pour confirmer davantage ses promesses, il envoya un de ses aides-de-camp à la municipalité, pour l'autoriser à se déclarer libre. A l'instant le parti démagogique proclama l'indépendance de la république Anconitaine, aux cris multipliés de *vive la liberté*, *vive la répu-*

blique française, vive Buonaparte et le général Dallemagne!

L'un des plus ardens zélateurs de la démocratie prit le drapeau tricolore, et alla, suivi d'une foule considérable, le présenter au général, en le priant de le placer à côté du drapeau français. Le général le reçut au milieu des plus vives acclamations, et l'étendard républicain flotta bientôt au sommet de tous les édifices publics. La proclamation de la municipalité portoit formellement que c'étoit à l'invincible Napoléon que la marche d'Ancône étoit redevable de sa liberté :

« Citoyens, disoit-on, enfin vous
» êtes libres; vous êtes républicains, démo-
» crates. Tel a été votre vœu, nous l'avons
» adopté. L'invincible nation française vous
» accorde sa protection. Grâces soient rendues
» au général Buonaparte qui nous donne la li-
» berté! Félicitez-vous, concitoyens, votre sort
» est décidé. Défendez même au prix de votre
» vie la précieuse liberté à laquelle vous a con-
» duits la plus glorieuse nation de l'univers. »

Tandis que ces mouvemens éclatoient à Ancône, des scènes du même genre avoient lieu à Corneto, à Civita-Vecchia, Pezaro, Sinigaglia; l'insurrection se répandoit partout avec une incroyable célérité. La cour de Rome, effrayée de cette révolution imprévue, se hâta d'en arrêter les suites en envoyant un ambassadeur au directoire cisalpin, pour reconnoître l'indépendance de la république, et protester de ses dispositions amicales et pacifiques. Elle réclama aussi l'intervention de l'ambassadeur français, et le conjura d'arrêter les malheurs dont l'Italie sembloit menacée de nouveau. Joseph Buonaparte parut au-dehors touché de la situation du saint père, mais intérieurement il se disposoit à accomplir les ordres du directoire français; et tout étoit déjà préparé pour accélérer la ruine du pouvoir pontifical.

Dès les premiers jours de son ambassade, il avoit remis au secrétaire d'état une note par laquelle il demandoit l'élargissement des patriotes arrêtés pour cause de sédition. Le saint père y avoit consenti, à condition que la peine d'emprisonnement seroit commuée en bannissement perpétuel. Mais l'ambassadeur français s'y étoit opposé, et avoit forcé le souverain pontife à relâcher les coupables sans aucune condition. On vit alors reparoître à Rome le marquis Vivaldi, auteur de tous les mouvemens, chef de toutes les conspirations tramées contre le gouvernement; les forteresses et les prisons de l'état romain vomirent sur Rome une foule de démagogues enthousiastes et fanatiques, qui furent reçus en triomphe par leurs complices. Dès-lors la chute du trône pontifical fut inévitable. Encouragés par la protection de Joseph, soutenus par les émissaires français et cisalpins, dont le nombre s'étoit accru d'une manière effrayante, les conspirateurs renouèrent toutes leurs trames, ourdirent tous leurs complots, et les couvrirent d'un secret qu'ils crurent impénétrable.

Le 26 décembre, ils s'assemblèrent pendant la nuit à la Villa-Médicis, au nombre de quatre-vingts ou cent, tous armés de pistolets, de sabres et de stylets; ils arborèrent la cocarde française, se répandirent dans la ville aux cris de *vive la liberté*, attaquèrent les patrouilles, et tuèrent quelques dragons de la garde pontificale. Joseph avoit été prévenu de ce mouvement, et avoit gardé le silence. Mais le gouvernement romain, averti à temps, avoit rassemblé des troupes, cerné les rebelles, arrêté les plus mutins, et dissipé le reste. On avoit saisi une quantité immense de cocardes tricolores, que les insurgés se proposoient de distribuer dans la ville. Joseph, craignant d'être compromis par ce mouvement mal concerté, se rendit aussitôt chez le cardinal secrétaire d'état, lui protesta de son dévouement, promit de tout faire pour contribuer à rétablir le calme, et déclara que, loin de favoriser la distribution des cocardes nationales, il donneroit la liste des huit membres de la légation française qui avoient le droit de la porter.

Il se retira ensuite à sa juridiction, où se trouvoient les généraux Duphot et Sherlock; il étoit quatre heures du soir, et la liste des membres de la légation n'étoit point encore envoyée. Les rebelles dissipés le matin s'étoient réunis de nouveau; ils avoient à leur tête un artiste italien vivement protégé par l'ambassadeur français; ils parcouroient les rues aux cris de *vive la liberté*; et distribuoient des cocardes tricolores. Ils se transportèrent au palais de Joseph, pour réclamer une protection ouverte, et furent admis auprès de l'ambassadeur, qui, ne voulant point se déclarer d'une manière officielle, les laissa agir, sans paroître prendre part à l'insurrection. Mais le désordre croissoit à chaque instant; la foule des insurgés se grossissoit de plus en plus; les troupes pontificales s'étoient rassemblées; on se battoit de part et d'autre avec acharnement. Les insurgés, pressés par les troupes de ligne, furent forcés de se replier, et se réfugièrent dans la juridiction de l'ambassadeur, en continuant à se battre avec intrépidité. Les soldats romains les y suivirent, et le combat s'engagea jusque dans le palais de l'ambassadeur. Joseph fut alors obligé de se montrer, et intima aux troupes papales l'ordre de se retirer. Les soldats obéirent; mais les insurgés continuant de tirer sur eux, ils continuèrent de tirer sur les insurgés, et plusieurs patriotes périrent jusque dans les cours du palais. Alors le général Duphot et quelques officiers français, le sabre à la main, tombèrent sur la troupe, et la forcèrent de reculer. Cet acte d'agression étoit de la plus haute imprudence; c'étoit engager le combat entre Rome et la France, c'étoit rompre les traités et déclarer ouvertement la guerre : mais la colère et le courage raisonnent peu. Le général avoit suivi la troupe de ligne jusqu'à la porte *Septiminiane*; mais là les soldats, indignés de se voir repoussés par un si petit nombre d'hommes, se réunirent, enveloppèrent le général, et l'étendirent à leurs pieds percé de coups.

Joseph, témoin, de cet événement, prit la fuite. Duphot étoit son ami; il devoit, quelques jours après, donner sa main à Mlle. Clary, sœur de l'ambassadrice; et cette amante malheureuse se trouvoit à Rome. Le palais retentit bientôt de gémissemens. Les patriotes fuyoient; la conspiration retomboit sur ses auteurs, et l'ambassadeur français étoit trop compromis pour pouvoir rester plus long-temps à Rome.

Cependant le gouvernement romain, consterné, ne voyoit qu'avec effroi les suites de cette malheureuse journée ; il sentoit qu'on alloit lui demander compte du sang de Duphot, et que tout moyen de conciliation étoit désormais impossible ; cependant il se hâta d'envoyer une force armée pour protéger le palais Corsini, résidence de l'ambassadeur. Le secrétaire d'état n'oublia rien pour se justifier auprès de la république française ; on conjura Joseph de rester, on expédia un courrier à l'ambassadeur de Rome à Paris, pour prévenir le directoire, et fléchir son courroux. Mais Joseph et le directoire furent inexorables. Le premier partit de Rome, se retira en Toscane, et instruisit en diligence le directoire de ce qui venoit de se passer.

Toute l'Europe apprit cet événement avec horreur, et l'opinion publique désigna Joseph comme l'auteur de cette nouvelle trahison. Il est constant que toutes les circonstances l'accusoient, et la manière même dont il rendit compte de cet événement ne servit qu'à l'accuser davantage.

« Le 6 nivôse, dit-il, trois individus se pré-
» sentèrent à moi pour me dire que dans la
» nuit suivante une révolution devoit éclater ;
» que l'indignation publique étoit à son com-

» ble ; qu'ils venoient m'en instruire pour que
» rien ne me semblât nouveau. Je leur dis que
» la place que j'occupois auprès du souverain
» de Rome ne me permettoit pas d'entendre
» tranquillement une semblable ouverture ;
» que d'ailleurs elle me sembloit aussi inutile
» que déplacée. Ils reprirent qu'ils vouloient
» avoir mon conseil, et savoir si le gouverne-
» ment français protégeroit leur révolution
» une fois faite. Je leur dis que , spectateur im-
» partial des événemens, je rendrois compte à
» mon gouvernement de ce qui se passeroit;
» que, comme ministre français, je leur enjoi-
» gnois de ne plus se présenter chez moi avec de
» telles intentions; qu'au reste le sort des états
» étoit, comme celui des individus, caché dans
» le sein de l'avenir; mais qu'il ne m'étoit pas
» donné à moi d'y pénétrer. Ils partirent en
» m'assurant que tout s'assoupiroit pour le mo-
» ment. La nuit se passa tranquillement. Le
» lendemain au soir M. le chevalier Azzara me
» dit, confidentiellement, qu'il venoit de chez
» le secrétaire d'état; qu'il seroit possible que des
» brouillons fissent bientôt un mouvement aus-
» si ridicule par leur peu de moyens que celui
» qu'ils avoient tenté peu de mois auparavant ;
» c'étoit en effet le bruit de la ville. A quatre
» heures après minuit, je suis réveillé. On

» m'annonce qu'il y a un rassemblement révo-
» lutionnaire à la *Villa-Médicis*; que les insur-
» gés étoient cernés par les troupes du pape....
» je me rendormis.

» Je sus le matin qu'une patrouille avoit été
» attaquée par une soixantaine d'hommes, et
» que deux dragons du pape avoient été tués;
» que les insurgés s'étoient dissipés; que quel-
» ques-uns avoient été arrêtés; que le gouver-
» nement connoissoit les autres.

» Beaucoup avoient pris la cocarde nationale
» française. Je me transportai chez le secrétaire
» d'état; je le trouvai tranquille. Je lui dis que,
» loin de m'opposer à ce qu'on arrêtât ceux qui
» avoient pris la cocarde française, je le priois
» au contraire de faire arrêter tous ceux qui
» n'étoient pas compris dans le tableau des
» Français ou des Romains attachés à la léga-
» tion; ils n'étoient pas au nombre de huit.

» Il étoit deux heures. Je me rendis chez
» moi, convaincu, par la sérénité du secrétaire
» d'état, que l'affaire de la nuit n'auroit aucune
» suite. J'y trouvai le général Duphot, l'adju-
» dant-général Sherlock et deux artistes fran-
» çais. Nous causâmes de l'enfantillage révolu-
» tionnaire de la nuit, comme de la nouvelle
» du moment. Nous allions nous mettre à table;
» nous étions retardés par l'absence de mes se-

» crétaires, occupés à rédiger avec exactitude
» la note des personnes autorisées à porter la
» cocarde. Je voulois envoyer cette pièce au
» cardinal secrétaire d'état, avant dîner, quoi-
» qu'il ne l'eût pas désirée avant le soir.

» A six heures, le portier me prévient qu'une
» vingtaine d'hommes venoient de se présenter
» pour entrer dans le palais; qu'ils avoient beau-
» coup de cocardes françaises; qu'ils les distri-
» buoient aux passans en les excitant à crier :
» *Vive la république! vive le peuple romain!*

» Un d'eux demanda à me parler. C'étoit un
» artiste que je connoissois, pour lequel on
» m'avoit demandé ma protection. Il se pré-
» sente à moi comme un frénétique, en me di-
» sant: Nous sommes libres; mais nous venons
» demander l'appui de la France. Je le reconnus
» pour être un de nos interlocuteurs du 6. Je
» lui ordonnai de se retirer sur-le-champ de la
» juridiction de France, et d'engager ses ca-
» marades à en faire autant, sans quoi je pren-
» drois des mesures terribles contre eux. Il se
» retira confus.

» En ce moment un artiste français arrive et
» nous prévient que l'attroupement devient
» nombreux; qu'il a distingué dans la foule des
» espions bien connus qui crioient bien plus

» fort que les autres: *Vive la république! vive
» le peuple romain !*

» Que l'on jetoit des piastres à pleines mains,
» et que la rue étoit obstruée. Je le chargeai
» de descendre aussitôt, et de faire connoître
» ma volonté aux attroupés.

» Les militaires français me demandèrent
» l'ordre de les dissiper par la force. Je préférai
» leur parler moi-même, parlant leur langue.
» En sortant de mon cabinet, nous enten-
» dîmes une décharge prolongée. C'étoit un
» piquet de cavalerie, qui traversoit ma juri-
» diction au galop. Il avoit fait feu par les trois
» vastes portiques du palais. La foule s'étoit
» alors précipitée dans la cour et sur les esca-
» liers. Je rencontrai sur mon passage des
» mourans, des fuyards intimidés, des frénéti-
» ques audacieux, des gens gagés pour exciter
» et dénoncer les mouvemens. Une compagnie
» de fusiliers avoit suivi de près les cavaliers. Je
» la trouvai en partie, s'avançant dans mon pa-
» lais, dans les vestibules. A mon aspect elle
» s'arrêta. Je lui enjoignis de se retirer; elle re-
» cula alors de quelques pas. Je crus avoir réus-
» si de ce côté; je me portai vers les attroupés
» qui s'étoient retirés dans l'intérieur des cours.
» Ils marchoient contre les troupes, à mesure
» que celles-ci se retiroient. Je leur dis d'un

» ton décidé, que le premier d'entre eux qui
» oseroit dépasser le milieu de la rue ; je le for-
» cerois à rentrer. En même temps le général
» Duphot, l'adjudant général Sherlock, deux
» autres officiers français et moi tirâmes le
» sabre pour retenir cette troupe désarmée,
» dont quelques-uns seulement avoient des pis-
» tolets et des stylets. Mais tandis que nous étions
» occupés de ce côté, les fusiliers, qui ne s'é-
» toient retirés que pour se mettre hors de la
» portée du pistolet, firent une décharge gé-
» nérale. Quelques balles perdues allèrent
» tuer les hommes des derniers rangs. Nous,
» qui étions au milieu, nous fûmes respectés.
» Après quoi la compagnie de fusiliers se retire
» de nouveau pour charger. Je profite de
» cet instant. Je recommande au C. Beau-
» harnais, qui revenoit d'une mission du Le-
» vant, et à l'adjudant adjoint Arrighi, de
» contenir le sabre à la main les attroupés,
» qui étoient animés de sentimens fort diffé-
» rens, et je m'avance avec les généraux Du-
» phot et Sherlock, pour persuader à la com-
» pagnie de fusiliers de cesser le feu : je leur
» déclare que je me charge de faire punir les
» attroupés ; qu'ils n'avoient qu'à détacher quel-
» ques officiers ou sous-officiers pour se ren-
» dre au Vatican, et que tout se termineroit.

» Le trop brave général Duphot, accoutumé
» à vaincre, s'élance d'un saut, et se trouve
» entre les baïonnettes et les soldats. Il em-
» pêche l'un de charger : il évite le coup de
» l'autre déjà chargé. Nous le suivons par ins-
» tinct national. Il étoit pacificateur; il eût été
» ennemi, qu'il auroit été prisonnier de cette
» troupe. Trompé par son courage, il est en-
» traîné jusqu'à une porte de la ville nommée
» *Septiminiana*. Je vois un soldat qui lui dé-
» charge son mousquet au milieu de la poi-
» trine ; il tombe et se relève en s'appuyant
» sur son sabre. Je l'appelle ; il revient à
» nous. Un second coup l'étend sur le pavé. Plus
» de cinquante coups se dirigent encore sur
» son corps inanimé. L'adjudant général Sher-
» lock n'est atteint d'aucun coup. Il m'indique
» une route détournée pour me conduire aux
» jardins du palais et nous soustraire aux coups
» des assassins de Duphot et à ceux d'une
» autre compagnie qui arrivoit, et faisoit feu
» de l'autre côté de la rue. Nous regagnons le
» palais; les cours étoient encombrées par les
» lâches et astucieux scélérats qui avoient
» préludé à cette scène horrible. Une ving-
» taine d'entre eux et des citoyens paisibles
» sont restés morts sur le champ de ba-
» taille.

» Je fis appeler mes domestiques ; trois
» étoient absens. Un avoit été blessé. Je fis
» préparer des armes qui nous avoient servi
» en voyage. Un sentiment d'orgueil national
» inspira à quelques-uns de mes officiers le
» projet d'aller enlever le cadavre de leur mal-
» heureux général. Ils le trouvèrent dépouillé ;
» percé de coups, souillé de sang, couvert de
» pierres. Il étoit six heures du soir ; déjà deux
» heures s'étoient écoulées depuis le massacre
» de Duphot, et personne du gouvernement
» ne paroissoit encore. Je me décidai à quitter
» Rome. L'indignation traça ce projet dans
» mon cœur. Aucune considération, aucune
» puissance sur terre ne m'eût fait changer.
» Cependant, je me résous à écrire au cardinal
» Doria. On frappe au palais, une voi-
» ture s'arrête ; ce sera sans doute le gou-
» verneur, le général, un sénateur ? Non, c'est
» le chevalier Angiolini, ministre de Toscane.
» M. le chevalier Azzara ne tarda pas non plus
» à paroître. Ils s'entretinrent long-temps avec
» moi. Il étoit déjà onze heures du soir, et ils
» ne pouvoient revenir de leur surprise de ne
» voir arriver aucun officier public. Enfin un
» officier et quarante hommes, qu'on m'annonça
» être bien intentionnés, arrivèrent par ordre
» du secrétaire d'état, pour protéger mes com-

» munications avec lui, mais ni lui, ni aucun
» autre personnage capable d'arrêter avec moi
» des mesures décisives, et de me délivrer des
» révoltés qui occupoient encore une partie de
» ma juridiction, et des troupes qui occu-
» cupoient l'autre.

» Je me décidai alors à partir ; j'écrivis au
» secrétaire d'état pour lui demander un passe-
» port : il me l'envoie à deux heures après minuit.
» A six heures du matin, après l'assassinat du gé-
» néral Duphot, l'investissement de mon pa-
» lais, le massacre des gens qui l'entou-
» roient, aucun Romain ne s'étant présenté à
» moi, chargé par le gouvernement de s'in-
» former de l'état des choses, je suis parti après
» avoir assuré l'état du peu de Français qui res-
» toient à Rome.

» D'après le récit simple des faits, je croirois
» faire injure à des républicains, que d'insister
» sur la vengeance que le gouvernement fran-
» çais doit tirer d'un gouvernement impie qui,
» assassin de Basseville, l'est devenu volontai-
» rement du premier ambassadeur français
» qu'on ait daigné lui envoyer...... Je suis en
» Toscane chez le citoyen Cacault. Je ne tarde-
» rai pas à me rendre à Paris ; je donnerai sur
» le gouvernement de Rome de nouveaux dé-

» tails, j'exposerai quelle est la punition qu'il
» faut lui infliger....

» Ce gouvernement ne se dément pas. Astu-
» cieux et téméraire, lâche et rampant, la pas-
» sion individuelle devient sa raison d'état. Il
» sacrifie tout à son intérêt; il lui sacrifieroit ce-
» lui de son Église, du monde entier. »

A la suite de ce rapport Joseph Buonaparte fit publier, en forme d'attestations, une suite de lettres qui venoient de lui être adressées par divers agens diplomatiques. Il se défendoit par des pièces justificatives comme un accusé, et le Directoire de son côté ne négligeoit rien pour détourner de la tête de son ambassadeur les soupçons trop légitimes qui planoient sur elle. Mais, quels que fussent leurs efforts, quelques soins qu'eût pris Joseph Buonaparte pour dissimuler les faits ou les exposer à son avantage, la part qu'il avoit prise à la conspiration de Rome étoit trop évidente pour qu'il pût se justifier. Son acte d'accusation étoit écrit dans sa propre relation: en la lisant on se demandoit pourquoi, si ses intentions étoient véritablement droites et pacifiques, il avoit gardé le silence lorsqu'on étoit venu lui révéler le projet de conspiration contre la cour de Rome? pourquoi, lorsqu'il savoit qu'on distribuoit des cocardes révolutionnaires au nom du gouvernement français, lorsqu'on proclamoit partout l'insurrection au nom de la république française, il n'avoit rien fait pour désabuser le peuple? pourquoi l'un des chefs de la révolte étant son protégé, il n'avoit usé ni de son influence, ni de son autorité pour le détourner de son criminel dessein? pourquoi il avoit promis de rester spectateur d'une scène qui pouvoit amener les résultats les plus sanglans? pourquoi il s'étoit contenté de représenter aux auteurs de la conjuration, que leurs moyens étoient insuffisans, comme si la révolte eût été plus légitime, si les moyens eussent été plus efficaces?

Joseph Buonaparte est instruit à quatre heures du matin du mouvement séditieux qui s'opère à Rome, et il se rendort paisiblement! En s'éveillant, il apprend que des dragons de la garde pontificale ont été égorgés, que les rebelles ont pris les couleurs françaises, que l'on distribue partout des cocardes françaises; et il croit remplir tout ce que son caractère lui impose de devoirs, en se rendant chez le secrétaire d'état, en lui promettant de ne point s'opposer à l'arrestation des coupables, en lui offrant de lui donner l'état des membres de la légation française qui doivent porter la cocarde républicaine! Ces hommes sont au nombre de huit, il ne faut que quelques minutes pour en rédiger la liste; il est deux heures lorsque Buonaparte quitte le secrétaire; et à quatre heures la liste n'est pas envoyée, et l'ambassadeur prend pour prétexte du retard de son dîner l'absence de ses secrétaires occupés à rédiger cette liste; et, dans cet intervalle, la ville de Rome est livrée à tous les désordres d'une insurrection générale!

A cette même heure un chef d'insurgés se présente chez lui, et il le reçoit, et il l'écoute! Il lui ordonne, à la vérité, de se retirer; mais ses ordres sont si bien respectés que les insurgés établissent chez lui leur quartier général, et il ne fait rien pour s'y opposer! Les troupes pontificales poursuivent les rebelles, et Joseph leur intime l'ordre de se retirer; mais, de l'intérieur de la juridiction, les insurgés tirent sur eux; ils ripostent au feu par un feu opposé, et alors Joseph Buonaparte se transforme en héros; il met l'épée à la main avec le général Duphot, et quelques autres officiers de sa suite, et tous ensemble ils se précipitent sur les troupes du saint père! Les cohortes romaines se replient, on les pousse l'épée dans les reins jusqu'à la porte *Septiminiana;* Duphot engage corps à corps un combat où il périt, et ce combat est traité d'assassinat médité par le saint siége! Et quand l'insurrection a pour objet la destruction du gouvernement romain, c'est ce gouvernement qu'on accuse de l'insurrection! Et l'on croit tromper le public en assurant qu'on a vu parmi les insurgés des espions du gouvernement, criant plus haut que les autres, *vive la république*, et distribuant de l'argent! Mais, si l'insurrection avoit pour chefs les agens du saint siége, par quelle extraordinaire méprise sont-ils venus se mettre sous la protection de l'ambassadeur français, s'établir dans sa juridiction? Étoit-ce d'ailleurs un agent du gouvernement romain, que cet artiste protégé par Joseph qui vint lui parler comme un frénétique? Étoient-ils des agens du gouvernement romain, ces six chefs de conspiration qui étoient venus précédemment lui faire part de leurs desseins? Et par quelle fatalité les agens du gouvernement romain massacroient-ils les dragons du pape? Comment se faisoit-il que les troupes pontificales ne reconnussent pas leurs propres concitoyens et tirassent sur leurs amis? On peut sans doute par d'habiles calomnies imposer à la multitude, et ce moyen suffit presque toujours dans les temps de révolution; mais il est une puissance qui triomphe de toutes les ruses de la mauvaise foi, et, quelques soins qu'on prenne pour l'étouffer, elle brave tous les efforts, confond toutes les impostures : c'est la vérité.

Qu'importe que quelques membres des légations d'Espagne, de Suède, de Toscane, aient adressé à l'ambassadeur français des lettres de condoléance ? Ne sait-on pas qu'à cette époque tous les cabinets de l'Europe, à l'exception de celui de Londres, trembloient devant le bonnet de la république française ? Et quand toutes les relations diplomatiques ne sont plus qu'un échange d'arrogance d'une part, et de frayeur de l'autre, de quelle autorité peuvent être les témoignages d'un secrétaire d'ambassade ? N'est-il pas évident d'ailleurs, par le style même de ces lettres, que la plupart de ceux qui les écrivoient étoient dans les intérêts de la France, et quelques-uns peut-être les complices de l'insurrection ?

Enfin qui avoit exigé de la cour de Rome qu'elle remit en liberté les sujets séditieux, les chefs de conspiration qu'on avoit arrêtés pour la sûreté de l'état ? Quel avoit été leur protecteur constant, si ce n'est Joseph Buonaparte ?

On avoit fait plus, on avoit employé jusqu'aux visions d'une folle qui se trouvoit alors à Rome sous le nom de mademoiselle Labrousse, et qui s'étoit précédemment fait une certaine réputation à Paris, sous le nom de *Catherine*

Théos, ou de la *Mère de Dieu*. On lui avoit fait prédire que le ciel la réservoit pour être témoin d'un grand événement, que la consommation des siècles étoit arrivée pour le saint siége, et que Dieu réprouvoit l'autorité de la tiare. On s'étoit empressé de répandre cette prophétie parmi le peuple, et de lui donner quelque crédit en l'insérant dans les journaux.

Peu de jours avant l'insurrection, les patriotes avoient célébré à Rome une fête démocratique en l'honneur du héros de l'Italie, et ils avoient dans cette orgie préludé aux désordres qu'ils se promettoient de commettre bientôt.

La consternation du gouvernement romain fut extrême quand on apprit les catastrophes sanglantes qui venoient d'avoir lieu. Le pape étoit malade; il ignoroit tout ce qui s'étoit passé, et l'on trembloit de le lui apprendre. Nul homme n'étoit d'un caractère plus pacifique et plus doux que le cardinal Doria-Pamphili, secrétaire d'état; il avoit passé douze ans en France, comme nonce du saint siége. Il avoit été désigné à la cour de Rome, par le gouvernement français, pour remplacer le cardinal Busca, et s'étoit toujours montré ami des voies de douceur, de justice et de conciliation. Après son entrevue avec l'ambassadeur français, il étoit resté dans la sécurité la plus profonde sur la situation de Rome. L'insurrection avoit éclaté sans qu'il en eût rien appris. Ce fut le chevalier Azzara qui lui en porta la première nouvelle. Dès qu'il fut instruit des scènes sanglantes qui s'étoient passées, son accablement fut extrême; il fit tous ses efforts pour calmer Joseph Buonaparte, et lui écrivit une lettre où il exprimoit toute la douleur dont il étoit pénétré.

« Le cardinal Joseph Doria-Pamphili, se-
» crétaire d'état, reçoit avec la plus vive
» douleur le billet du citoyen Buonaparte, am-
» bassadeur de la république française. Il a
» signé avec une très-grande peine le passe-
» port qui lui est demandé.

» Il n'ose le prier de suspendre son départ;
» mais il prend la liberté de lui faire passer
» une lettre pour M. le marquis Massimi, par
» laquelle, au lieu de lui raconter tout ce
» fait, il s'en rapporte à la bonne foi reconnue
» du citoyen ambassadeur, pour tout ce qu'il
» exposera à la république française. La santé
» du saint père ne le met pas en état de pou-
» voir être informé ce soir de tout ce qui est
» arrivé, et l'on ne peut prévoir sans affliction
» l'impression que pourra lui faire une si fâ-
» cheuse nouvelle, dans l'état où il se trouve.
» Le gouvernement sera prêt à donner à la

» république française les satisfactions qu'elle
» pourra demander au sujet de ce qui s'est passé,
» quoiqu'il n'y ait eu en cela nullement de sa
» faute.

» Qu'il soit permis au cardinal qui écrit de
» mettre sous les yeux du citoyen ambassa-
» deur, avant de terminer sa lettre, qu'il dé-
» pend de lui de conserver ce que le général
» en chef a établi si glorieusement à Tolentino;
» et, en espérant tout de la bonté connue du
» citoyen ambassadeur, il lui renouvelle l'as-
» surance de sa haute considération. »

La lettre au marquis Massimi porte le même
caractère de franchise, de bonté, de profonde
douleur :

« La dépêche que je vous adresse aujour-
» d'hui, lui dit-il, sera pour vous le sujet du
» plus vif chagrin, comme elle l'est pour moi.
» Vous connoissez l'étendue de nos sentimens
» d'amitié pour la république française, ainsi
» que l'intérêt que nous prenons tous, et que
» je prends en mon particulier à ce qui la
» concerne, et à tout ce qui peut intéresser le
» citoyen ambassadeur Buonaparte, qui est
» un homme si respectable. J'avois eu dans
» la soirée d'hier des rapports confidentiels,
» pour m'avertir que, dans la nuit même, on
» devoit faire quelque mouvement dans la

» ville de Rome. Je ne jugeai pas qu'il fallût
» donner beaucoup de poids à cette nouvelle;
» mais il me parut qu'il seroit prudent de ne
» pas la négliger. Ainsi je pris les mesures
» que tout gouvernement sage doit prendre en
» pareil cas ; et, m'étant fait un devoir de les
» communiquer au citoyen ambassadeur, il
» a bien voulu les approuver.

» J'étois tranquille, ayant une confiance en-
» tière dans les dispositions que l'ambassadeur
» m'avoit manifestées, et dans les précautions
» que j'avois prises, lorsque tout à coup, sur
» les vingt-trois heures, j'ai appris qu'une
» troupe d'insurgens s'étoit portée à son palais,
» pour obtenir de lui un appui, qu'il a refusé
» énergiquement; et qu'ensuite le général
» Duphot avoit été tué malheureusement dans
» le combat qui a eu lieu entre les insurgens
» et nos soldats. C'est à la suite de cet événe-
» ment que le citoyen ambassadeur a pris le
» parti de quitter Rome. J'ai fait inutilement
» tout ce que j'ai pu pour le retenir ; mais,
» malgré ses bontés et son amitié pour moi,
» il a cru devoir persister dans cette résolu-
» tion. Dans cette circonstance, j'ai cru devoir
» vous écrire, en remettant ma lettre à cet
» ambassadeur.

» J'ai une telle conviction de son équité et

» véracité, que je ne puis ni ne dois douter
» de la vérité de tout ce qu'il exposera au direc-
» toire. Le but de cette lettre est de vous char-
» ger de vous présenter au directoire, pour
» lui exprimer que le saint père éprouve la
» peine la plus sensible à cause de cet accident,
» qu'il ne lui a pas été possible de prévoir, ni
» d'empêcher. Vous ne devez offrir aucune
» satisfaction pour un événement dont le saint
» père et moi sommes inconsolables; mais vous
» devez prier le directoire de demander telle
» satisfaction qu'il voudra : ni sa sainteté, ni
» moi, ni la cour de Rome, nous ne serons
» jamais tranquilles jusqu'à ce que nous soyons
» sûrs que le directoire sera satisfait.

» Je ne sache pas vous avoir donné une com-
» mission plus intéressante que celle-ci. Ce
» sera un grand titre pour vous auprès de sa sain-
» teté, si vous parvenez à me mettre à portée
» de tranquilliser un peu le saint père à ce
» sujet. J'attends quelques renseignemens de
» votre part sur cet objet, et le plus tôt pos-
» sible. »

Il étoit difficile d'écrire d'un ton plus pacifique, plus humilié, plus propre à désarmer un gouvernement capable de quelque
sentiment de générosité. Le directoire ne répondit à tant de prières et de soumission qu'en

faisant arrêter l'ambassadeur de Rome, et en expédiant un courrier au général Berthier, pour lui donner l'ordre de marcher sans délai sur la capitale du monde chrétien, et d'aller y venger les mânes de Duphot. Les journaux français se remplirent, dès ce moment, de diatribes et d'insultes contre la cour de Rome; et les vertus de Pie VI ne le défendirent point des outrages d'un gouvernement sans pudeur et sans dignité.

Ainsi fut consommée la ruine du gouvernement romain; catastrophe terrible, qui devoit entraîner bientôt la ruine entière de l'Italie. Joseph Buonaparte revint à Paris, après avoir déclaré à l'ambassadeur de Naples que la république française regarderoit comme une déclaration de guerre les secours que le roi de Naples pourroit donner à la cour de Rome (1).

---

(1) Pour paroître observer quelques formes, le directoire crut devoir publier une sorte de manifeste, où il relevoit tous les griefs du saint père. On lui reprochoit :

D'avoir reçu le général autrichien Provera, envoyé par le nonce Albani, au cardinal Albani; d'avoir forcé la république cisalpine à se faire reconnoître par la force des armes ; d'avoir correspondu avec le député Camille Jordan à l'époque de la discussion des deux conseils sur l'emploi des cloches; enfin d'avoir exaspéré la troupe contre les républicains, et de l'avoir portée aux dernières extrémités.

On citoit à l'appui de ces inculpations une note adressée à la cour de Rome par Joseph Buonaparte.

« Il faut enfin, disoit l'ambassadeur, que le gouvernement
» français sache si les directeurs secrets de la cour de Rome
» continuent à renouer, à l'ombre de la paix, les mêmes
» trames contre la république. Les malheurs de la guerre que
» les mêmes hommes ont voulu faire à la France, et dont le
» peuple romain sent seul tout le poids, ne les ont pas
» frappés et ne les modèrent pas. Ils ont su s'en préserver
» et se mettre au-dessus de la misère publique.

» Telle étoit en effet la physionomie morale de ce
» pays, à l'époque de l'arrivée du soussigné. Cependant,
» loin de rien préjuger, et libre de toute prévention, il
» s'est renfermé dans le silence de l'observation. Mais
» enfin il s'est convaincu que la loyauté française étoit
» méconnue, ses amis persécutés et enchaînés, en dépit
» de la foi des traités, de la justice et de la raison; que
» des écrits incendiaires se promulguoient dans Rome, et
» notamment ceux intitulés : *La Giustizia e la verità in
» favore della Religione cattolica : Il popolo Romano,
» altri popoli,* etc.; que des assassins de Basseville, no-
» tamment celui qui plongea la baïonnette dans son sein,
» se promenoient dans Rome, et que ce dernier occupe
» encore un grade dans les troupes pontificales. »

Il ne falloit, pour répondre à cette note, que se rappeler le discours de Napoléon à ses soldats : « Soldats, il vous reste
» beaucoup à faire; la liberté vous attend au Capitole,
» et vous ne poserez les armes qu'après avoir rétabli les
» statues de Brutus. »

CHAPITRE III.

Situation intérieure de la France; attentats commis dans l'intérieur de Paris; préparatifs contre l'Angleterre; conduite de Buonaparte; craintes du Directoire.

Cependant Napoléon continuoit d'être à Paris l'objet de tous les regards, de toutes les conversations, de toutes les conjectures. La plupart des officiers qui avoient servi sous ses ordres en Italie, s'étoient rendus auprès de lui et lui formoient comme un cortége royal. Un grand nombre de troupes rentrées dans l'intérieur paroissoient toutes prêtes à suivre les étendards d'un chef qui sembloit disposer de la fortune et des honneurs. Accoutumées depuis long-temps à vivre au milieu du tumulte de la guerre, elles ne connoissoient de patrie que les camps, et se regardoient bien moins comme les légions de la république, que comme celles des généraux qui les conduisoient à la victoire. L'intérieur de la France étoit loin d'être tranquille; les routes commençoient à devenir peu sûres. Les voitures publiques, de Sens et d'Auxerre, avoient été arrêtées et pillées presque aux portes de Paris, et la vie des voyageurs n'avoit pas même été épargnée.

Les diligences ne marchoient plus qu'escortées par des détachemens de gendarmerie ; des scélérats, connus sous le nom de chauffeurs, reste exécrable de ces forçats que le directoire avoit jetés sur les côtes d'Irlande, et que l'Angleterre avoit revomis sur les nôtres, portoient la désolation dans les campagnes, et livroient à des supplices affreux les malheureux qui refusoient d'indiquer les lieux qui recéloient leur argent. On condamna, à Bruxelles, deux de ces monstres qui avoient poussé l'excès de la cruauté jusqu'à brûler avec des étoupes enflammées les mamelles d'une jeune fille qu'ils avoient violée. Une célèbre actrice française (mademoiselle Desgarcins) fut victime de leurs attentats. Sa maison de campagne n'étoit distante que de quelques lieues de Paris; pendant la nuit, ils en enfoncèrent les portes, traînèrent leur victime dans une cave, l'y garrottèrent avec les femmes qui la servoient, et se livrèrent ensuite tranquillement au pillage. Plus de vingt-quatre heures s'écoulèrent avant que les cris de ces infortunées fussent entendus; enfin, quelques habitans d'un hameau voisin vinrent à leur secours : il étoit trop tard, la terreur avoit tellement ébranlé les organes déjà affoiblis de la malheureuse actrice, que sa raison s'égara ; elle mourut folle quelques mois après. L'année précédente, elle s'etoit percée de trois coups de poignard, désespérée de l'infidélité d'un homme qu'elle aimoit éperdûment.

D'un autre côté, le fanatisme avec lequel le Directoire, excité par la théophilanthropie de la Réveillère Lepeaux, poursuivoit et déportoit les prêtres catholiques, produisoit dans les provinces des soulèvemens nombreux. Le peuple ne pouvoit voir sans pitié, et souvent sans indignation, tant de pasteurs, objet habituel de sa confiance et de sa vénération, traînés dans les prisons, les mains liées derrière le dos, ou enchaînés sur des charrettes comme des criminels. A Tarare, près de Lyon, un détachement de gendarmes, qui escortoit cinq prêtres condamnés à la déportation, fut attaqué par un rassemblement de trois cents hommes, mis en fuite, et réduit à abandonner sa proie. La Vendée mal pacifiée paroissoit prête à s'armer de nouveau. La Normandie étoit parcourue sur tous ses points par des partis peu considérables, mais nombreux et entreprenans, qui faisoient une guerre active aux zélateurs de la république. Le directoire opposoit à ces mouvemens la rigueur de ses lois, la baïonnette de ses guerriers, et le fer de ses bourreaux ; on livroit impitoyablement aux commissions militaires, les personnes inscrites sur la liste des émigrés, qui n'avoient point obéi à la loi du 19 fructidor. On fusilla de cette manière des hommes et des femmes qui n'avoient jamais quitté leurs foyers, et qui ne savoient même pas qu'elles fussent portées sur la liste fatale.

Mais le sang des victimes enfantoit de nouveaux soulèvemens, provoquoit de nouvelles vengeances. Nimes, Montpellier, Sarlat, Bésiers, étoient en état de siége. La Corse elle-même, désolée à la fois par la peste et la violence des partis, résistoit énergiquement à la tyrannie du directoire. Elle avoit à sa tête un vieux général nommé Giaflieri, homme plein de résolution et d'activité malgré son grand âge; le général Vaubois défendoit avec peine le drapeau tricolore. Un corps de trois cents hommes, parti de Bastia par ses ordres, tomba dans une embuscade, et fut massacré: on se battoit de part et d'autre avec toute la fureur qu'inspirent les guerres civiles; enfin, un renfort de 1500 républicains, venu de Gênes, rappela la victoire sous les enseignes françaises. Le vieux Giaflieri et plusieurs braves officiers furent pris, envoyés à Bastia, et fusillés. On livra aux flammes les villages rebelles; on porta le fer et le feu partout où les partis insurgés se montrèrent; et la Corse, couverte de cendres, de ruines et de cadavres, fut de nouveau réduite à subir le joug du vainqueur. Le directoire, pour excuser ces actes d'atrocité, les présentoit comme des mesures de salubrité devenues indispensables pour faire disparoître le fléau de la peste.

En Italie, la solde des troupes n'étoit pas acquittée; la garnison de Mantoue, lasse de solliciter inutilement une paye arriérée de six mois, se souleva, et menaça de mettre les villes au pillage, si elle n'obtenoit une prompte satisfaction. Pour apaiser cette révolte, on se hâta d'imposer sur les habitans une somme de 400,000 fr., qui fut sur-le-champ distribuée aux libérateurs de l'Italie (1).

Dans l'intérieur, des cercles constitutionnels, redoutables agrégations d'esprits turbulens, de républicains fanatiques et indomptables, menaçoient le directoire d'une destruction prochaine, et réclamoient hautement la démocratie de 1793. Dans quelques provinces les chefs de ces réunions parcouroient les campagnes, chas-

---

(1) Le vol étoit organisé au sein des armées. Un fournisseur d'Italie ne craignoit pas d'écrire dans les journaux : « Me reprocheroit-on de voler la république? Eh! com-
» ment pourrois-je m'en dispenser? Il faut une rétribu-
» tion au commissaire des guerres; il en faut une à l'ins-
» pecteur, une à l'ordonnateur; et, quand toutes ces rétri-
» butions sont acquittées, le payeur général vous retient
» le tiers, sous le prétexte qu'il a des ordres supérieurs. »

soient les nobles de leurs châteaux, poursuivoient les prêtres, et se livroient à tous les excès d'une ardente et sanguinaire démagogie. Chaque jour le directoire sévissoit contre quelqu'un de ces rassemblemens: également mal servi par la force ou par la foiblesse, il augmentoit par sa sévérité le nombre de ses ennemis(1).

Les impôts se recouvroient difficilement, les départemens ne les payoient pas; la proscription de la noblesse et du clergé, les calamités d'une longue guerre, la spoliation des riches, la chute du papier monnoie, avoient tari toutes les sources de la prospérité publique; et la France, si brillante et si riche dix ans auparavant, ne présentoit plus que l'aspect d'une hideuse misère. Les hommes ne paroissoient en public que vêtus d'étoffes grossières, l'habit du peuple étoit devenu le costume national. Telle étoit l'indigence de cette république si menaçante et si fière, que le rapporteur du conseil des cinq-cents, en discutant la loi sur les con-

---

(1) A l'époque où les assemblées électorales se réunirent pour élire un nouveau tiers, le directoire fut obligé d'avouer que l'on comptoit, parmi les électeurs, un septembriseur qui se vantoit d'avoir immolé trente victimes; et que dans les bureaux du premier arrondissement de Paris on avoit fait la proposition d'égorger un Chouan, de lui arracher le cœur, et de le manger. (*Proclamation du Directoire*, floréal an 11. *V. le Moniteur.*)

tributions indirectes, fit le pénible aveu, qu'à l'exception de Paris, le nombre des carrosses dans toute l'étendue de la France ne montoit pas à deux cents; que Dijon, où l'on comptoit autrefois quatre-vingts voitures, possédoit à peine deux cabriolets; que Rouen, qui avoit auparavant trois cents carrosses, étoit réduit à un seul. Au sein même de la capitale, on ne voyoit apparoître que de loin en loin quelques voitures de place, tristes restes de celles que la fureur démagogique avoit conquises sur l'opulence et l'illustration. Plus de sociétés, plus de réunions, plus de fêtes. Avant le 18 fructidor, la confiance s'étoit ranimée, le commerce et l'industrie commençoient à reprendre quelque éclat; le 18 fructidor avoit tout détruit, et la France marchoit rapidement vers sa décadence. Menacé de tous côtés, redoutant également et ceux qui pouvoient l'attaquer et ceux qui pouvoient le défendre; réduit à veiller chaque jour sur sa propre existence, le directoire n'adoptoit que des mesures partielles et de circonstance. Pour assurer la tranquillité de Paris, le général Lemoine eut ordre de placer de forts détachemens d'infanterie et de cavalerie dans tous les villages des environs de la capitale, de protéger les voyageurs et les voitures plubliques; outre ces détachemens, on enjoignit à tous les régimens qui étoient à Paris, de faire pendant la nuit des patrouilles jusqu'à deux lieues de rayon. On mit sur pied toutes les troupes de la division, et l'on établit des signaux pour les rassembler sur-le-champ, s'il étoit nécessaire.

Mais les brigands bravoient ces mesures, et malgré la vigilance des autorités, la capitale devint le théâtre d'un horrible attentat. A cette époque, la misère et la crainte ne permettoient point encore les réunions de société qui faisoient autrefois le charme de Paris; les familles les plus distinguées de Paris se rendoient le soir chez un glacier, nommé Garchi, et sa maison avoit, sous le nom de Frascati, obtenu une grande vogue. Les salons étoient richement décorés, et les jardins distribués avec une rare élégance; là on se voyoit librement et à peu de frais. Le 15 janvier, entre dix et onze heures du soir, des brigands armés se précipitèrent dans l'intérieur de la maison, parcoururent toutes les salles le sabre à la main, massacrèrent tous ceux qui essayèrent d'opposer quelque résistance; renversèrent les femmes, leur arrachèrent leurs colliers, leurs boucles d'oreilles, tout ce qu'elles portoient de riche sur elles; brisèrent les glaces, pillèrent l'argenterie du glacier, et, après avoir rempli ce lieu de terreur, de meurtres et de débris, se retirèrent, sans qu'aucun corps armé parût pour arrêter le désordre. Le lendemain, la capitale retentit du bruit de cet événement, un député du conseil des cinq-cents le dénonça à la tribune, et le directoire se hâta d'en consigner les détails dans son journal officiel.

« Vers les dix heures du soir, dit-il, dix
» hommes, vêtus de houppelandes et coiffés en
» partie de bonnets à poil, sont montés dans
» un des sallons du glacier Garchi, au premier
» étage. Ils ont pris chacun une glace et un
» petit verre de liqueur, qu'ils ont aussitôt
» payés. Un instant après, deux autres hommes,
» vêtus en uniforme et couverts d'une houp-
» pelande, sont venus se placer à une table
» voisine.

» A peine ces deux derniers étoient-ils assis,
» qu'un des dix hommes les a attaqués et in-
» juriés avec violence ; le glacier Garchi a prié
» cet homme de se taire, en lui recommandant
» le respect dû à une maison honnête. Sur son
» invitation, les deux derniers venus ont passé
» dans une salle voisine.

» Dans cet intervalle, douze à quinze hom-
» mes, encore vêtus de même, montoient l'es-
» calier, au moment où le citoyen Fournier,
» aide-de-camp du général Augereau, sortoit
» avec trois de ses amis ; un des hommes qui
» montoient, fixant le capitaine Fournier et ses
» amis, dit à l'un d'eux, *Voilà une figure qui*
» *me déplaît*, et lui lance en même temps un

» coup de bâton sur la tête. Fournier et ses
» compagnons d'armes, aussi étonnés qu'irrités
» d'une action semblable, se mirent aussitôt
» sur la défensive; mais plus de trente hommes,
» à peu près costumés de même et tous armés
» de sabres et de bâtons, qu'ils avoient tenus
» cachés jusqu'alors sous leurs houppelandes,
» tombèrent à coups redoublés sur ces quatre
» personnes, ainsi que sur toutes les autres atta-
» blées *au nombre de vingt* dans les divers
» salons, massacrèrent et brisèrent impitoyable-
» ment tout ce qu'ils rencontrèrent.

» Le citoyen Fournier et ses amis ont été
» mutilés de coups de sabre. Le citoyen Co-
» lavier, négociant, demeurant rue du Mont-
» Blanc, maison garnie, a eu une partie du
» bras gauche emportée, un coup de pointe
» dans les côtes gauches, la figure coupée, la
» tête et les cuisses mutilées.

» Le citoyen Fanatien, demeurant hôtel de
» la Souveraineté, rue de la Loi, a eu la cuisse
» gauche cassée jusqu'à l'os, et tous les autres
» membres hachés. Les citoyens Faure, Lier-
» val, Cantin, Chosy et Delamotte sont griève-
» ment blessés.

» Trois autres personnes, dont on ignore les
» noms, se sont précipitées par les croisées
» pour se sauver, et, quoique déjà couvertes de
» blessures, elles ont été assommées dans la

» rue par les complices de ces scélérats. Le
» glacier Garchi, qui avoit employé tous les
» moyens conciliatoires, et qui avoit déjà été
» maltraité à coups de bâton, n'a trouvé son
» salut que dans la fuite, en crevant un pan-
» neau et en se précipitant la tête la première
» sur une galerie ; encore les assassins vou-
» loient-ils lui couper les jambes, au moment
» qu'il tomboit.

» Quelques-uns de ces scélérats se sont por-
» tés, pendant l'expédition de leurs complices,
» dans le laboratoire, et ont volé les cuillères
» d'argent, pendant que d'autres retenoient le
» garçon de fourneau, le sabre sous la gorge.

» Un boucher voisin, étant accouru au bruit
» pour secourir, a lui-même été frappé à la
» porte de la maison, par l'un des conjurés,
» d'un coup de sabre qui l'a mis hors d'état de
» se défendre.

» Plusieurs tables à dessus de marbre, des
» glaces, des chaises, des statues, des quin-
» quets et autres cristaux ont été brisés; et ces
» monstres ont déployé tant de fureur et de
» force, qu'on a trouvé le matin, dans l'é-
» paisseur d'une table de chêne, un morceau
» de lame de sabre tout ensanglantée. On a
» peine à se figurer l'horreur que présentoient
» les appartemens qui ont été le théâtre de
» cette horrible scène. Tous les meubles bri-

» sés et renversés; le parquet, les croisées et
» les balcons, couverts du sang des victimes,
» ainsi que les pavés même de la cour et de
» la rue.

» On ne put, aussitôt qu'il auroit été à dé-
» sirer, réunir une force armée suffisante pour
» dompter cette bande d'assassins. Quatre ont
» été arrêtés et conduits devant le général de
» division Moulins. On doit l'arrestation de ces
» quatre monstres au courage des citoyens
» Bénard et Guichard, adjudans, qui, après
» avoir sommé les mutins de se rendre, ont
» tombé dessus le sabre à la main, et les ont
» désarmés, malgré la plus vive résistance.
» Tous les autres se sont sauvés.

» Cette force armée, malheureusement ve-
» nue trop tard, étoit composée de trois dé-
» tachemens, dont un de vétérans; le second,
» de garde nationale sédentaire; et le troi-
» sième, de troupe soldée, qui ont été obli-
» gés de foncer la baïonnette au bout du
» fusil.

» On n'a pas trouvé dans le moment le
» commissaire de police de l'arrondissement;
» mais le juge de paix de la division de la Butte-
» des-Moulins est survenu aussitôt qu'il en a
» été averti. A son arrivée, il a trouvé les
» victimes étendues sur le plancher, en divers
» endroits de la maison, et quatre des assas-

» sins entre les mains de la force armée. La
» police est en ce moment occupée des re-
» cherches les plus actives, pour découvrir les
» autres complices de ces crimes. »

Quelque tragique que fût le récit du directoire, il étoit encore fort au-dessous de la réalité. On y reconnoissoit aisément le désir d'atténuer les faits, et la crainte de nommer les coupables. On n'y parloit ni des violences exercées contre les femmes, ni du pillage de tout ce que le glacier Garchi possédoit de précieux. On représentoit cet horrible événement comme l'effet d'une rixe particulière, et non comme le résultat d'un projet conçu à loisir, et exécuté avec une audace que pouvoient seuls se permettre des hommes exercés au cruel métier de la guerre. Près de quinze jours s'écoulèrent avant que le Directoire, cédant au cri du public, ordonnât que les auteurs de cette affreuse tragédie fussent livrés aux tribunaux. Et cet arrêté comminatoire ne fut jamais exécuté.

Le gouvernement assuroit que de pareils attentats ne se renouvelleroient pas ; et, dès le lendemain, le domicile de l'envoyé d'Alger, Abu-Kaya, devint le théâtre d'une scène moins sanglante, mais non moins audacieuse. A quatre heures du matin, un officier, en uniforme de gendarme, se présente à la caserne du faubourg Poissonnière, demande le chef de bataillon qui commande le quartier, et lui remet une lettre du commandant de Paris, ainsi conçue :

« Conformément aux ordres du général de
» la dix-septième division militaire, vous
» commanderez sur-le-champ douze fusiliers,
» un caporal et un sergent qui seront requis
» par le citoyen commissaire du gouverne-
» ment, chargé de mettre à exécution un
» arrêté du Directoire exécutif. Ce détache-
» ment sera prêt à marcher à quatre heures
» du matin, pour être à l'ordre spécial du
» susdit commissaire, qui se présentera à la
» caserne. »

Le commandant du poste obéit; le commissaire annoncé survient, et presse le départ: on marche, on arrive à l'hôtel du Nord où resisdoit l'envoyé; on l'investit, on pose des sentinelles de manière que qui que ce soit ne puisse sortir; le commissaire se fait conduire aux appartemens, et lui présente un arrêté du directoire, signé *Barras*, qui porte que les papiers et les effets de l'envoyé seront inventoriés. L'envoyé et ses gens n'opposent aucune résistance, et le commissaire commence une fouille rigoureuse dans toute la maison. Ils s'attendoient à trouver de l'or, des diamans, une grande quantité de bijoux. Ils furent déçus dans leurs espérances. Abu-Kaya avoit mis en sûreté ses effets les plus précieux. Ils le sommèrent en vain de les représenter ; ils ne purent se saisir que de quelques objets de peu de valeur, et, mécontens d'une stérile tentative, ils se firent remettre quelques louis pour la garde, qu'ils renvoyèrent en la remerciant.

Par qui avoit été tentée cette nouvelle entreprise ? Il étoit évident que c'étoit par des hommes exercés au tumulte des camps, assez familiers avec les agens inférieurs du gouvernement pour se procurer le sceau du directoire, la signature du président, et tout ce qui pourroit donner aux actes dont ils avoient besoin le caractère de l'authenticité.

Trois mois auparavant, la même scène avoit eu lieu à Marseille, chez un négociant nommé Labacry, accusé d'être le partisan du général Willot. Les prétendus agens du directoire lui avoient enlevé, en bijoux, argenterie et numéraire, une valeur de 600,000 francs ; et ce vol étoit resté impuni.

Le même député du conseil des cinq-cents, qui avoit dénoncé l'attentat commis chez Garchi, dénonça l'invasion chez l'envoyé du dey, et demanda qu'il fût adressé un message au directoire, sur les circonstances de ce délit, et les mesures prises pour en prévenir de semblables. Le message fut décrété. Le directoire ne répondit point; de nouveaux événemens occupèrent l'attention publique, et l'on oublia également et les désastres du glacier Garchi et le pillage de la maison de l'envoyé algérien.

Mais le gouvernement, réduit à dissimuler, n'en sentoit que plus vivement le danger qui le menaçoit. Buonaparte, au milieu de son belliqueux état-major, continuoit d'attirer sur lui les regards de toute la France, et devenoit de plus en plus l'objet de l'enthousiasme du peuple et de l'adulation des poëtes. Son nom ne cessoit de retentir sur tous les théâtres (1). Les auteurs lui dédioient leurs ouvrages, et M. de B., malgré la sévérité de ses principes, lui envoya le plus célèbre et le plus profond de ses ouvrages. Les peintres se disputoient l'honneur de faire son portrait; mais, comme Alexandre, il n'avoit accordé ce privilége qu'à David.

---

(1) Dans une comédie-vaudeville, intitulée *Arlequin Journaliste*, on représentoit un colporteur qui se plaignoit de n'avoir commencé à vendre des journaux qu'après la paix, et on lui faisoit dire, en parlant des victoires de Buonaparte :

  En spéculant sur les exploits
   Des enfans de la Gloire,
  J'aurois fait fortune en trois mois,
   A deux sous par victoire.

On rapportoit que, cet artiste lui ayant proposé de le représenter à cheval, sur le pont de Lodi ou celui d'Arcole, il avoit répondu : « —Non, j'y servois avec toute l'armée ; représentez-moi tranquille sur un cheval fougueux. » On citoit également sa réponse à un homme d'état qui lui demandoit comment il avoit pu conclure, à Campo-Formio, un traité si avantageux à l'empereur d'Allemagne. « —Je jouois, dit-il, au vingt-un, j'avois vingt, » et je m'y suis tenu. »

La société des Annales de chimie, ayant fait imprimer la collection de ses mémoires, s'empressa de lui en envoyer un magnifique exemplaire, comme un foible gage de son admiration; comme un hommage dû à l'homme extraordinaire pour lequel la nature n'avoit plus ni secrets, ni profondeur. Buonaparte répondit:

« J'ai reçu les Annales de chimie que vous
» avez eu la bonté de m'envoyer; je vous en
» remercie. Je les lirai avec fruit, grâce à la
» simplicité que vous avez portée dans cette
» partie des sciences si essentielle, et jusqu'à
» ce jour si négligée. Vous avez trouvé des
» choses plus utiles que la pierre philosophale.
» En travaillant tous les jours à arracher les
» secrets à la nature, vous rendrez célèbres à
» jamais la nation et le siècle. »

Ses sœurs mêmes étoient l'objet des louanges

les plus flatteuses. Paulette (1) étant passée à Bologne, quelques jours avant l'expédition dans la Romagne, on lui adressa les vers suivans :

> Célébrons tous le conquérant
> Qui vient délivrer l'Italie ;
> Qu'il est terrible ! qu'il est grand !
> Mais aussi que Paule est jolie !
> Reconnoissez vos deux vainqueurs ;
> Peuples, courbez vos fronts dociles ;
> Paulette s'empare des cœurs
> Quand Bonaparte prend les villes.

> A ton héros, soldat français,
> De lauriers couronne la tête ;
> De roses et de myrtes frais
> Nous ornons le front de Paulette !
> Pourquoi faut-il que ta beauté
> A ses desseins si mal réponde ?
> Quand il porte la liberté,
> Tu la ravis à tout le monde.

Il parut à l'Institut dans le cours de janvier ; et, pour ne pas paroître dédaigner l'exercice de ses fonctions de savant, il lut un rapport sur un instrument polygraphique, à l'aide duquel on pouvoit, sans être versé dans les procédés

---

(1) Buonaparte avoit eu d'abord le projet de la marier avec le prince de *Santa-Croce* ; mais la crainte de se dépopulariser lui fit abandonner ce dessein.

de l'art, composer et imprimer très-rapidement des circulaires dont la teneur n'excéderoit pas les dimensions d'une page in-4°. Le rapport parut écrit avec méthode, et rédigé avec clarté.

Le directoire ayant fait célébrer avec une pompe extraordinaire la fête de la Souveraineté du peuple, Buonaparte affecta d'y paroître avec une simplicité étudiée qui n'échappa point aux esprits observateurs. Au moment où le cortége passoit près de la place du théâtre Italien, il se montra à une fenêtre avec sa femme, et, quand il se fut assuré qu'il avoit été reconnu, il descendit au milieu des acclamations, et alla modestement se confondre dans la foule des fonctionnaires qui suivoient le cortége.

Cette conduite artificieuse imposoit à la multitude, et gagnoit tous les jours des partisans à Buonaparte. On se plaisoit à comparer avec l'éclat de ses hautes et brillantes qualités l'obscurité d'un gouvernement qui ne comptoit dans son sein aucun homme d'un mérite distingué. L'armée, accoutumée à la gloire, s'indignoit de se voir soumise à quelques praticiens sans talens et sans considération. L'esprit du soldat étoit républicain; mais on regardoit Buonaparte comme la plus ferme colonne de la république. En songeant à le placer à la tête du gouvernement, on se flattoit de servir également les intérêts et la gloire de la nation.

Déjà on ne dissimuloit plus. On parloit ouvertement de la nécessité de donner à la France des chefs plus habiles et plus illustres. Buonaparte traitoit secrètement avec quelques hommes d'une grande influence, et commençoit à se ménager des intelligences dans l'armée du Rhin. Enfin, l'approche du danger éveilla l'activité du directoire, et lui rendit même quelque courage. Parmi les généraux qui s'étoient montrés avec plus d'éclat en Italie, il en étoit quelques-uns dont le républicanisme étoit plus défiant et plus ombrageux; nulle considération n'auroit pu les détourner de la cause de la liberté. De ce nombre étoit le général Augereau, homme incapable de crainte, et prêt à tout entreprendre. Jamais, à cette époque, Buonaparte ne seroit parvenu à le faire entrer dans ses vues; il haïssoit les grands parce qu'il étoit né petit, et se portoit vers toutes les entreprises hardies par une sorte d'instinct. Pour employer utilement ces heureuses dispositions, le directoire lui confia le commandement de l'armée du Rhin. Augereau s'aperçut bientôt que Buonaparte entretenoit des correspondances actives dans l'armée et les départemens qu'elle occupoit. Il en prévint le gouvernement qui se hâta d'en recueillir les preuves, et de tout préparer pour former, s'il étoit nécessaire, un corps d'accusation contre le vainqueur d'Italie. Toute l'intrigue étoit prête à être révélée, lorsque Buonaparte, effrayé à son tour du péril auquel il s'étoit exposé, fit publier dans le Moniteur la pièce suivante :

Strasbourg, 2 pluviôse an VI (21 janvier 1798).

« Le péril pour Buonaparte et Rewbel est
» des plus grands. On a préparé de fausses
» pièces de conviction contre eux d'attenter à
» la liberté de la France. On a fait recevoir des
» déclarations par écrit de plusieurs individus
» qu'on a apostés, pour assurer qu'ils ont
» pleine connoissance du complot tramé par
» eux de s'emparer seuls du gouvernement, et
» de faire périr les membres du directoire et
» des conseils qui pourroient s'opposer à leurs
» projets. Plusieurs de ces faux témoins ont été
» cherchés chez l'étranger; mais il n'y a pas
» d'Italien. On a arrangé toute une correspon-
» dance semblable au portefeuille d'Antrai-
» gues (1), dans laquelle ces deux magis-

---

(1) Lorsque le directoire se servit du prétendu portefeuille du comte d'Antraigues, pour perdre le général Pichegru, personne ne douta que toutes ces pièces n'eussent été fabriquées par le Directoire. Ici l'aveu est d'autant plus précieux que c'étoit Buonaparte lui-même qui avoit été chargé d'arrêter le comte d'Antraigues.

» trats (1) sont évidemment inculpés : les coups
» doivent être portés dans le courant de pluviôse,
» et même dans la quinzaine. On fait intercepter
» ici et dans d'autres endroits des lettres à leur
» adresse.

» Les meneurs sont, List, pharmacien, rue
» de la Mésange, et Wedelkind, déjà trop re-
» nommé. Ces deux Mayençais sont les princi-
» paux agens d'Augereau, au nom duquel et
» pour lequel tout se fait ; Agut, adjoint aux
» adjudans généraux ; les généraux Hard et
» Gross, travaillent avec eux et sont chargés de
» préparer l'esprit de l'armée à cet événement.
» Les chefs ont leur affiliation dans deux assem-
» blées de frères et amis à Strasbourg, et le
» nommé Schawn, chirurgien, est le messager
» et colporteur principal.

» Il ne paroit pas qu'il y ait quelqu'un de la
» députation dans le secret, si ce n'est Benta-
» bole, duquel on parle assez souvent et avec
» affection.

» Un des agens d'Augereau doit partir avec
» toutes ces pièces, lorsqu'elles seront mûries,
» et cela ne doit pas tarder.

---

(1) On est assez surpris de trouver ici Buonaparte désigné sous le titre de magistrat ; mais on s'aperçoit aisément que l'article est rédigé avec une imperfection et un
désordre affecté, pour lui donner un **caractère** d'originali-
té plus propre à produire son **effet**.

» Cet avis, quoique donné par un simple
» particulier, est très-vrai; et lorsque ceux
» même que cela concerne, en auront des
» preuves par les tentatives des conjurés, il
» se fera connoître. C'est l'amour de la patrie,
» le respect et l'intérêt que ces deux person-
» nages inspirent, qui lui ont dicté cette dé-
» marche. »

Après cette note, Buonaparte renonça à tous ses projets; et le directoire, rassuré contre ses entreprises, reprit sur lui une partie de cette autorité qu'un gouvernement ne perd jamais impunément; il osa même manifester hautement ses résolutions, et, dans la déplorable et criminelle fête du 21 janvier, il fit chanter ces strophes dont l'application étoit facile à saisir :

> Jurons, le glaive en main, jurons à la patrie
> De conserver toujours l'égalité chérie,
> De vivre et de périr pour elle et pour nos droits;
> De venger l'Univers opprimé par les rois!
>
> Si quelque usurpateur vient asservir la France,
> Qu'il éprouve aussitôt la publique vengeance;
> Qu'il tombe sous le fer, que ses membres sanglans
> Soient livrés dans la plaine aux vautours dévorans!

Il ne restoit au vainqueur d'Italie d'autre parti que la dissimulation; il s'y soumit, et, dans le premier entretien qu'il eut avec ses amis, il leur dit familièrement: *La poire n'est pas mûre.*

Dès ce moment il ne parut plus s'occuper que de l'expédition de l'Angleterre.

On avoit essayé de faire pénétrer les principes de la révolution jusque dans Londres. On y entretenoit quelques clubs; des patriotes irlandais cherchoient des partisans dans cette partie du peuple qu'il est facile de remuer quand on lui parle de ses intérêts, et qu'on la paye. On parvint à enflammer quelques têtes. Un individu eut la hardiesse de monter, un matin, sur la statue de Charles I*er*., à Charing-Cross, d'enlever l'épée du roi, de lui en placer la pointe dans la bouche, et d'en descendre en criant. *Au diable tous les rois* (1)!

---

(1) Au milieu du débordement de toutes les folies humaines, il s'étoit élevé à Hakney, en Angleterre, une nouvelle espèce de séminaire pour l'éducation des enfans, où l'on professoit les idées les plus bizarres, et les plus folles doctrines. Les maîtres de cette singulière institution se vantoient de perfectionner l'espèce humaine, jusqu'au point de la mettre au-dessus de la maladie et de la mort même. Ils n'osoient pas répondre de leur propre immortalité; mais ils se flattoient de parvenir, par leur méthode, jusqu'à l'âge le plus avancé; quant à leurs disciples, nul doute pour leur éternité. A la tête de cette académie, digne de Beedlam, étoit un écrivain, auteur d'un ouvrage sur l'ordre, la justice, et le droit public; il se nommoit Goddwin, et n'étoit pas moins extravagant dans ses conceptions diplomatiques que dans ses rêveries sur l'immortalité de l'âme.

Pour entretenir le peuple à Paris dans des dispositions favorables, on répandoit à dessein les nouvelles les plus absurdes; on lui annonçoit une déflagration générale en Angleterre. On publia, dans les journaux, une lettre qu'un député du conseil des cinq-cents, nommé Belinot, prétendoit avoir reçue de Londres, et qui portoit : *the people in his furiousness has hang'd the rascal Pitt; it is nothing but blood and fire at London.* — Le peuple dans sa fureur a pendu le détestable Pitt; tout à Londres est à feu et à sang.

On promettoit un mouvement spontané de la nation anglaise, aussitôt que le pavillon français flotteroit à la vue des côtes. On annonçoit, dans le Moniteur, que le chimiste Bertholet avoit découvert une poudre à canon dont la sensibilité et la force devoient enfanter des prodiges; le même avocat Thilorier, qui avoit proposé de transporter une armée de cinquante mille hommes en ballons, offroit encore, si l'on aimoit mieux, de la faire passer sous les eaux de la mer.

On avoit envoyé à Buonaparte quatre cents projets de descente. On publia dans les journaux anglais celui du géomètre Monge. Il consistoit à construire cinquante radeaux chargés d'artillerie et de fourneaux, marchant à voiles et portant ensemble trois cent mille hommes; ils devoient partir de différens ports de France, et tenter un débarquement simultané sur toutes les côtes de la Grande-Bretagne.

On chercha dans Nostradamus toutes les prédictions qui pouvoient se rapporter à l'expédition dont on s'occupoit. On épuisa tous les moyens possibles d'enflammer l'ardeur des soldats. Un habitant du département des Forêts se soumit à donner à chacun des dix premiers soldats qui descendroient en Angleterre, une maison, quatre arpens de terre, et deux cents francs. On rappela la promesse d'un milliard pour l'armée, et l'on remplit de nouveau les papiers publics des plus violentes diatribes contre le ministère anglais.

Enfin, vers le milieu de février, Buonaparte quitta Paris, pour visiter les côtes. Il fut reçu partout avec des honneurs extraordinaires, et parut plutôt comme un souverain qui visitoit ses états, que comme un simple général qui exécutoit les ordres de son gouvernement: il étoit précédé d'une compagnie des guides et accompagné d'un nombreux état-major. Partout son passage étoit marqué par les acclamations publiques et des fêtes brillantes. Mais la joie de cette marche triomphale fut troublée par un événement désastreux, un détachement des guides étant parti au grand galop de Rouen, pour Louviers, la poudre, échauffée par le frottement des gargousses, prit feu dans un caisson chargé d'obus ; l'explosion se fit dans un village dont les maisons étoient rapprochées les unes des autres, et cette malheureuse commune fut toute entière incendiée. Le directoire affecta de rassembler sur les côtes de France des corps nombreux. On nomma les états-majors, et l'on ne négligea rien pour persuader à l'Europe qu'enfin la France alloit porter sur le terrain de son ennemi le fléau de la guerre qui désoloit depuis si long-temps le continent. L'Angleterre elle-même commença à ne plus regarder comme une vaine menace les préparatifs d'une expédition dirigée par un homme que rien ne sembloit effrayer, et qui commandoit les guerriers les plus audacieux et les plus habiles de l'Europe.

De Douvres on pouvoit contempler l'appareil de la guerre, et jouir du spectacle d'une armée qui n'attendoit que le signal des combats ; on entendoit sur toute la côte le bruit du canon précurseur de plus grands orages, et déjà, sur le rivage anglais, les familles effrayées songeoient à se mettre en sûreté. Buonaparte parcourut successivement les côtes de la Normandie, de la Bretagne, de la Picardie, et, après s'être entretenu avec les plus habiles marins, il rentra dans la capitale, sans appareil et sans ostentation.

CHAPITRE IV.

État extérieur de la France; suite de la révolution de Rome; projets hostiles du Directoire contre les rois de Naples et de Sardaigne; événemens à Vienne, retraite de l'ambassadeur français; expédition d'Égypte; départ de Buonaparte pour Toulon.

Tandis que tout respiroit la guerre dans l'intérieur de la France, les plénipotentiaires de la république, réunis à Rastadt, feignoient de n'être occupés que de pensées de paix. Les conférences se prolongeoient, et l'on n'y terminoit rien ; chaque jour le directoire élevoit de nouvelles prétentions, et, tandis qu'on délibéroit sur les limites de la France, il s'établissoit à main armée dans les provinces dont il réclamoit la possession, et les forteresses allemandes tomboient sous la formidable artillerie de ses légions. Chaque concession nouvelle enfantoit une demande nouvelle. Les princes ecclésiastiques voyoient avec effroi le sort qui les menaçoit, et s'efforçoient inutilement de s'y soustraire ; leurs remontrances étoient ou rejetées ou reçues avec une hauteur dédaigneuse. La Prusse, qui venoit de perdre Frédéric-Guillaume, et qui se trouvoit sous le sceptre timide d'un jeune roi, recherchoit l'alliance de la république; et la république, qui avoit besoin de diviser pour régner, voyoit avec plaisir ce gouvernement oublier ses véritables intérêts, et perdre l'avenir pour jouir du présent. On flattoit le nouveau monarque de l'espoir d'agrandir ses états de tout l'électorat de Hanovre (1). L'empereur d'Allemagne n'osoit avouer les conditions secrètes du traité de Campo-Formio; mais la conduite qu'il tenoit les révéloit assez, et le directoire profitoit habilement de son embarras pour le soumettre à toutes ses volontés. Il se flattoit même d'exciter des mouvemens révolutionnaires dans l'intérieur de l'Allemagne, et personne ne doutoit que son ambassadeur n'eût à cet égard des instructions conformes à celles que Joseph Buo-

---

(1) Les Anglais, dont la politique étoit plus profonde que celle de l'Europe, et qui présageoient bien que la France succomberoit dans l'exécution de ses plans ambitieux, firent à ce sujet une caricature assez plaisante, qu'ils intitulèrent, *la Diète allemande*.
On y voyoit Buonaparte et le roi de Prusse assis à la même table; le premier en faisoit les honneurs, et, tenant un grand couteau à découper, offroit au citoyen Brandebourg une tranche de jambon de Hanovre, dont il lui vantoit la bonté, et l'engageoit à préférer ce morceau à une aile d'oie de Pologne.

naparte avoit emportées à Rome (1). On se nourrissoit de l'idée de voir bientôt l'Europe toute entière en combustion, tandis que la France, profitant du malheur des nations, s'enrichiroit de leurs dépouilles, et assureroit la durée de la république. La Suisse recueilloit comme Venise les fruits de sa politique timide et rampante. Les généraux et les commissaires du directoire portoient la désolation dans ces contrées pacifiques, ennemis également implacables des royaumes et des républiques, suivant l'ambition ou les intérêts de leur gouvernement; on ravageoit au nom de la liberté le seul pays où l'on jouissoit réellement de la liberté. Ainsi, tandis que l'élite de nos guerriers alloit quitter nos côtes et chercher, en traversant les mers, de

---

(1) Buonaparte ayant frappé la ville d'Udine d'une contribution militaire exorbitante, une députation le conjura d'en alléger le fardeau. *Vendez vos biens ecclésiastiques*, dit Buonaparte. — *Personne n'oseroit les acheter.* — *Rassurez-vous, bientôt vous serez libres.* Jusqu'où l'esprit de prosélytisme ne prétendoit-il pas porter ses torches incendiaires? on essaya d'introduire les germes de la révolution chez les nations sauvages de l'Amérique. Des émissaires français parvinrent à faire arborer l'étendard tricolore chez une tribu indienne: on essaya aussi, mais en vain, de faire prendre les mêmes couleurs aux Natchez, la plus puissante des nations indigènes qui bordent le Mississipi.

nouveaux périls et de nouvelles conquêtes; le directoire, dans son inquiète et turbulente ambition, allumoit sur tous les points de l'Europe un incendie qui devoit bientôt le dévorer lui-même. L'Italie en éprouvoit déjà tous les désastres. Il étoit évident que la révolution de Rome étoit l'ouvrage de Buonaparte; il haïssoit particulièrement le général autrichien Provera, qui s'étoit battu avec beaucoup de distinction en Italie, et avoit, dans plusieurs occasions, disputé la victoire aux Français. Ce général étant venu à Rome au mois de décembre, dès que Buonaparte en fut instruit, il intima à son frère l'ordre de déclarer au pape que, si Provera ne quittoit pas le territoire romain en vingt-quatre heures, les hostilités recommenceroient. Le pape s'humilia, et Provera partit.

Dans une fête donnée à Paris, par M. Visconti, Buonaparte avoit porté un toast *à la république romaine*.

L'ex-conventionnel Poultier, dépositaire des vues de Buonaparte, avoit écrit dans l'Ami des
« Lois : Il y a tels princes en Italie dont les
» trônes n'ont pas été renversés, uniquement
» parce que Jupiter n'a pas froncé le sourcil. Un
» signe, un mot, et à coup sûr la signature d'un
» seul homme suffit pour détruire l'ouvrage de
» plusieurs siècles. »

Quelques mois avant la catastrophe de Rome,

il écrivoit encore : « Joseph Buonaparte, député
» de la Corse au corps législatif et actuellement
» ambassadeur à Rome, pourroit bien venir in-
» cessamment siéger aux cinq cents par les mê-
» mes raisons qui font que Treilhard n'a pas
» encore accepté l'ambassade de Naples. »

Et, pour qu'il n'y eût aucun doute sur le sens de sa prédiction, il ajoutoit : « Lors de l'insur-
» rection de Modène, un simple commissaire
» prit un arrêté portant destitution du duc de
» Soûverani. Avant peu, Buonaparte pourroit
» bien signer la destitution des despotes de
» Rome, de Naples, de Sardaigne (1) et du
» grand-duché de Toscane. »

Depuis l'époque de la révolution de Rome le nom de Buonaparte se mêloit à tous les cris de joie des républicains. On lui avoit antérieurement décerné une fête particulière. Son frère avoit non-seulement reçu à Rome les chefs de l'insurrection, mais il avoit admis à sa table le

---

(1) Les états du roi de Sardaigne étoient infestés de missionnaires jacobins français, niçards, cispadans. Le prince n'osoit sévir contre eux, la défection dans ses armées étoit effrayante ; on comptoit plus de 4000 Piémontais déserteurs parmi les troupes républicaines. Dès 1796, on avoit eu le projet de révolutionner l'île de Sardaigne, et d'y établir une république : plusieurs patriotes s'étoient, à cet effet, rendus auprès de Buonaparte ; et Salicetti y avoit fait passer des émissaires corses.

fameux proscrit Angelucci, détenu pendant long-temps, et remis en liberté sur la demande de l'ambassadeur français. Dès que celui-ci eut quitté les états du pape, le gouvernement pontifical, empressé de se justifier, fit rédiger et adressa à toutes les cours étrangères un rapport circonstancié du capitaine Amodei qui commandoit les troupes de Rome. C'étoit un récit exact et simple des événemens où l'on ne trouvoit pas un mot des griefs dont se plaignoit Joseph Buonaparte. Les gazettes de Rome racontèrent aussi les faits d'une manière fort différente des gazettes françaises, et accusèrent celles-ci de n'avoir présenté qu'un tissu de faussetés. Mais toutes ces réclamations n'arrêtèrent point la marche de l'armée française. Le général Berthier entra à Rome le 10 janvier. Au bruit de sa marche, Pie VI avoit nommé une commission extraordinaire chargée de veiller sur la tranquillité de la capitale. On avoit mis sous les armes deux mille hommes tant d'infanterie que de cavalerie, distribués dans divers quartiers pour y maintenir la tranquillité publique.

En même temps le pape avoit publié un édit par lequel il annonçoit aux Romains que les Français ne venoient point comme ennemis, qu'il resteroit parmi eux, et n'abandonneroit point ses fidèles sujets. Il les exhorta à traiter les Français avec douceur, et envoya successivement trois députations au général Berthier, qui n'en voulut recevoir aucune, et se contenta de faire dire que le château Saint-Ange devoit être évacué avant son arrivée. Tout ce qu'il désiroit fut exécuté.

Les dispositions du pape étoient si peu belliqueuses que, dès que le général français fut entré, il lui envoya présenter ses respectueux hommages et lui demander sûreté et protection. Le général répondit que le sort du Saint Père dépendoit du peuple souverain; que, quant à lui, il devoit se borner à exécuter les ordres de son gouvernement. L'armée française prit possession du château Saint-Ange, et ne trouva de résistance nulle part. Les troupes napolitaines se retirèrent; celles d'Autriche fournirent des chevaux pour traîner l'artillerie française; et le marquis de Belmonte, ambassadeur de Naples, essaya, mais inutilement, de faire valoir sa médiation. Le général, fidèle à ses instructions, s'assura de tous les postes importans, donna une garde au souverain pontife, et se retira dans son camp, après avoir confié le commandement de la ville au général Vial. La consternation et l'effroi régnoient à Rome, et le silence général n'étoit interrompu que par la joie des patriotes, qui parcouroient les rues en criant : *Vive la liberté! vive Buonaparte! vive l'armée française!*

Dès le lendemain l'on arrêta et l'on fit fusiller quelques hommes du peuple, accusés d'avoir assassiné des Français. On mit en liberté tous ceux qui avoient été incarcérés à la suite des derniers événemens. On apposa les scellés au Vatican, et l'on répandit le bruit qu'on y avoit trouvé des papiers précieux, renfermés dans une armoire de fer. On attacha au carcan, pendant quatre heures, monseigneur Barbieri, fiscal, accusé d'être un des principaux auteurs des prétendues perfidies de la cour de Rome. On enjoignit à tous les émigrés français, et notamment au cardinal Maury (1), de quitter Rome dans les vingt-quatre heures ; et l'on déclara leurs biens acquis au profit de l'état. Le cardinal Albani et quelques autres furent arrêtés.

Quelques jours après, les patriotes, réunis au *Campo Vaccino*, rédigèrent, au nom du Peuple romain, un acte solennel par lequel il annonçoit qu'il reprenoit ses droits. Cette déclaration étoit intitulée *Atto del popolo sovrano*.

« Le peuple romain, disoit-on, opprimé,
» depuis nombre de siècles, par une tyrannie
» sacerdotale, vrai monstre dans l'ordre poli-

---

(1) Ce cardinal n'avoit point attendu les Français, et avoit prudemment pourvu à sa sûreté.

» tique, s'étoit plusieurs fois et toujours vaine-
» ment efforcé de briser les chaînes sacrées
» sous lesquelles il gémissoit. Une magie se-
» crète, une puissance ténébreuse, fondée sur l'a-
» varice et la superstition, avoit, jusqu'à ce jour,
» rendu toutes ses tentatives inutiles. Enfin,
» le charme est rompu, et cet odieux gouver-
» nement vient de périr lui-même, victime de
» ses alternatives d'audace et de lâcheté, d'or-
» gueil et de bassesse. Craignant de tomber
» sous une tyrannie plus cruelle encore, le
» peuple romain, inspiré sans doute par ses
» antiques héros, a recueilli toutes ses forces
» pour ressaisir ses droits, et rappeler de nou-
» veau l'aigle romaine sur les sommets du Ca-
» pitole. Plein de ces nobles et généreux sen-
» timens, il déclare à la face du ciel et de la
» terre, à Dieu et à l'univers, que ses mains
» sont innocentes du meurtre de l'immortel
» Duphot; et, pour donner au monde un grand
» exemple de justice, il abolit le gouvernement
» criminel qui a trempé le sol romain du sang
» d'un général français. »

Cet acte fut signé par plusieurs milliers de patriotes, les uns pleins d'enthousiasme, les autres pleins de frayeur. On le proclama dans toutes les places publiques. On courut au Capitole planter l'arbre de la liberté; et l'on nomma une députation de huit des plus dévoués républicains pour se rendre auprès du général français, et le conjurer de protéger de toute la puissance du gouvernement français le berceau naissant de la république romaine. Le général accueillit les députés avec distinction, et se mit en marche pour Rome. Arrivé à la porte dite du *Peuple*, les députés lui présentèrent une couronne d'olivier au nom du peuple romain. Le général consentit à la recevoir, mais en déclarant qu'elle appartenoit au général Buonaparte, dont le génie et les victoires avoient préparé la révolution romaine; qu'il la recevoit pour lui, et qu'il la lui enverroit au nom du peuple romain. Il monta ensuite au Capitole, et là, en présence de la multitude assemblée, prononça un discours souvent interrompu par les plus vives acclamations.

« Mânes de Caton, de Pompée, de Brutus,
» de Cicéron, d'Hortensius, recevez l'hom-
» mage des Français libres dans le Capitole où
» vous avez tant de fois défendu les droits du
» peuple, et illustré la république romaine.

» Les enfans des Gaulois, l'olivier à la main,
» viennent dans ce lieu auguste rétablir les
» autels de la liberté dressés par le premier des
» Brutus. Et vous, peuple romain, qui venez
» de reprendre vos droits légitimes, rappelez-
» vous le sang qui coule dans vos veines; jetez

» les yeux sur les monumens de gloire qui vous
» environnent ; reprenez votre antique gran-
» deur et les vertus de vos pères. »

A la suite de ce discours, le général imposa au peuple souverain quatre millions en argent effectif, deux millions en vivres et diverses fournitures, et une levée de trois mille chevaux. On créa cinq consuls, des édiles, des préfets. On décréta des monumens à la mémoire de Basseville et Duphot. On enjoignit à tous les citoyens de prendre la cocarde tricolore, rouge, noire et blanche. On abolit le droit d'asile, les priviléges, les titres de noblesse; on ordonna la destruction des armoiries et de tous les monumens qui pouvoient rappeler le souvenir du dernier gouvernement. On voyoit parmi les consuls figurer le fameux Angelucci, chirurgien-accoucheur, détenu quelques mois auparavant dans un cachot (1); l'ex-conventionnel Bassal, ancien lazariste et curé constitutionnel

―――――

(1) Cet énergique républicain, se souvenant que les faisceaux consulaires avoient été portés autrefois devant les Fabricius et les Cincinnatus, qui n'étoient que de simples laboureurs, ne voulut point quitter sa profession, et fit annoncer qu'il s'occupoit avec un égal zèle de gouverner Rome, et d'accoucher les dames; et, pour éviter toute méprise, il fit poser à la porte de son palais, deux sonnettes au-dessous desquelles on lisoit : *sonnette du consul, sonnette de l'accoucheur.*

de Versailles, avoit les sceaux de l'état (1). On décréta une fête solennelle pour consacrer ces grands événemens; et l'on chanta dans toutes les églises de Rome un *Te Deum*, auquel assistèrent quatorze cardinaux.

Le pape étoit malade et supportoit son malheur avec une résignation digne du chef de l'Église (2). Quand le général Cervoni vint lui annoncer que le peuple avoit proclamé la république, il ne proféra aucune plainte, et se contenta de demander ce que l'on avoit décidé de lui. Le général lui ayant répondu que sa personne étoit en sûreté, et qu'il pouvoit se retirer de Rome librement et choisir un asile; il disposa tout pour son départ. Quelques personnes lui conseilloient de prendre la cocarde tricolore, et lui promettoient d'obtenir pour lui une pension. «Je ne connois point, dit ce
» vénérable vieillard, d'autre uniforme que
» celui dont l'Église m'a décoré; mon corps est
» au pouvoir des hommes, mon âme appar-
» tient à Dieu; je reconnois la main qui frappe

---

(1) Ils représentoient Brutus sortant du tombeau.

(2) Depuis long-temps il étoit accoutumé aux outrages de la multitude. Quand il sortoit, les patriotes crioient: *Al fiume* (à la rivière). On avoit couché en joue le cardinal Cavandini.

» le pasteur et le troupeau ; je l'adore et me
» résigne ; je n'ai pas besoin de pension ; un sac
» pour me couvrir et une pierre pour reposer
» ma tête, voilà tout ce qu'il me faut : c'est
» assez pour un vieillard qui veut finir ses
» jours dans la pénitence. »

Quelques jours après, il s'éloigna des lieux qu'il avoit honorés de ses vertus, comblés de ses bienfaits, et se retira à Sienne. Vingt-sept cardinaux le suivirent dans son exil.

Ses malheurs, l'admirable résignation avec laquelle il les supporta, excitèrent dans toute l'Europe une tendre et généreuse compassion ; les chrétiens oublièrent toute distinction de sentimens et de croyance, pour ne voir que la vertu accablée et souffrante. Ceux qui aspiroient à un nouvel ordre de choses, croyoient trouver dans ces événemens l'accomplissement d'une prophétie qui étoit alors répandue avec profusion, et consultée avec avidité. Elle étoit extraite d'un recueil de prédictions intitulé *Liber Mirabilis*, imprimé en caractères gothiques, et contenoit en effet des passages dont l'à-propos étoit si frappant, l'application si naturelle, que les personnes élevées par leur raison et par leur esprit au-dessus du vulgaire, étoient tentées d'y trouver du prodige ; on y lisoit :

« Vers l'an du Seigneur 1510 (1) ou au-delà,
» sera exercée la plus noire trahison envers le
» roi de France captif; et la gloire des Français
» se convertira en opprobre et en confusion.
» Le lis sera privé de sa noble couronne, et le
» sceptre sera donné à qui il n'appartient pas.
» On s'écriera de toutes parts : *paix! paix!* et
» il n'y aura point de paix..... Les vassaux
» perfides, arrogans, furieux, se souleveront
» contre leurs seigneurs, et presque tout ce
» qui existe de nobles sera massacré, dépouillé
» de ses possessions. Les princes, les ducs, les
» barons seront foulés aux pieds et massacrés
» avec un horrible acharnement. Plusieurs
» états se révolteront pour se créer de nou-
» velles constitutions; ils régneront quelque
» temps, et seront accablés de calamités.

» L'Église universelle sera cruellement per-
» sécutée, privée de ses biens, dépouillée de
» son temporel. Il ne sera dans toute l'Église
» qui que ce soit, si élevé qu'il puisse
» être, qui ne se regarde comme heureux de
» pouvoir sauver sa vie, et échapper à tant de

---

(1) Pour accorder cette date avec les événemens de 1793, quelques chronologistes supposoient que l'auteur de la prédiction avoit suivi l'ère des martyrs, ce qui reportoit précisément les malheurs qu'il prédisoit, à l'époque de la révolution.

» calamités. Les temples seront souillés et pro-
» fanés, et la religion se taira au milieu des
» excès et des fureurs d'une multitude aveugle.
» Les vierges saintes fuiront, chassées de leurs
» asiles, outragées et violées. Les pasteurs,
» privés de leurs fonctions, dépouillés de leurs
» titres, poursuivis par une affreuse proscrip-
» tion, seront condamnés à la fuite ou à l'exil,
» et leurs troupeaux resteront sans défenseurs
» et sans guides.

» Le chef suprême de l'Église changera son
» siége, et ce chef sera bienheureux de trou-
» ver, avec ceux de ses frères qui le suivront,
» un asile où il puisse manger un pain de dou-
» leur, dans cette vallée de larmes. L'Église
» n'aura point de chef pendant vingt mois et
» plus, parce que, pendant tout ce temps, il
» n'y aura ni pape, ni empereur à Rome,
» ni régent en France. Mais à peu près vers
» l'an 1525 (1809), un peu avant ou après, un
» jeune homme, prisonnier, recouvrera l'em-
» pire des lis, et détruira à jamais les enfans
» de Brutus. »

Cette prédiction paroissoit d'autant plus frappante, qu'à cette époque on prétendoit que le jeune et infortuné dauphin, fils de Louis XVI, avoit été dérobé à ses meurtriers, et qu'il existoit dans le Piémont ; il s'étoit même passé à Turin une scène extraordinaire dont les journaux étrangers avoient donné tous les détails, et qui, malgré les soins du directoire, n'étoit pas tout-à-fait inconnue en France.

Voici comme on racontoit le fait :

« Un jeune tambour du régiment de Bel-
» gioioso est condamné, pour une faute le-
» gère, à passer par les baguettes. Au moment
» où l'on se dispose à exécuter la sentence, il
» demande instamment à parler à son colonel;
» il a, dit-il, un secret de la plus haute impor-
» tance à lui communiquer. Conduit devant le
» colonel, il lui déclare qu'il est le dauphin,
» fils de Louis XVI; qu'il a jusqu'à ce jour en-
» seveli ce secret dans le silence le plus profond;
» qu'il étoit résolu de ne se faire jamais con-
» noître qu'à sa sœur, mais que, prêt à subir
» un châtiment honteux, il n'a pu supporter
» l'idée d'un pareil avilissement; qu'il conjure
» le colonel de vérifier toutes les preuves qu'il
» est prêt à produire, et de suspendre l'exécu-
» tion de l'affreux châtiment auquel il est con-
» damné. »

L'officier, également frappé et de la bonne mine de ce jeune tambour, et de la facilité avec laquelle il s'exprime, et de ses manières polies, et de l'accent de vérité qui anime ses discours, prend le parti de soumettre cette question inattendue au général en chef dont le quartier étoit à Turin. Il traite le jeune prince avec des égards particuliers, et le fait partir dans une voiture attelée de quatre chevaux. A Asti, un vieux Suisse du château de Versailles, averti par la renommée, se présente devant le fils de son ancien maître, le reconnoît et se précipite à ses genoux qu'il baigne de ses larmes.

Dès que la nouvelle de son arrivée est répandue à Turin, toutes les dames se disputent le plaisir de le voir; il étoit beau, bien fait, spirituel, riche de tous les avantages propres à exciter l'intérêt du beau sexe. On s'empresse de lui demander le récit de ses aventures :

« Lorsque j'étois prisonnier au Temple, on
» m'avoit, comme vous savez, confié aux soins
» d'un cordonnier nommé Simon; cet homme
» étoit en apparence très-brutal. Il me maltrai-
» toit souvent en présence des commissaires de
» la commune de Paris, pour s'assurer davan-
» tage de leur confiance; mais intérieurement
» il déploroit sincèrement mon malheur, et me
» donnoit des preuves fréquentes de la plus ten-
» dre affection. Je ne saurois douter qu'il n'eût
» réellement l'intention de me sauver; malheu-
» reusement de grandes difficultés s'opposoient à
» ce dessein; et la convention avoit, de son côté,
» formé la résolution de me perdre. Comme elle
» n'osoit me faire périr ouvertement, elle donna
» l'ordre secret à Simon de m'empoisonner.
» Mon généreux gardien eut horreur de cette

» proposition. Il se procura le cadavre d'un en-
» fant qu'il mit à ma place, le présenta aux
» commissaires ; et, comme la ressemblance
» n'étoit pas exacte, il attribua cette différence
» à l'action violente du poison qui avoit déna-
» turé mes traits. Il me confia en même temps
» à un ami qui me conduisit d'abord à Bordeaux,
» et ensuite dans l'île de Corse. Le malheur qui
» s'attachoit à moi, voulut que mon mentor
» mourût. J'eus bientôt dépensé le peu d'ar-
» gent que j'avois, et, pressé par le besoin, j'en-
» trai chez un limonadier, en qualité de gar-
» çon. Je savois que ma sœur étoit à Vienne,
» et je ne perdois pas de vue le projet d'aller la
» rejoindre. Dans ce dessein, je quittai la Corse,
» et me rendis en Italie, pour me rendre de là
» en Allemagne. L'Italie étoit occupée par les
» Autrichiens. Je tombai dans un parti d'infan-
» terie qui voulut me forcer à m'enrôler; sur
» mon refus, on me dépouilla de tout ce que
» je possédois ; et, pour éviter un sort plus mal-
» heureux, je m'engageai comme tambour,
» n'ayant guère plus de quatorze ans. Depuis
» ce temps, j'ai fait mon service avec ponctua-
» lité, et la faute pour laquelle j'ai été con-
» damné à une punition humiliante est la
» première que j'aie commise. Aujourd'hui que
» je suis connu, tout mon espoir est dans la
» protection de l'empereur. »

Ce récit, fait avec une simplicité noble et touchante, produisit le plus grand effet. Les attentions du général redoublèrent. Diverses personnes qui avoient vécu à la cour, se rappeloient qu'il restoit au dauphin une cicatrice d'une chute qu'il avoit faite sur un escalier. Le jeune inconnu portoit cette cicatrice. Le public accourut à l'envi lui rendre ses hommages ; on ne le traitoit que de *monseigneur*, *votre altesse royale*. Le général en chef crut devoir écrire à Vienne, et reçut ordre de traduire le prétendu dauphin devant une cour martiale ; de le combler d'égards et d'honneurs, s'il disoit la vérité; et de le punir sévèrement, s'il n'étoit qu'un imposteur.

Le jeune soldat, effrayé de l'épreuve à laquelle on alloit le soumettre, avoua, dit-on, qu'il étoit le fils d'un horloger de Versailles, et qu'il n'avoit eu recours à ce stratagème que pour se soustraire à la peine cruelle à laquelle il étoit condamné. Malgré cette enquête, plusieurs personnes s'obstinèrent à voir en lui l'infortuné fils de Louis XVI.

Le conseil de guerre ordonna, néanmoins, qu'il subiroit sa sentence. Mais, à la sollicitation des dames, on réduisit la peine à un seul tour de baguettes, au lieu de trois.

Cet événement, consigné dans quelques journaux, fit beaucoup de bruit; et, quoiqu'il présentât tous les caractères d'un roman, les amis du merveilleux persistèrent dans l'espérance de voir paroître un jour l'héritier légitime de la couronne. On assuroit même qu'au moment où le caporal le dépouilloit de ses habits, le jeune inconnu s'étoit écrié : *Quel sort pour un Bourbon !*

D'un autre côté, quelques habitans des provinces de l'Ouest se flattoient de posséder parmi eux le fils de Louis XVI. On prétendoit l'avoir reconnu dans la personne d'un jeune ouvrier, qui, sous des habits communs, cachoit l'illustration de sa naissance. Ainsi tout se réunissoit pour favoriser les soupçons du peuple, et justifier le *Liber Mirabilis*.

On continuoit de le rechercher avec empressement, et ceux qui attendoient la restauration de la monarchie, ne doutoient pas qu'en 1809 le sceptre des lis ne recouvrât toute sa gloire. Le directoire, autorité tyrannique et ombrageuse, tremblant au bruit d'une feuille agitée par le vent, poursuivoit avec animosité les distributeurs de cette prophétie; et plus il la poursuivoit, plus elle étoit lue avec avidité.

Le pape avoit laissé Rome dans la désolation. A peine les consuls avoient-ils été installés, qu'ils avoient adressé au ministre des finances une liste de cent quinze personnes, avec l'état des sommes que chacune d'elles devoit payer en numéraire. Des commissaires de l'armée française, chargés de lever les contributions militaires, ajoutèrent à la désolation publique, par les exactions auxquelles ils se livrèrent. Nouveaux Verrès, ils n'épargnèrent ni les temples, ni les monumens publics, ni les maisons particulières. Les monastères furent dépouillés de leur argenterie. On enleva de la seule église de Saint Philippe-de-Neri pour près de 800,000 fr. d'effets précieux. On descendit les cloches, des tours où elles étoient suspendues, pour les convertir en monnoie ou en canons. Les familles les plus riches se virent enlever leur or, leur argent, leurs bijoux, et, pour acquitter les exorbitantes contributions dont elles étoient accablées, furent forcées de vendre leurs tableaux, leurs bronzes, leurs statues. La maison Borghèse fut imposée à plus de 700,000 fr.; les autres à proportion. Celles qui refusèrent de signer des obligations, furent incarcérées au château Saint-Ange.

Le soldat sans discipline et sans frein, encouragé par l'exemple de ses officiers et des principaux employés de l'armée, se livra de son côté à tous les genres d'oppressions et d'outrages. Le peuple ne pouvoit suffire à ses réquisitions; ce n'étoit pas seulement dans l'intérieur du domicile paternel que la fille et l'épouse étoient violées en présence de l'époux et du père, c'étoit dans les rues mêmes, en présence des citoyens indignés. On exigeoit, sous peine de mort, que chacun se parât de la cocarde tricolore; le peuple demandoit, comme une grâce, qu'on lui accordât la permission d'ajouter une croix aux trois couleurs, pour se distinguer des Juifs. On le lui refusa, en déclarant la proposition fanatique.

Tant d'excès, auxquels se joignoient la famine et la plus accablante misère, portèrent enfin le peuple au désespoir. On s'arma à Rome et dans la campagne; on égorgea un poste de Français dans le quartier de Trastevere; on s'empara du pont Sixte et de toutes les rues adjacentes, on attaqua partout la garnison républicaine; on massacroit impitoyablement les soldats isolés. Le désordre et le danger devenoient extrêmes, lorsque le général Vial se porta de sa personne vers les points les plus périlleux, fit charger les insurgés, les enfonça, en tua un grand nombre, enleva au pas de charge la porte *Septiminiana*, et parvint, après des combats sanglans, à rétablir le calme dans la ville.

De son côté, le général Murat marcha rapidement contre les insurgés d'Albano, de Rocca-di-Papa, de Velletri et de Castel-Gandolfo ; les attaqua, les tailla en pièces, et rentra après avoir livré leurs villages aux flammes. On fusilla à Rome vingt-deux chefs d'insurgés ; on arrêta les cardinaux Antonelli, Simaglia, Borgia, Roverella, et plusieurs autres ; on s'assura d'un grand nombre de religieux et de prêtres ; on enjoignit, sous peine de mort, à tous les habitans, de déposer sous trois jours leurs armes, leurs couteaux, leurs stylets ; et, pour soutenir la révolution par les moyens employés en France, on forma une association de patriotes, sous le nom d'*Émules de Brutus*.

Ces mesures violentes, et les calamités qui pesoient sur Rome, n'étoient que le prélude de désordres et de calamités plus grandes. Le général Berthier, estimé et chéri de l'armée, venoit d'être nommé, par le directoire, chef de l'état-major de l'armée d'Angleterre ; il avoit pour successeur le général Masséna, célèbre en Italie, moins encore par son habileté et son courage, que par une soif insatiable de l'or. Il avoit amassé des trésors considérables, et vouloit en amasser encore. Son arrivée au camp produisit un mécontentement général ; officiers et soldats refusèrent de le reconnoître ; on créa une commission pour déterminer la conduite que devoit tenir l'armée. Masséna irrité, publia une proclamation me-

naçante; elle fut arrachée et foulée aux pieds.
Les officiers réclamèrent l'intervention du général Berthier, continuèrent de tenir des conférences, et de résister aux ordres de Masséna. Le général Dallemagne et quelques
autres se joignirent à eux, moins pour protéger l'insurrection, que pour éviter la dis-
location générale de l'armée. Car, malgré le
pillage exercé sur Rome, la misère étoit
dans le camp; les vivres n'y arrivoient d'aucune part; le soldat réclamoit sa solde arriérée
depuis plusieurs mois, et manquoit des objets
de première nécessité. Quatre officiers partirent de Rome pour se rendre auprès du
directoire, l'éclairer sur la situation des
choses, et lui présenter les remontrances de
l'armée. Admis à l'audience :

« Citoyens directeurs, dirent-ils, l'honneur,
» le besoin, et l'apparition imprévue du gé-
» néral Masséna, nous ont dicté la démarche
» que nous faisons.

» L'honneur : une troupe de brigands, qui
» sans doute ont surpris votre confiance, cher-
» chent à nous le ravir. Ces hommes, indignes
» du nom de Français, se portent dans les plus
» riches maisons de Rome; et, sous le pré-
» texte d'y lever des contributions, enlèvent
» l'or, les bijoux, tous les objets précieux,
» ainsi que les chevaux, sans donner aucun

» reçu. Les preuves de leurs crimes sont entre
» nos mains.

» Le besoin: l'officier et le soldat sont pri-
» vés de leur solde depuis cinq mois, et man-
» quent de tout. Le luxe excessif et les prodi-
» galités de l'état-major forment un contraste
» révoltant avec cet état de dénûment ab-
» solu.

» L'arrivée imprévue du général Masséna-
» na: citoyens directeurs, l'armée n'a point
» oublié les brigandages et les extorsions
» qu'il a exercées sur les habitans des pays
» où il commandoit. Le territoire vénitien
» et Padoue sont un champ fertile où l'on
» peut rassembler les preuves de ses pil-
» lages.

» Pour nous soustraire à la honte d'obéir à
» un tel chef, nous nous sommes rassemblés
» au Panthéon, et nous avons délibéré sur les
» intérêts de l'armée. Alors le général Mas-
» séna nous envoya un adjudant-général,
» qui nous ordonna, en son nom, de nous
» séparer; nous menaçant, en cas de re-
» fus, de faire marcher contre nous les
» troupes et l'artillerie qui étoient sous ses
» ordres. — Nous attendrons tranquillement
» la mort, répondirent les chefs de l'assem-
» blée; nous aimons mieux mourir, que de
» survivre à la honte dont l'armée et la pa-

» trie sont menacées ; et, dans ce temple où
» nous sommes réunis, nous prenons l'Être
» Suprême à témoin de la pureté de nos vues.
» — L'assemblée députa alors un officier de
» chaque corps au général, pour lui remettre
» une adresse dans laquelle nous protestions
» au peuple romain, que nous n'étions point
» coupables des vols commis par quelques mi-
» sérables, qui, sous le titre de préposés de
» l'armée, nous déshonoroient par une con-
» duite infâme, et provoquoient la juste indi-
» gnation des Romains. Le général reçut les
» députés comme des séditieux ; il ne voulut
» ni lire l'adresse, ni s'engager à faire droit à
» nos justes réclamations. Nous nous rassem-
» blâmes de nouveau au Panthéon ; une dé-
» putation de généraux y vint de son côté, et
» se convainquit de la pureté de nos inten-
» tions. Le général avoit arrêté qu'il ne reste-
» roit que trois mille hommes dans Rome,
» pour les livrer aux poignards des insurgés et
» des fanatiques. Lui-même, pour se mettre
» en sûreté, avoit déjà quitté Rome. Mais,
» pénétrant son dessein, l'armée refusa d'o-
» béir. Des députés de chaque corps se réu-
» nirent au Capitole ; et là ils rédigèrent deux
» lettres ; l'une, pour le général Berthier, qu'ils
» conjuroient, qu'ils sommoient même, vu
» l'urgence des circonstances, de reprendre

» le commandement de l'armée; l'autre, pour
» le général Masséna, qu'elle déclaroit in-
» digne de commander l'armée d'Italie.

» En ce moment, les séditieux, informés
» q'à l'exception de trois mille hommes l'ar-
» mée française devoit évacuer la capitale de
» l'État romain, se rassemblèrent, prirent les
» armes; et, si les ordres du général Masséna
» avoient été suivis, la république auroit à
» regretter en ce moment la perte de trois
» mille de ses braves.

» Citoyens directeurs, grâces à la vigilance
» du général Dallemagne, auquel le général
» Berthier a remis le commandement avant
» son départ, Rome est tranquille. Cet offi-
» cier, qui jouit à juste titre de la confiance
» de l'armée, s'est empressé de nous justifier
» auprès du peuple romain, en désavouant,
» au nom de la république et de la nation
» française, tous les vols, toutes les injustices,
» tous les délits qui ont été commis. Citoyens
» directeurs, nous avons promis la punition
» des coupables; nous espérons que les ma-
» gistrats suprêmes de la république sanc-
» tionneront nos promesses. L'armée est ani-
» mée de tous les sentimens de respect et
» de dévouement pour la république; mais
» elle ne peut souffrir les dilapidateurs et

» les tyrans, dans quelques rangs qu'ils se
» trouvent » (*Moniteur, an VI, n°. 207.*)

Quelque dangereux que fût l'exemple donné par l'armée d'Italie, le directoire sentit la nécessité de transiger avec elle. La cause qu'elle défendoit étoit celle de l'honneur ; et ce n'étoit pas un spectacle peu digne d'intérêt, que de voir des guerriers se faire les protecteurs des vaincus, et refuser de prêter les mains aux pillages de leurs chefs. Une proclamation du gouvernement rappela les soldats à l'observation de la discipline ; mais elle autorisa en même temps les commissaires de Rome à poursuivre devant des cours martiales tous ceux qui s'étoient rendus coupables de vols, d'outrages et d'exactions. Le général Masséna et le commissaire Faypoult furent rappelés ; le calme se rétablit, et les orages de la révolution se détournèrent du territoire romain, pour aller porter leurs fléaux sur Naples, Lucques et Turin.

Tout avoit été préparé pour replonger de nouveau ces malheureuses contrées dans les horreurs de la guerre. La république lucquoise sembloit devoir trouver dans son obscurité un abri contre l'ambition du directoire ; elle ne put échapper ; et, pour renverser sa puissance et ses lois, il ne fallut qu'une querelle entre un officier français et un homme du peuple.

Le débat s'engagea dans une rue; l'officier se prétendit insulté, et frappa cruellement son adversaire. Le peuple intervint, le combat s'anima, et l'officier auroit couru les plus grands dangers, s'il n'eût été promptement secouru par un courageux ecclésiastique. Celui-ci fend la foule, écarte le peuple, fait enlever le blessé, et lui prodigue les soins les plus généreux. Le sénat alarmé fait en vain des offres de satisfaction; l'officier les refuse. On envoie des députations au ministre français à Florence; il ne veut rien entendre; la guerre est déclarée entre la république de Lucques et la France; son territoire est envahi, et le poids des plus énormes contributions pèse sur cette malheureuse ville.

Le roi de Naples espère en vain conserver la paix; sa prudence, ses ménagemens, son respect religieux pour le traité qui le lie avec la république, rien ne sauroit fléchir un gouvernement qui ne voit que dans la chute des trônes, et les dépouilles des peuples, les moyens d'entretenir ses armées, et de réparer le désordre de ses finances (1).

Un bâtiment français est attaqué par un na-

---

(1) Il est constant que la guerre de Suisse n'eut d'autre cause réelle que de s'emparer du trésor de Berne, pour faire les frais de l'expédition d'Égypte.

vire anglais, et pris à la vue des côtes de Naples. Le ministre de France impute cet événement au gouvernement napolitain, l'accuse d'une coupable connivence; réclame la punition du commandant des forts, une indemnité pour la cargaison, et une réparation solennelle pour la république. Depuis long-temps Naples s'est affranchie de la redevance de la haquenée au gouvernement romain; toute l'Europe a applaudi à cet acte courageux d'affranchissement: la république française, qui se déclare la protectrice des droits et de la liberté des nations, qui renverse sur son passage tous les monumens de la féodalité, rétablit à Naples la plus humiliante des lois féodales, et demande, au nom de Rome républicaine et libre, les sommes arriérées pour cette redevance, décidée, si le roi s'y oppose, à regarder son refus comme un acte d'hostilité. Vingt-deux mille séditieux, prêts à porter dans leur pays tous les fléaux de la révolution, ont été mis en prison; le gouvernement français exige leur liberté; et, avant même que le monarque puisse répondre à ses réquisitions, l'armée républicaine envahit ses états.

A Turin, les émissaires du directoire redoublent d'intrigue et d'audace; il n'est pas une ville, pas un régiment qui ne soit agité par ces turbulens révolutionnaires. La désertion croît tous les jours dans l'armée; le prince voit l'orage s'épaissir sur ses états, et, ne trouvant de ressource ni dans la force qu'il n'a pas, ni dans la foiblesse qui accroît le mépris du vainqueur, attend, dans le silence et la crainte, le sort qu'il plait à la république française de lui réserver.

Ainsi, ces traités solennels, conclus quelques mois auparavant, achetés au prix de tant de pénibles sacrifices, sont sans autorité auprès d'un gouvernement qui se joue des nations, des sermens et des lois.

En ce moment, tout étoit en activité dans les ports de France et d'Italie. Le directoire affectoit de ne parler encore que de l'expédition d'Angleterre; mais ses projets sur l'Égypte n'étoient plus un mystère; les journaux français et italiens s'expliquoient, à ce sujet, d'une manière à ne laisser aucun doute. Ils nommoient les généraux qui devoient faire partie de l'expédition, les savans et les artistes qui devoient s'associer à leurs travaux; ils indiquoient les ports où se réunissoient les bâtimens destinés à concourir à cette grande entreprise. L'Angleterre seule sembloit encore incertaine; et le gouvernement français ne négligeoit rien pour entretenir ses doutes. Le premier avril, la nouvelle du départ de Buonaparte pour Toulon s'étant répandue à Paris,

le directoire fit publier, dès le lendemain, un arrêté qui enjoignoit au général de se rendre à Brest, pour y prendre le commandement de l'armée d'Angleterre. Le parlement et le cabinet de Londres s'occupoient avec ardeur de la défense du pays, et ne se dissimuloient pas le danger qui les menaçoit. « C'est une vérité
» incontestable, disoit M. Dundas à la cham-
» bre des communes, que la crise actuelle
» doit décider si nous serons comptés parmi
» les nations. Nous devons nous hâter de pour-
» voir à la sûreté des femmes, des enfans, des
» vieillards; donner des armes à toute la po-
» pulation ; fortifier les points les plus mena-
» cés; rassembler des troupes autour de la
» capitale ; faire afficher aux portes des églises
» les noms des braves qui s'enrôleront volon-
» tairement ; autoriser les membres du par-
» lement à accepter des commissions dans
» l'armée, sans perdre leur place au parle-
» ment. »

« Je connois, ajouta-t-il, le danger de con-
» fier des armes à tout le monde sans distinc-
» tion ; je ne saurois dissimuler qu'il existe au
» milieu de nous un grand nombre de sujets
» malintentionnés, et sur lesquels nous de-
» vons exercer la plus active vigilance ; des su-
» jets capables de tout entreprendre pour in-
» troduire les réformes qu'ils désirent, de se

» lier même avec l'ennemi de leur patrie. Je
» sais qu'il existe une grande quantité d'hom-
» mes égarés qui entretiennent de perfides cor-
» respondances avec la France, et qui sont dis-
» posés à servir les projets les plus hostiles con-
» tre leur propre pays ; mais de quelque impor-
» tance que soient ces considérations, ce n'est
» pas une raison suffisante pour rejeter des me-
» sures que les circonstances nous comman-
» dent, si périlleuses qu'elles puissent être. »

Le général Tarleton parla dans le même sens ; mais il donna en même temps les plus grands éloges au général français, et ne craignit pas de déclarer que cette guerre, toute redoutable qu'elle étoit, lui offroit au moins un espoir auquel il attachoit le plus grand intérêt, celui de s'entretenir un jour avec le grand Buonaparte sur l'art militaire.

Quelques journaux anglais alloient bien plus loin encore que le général. On lisoit chaque jour dans le *Morning Chronicle* les éloges les plus pompeux de Napoléon et de tous les généraux de l'armée française ; on se permettoit tous les jours les plus violentes déclamations contre les ministres, et l'on osoit former le vœu de voir les Français seconder, de la force des armes, les nombreux amis de la liberté qui aspiroient à donner à l'Angleterre une constitution plus libre, et des lois plus égales.

Mais, au milieu de ces périls, le génie du célèbre Pitt veilloit sur les destinées de la Grande-Bretagne. Les flottes nombreuses de l'Angleterre parcouroient toutes les mers, et bloquoient tous les ports ennemis. Si la France menaçoit les côtes d'Angleterre, l'Angleterre, de son côté, menaçoit celles de France et préparoit une expédition de vingt mille hommes soit contre nous, soit contre la Hollande. La Méditerranée étoit surveillée; Nelson devoit s'y montrer avec une flotte considérable; vingt-quatre vaisseaux de ligne, commandés par l'amiral Jervis, gardoient le détroit de Gibraltar.

Le directoire répondoit à ces préparatifs par des préparatifs non moins imposans, et combinés avec plus d'artifice. Tandis que toutes ses pensées se portoient vers l'Afrique, il affectoit de les diriger uniquement vers son éternel et implacable ennemi, dont il ne vouloit plus, disoit-il, avoir à craindre le redoutable voisinage. Pour redoubler les incertitudes du cabinet de Londres, il nomma une commission destinée à diriger la descente en Angleterre; elle étoit composée du contre-amiral Lacrosse, de l'ingénieur Forfait, du chef d'artillerie Andreossi, et du capitaine Muskein; le gouvernement lui conféra tous les pouvoirs civils et militaires, mit à sa disposition 400,000 francs par décade; et lui assigna le Havre pour chef-lieu de réunion. Vingt-six millions trouvés dans le trésor de Berne, les contributions de Rome, un million levé sur la république de Lucques, et l'argent conquis depuis deux ans, par Buonaparte, sur toute l'Italie, avoient grossi le trésor de la république, et mettoient le gouvernement en état de pourvoir largement aux besoins de l'armée (1).

On désigna, en même temps, les généraux qui devoient commander sous les ordres du général en chef. Le général Kilmaine eut le commandement du centre, depuis Saint-Malo jusqu'au Havre; le général Desaix, celui de l'aile droite, depuis le Havre jusqu'à Anvers; le général Kléber, l'aile gauche, depuis Saint-Malo jusqu'à Rochefort. Le général Berthier fut nommé chef de l'état major. Il étoit difficile de voir une réunion d'hommes plus habiles. Il n'étoit pas un de ces officiers qui ne se fût distingué par des actes de bravoure et des preuves éclatantes d'une rare capacité. Le général Kléber avoit réclamé lui-même l'honneur de servir sous les enseignes de Buonaparte. C'étoit un homme

---

(1) La république venoit de se faire céder les riches mines d'alun, sises dans le territoire romain, et les avoit affermées pour dix-huit mois à un négociant nommé Georgi, moyennant cent cinq mille pièces d'or, qu'il paya d'avance.

d'un cœur noble et élevé. Né à Strasbourg, en 1761, dans une condition pauvre et obscure, il avoit reçu d'un curé d'Alsace les bienfaits de l'éducation, riche présent qu'il sut faire valoir par son application, ses talens naturels et son goût pour les arts. Il vint à Paris fort jeune, dans l'intention de se livrer à l'architecture, et reçut ses premières leçons du célèbre Chalgrin. Le hasard, qui régit plus souvent les destinées des hommes que leurs propres résolutions, changea celle de Kléber. Il étoit revenu à Strasbourg pour quelques jours ; deux illustres voyageurs se trouvèrent engagés dans un combat singulier ; Kléber, naturellement brave et juste, prit leur défense, et, par sa conduite loyale et courageuse, s'acquit des droits à leur amitié. Munich avoit une école militaire ; Kléber y fut admis ; celles de France lui auroient été fermées. Il fit des progrès si rapides, qu'un des professeurs étant mort il ne craignit pas de demander sa place ; on répondit à sa requête, en lui prescrivant les arrêts pour le punir de sa présomption ; mais le prince de Kaunitz, étant venu visiter l'école, le jeune élève fit placer, comme par hasard, ses dessins sur le passage du prince, qui en fut frappé. Il voulut en connoitre l'auteur. Kléber parut ; sa taille élevée, ses manières nobles, l'esprit dont il assaisonna ses réponses, plurent tellement au prince, qu'il lui proposa de le suivre, et lui fit peu de temps après donner une sous-lieutenance dans le régiment de Kaunitz.

Ses premières armes furent contre les Turcs; et pendant huit ans il se distingua autant par son assiduité à ses devoirs que par son courage; mais il étoit toujours sous-lieutenant; l'obscurité de sa naissance lui interdisoit les grades supérieurs. Son âme fière et indépendante ne put supporter cette humiliation; il rentra dans sa patrie, reprit ses études d'architecture, et étoit inspecteur des bâtimens de Béfort, lorsque la révolution de 1789 vint lui ouvrir une nouvelle carrière.

C'est une observation digne de remarque, que le parti populaire fut, à cette époque, embrassé par cette portion du tiers qui n'étoit ni le peuple, ni les grands, et que les progrès des lumières avoient créé, au sein de l'état, comme un ordre particulier, qui tiroit de son instruction et de ses talens une grande illustration. Kléber, repoussé par les nobles, se précipita dans les rangs du peuple, et alla y chercher une gloire qu'il auroit vainement ambitionnée dans un ordre où le mérite étoit toujours sûr d'être vaincu quand il disputoit les honneurs à la naissance. Il s'enrôla comme simple grenadier dans les bataillons du Haut-Rhin, parvint rapidement au grade d'adjudant général, et étonna bientôt toute l'armée par l'éclat de son courage et les ressources de son génie.

La Vendée, ravagée par les horreurs de la guerre civile, livrée à la férocité de généraux républicains, choisis, la plupart, dans les clubs, présomptueux autant qu'ignorans, et ne portant dans les camps qu'un patriotisme sauvage, appeloit un guerrier courageux et expérimenté, capable par de savantes combinaisons de déconcerter les plans des ennemis, et, par une conduite sage et modérée, de ramener les esprits à l'obéissance. Le gouvernement confia cette tâche honorable au général Kléber. Il parut dans la Vendée, porta sur cette guerre le coup d'œil de l'homme de génie, et par une tactique neuve, des opérations savantes, parvint à rendre à l'armée républicaine l'avantage que devoit lui assurer la supériorité de ses armes et de sa discipline. On le vit entrer en vainqueur à Nantes, chargé de lauriers que l'incendie, le pillage et le meurtre n'avoient point déshonorés. Il avoit droit aux honneurs du triomphe; la politique farouche et sanguinaire du comité de salut public, alarmée de ses victoires, lui retira le commandement. Kléber supporta cette injustice avec une noble résignation. On exigeoit de lui des sacrifices de victimes humaines; on lui enjoignoit d'égorger ses prisonniers; il se refusa à cette loi d'anthropophages, et ne répondit aux décrets de la convention qu'en accordant la vie à quatre mille hommes faits prisonniers à Saint-Florent.

Bientôt replacé successivement à la tête des légions qui combattoient sur les rives de la Sambre, de la Meuse et du Rhin, il s'illustre par de nouveaux faits d'armes; se signale à la bataille de Fleurus, marche sur Mons, force l'ennemi dans toutes ses positions, le rejette sur l'autre rive du Rhin; ouvre la tranchée devant Maestricht, s'en rend maître en vingt jours de siége, et passe au blocus de Mayence; l'honneur et la victoire l'accompagnent partout. Il se trouve, avec les divisions qu'il commande, sur les bords du Rhin; l'armée manque d'argent et de bateaux, il pourvoit à tout par ses seules ressources; dans l'espace d'une nuit le fleuve est couvert de bateaux, et l'armée le traverse sans que l'ennemi soupçonne son mouvement; il fond sur lui, force, par de savantes manœuvres, le passage de la Sieg, et réduit les troupes impériales à laisser les bords du Rhin sans défense.

Cependant la fortune change; l'armée républicaine, réduite à la retraite, se retrouve sur les bords du fleuve; il s'apprête à passer le pont de Neuwied; ordonne au général Marceau de

mettre le feu aux bateaux qui couvrent le Rhin dès qu'il aura jugé que l'armée française est en sûreté. Marceau juge mal, incendie précipitamment les bateaux ; ils voguent enflammés jusqu'à Neuwied, embrasent le pont, et l'armée française ne voit plus devant elle que des flammes prêtes à la dévorer, et derrière que des ennemis qui la foudroient. La terreur commence à se répandre dans les rangs. « Sol-
» dats, dit Kléber, avons-nous donc oublié qui
» nous sommes, et quels sont les ennemis qui
» nous menacent? Marchons, et que ce soit
» pour eux que l'incendie soit fatal! »

Le soldat répond à ces mots par un cri d'allégresse. On combat avec intrépidité ; l'ennemi est forcé de rétrograder, et, dans l'espace de trente heures, un nouveau pont, construit avec une incroyable célérité, offre aux Français une retraite assurée.

Une nouvelle campagne s'ouvre et lui offre l'occasion de se mesurer avec le prince Charles; il ne dément point sa renommée ; il combat toujours avec avantage et habileté; assure chaque jour une nouvelle gloire aux armes françaises; et, quand il a droit de s'attendre aux plus hautes récompenses, c'est d'une ingratitude nouvelle qu'on paye ses services.

Rendu à la vie privée, et retiré dans une maison de campagne aux environs de Paris, il s'occupoit à rédiger ses mémoires, et sembloit avoir renoncé à la gloire des combats, lorsque le bruit de l'expédition d'Égypte vint réveiller toutes ses idées guerrières. Il n'hésite point à offrir ses services au directoire. Le nom de cette terre si célèbre dans l'antiquité par ses prodiges, ses monumens, ses institutions, ses sciences, ses superstitions; le souvenir de tant de brillans combats livrés aux Sarrasins par l'élite des chevaliers français ; la nouveauté d'une entreprise vaste et hardie ; tout étoit propre à enflammer un esprit ardent, une âme impétueuse comme la sienne. La nature sembloit l'avoir fait pour les grandes actions. Sa taille étoit celle d'un héros, son regard rappeloit les demi-dieux d'Homère ; et sa tête, surmontée d'un haut panache, comme celle d'Achille, sembloit porter le sort des combats; mais ses pensées et son cœur étoient encore plus hauts.

Tel étoit le guerrier qui venoit s'offrir pour partager les périls et la gloire de Buonaparte, et servir sous ses ordres.

Mais déjà il ne s'agissoit plus de menacer Londres ou Dublin. Tout étoit prêt à Toulon ; les escadres de Gênes, de Civita-Vecchia, de Bastia, avoient ordre de se réunir à la grande flotte. Soixante mille hommes, l'élite des plus braves armées du monde, étoient rassemblés, et n'attendoient que le signal du départ; jamais, depuis la fameuse *Armada*, plus grande expédition n'avoit été préparée dans les ports d'Europe, lorsqu'un incident imprévu sembla devoir retenir sur le continent le chef de cette haute entreprise.

Le général Bernadotte étoit depuis deux mois à Vienne. Il y avoit été reçu avec des marques de distinction particulière. Il apportoit dans cette capitale la réputation d'un guerrier habile et loyal; son esprit et ses manières étoient propres à lui concilier tous les cœurs, et, quoiqu'il professât avec chaleur les principes républicains, la franchise de son caractère sembloit le mettre à l'abri de tout soupçon. Ainsi l'Autriche pouvoit se promettre de sa part une mission pacifique et amicale; un jour suffit pour dissiper toutes ces espérances.

On étoit à l'époque où la jeunesse de Vienne, animée d'un généreux patriotisme, s'étoit, l'année précédente, enrôlée toute entière pour la défense de l'état. Elle désiroit célébrer, par des fêtes, l'anniversaire de ce noble dévouement, et l'empereur paroissoit disposé à répondre à ses vœux. L'ambassadeur français notifia aux ministres autrichiens qu'il ne verroit pas cette fête avec plaisir, et demanda qu'elle n'eût point lieu. Il étoit fort difficile de refuser à la jeunesse d'une grande ville une satisfaction qu'elle sollicitoit avec ardeur, et qui tendoit à entretenir dans le peuple l'amour de son pays et de son souverain. Le ministre représenta inutilement au général qu'il lui étoit impossible d'accéder à sa demande : le général déclara que, si la fête avoit lieu, il en donneroit une de son côté ; c'étoit agir en maître dans un pays qui n'étoit pas conquis. Le ministre crut de la dignité du souverain de ne pas plier, et la fête eut lieu. Le même jour, l'ambassadeur, pour ne pas montrer moins de fermeté, réunit ses amis et fit arborer à son hôtel le drapeau tricolore avec cette inscription : *liberté, égalité.*

Les habitans de Vienne étoient loin de partager les dispositions des peuples de Milan, de Rome et de Venise. La vue de cet étendard de révolution les anima d'une extrême indignation : on se rassembla autour de l'hôtel, on demanda à l'ambassadeur qu'il fît disparoître le drapeau, et, sur son refus, on se mit en devoir d'enfoncer les portes, et de se faire justice à soi-même. On répondit aux attaques de la multitude en tirant sur les assaillans ; plusieurs furent tués, un grand nombre blessé ; mais les portes de l'hôtel furent enfoncées, et le peuple furieux en brisa tous les meubles.

La consternation fut extrême à la cour et dans la ville ; on se rappeloit avec effroi les désastres récens arrivés à Rome. Les ministres s'empressèrent d'offrir à l'ambassadeur français toutes les satisfactions qu'il pouvoit désirer. Il répondit qu'il n'avoit d'autre parti à prendre que de se retirer. Il expédia un courrier à son gouvernement, et partit dans la nuit. Le comte de Collorédo, ministre du cabinet de l'empereur, fit tous ses efforts pour le retenir, et lui écrivit une note pleine d'affection, où il lui disoit :

« Le comte de Collorédo a l'honneur de dé-
» clarer au citoyen ambassadeur de la républi-
» que française, que Sa Majesté a appris avec
» un vif déplaisir les excès et les désordres com-
» mis la nuit dernière : Sa Majesté en a été à
» peine informée, qu'elle a donné aussitôt des
» ordres en conséquence tant au commandant
» des troupes qu'au ministre de la police, dont
» le zèle connu et l'exactitude ne permettent
» pas de douter qu'ils aient rempli ses intentions
» autant que les circonstances l'auront permis.
» Sa Majesté désire que le citoyen Bernadotte
» veuille ne pas persister dans la demande des
» passe-ports. Elle s'en remet à lui-même de
» prendre en considération tous les inconvé-
» niens qui pourroient résulter des bruits d'une
» mésintelligence survenue entre les deux puis-
» sances; bruits auxquels le départ de l'ambas-
» sadeur donneroit nécessairement lieu. Sa

» Majesté a ordonné à M. le comte de Saurau
» et à M. le baron de Degelman de se rendre
» encore aujourd'hui chez le citoyen ambassa-
» deur, afin d'éclaircir et de vérifier tous les
» faits, et d'écarter, à la satisfaction réciproque,
» tous sujets de plaintes fondées de la part de
» l'ambassadeur.

» L'empereur, en ordonnant au soussigné de
» faire connoître ses sentimens au citoyen am-
» bassadeur, le charge d'y ajouter l'assurance
» de l'intention invariable où est Sa Majesté
» de conserver soigneusement et en toute occa-
» sion la bonne harmonie, si heureusement ré-
» tablie entre les deux puissances; résolution
» que l'exécution ponctuelle de toutes les sti-
» pulations du traité de Campo-Formio, de la
» part de l'empereur, met absolument hors de
» doute. »

Cette note n'ayant produit aucun effet, les ministres autrichiens envoyèrent un courrier à Paris, et, dès le lendemain, l'empereur fit publier en son nom une proclamation signée du comte de Pergen, et conçue en des termes propres à exprimer toute l'affliction du souverain. Elle portoit que S. M. I. avoit appris avec le plus vif déplaisir que, par un zèle hors de saison, quelques habitans de Vienne s'étoient écartés de leur respect accoutumé pour l'ordre public; que Sa Majesté, dans l'attente que dès ce moment tous les bourgeois bien pensans s'abstiendront de prendre part directement ou indirectement à des tumultes, et à toute espèce de rassemblement, avoit ordonné que l'on prît les mesures les plus efficaces pour maintenir le repos et l'ordre public; que, si quelqu'un ne répondoit pas à cette attente, Sa Majesté se verroit dans la désagréable nécessité de faire punir suivant toute la rigueur des lois un tel perturbateur du repos de ses concitoyens.

L'empereur convoqua ensuite un conseil d'état, auquel on fit inviter tous les ministres des puissances étrangères. On y produisit le procès-verbal rédigé par l'ambassadeur français lui-même, et toutes les pièces propres à jeter du jour sur ce malheureux événement. Après une longue délibération, tous les ambassadeurs signèrent une déclaration qui justifioit complètement le gouvernement autrichien, et rejetoit la faute des désastres du 13 avril sur l'imprudence du ministre républicain, et l'innovation qu'il s'étoit permise, en faisant arborer le drapeau tricolore. Cette déclaration fut envoyée dans toutes les cours étrangères.

On craignoit avec raison que la retraite du général français ne devînt le signal d'une nouvelle guerre; il s'étoit retiré à Rastadt, où il avoit été reçu dans le palais destiné pour le général Buonaparte; on l'y avoit accueilli avec d'autant plus d'égards qu'on redoutoit davantage les événemens futurs. Il ne se plaignoit point de l'empereur; il en parloit avec considération et respect, et n'accusoit que l'or de l'Angleterre et l'inimitié du baron de Thugut. Il en partit le 30 avril, pour se rendre à Paris : le général autrichien, prince Reuss, s'y rendit en même temps en qualité d'ambassadeur extraordinaire.

On ne doutoit point, dans la capitale, que le directoire n'eût voulu faire à Vienne un essai des dispositions du peuple, prêt à soutenir l'insurrection s'il étoit possible d'en susciter une, ou à désavouer son ambassadeur si les circonstances lui paroissoient peu favorables.

Mais la situation où se trouvoit le gouvernement français ne lui permettoit pas de prendre une résolution décisive. Le général Bernadotte avoit trop bien servi la cause de la république pour être désavoué, et les préparatifs de l'expédition d'Égypte étoient trop avancés pour songer à une rupture avec l'Autriche. Le directoire sentit la nécessité d'ajourner ses desseins, et de part et d'autre on convint d'entrer dans des explications propres à maintenir l'harmonie entre les deux nations.

Buonaparte étoit encore à Paris, et sembloit

ne plus songer qu'à la célèbre expédition qu'il devoit diriger. La nouvelle des événemens de Vienne changea ses déterminations. Il crut voir dans une nouvelle guerre entre la France et l'Empire, un nouveau moyen de s'élever à la puissance suprême. Le jour de son départ étoit fixé ; il le retarda, et se rendit auprès du directoire, pour lui offrir ses services. Le directoire, embarrassé, feignit de les accepter avec empressement, et, par un arrêté pris spontanément, lui conféra les pouvoirs les plus étendus, et le chargea de tout réparer.

Dès ce moment, il se regarda comme maître des destinées de la France. Il commença une correspondance suivie avec le comte de Cobentzel, et, dans une lettre, qui depuis tomba entre les mains du directoire, il ne lui cacha pas ses desseins, et lui montra la nécessité d'un changement politique qui pût terminer enfin les difficultés qu'avoit fait naître le traité de Campo-Formio. Les directeurs sentirent alors tous les dangers qu'ils couroient, et réunis tous dans une même pensée, ils pressèrent son départ pour Toulon. Mais Buonaparte ne vouloit point manquer une si belle occasion ; il se rendit au conseil, et expliqua ses intentions avec tant de hauteur et de fermeté, que le directoire crut entendre un maître qui lui dictoit ses volontés.

La conférence devint vive et animée, et, dans la chaleur de la discussion, Buonaparte menaça le gouvernement de donner sa démission. En ce moment, l'un des directeurs, prenant une plume et la lui présentant : *Général*, lui dit-il, *signez*. Le général interdit ne signa point, et se retira en silence.

On a souvent considéré l'expédition d'Égypte comme une déportation honorable du vainqueur d'Italie ; et lorsque, deux ans après, le directoire, après avoir proscrit les conseils législatifs, se trouva lui-même proscrit par les conseils, on lui reprocha vivement d'avoir sacrifié la plus belle armée de la république pour se délivrer des inquiétudes que lui donnoit le grand homme qui la commandoit. Buonaparte lui-même ne s'est jamais expliqué à ce sujet, et, lorsqu'il rentra en France, il laissa tout le poids de l'accusation sur le directoire. Il est constant, néanmoins, qu'il fut un des plus ardens zélateurs de cette expédition. Le désir de porter la gloire de son nom jusqu'aux extrémités du monde; d'aller, comme le héros de Macédoine, combattre ses ennemis jusque dans l'Inde, de porter les arts de l'Europe dans des contrées flétries par la barbarie, d'affranchir la Grèce, et de rendre à la civilisation européenne les belles provinces soumises au joug du Turc, sourioit à son imagination ardente et ambitieuse.

La lecture de Quinte-Curse, d'Arrien, et de tous les historiens d'Alexandre, produisoit sur lui le même effet que la lecture d'un roman sur un cœur jeune et passionné ; et toutes les fois qu'il n'étoit pas occupé du projet de s'élever à la puissance suprême, ces idées revenoient à sa pensée avec une nouvelle énergie. Il les avoit manifestées publiquement au moment où il avoit quitté l'Italie : il les avoit développées d'une manière plus précise encore dans le discours qu'il fit au directoire en lui présentant le traité de Campo-Formio. C'est un fait connu, qu'il rédigea lui-même le projet de l'expédition ; que tous les plans, toutes les combinaisons, tous les arrêtés du Directoire, les nominations des officiers, furent écrits de sa main, et recopiés par Barras, qui faisoit les fonctions de secrétaire-général, pour ne pas initier dans le mystère le secrétaire lui-même, sur lequel on ne comptoit pas assez.

Sans doute, s'il eût entrevu la possibilité de s'élever en France à l'autorité souveraine, il auroit remis à un temps plus éloigné ses desseins sur l'Égypte et l'Inde ; mais il en eût tenté l'accomplissement dès qu'il se seroit cru suffisamment affermi sur le trône. Ses amis, qui n'étoient que les échos de sa pensée, répétoient sans cesse que c'étoit dans l'Inde, à Calcuta et à Chandernagor, qu'il falloit aller prendre Londres; et l'exécution d'un pareil projet n'effrayoit nullement leurs âmes entreprenantes et téméraires.

Il faut avouer qu'au milieu des immenses occupations que donnoient au directoire les conspirations intérieures, la guerre du dehors, la haine de la nation, la pénurie des finances, il avoit en quelque sorte enfanté des prodiges. Une flotte magnifique étoit équipée dans le port de Toulon; une foule infinie de bâtimens de transport, de vaisseaux de guerre, de frégates, de navires de tous les ordres, avoient été réunis, équipés, pourvus de tout dans les ports voisins; l'état le plus florissant auroit à peine pu développer le même appareil de force et de puissance.

L'officier qui devoit commander en chef les escadres réunies, étoit l'amiral Brueys, homme d'un grand courage, d'une capacité éprouvée, mais d'un génie peut-être au-dessous d'une si grande entreprise. Buonaparte professoit pour lui une estime particulière, et long-temps avant qu'on entretînt le public de l'expédition d'Égypte, il l'avoit recommandé publiquement à la France et au directoire, dans une lettre que publièrent tous les journaux. La marine républicaine conservoit encore quelques-uns de ces officiers célèbres qui avoient illustré le pavillon français, et ils se trouvoient presque tous sur les bâtimens destinés à l'expédition.

Ainsi, rien de ce qui pouvoit assurer le succès de cette grande entreprise n'avoit été négligé : mais les momens étoient précieux, et le moindre retard pouvoit exposer la flotte à une perte certaine. On savoit que l'amiral Nelson étoit chargé de tenir la mer Méditerranée avec une escadre imposante, et d'observer les mouvemens des flottes françaises. Rien ne pouvoit donc dispenser le général en chef d'aller sans délai se mettre à la tête de l'expédition.

Cependant, malgré l'explication très-vive qu'il avoit eue avec le directoire, il conservoit encore l'espérance d'aller, à Rastadt, se mettre à la tête des négociations, et se faire l'arbitre des destinées de la république, lorsqu'une visite imprévue de Barras le força de se rendre à Toulon. Voici comme on raconte cette anecdote :

« Le soir du 16 floréal (5 mai) Buonaparte
» s'occupoit de son voyage à Rastadt, et par-
» loit même de la manière de vivre qu'il adop-
» teroit à son retour, lorsque Barras entra, l'air
» extraordinairement sombre. Il prit très-peu
» de part à la conversation du salon, et passa,
» après quelques instans de silence, dans un ca-
» binet voisin, avec Buonaparte. L'entretien
» dura un quart d'heure. Barras sortit, et quitta

» la société sans échanger à peine deux paroles
» avec Madame Buonaparte. Buonaparte paroit
» après lui, ne dit rien à personne, et se retire
» de nouveau dans son cabinet, dont il ferme
» brusquement la porte. Dans la nuit il partit
» pour Toulon (1) avec Madame Buonaparte,
» et son secrétaire M. de Bourienne. »

Il y arriva le 9 mai, et descendit à l'hôtel de la Marine, où de magnifiques logemens avoient été préparés pour lui et sa suite.

---

(1) Mémoire pour servir à l'Histoire des expéditions en Égypte et en Syrie, par J. M. Miot.

CHAPITRE V.

Discours et Proclamation de Buonaparte à son armée ; Départ de la flotte ; État des vaisseaux employés à l'expédition ; Liste des savans ; Prise de Malte.

A peine Buonaparte avoit-il quitté la capitale, que l'on fit afficher et publier dans tous les quartiers de la ville, une liste de soixante-deux conspirateurs qu'on accusoit d'avoir voulu renverser le Directoire, les deux Conseils et la République, pour s'emparer de l'autorité suprême. Le pamphlet étoit signé *Saunier*. Quelques personnes crurent d'abord qu'il pouvoit être d'un des chefs du ministère de la police qui portoit ce nom ; mais il s'empressa de le désavouer, et l'accusation n'eut aucune suite.

On avoit préparé à Toulon de magnifiques logemens pour recevoir le général en chef. Il y arriva le 9 mai et descendit à l'Hôtel de la Marine. Les autorités constituées s'y étoient réunies pour le féliciter ; les troupes sous les armes l'attendoient avec impatience. Il se rendit auprès d'elles, fut reçu au milieu des plus vives acclamations, et y répondit par un discours propre à enflammer leur courage.

« Officiers et soldats,

» Il y a deux ans que je vins vous com-
» mander. A cette époque, vous étiez dans la
» rivière de Gênes et dans la plus grande mi-
» sère, manquant de tout, ayant sacrifié jus-
» qu'à vos montres pour votre subsistance ré-
» ciproque. Je vous promis de faire cesser vos
» misères; je vous conduisis en Italie; là tout
» vous fut accordé. Ne vous ai-je pas tenu pa-
» role? (On entend un cri général : Oui, oui.)

» Eh bien! apprenez que vous n'avez pas
» encore assez fait pour la patrie, et que la
» patrie n'a pas encore assez fait pour vous.

» Je vais actuellement vous mener dans un
» pays où, pas vos exploits futurs, vous sur-
» passerez ceux qui étonnent aujourd'hui vos
» admirateurs, et vous rendrez à la patrie les
» services qu'elle a droit d'attendre d'une ar-
» mée d'invincibles.

» Je promets à chaque soldat, qu'au retour
» de cette expédition il aura à sa disposition
» de quoi acheter six arpens de terre.

» Vous allez courir de nouveaux dangers,
» vous les partagerez avec vos frères les ma-
» rins. Cette armée, jusqu'ici, ne s'est pas

» rendue redoutable à nos ennemis ; leurs ex-
» ploits n'ont point égalé les vôtres ; les occa-
» sions leur ont manqué, mais leur courage
» ne le cède à personne ; leur volonté est celle
» de triompher ; ils y parviendront avec vous.

» Communiquez-leur cet esprit invincible
» qui, partout, vous rendit victorieux. Se-
» condez leurs efforts ; vivez à bord avec cette
» bonne intelligence qui caractérise les hom-
» mes purs et voués au bien de la même
» cause ; ils ont, comme vous, acquis des droits
» à la reconnoissance nationale dans l'art dif-
» ficile de la marine.

» Habituez-vous d'abord aux manœuvres ;
» devenez l'effroi de nos ennemis de terre et
» de mer ; imitez en cela les soldats romains
» qui surent à la fois battre Carthage en
» plaine et les Carthaginois sur leurs flottes. »

Ce discours, d'une éloquence brusque, mais
fière et animée, produisit un effet rapide et
général. On y répondit par des acclamations
et des chants de guerre, et toute l'armée se
disposa à remplir avec courage ses nouvelles
destinées (1) ; le soir, toute la ville (cette ville
où, trois ans auparavant, Buonaparte avoit

---

(1) Le discours de Buonaparte fut peu de jours après désavoué
par le Directoire ; mais il avoit été entendu de tous les soldats,
et ce désaveu n'en imposa à personne.

commandé tant d'épouvantables massacres) fut magnifiquement illuminée. On planta de nouveau l'arbre de la liberté, et l'on passa le reste de la nuit dans les chants et les réjouissances. Tous les officiers de l'armée recherchoient avec empressement les faveurs et la confiance du général en chef. Le commandant du port lui fit présent d'un magnifique cheval de main, témoignage précieux de la munificence du dey d'Alger.

Jamais, depuis le commencement de la révolution, aucun général n'avoit joui d'une aussi grande autorité sur l'armée; elle voyoit tout en lui, la patrie, le gouvernement et ses propres destinées. La perspective d'une nouvelle gloire, embellie des dons de la fortune, enflammoit tous les cœurs. On ignoroit encore dans quelles contrées devoit flotter le drapeau tricolor; mais le général avoit parlé; les légions s'attendoient à revenir chargées de dépouilles, et pressoient de leurs vœux l'heure du départ, dans l'espérance du butin.

La ville et le port de Toulon offroient le spectacle le plus nouveau et le plus imposant; la côte étoit couverte de soldats, de chevaux, de chars, d'équipages de guerre de tous les genres; d'immenses convois arrivoient de toutes les parties des provinces voisines; une forêt de mâts sembloit sortir des flots, et s'étendoit au loin dans la mer ; toutes les plages voisines étoient échauffées du même mouvement, de la même activité ; trois convois préparés à Gênes, à Civitta-Vecchia, à Ajaccio, n'attendoient que le signal pour mettre à la voile et se joindre à la grande expédition ; des savans, des artistes, des ouvriers de toutes les professions, réunis sur les bâtimens, donnoient à cette entreprise quelque chose d'aventureux et de chevaleresque qui exaltoit toutes les imaginations. Dix jours se passèrent dans l'achèvement des derniers préparatifs ; enfin, le 19 mai, la flotte mit à la voile. Avant le départ, Buonaparte voulut encore haranguer son armée :

« Soldats, leur dit-il, vous êtes une des ailes
» de l'armée d'Angleterre ; vous avez fait la
» guerre des montagnes, des plaines et des
» siéges ; il vous reste à faire la guerre mari-
» time.

» Les légions romaines, que vous avez
» quelquefois imitées, mais pas encore égalées,
» combattoient Carthage, tour à tour, sur cette
» même mer, et aux plaines de Zama. La
» victoire ne les abandonna jamais, parce que
» constamment elles furent braves, patientes
» à supporter la fatigue, disciplinées et unies
» entre elles.

» Soldats ! L'Europe a les yeux sur vous.
» Vous avez de grandes destinées à remplir, des

» batailles à livrer, des fatigues à vaincre ; vous
» ferez plus que vous n'avez fait pour la pros-
» périté de la patrie, le bonheur des hommes
» et votre propre gloire.

» Soldats, matelots, fantassins, canonniers,
» soyez unis. Rappelez-vous que le jour d'une
» bataille vous avez tous besoin les uns des
» autres.

» Soldats, matelots, vous avez été jusqu'à
» ce jour négligés ; aujourd'hui, la plus
» grande sollicitude de la République est pour
» vous : vous serez dignes de l'armée dont vous
» faites partie.

» Le génie de la liberté, qui a rendu, dès
» sa naissance, la république l'arbitre de l'Eu-
» rope, veut qu'elle le soit des mers et des na-
» tions les plus lointaines. »

Ces dernières paroles suffisoient pour expliquer à ses légions leur véritable destinée; car, si elles étoient une aile de l'armée d'Angleterre, si c'étoit contre cette puissance qu'elles devoient combattre, en soumettant au joug de la République les contrées les plus lointaines, en quel autre lieu ces résolutions pouvoient-elles s'accomplir, sinon dans les régions de l'Inde occupées par les Anglais? Mais le soldat, plein de confiance et de sécurité, étoit loin de se livrer à ces réflexions. Il quittoit sans inquiétude et sans regret ses parens, sa patrie, persuadé qu'il les reverroit bientôt, comblé de gloire et de richesses. Une seule scène de douleur vint se mêler à l'allégresse générale.

Prête à se séparer d'un époux chéri, la femme du vice-amiral vint le trouver à son bord ; ses yeux étoient mouillés de larmes, elle conduisoit avec elle son fils, gage unique d'une mutuelle tendresse. L'amiral prit cet enfant entre ses bras, et le contemplant avec attendrissement : *Adieu, mon fils ! lui dit-il, adieu, mère aimable et chérie ! peut-être pour la dernière fois je vous presse sur mon sein.* Tristes et douloureux pressentimens qui ne se réalisèrent que trop (1).

Un autre présage sembla fortifier les craintes du vice-amiral : en sortant du port, le vaisseau qu'il montoit, toucha et faillit se perdre.

On leva l'ancre. La mer étoit calme. Un ciel pur et azuré, tel que la fortune de Buonaparte le lui accordoit presque toujours, sembloit favoriser ses desseins, et ne présager que des succès. La flotte s'avançoit au bruit de la musique militaire et des chants d'allégresse, et côtoyoit lentement les bords de la Provence.

---

(1) *Mémoires de M. Miot.*

Elle étoit composée de treize vaisseaux de ligne ; l'*Orient*, de cent trente canons, monté par le vice-amiral Brueys ; le *Guillaume-Tell*, de quatre-vingts ; *le Franklin*, *le Tonnant*, *l'Aquilon*, *le Généreux*, *le Mercure*, *l'Heureux*, *le Guerrier*, *le Timoléon*, *le Peuple-Souverain*, *le Conquérant*, *le Spartiate*, tous de soixante-quatorze. Deux autres bâtimens vénitiens étoient destinés, l'un à protéger le convoi ; l'autre à recevoir les malades. Quatorze frégates, deux bricks et quatre cents bâtimens de transport complétoient ce magnifique armement.

Les chefs de la flotte étoient le vice-amiral Brueys, les contre-amiraux De Villeneuve, Duchayla et Decrès, le chef d'état-major Gantheaume, le chef de division Dumanoir le Peley, le commissaire ordonnateur Joubert. Dix mille hommes composoient les forces de mer. Celles de terre étoient de près de quarante mille, que commandoient le général en chef Buonaparte (1), les généraux de division Berthier, Cafarelli Dufalga, Daumartin, Kléber, Desaix, Menou, Dumuy, Vaubois, Bon, Dugua, Reynier, Baraguey-d'Hil-

---

(1) Il avoit pour aides-de-camp les jeunes officiers Duroc, Louis Buonaparte, Croisier, Sulkouski, Julien, Eugène Beauharnais, et Merlin, fils du directeur.

liers; les généraux de brigade Lannes, Rampon, Damas, Murat, Lanusse, Andréossi, Dumas, Vial, Leclerc, Verdier, Fagières, Zayonchek, Dupuy, Davoust, Belliard, Vaux. Deux médecins célèbres accompagnoient l'armée, M. le docteur Desgenettes, et M. Larrey.

La commission des sciences et des arts offroit un grand nombre de noms déjà connus et distingués. C'étoient, pour la *géométrie*, MM. Fourrier, Costaz, Corancey et Say; pour *l'astronomie*, MM. Nouet, Quesnot, Méchain fils; pour *la mécanique*, MM. Monge, Hassenfratz jeune, Cirot, Cassard, Adnez père, Conte, Dubois, Couvreur, Lenoir fils, Adnez fils, Cécile; pour *l'horlogerie*, M. Le maître; pour la *chimie*, MM. Berthollet, Poltier, Champy fils, Samuel Bernard, Descotils, Champy père et Regnaud; pour la *minéralogie*, MM. Dolomieu, Cordier, Rozières, Victor Dupuy; pour la *botanique*, MM. Neitous, Delille et Coquebert; pour la *zoologie*, MM. Geoffroy, Savigny, Redouté; pour la *chirurgie*, MM. Labate, la Cipière; pour la *pharmacie*, MM. Boudet et Rouyer; pour les *antiquités*, MM. Pourlier et Ripault; pour *l'architecture*, MM. Norry, Balzac, Protain, Hyacinthe le père; pour le *dessin*, MM. Dutertre, Denon, Rigo et Joly; pour le *génie des ponts et chaussées*, MM. Lepère aîné, Bodard, Faye, Martin, Duval, Gratien le père, Saint-

Genis, Lancret, Fèvre, de Villiers, Jollois, Girard, Favier, Thévenot, Chabrol, Raffeneau, Arnollet ; pour *la géographie*, MM. Jacotin, La Feuillade, Greslis, Bertre, Lecesne, Bourgeois, Leduc, Boucher, Pottier, Dulion, Faurie, l'Évêque, Chaumont, Laroche, Jomard, Corabœuf ; pour la *sculpture*, M. Casteix ; pour la *gravure*, M. Fouquet ; pour la *littérature*, MM. Parceval-Grand-Maison, le Rouge ; pour la *musique*, MM. Vilotteau et Rigel.

Quatre élèves de l'école polytechnique, MM. Viard, Alibert, Caristie, Duchannoi ; six interprètes, MM. Venture, Magallon, Jaubert, Raige, Belle-Tête et Laporte ; et trois imprimeurs, MM. Marcel, Puntis et Galland étoient adjoints au corps des savans (1).

On emmenoit outre cela une compagnie d'aérostiers chargés du service de deux ballons, chacun de six toises de circonférence ; une bibliothèque complète, un cabinet de physique et de chimie, une grande quantité d'instrumens de mathématiques, et plusieurs centaines d'ouvriers de toute profession.

---

(1) Les savans ne furent pas d'abord traités avec toute la considération à laquelle ils croyoient avoir droit. On les plaça à la table des officiers du second rang ; mais ils réclamèrent, et on leur accorda la table des officiers généraux.

Bientôt la flotte signala le cap Corse, et, retenue par le calme, elle couvrit pendant plusieurs jours le détroit de Boniface, où le convoi d'Ajaccio vint la rejoindre. Elle côtoya lentement la Sardaigne pour attendre le convoi de Civitta-Vecchia, continua sa route vers les bords de la Sicile, passa à la portée du canon de la ville de Massara, reconnut l'île de Pantalarie, et entra le 10 juin à pleines voiles dans le canal de Malte ; elle y fut jointe par le convoi qui s'y étoit rendu depuis le 18.

Malte est située à deux cent soixante lieues de Toulon : c'est un rocher de cinq lieues de longueur et de deux ou trois de largeur, enseveli sous des fortifications qui semblent en rendre la conquête presque impossible. Il est entouré des petites îles de Gozo, de Comino et de Cominetto. On croit que Gozo est l'ancien séjour de la nymphe Calypso, lieu devenu si célèbre par les chants d'Homère et de Fénélon. Sa population est d'environ 100,000 âmes ; la ville en contient 30,000. Depuis l'an 1539, elle étoit le chef-lieu de l'ordre de Malte, et avoit bravé plusieurs fois tous les efforts de l'empire Ottoman ; ses fortifications taillées dans le roc ; son vaste port, dans lequel les vaisseaux du plus haut rang peuvent défier les tempêtes, rendent sa possession l'une des plus importantes de la Méditerranée. Buonaparte ne s'étoit pas dissimulé que le succès de son expédition pouvoit dépendre de la conquête de cette île ; mais s'en emparer de vive force lui paroissoit un dessein chimérique. Le Directoire et ses généraux avoient, pour l'accomplissement de leurs projets, d'autres ressources que celles des armées, et, quoique Buonaparte aspirât à la renommée d'Alexandre, il ne dédaignoit pas l'habileté de Philippe.

Depuis long-temps on avoit envoyé à Malte des émissaires chargés d'y reconnoître les dispositions des chevaliers de l'ordre et de répandre sourdement les principes de la révolution. Le chef de cette mission étoit M. Poussielgue, secrétaire d'ambassade à Gênes. Il descendit chez un banquier de son nom, gardien du port et connu par ses opinions républicaines ; il y passa plusieurs semaines, donna des banquets somptueux, vit un grand nombre de chevaliers pour lesquels il avoit des lettres de recommandation, en gagna quelques-uns et parvint à s'attacher le secrétaire du trésor Boresdon de Ransigeat. Quoique la révolution française dût effrayer tous ceux qui avoient un rang dans la société, de la naissance et de la fortune, cependant telle est la magie du mot de *liberté*, que déjà un grand nombre de chevaliers français avoient adopté les principes populaires et les professoient ouvertement.

L'ordre de Malte n'étoit plus alors ce qu'il avoit été pendant tant d'années. Élevés dans la mollesse, éloignés des combats, attachés à l'ordre par vanité peut-être plus que par devoir, les chevaliers vivoient depuis long-temps dans une heureuse indolence. Témoins des progrès de la révolution, ils la voyoient envahir le monde, et s'approcher d'eux sans rien tenter pour la repousser. Institués pour combattre les ennemis de la foi, ils s'armoient encore quelquefois contre les sectateurs de Mahomet, mais ils vivoient en paix avec les ennemis de toutes les religions, les destructeurs de toutes les antiques institutions. En 1790, ils avoient acheté à prix d'argent un défenseur dans l'Assemblée constituante. Leurs sacrifices et leurs timides capitulations ne les avoient point sauvés; chaque jour la révolution engloutissoit leurs vastes domaines; partout ses agens leur faisoient une guerre inexorable, ils voyoient leur ruine se consommer rapidement; et, quand ils n'avoient plus à défendre que le rocher qui leur restoit, ils s'assoupissoient dans un fatal repos, dans une insouciante et paresseuse politique.

Les désordres d'une administration vicieuse avoient depuis long-temps compromis la sûreté publique; le dernier grand-maître, Ferdinand de Rohan, loin d'en arrêter le cours, les avoit accrus par sa foiblesse. Le trésor étoit épuisé : ce n'étoit plus que par des moyens précaires et ruineux que l'on pouvoit se procurer de l'argent; et tel étoit l'état déplorable où le commandeur Boresdon de Ransigeat avoit réduit les finances, que l'ordre s'étoit vu dans la dure nécessité de réformer plus de la moitié de ses forces de terre et de mer.

Les hommes sages et éclairés prévoyoient l'orage qui se formoit, et cherchoient vainement à le conjurer. Ils avoient plusieurs fois proposé de suppléer à la pénurie des finances en fondant le trésor de l'ordre de Saint-Jean; ils vouloient qu'on appelât à Malte un général brave, expérimenté, capable de la défendre; mais aucune de ces résolutions n'avoit été adoptée. On manquoit même des objets les plus indispensables pour soutenir un siége; on n'avoit ni bois, ni viande, ni affûts de canon, ni munitions de guerre. Le grand-maître Baron de Houspech, vieillard foible, timide, irrésolu, voyoit, comme une victime résignée, arriver l'heure du sacrifice sans songer à l'éloigner.

Telle étoit la situation des chevaliers lorsque la flotte française entra dans le canal de Malte; elle portoit l'ex-commandeur Dolomieu, homme d'un mérite distingué, mais engagé depuis long-temps dans les intérêts de la France et partisan zélé des principes révolutionnaires. Il avoit adressé à plusieurs chevaliers des lettres propres à les rassurer, soit qu'il eût le dessein de tromper, soit qu'il eût été trompé lui-même. Le commandeur Boresdon en produisoit de semblables, ne parloit que des intentions pacifiques des Français. Cependant on fit quelques préparatifs de défense : on construisit des affûts, on plaça des canons ; mais, au lieu de s'assurer des hommes suspects, de réunir les braves et de s'enfermer dans la ville, on divisa, on dispersa les chevaliers les plus courageux et les plus fidèles; on les mit à la tête des milices de campagne, multitude rassemblée à la hâte et prête à s'effrayer de tous les bruits, à recevoir toutes les impressions. On leur donna pour chef le commandeur de Bardonenche, zélateur secret des idées républicaines, ami et confident du commandeur Boresdon. Les vivres et les munitions manquoient. Des émissaires, mêlés dans les milices, leur persuadèrent qu'elles étoient trahies; que leurs chefs, et surtout les chevaliers français, étoient d'intelligence avec l'ennemi et prêts à les livrer.

Alors le trouble devint extrême : la méfiance et la crainte se répandirent dans tous les postes, dans tous les forts de la ville ; plus d'ordre, de discipline, d'obéissance. De jeunes et braves chevaliers veulent en vain rallier leurs soldats et les mener à l'ennemi, on les traite de lâches et de traîtres. Quatre d'entre eux sont égorgés par leurs propres soldats ; neuf autres sont fusillés, blessés ou traînés par leurs troupes, liés et garottés dans le palais du grand-maître ; Malte n'offre plus qu'un vaste théâtre de scènes d'horreur et d'anarchie. Des factieux, tirés des derniers rangs de l'armée et du peuple, s'emparent de l'autorité. Buonaparte avoit envoyé le consul de France demander verbalement de sa part, au grand-maître, l'entrée de tous les ports pour sa flotte ; le conseil avoit répondu que ses traités avec les puissances, sa neutralité et l'intérêt même de sa sûreté particulière ne lui permettoient pas de recevoir plus de quatre vaisseaux.

Le consul, chargé des instructions du général en chef, déclara aussitôt que l'armée française étoit décidée à obtenir par la force ce qu'elle se flattoit d'obtenir de la justice et de l'amitié des chevaliers. On rédigea un manifeste contre l'ordre; on lui reprocha sa conduite depuis 1791 jusqu'à l'époque présente; on accusa le commandeur de Grimaldi d'avoir favorisé les recrutemens pour la flotte anglaise;

on rappela le manifeste du grand-maître en 1793, et, à la suite de cette déclaration de guerre, on ordonna le débarquement.

Il fut effectué dès le lendemain à Marsa-Sirocco, à Saint-Paul et à l'île de Gozo. Le général Lannes et le colonel Marmont descendirent sous le canon de la place; les batteries et les forts de Marsa-Sirocco tombèrent au pouvoir des généraux Béliard et Desaix. Le général en chef alla lui-même visiter la côte. Les batteries du fort la Valette tiroient sur la flotte et sembloient annoncer le dessein de se défendre vigoureusement.

Si cette pensée fût entrée dans le cœur des chevaliers, s'ils eussent opposé la moindre résistance à l'attaque des républicains, et retardé la victoire de quelques jours, c'en étoit fait de l'expédition d'Égypte. Un brick anglais, capturé par un aviso français, avoit annoncé l'escadre de l'amiral Nelson. Cette flotte pouvoit paroître et surprendre la flotte républicaine. L'armée française avoit besoin de se rafraîchir, et le moindre retard pouvoit l'exposer au fléau des maladies contagieuses. Abandonner Malte, c'étoit se priver d'une ressource indispensable en cas de revers; enlever de force le fort de la Valette étoit une pensée folle et chimérique. Mais la confusion étoit telle parmi les chevaliers que tout réussit au gré de Buonaparte. Il étoit secondé par l'ex-chevalier Picot de Moras, capitaine de génie, qui avoit quitté l'ordre depuis deux ans, l'ex-chevalier de Barras, et plusieurs Maltais qui s'étoient fait bannir pour leurs opinions révolutionnaires. Le chevalier Préville, officier habile et distingué, fut obligé d'abandonner la défense de la Vieille-Tour faute de vivres, de munitions et d'hommes résolus.

Le bailli de la Tour-Dupin et le commandeur de Thuisy firent de vains efforts pour approvisionner les forts de munitions de guerre. Ces officiers, d'un admirable dévouement, se chargèrent eux-mêmes des fardeaux les plus pesans, et, par leur exemple, cherchèrent à exciter l'émulation des soldats; mais les bruits les plus perfides continuoient à circuler, et le peuple, persuadé qu'on n'enlevoit ces munitions que pour le livrer plus sûrement, s'opposoit aux ordres les plus salutaires. La nuit du 10 au 11 fut une nuit de terreur et d'angoisses. La défection s'augmentoit parmi les chevaliers. Le commandeur Boresdon et ses complices écrivirent au grand-maître que leur devoir étoit de combattre les Turcs, mais non pas leurs compatriotes. On ordonna leur arrestation, et ils s'en firent un mérite, préférant, disoient-ils, les honneurs de la captivité au malheur de faire couler le sang de leurs concitoyens.

La ville de Malte étoit encombrée d'hommes, de femmes, d'enfans, qui étoient accourus de tous les villages voisins pour y chercher un asile. Le désordre et l'embarras étoient au dernier degré. Une députation *des barons* et *des jurats* demandoit hautement que le conseil s'assemblât. Les baillis les plus courageux et les plus fidèles étoient absens et occupés sur divers points ; l'audace du parti révolutionnaire ne connoissoit plus de frein. Le conseil se forme ; cinq des plus hardis jacobins s'introduisent dans la salle et assistent effrontément à la délibération ; ils exigent même qu'on leur fasse voir la lettre qu'on adresse au général Buonaparte ; ils envoient de leur propre autorité des trompettes publier la trêve dans les forts et au camp ennemi. Ils tirent de prison le commandeur de Ransigeat et ses complices, et exigent que l'on députe quatre d'entre eux, et deux chevaliers seulement, pour rédiger les articles de la capitulation ; le grand-maître consent à tout et prie le consul de la république batave de se rendre médiateur entre les chevaliers et les républicains français, d'interposer ses bons offices pour obtenir une suspension d'armes.

Ainsi, l'ordre le plus illustre du monde, les successeurs des l'Ile-Adam et des Lavalette capitulent en vingt-quatre heures; et, sans combat, sans résistance, livrent au destructeur des autels et des empires l'une des plus inexpugnables forteresses de l'Europe.

Buonaparte lui-même fut étonné de tant de foiblesse; il accorda armistice, et envoya son aide de camp Junot pour en régler les articles. On s'occupa ensuite d'une convention définitive. L'ex-commandant Dolomieu, et l'ex-secrétaire d'ambassade Poussielgue, du côté de la république, et le traître Boresdon de Ransigeat du côté des chevaliers, en furent les négociateurs. Après deux jours de conférence, la capitulation fut signée de part et d'autre, et ratifiée par le général en chef. Elle portoit:

« Que les chevaliers remettroient à l'armée
» française la ville et les forts de Malte; qu'ils
» renonçoient en faveur de la république à leurs
» droits de propriété et de souveraineté, tant sur
» la ville que sur les îles de Malte, de Gozo, de
» Comino et de Cominetto;

» Que le grand-maître recevroit de la répu-
» blique française, à titre de pension annuelle,
» 300,000 francs; que le gouvernement français
» interviendroit auprès du congrès de Rastadt
» pour lui faire obtenir une principauté équi-
» valante à celle de Malte; que, pour le dédom-
» mager de la perte de son mobilier, il rece-
» vroit une somme de 600,000. fr.;

« Que les chevaliers français qui se trou-
» voient à Malte pourroient retourner en France
» sans que les lois sur l'émigration pussent leur
» être appliquées ; qu'ils jouiroient provisoire-
» ment d'une pension de 700 francs, qui seroit
» portée à 1000, pour les sexagénaires ;
« Que les chevaliers qui possédoient des
» biens dans l'île continueroient d'en jouir, et
» que les troupes de Malte resteroient consi-
» gnées dans leur caserne, jusqu'à nouvel
» ordre. »

Tandis que cet acte d'opprobre se rédigeoit, le peuple, plus brave et plus fier que ses souverains, étoit dans une extrême agitation. Il rougissoit de se rendre sans combat, et, voyant sortir de prison les chevaliers françois qui avoient vendu leur patrie, il crut que le grand-maître étoit trahi ; il courut au palais, massacra deux chevaliers, et se seroit porté aux dernières extrémités, si le grand-maître lui-même ne se fût empressé de calmer leur fureur, et de leur inspirer des sentimens de modération.

Buonaparte fit le 13 juin au soir son entrée dans la ville, et descendit au palais du marquis Parisi, noble Maltais. On se flattoit qu'il rendroit visite au grand-maître, pour adoucir par cette démarche le sentiment de son malheur. Alexandre vainqueur s'étoit empressé d'aller consoler la mère et l'épouse de Darius.

Mais Buonaparte n'eut jamais cette noble et touchante générosité, qui ajoute à l'honneur de la victoire. Il refusa au baron de Honspech cette marque d'intérêt, et attendit même que le grand-maître, à la tête de ses chevaliers, vînt lui rendre ses hommages, humiliation à laquelle ce foible vieillard eut néanmoins le courage de se refuser (1).

Alors commencèrent les proscriptions, les spoliations, et tous les actes de violence et de tyrannie qui signaloient habituellement les triomphes de la république.

On enjoignit à tous les membres de l'ordre de Malte, de sortir de l'île sous trois jours; on

---

(1) Cet infortuné souverain ne conserva pas long-temps le sentiment de sa dignité. Effrayé des menaces violentes de Buonaparte, craignant pour sa propre personne, il se détermina à écrire à son vainqueur, pour désarmer son courroux.

« Citoyen général, lui disoit-il, je ne puis trop vous exprimer les sentimens dont je suis pénétré, pour votre prévenance et votre générosité. Toute l'Europe vous admire, mais personne plus que moi. Ce n'est qu'avec la plus grande peine que je me suis privé de l'avantage d'aller vous offrir mon hommage. J'aurois mis le plus grand empressement à aller vous offrir les prémices de ma reconnoissance, si, par une délicatesse qui n'avoit pour objet que de ne rien faire qui pût rappeler aux Maltais ma personne et leur ancien gouvernement, je ne me fusse déterminé à éviter toute occasion de me montrer en public. Mais, quels que soient les ménagemens que m'imposent les circonstances où je me trouve, je n'en serai pas moins le sincère admirateur des hautes qualités qui vous distinguent. »

n'en donna que deux aux chevaliers portugais. On n'accorda que trois heures au ministre de Russie, le chevalier O'Hara. On établit un gouvernement provisoire, à la tête duquel on plaça le commandeur Boresdon, celui-là même qui avoit livré sa patrie. On nomma, pour commissaire du gouvernement français, l'ex-député Regnault (de Saint-Jean-d'Angely), qui, à l'assemblée constituante, avoit été chargé des intérêts de l'ordre. Le général Vaubois (1) fut chargé du commandement militaire.

On vit en peu de jours disparoître tous les signes de l'ordre et de la religion; la hache révolutionnaire mutila, détruisit tous les monumens; on n'épargna pas même ceux que le respect et la reconnoissance publique avoient consacrés; on brisa, sous les yeux du grand-maître, le buste de cet illustre *Lavalette*, dont l'héroïsme et les vertus devoient être pour lui le sujet de tant de regrets amers, et de pensées humiliantes.

---

(1) Ce député, après avoir courageusement défendu le Roi à la funeste journée du 10 août 1792, n'avoit quitté la France qu'à l'époque où la constitution de l'an 3 avoit promis quelque espoir de paix et de sécurité. Il s'étoit depuis quelque temps attaché à la fortune de Buonaparte, avoit, après le traité de Campo-Formio, rédigé à Milan un journal intitulé : *L'Europe vue de l'armée d'Italie*. Il en fit rédiger un autre à Malte dans les principes du gouvernement français.

Les chevaliers n'avoient point osé employer pour leurs propres besoins le trésor de Saint-Jean; il devint la proie des Français. Douze apôtres d'argent ornoient le chœur de cette église; Buonaparte en ordonna l'enlèvement. La religion du peuple s'en alarma en vain; en vain les habitans essayèrent de fléchir le vainqueur : ils n'obtinrent la grâce de leurs saints, qu'en fournissant, en argent monnoyé, une somme égale à leur valeur métallique.

L'hôpital, les églises, les monastères furent dépouillés de leur argenterie. On détacha des reliquaires les pierreries et les diamans dont ils étoient enrichis. On convertit en lingots une magnifique lampe en or qui pesoit deux cent trente marcs. Nul temple, nul édifice public, nulle fortune particulière n'échappa à la dévastation générale. On chassa de leur asile le prieur et les chanoines réguliers de Saint-Jean; on les remplaça par les chanoines de la *Cité-Vieille*. On enjoignit à tous les prêtres, les moines, les religieux et les religieuses qui n'étoient pas nés à Malte, d'évacuer l'île dans l'espace de dix jours : on leur laissa à peine le temps d'emporter les objets les plus nécessaires. Des vieillards, des femmes timides, sans appui, sans asile, furent embarqués à la hâte sur des vaisseaux, pour être transportés en Italie. On défendit, sous les peines les plus graves, à l'évêque de reconnaître aucun métropolitain ; aux prêtres, aux curés, aux desservans, d'entretenir aucune relation avec la cour de Rome et de se soumettre à l'autorité du pape. Le général français permit aux Juifs d'avoir une synagogue, et leur promit de les rétablir bientôt à Jérusalem. Il fit imprimer en grec, en français et en italien, une défense aux prêtres latins de célébrer les saints offices dans les églises grecques ; il défendit aux prêtres, sous peine de mort, de communiquer avec le gouvernement russe (1).

---

(1) Cet acte mérite d'être conservé ; il porte : ORDRE DU GÉNÉRAL EN CHEF DE L'ARMÉE D'ANGLETERRE, *au quartier-général de Malte, le 25 prairial an 6 de la République* (13 juin 1798) ; il est ainsi conçu :

« Art. Ier. Il est défendu aux prêtres latins d'officier dans l'église qui appartient aux Grecs.

» II. Les messes que les prêtres latins ont coutume de dire dans les églises grecques seront dites dans les autres églises de la place.

» III. Il sera accordé protection aux juifs qui voudroient établir des synagogues.

» IV. Le général-commandant remercie les Grecs de la bonne conduite qu'ils ont tenue pendant le siége.

» V. Tous les Grecs des îles de Malte et de Gozo, et ceux des départemens d'Ithaque, Corcyre et de la mer Égée qui conserveroient des relations quelconques avec la Russie seront condamnés à mort.

» VI. Tous les navires grecs qui naviguent sous le pavillon russe, s'ils sont pris par les vaisseaux français, seront coulés bas.

» *Signé* BUONAPARTE. »

Au milieu de tant de calamités et d'humiliations, il restoit à l'ordre un dernier malheur à subir : c'étoit celui de voir les ministres des autels prostituer leur encens à l'oppresseur de leur pays, au profanateur de toutes les religions. Cet opprobre ne leur manqua point. Dès son arrivée à Malte, Buonaparte avoit écrit à l'évêque une lettre pour l'engager dans ses intérêts.

« Monsieur l'évêque, lui disoit-il, je ne con-
» nois pas de caractère plus respectable et plus
» digne de la vénération des hommes qu'un
» prêtre qui, plein du véritable esprit de l'É-
» vangile, est persuadé que ses devoirs lui or-
» donnent de porter obéissance au pouvoir
» temporel, et de maintenir la paix, la tran-
» quillité et l'union au milieu d'un diocèse.
» Je désire, M. l'évêque, que vous vous
» rendiez sur-le-champ dans la ville de Malte,
» et que, par votre influence, vous mainteniez
» le calme et la tranquillité parmi le peuple.
» Je m'y rendrai moi-même ce soir : je désire
» qu'à mon arrivée vous me présentiez tous les
» curés, et autres chefs d'ordre de Malte et des
» villages environnans. »

Le prélat n'obéit que trop à ces perfides insinuations; et, dès le lendemain, il ne rougit point d'adresser au peuple une exhortation en faveur des principes républicains, et d'associer le ciel au malheur de son pays, en faisant chanter un *Te Deum* solennel dans toutes les églises de sa juridiction.

Ainsi, tout genou fléchissoit devant Buonaparte, dans le ciel et sur la terre. Vainqueur de toutes les résistances, il se hâtoit de recueillir les fruits de la lâcheté publique.

Il ordonna une presse générale de tous les matelots, et fit embarquer sur la flotte tous les gardes du grand-maître et tous les soldats enrégimentés.

On procéda avec célérité au désarmement général des habitans. On les obligea de porter la cocarde tricolore. On proclama l'égalité des droits; on abolit l'esclavage; on défendit de prendre des titres féodaux, de conserver des armoiries, et même de s'en servir pour cacheter les lettres.

Les iles de Malte et de Gozo furent divisées en cantons et en municipalités. On donna au général commandant un pouvoir absolu. On forma dans chaque chef-lieu, dans chaque municipalité, des bataillons ou des compagnies de garde nationale; on offrit du service dans l'armée à tous les Maltais qui voudroient en accepter. On choisit dans les premières familles trente jeunes gens pour former une compagnie de volontaires nationaux, armés et équipés à leurs frais.

On enleva aux plus anciennes maisons les enfans de neuf à quatorze ans, pour les faire élever en France dans les principes républicains. On exigeoit d'eux une pension de 800 fr. et 600 fr. pour les frais de leur voyage. On en choisit également un nombre déterminé pour les attacher à la marine ; et enfin, pour assurer le succès de cette mesure, on rendit une ordonnance qui condamnoit à 3,000 francs les familles qui refuseroient de s'y conformer.

On distribua aussi des récompenses ; l'on accorda des places et des honneurs à ceux qui avoient bien mérité de la république. Les mieux traités furent le commandeur Boresdon de Ransigeat; le commandeur de Bardonenche, chef de l'artillerie ; le commandeur, servant Touzard, ingénieur de la place; le chevalier Dufay, commissaire des fortifications ; le capitaine du port Poussielgue, les chanoines Breuvard, Annibal, Beaufort, etc., et beaucoup de barons, de jurats, de notaires, d'avocats.

Le reste des chevaliers fut entassé sur les premiers bâtimens ragusains qui se trouvèrent dans le port, et dirigés, les Français sur Antibes, les autres sur Livourne et Barcelone. Le grand-maître, embarqué sur une galère désarmée, alla porter à Trieste sa honte et ses remords. On lui avait promis cent mille écus ; on lui donna cent mille francs qu'on prit dans ses propres coffres : le reste fut payé en délégations qui ne furent jamais acquittées.

Ce faible et imprévoyant vieillard quitta depuis Trieste, pour aller en Russie abdiquer une seconde fois en faveur de l'empereur de Russie, et vint enfin terminer à Montpellier, dans la misère et l'humiliation, une carrière flétrie par le déshonneur.

On l'a accusé de trahison (1); mais quelles preuves en pourroit-on donner? « Qu'auroit
» gagné le grand-maître de l'ordre de Malte,
» dit un de nos plus célèbres publicistes, à se
» faire destituer, à perdre l'honneur avec l'au-
» torité, à se rendre l'objet de l'opprobre et de
» l'exécration universelle pour une pension de
» 500,000 francs assignée sur la *candeur* du
» directoire? Lorsqu'on se permet des bas-
» sesses aussi stupides, on ne revient point en
» Allemagne : on va vivre à Paris, et y rece-
» voir sa récompense. »

Le baron de Honspech adressa à l'empereur d'Allemagne un mémoire justificatif : c'étoit à l'Europe toute entière qu'il le devoit. Mais, s'il parvint à se disculper du reproche de cor-

---

(1) Cette inculpation lui a été faite par l'ex-commandeur Boresdon lui-même. Mais tous les rapports accusent l'ex-commandeur de trahison, et ne reprochent au grand-maître que foiblesse, imprévoyance, incapacité.

ruption et de perfidie, jamais il ne sera justifié de celui d'imprévoyance et de pusillanimité.

Cependant la prise de Malte fut annoncée à Paris, et célébrée comme une grande victoire, comme un de ces exploits qui honoroient plus que jamais l'invincible génie de Buonaparte. On assuroit que les chevaliers avoient opposé à l'armée française la plus glorieuse résistance ; que le canon des remparts foudroyoit les rangs de nos soldats ; que les assiégés avoient exécuté plusieurs sorties avec une rare intrépidité, et que, dans une de ces sorties, le chef de brigade Marmont, à la tête de la dix-neuvième, avoit enlevé le drapeau de l'ordre (1). On faisoit l'énumération des richesses militaires qu'on avoit trouvées à Malte : deux vaisseaux de haut bord, quatre galères, une frégate, douze cents pièces de canon, quinze cents milliers de poudre, quarante mille fusils, et une infinité d'autres munitions de guerre de tous les genres. Buonaparte envoya au directoire, par le général Baraguay-d'Hilliers, le grand drapeau de l'ordre, avec une galère en argent, modèle de

---

(1) C'est ici le lieu de rappeler un mot fort heureux du général Cafarelli à Buonaparte. Ils se promenoient ensemble devant les remparts du fort Lavalette et en admiroient l'inexpugnable construction : « Avouez, général, dit Cafarelli, que nous avons
» été bien heureux qu'il y ait eu quelqu'un dans cette place
» pour nous en ouvrir les portes ».

la première galère de l'ile de Rhodes. Il lui fit aussi présent d'un riche surtout de table en porcelaine de la Chine.

Le directoire s'empressa de transmettre ces heureuses nouvelles aux deux conseils, dans un message solennel, et les deux conseils décrétèrent que l'armée victorieuse à Malte avoit bien mérité de la patrie.

Dès-lors on se promit une suite de succès brillans dans la Méditerranée; on se représentoit déjà les Anglais vaincus et leurs flottes dispersées. « C'est le 29 prairial au matin (17 juin),
» disoit le Moniteur, que les Anglais ont ap-
» pareillé, de la hauteur de Naples, vers Malte.
» Dans cette traversée, ils devoient être, au
» rapport des marins, fort retardés par ce qu'on
» appelle les vents mous.

» Au surplus, des lettres de Malte disent que
» Buonaparte comptoit en sortir le 1er. messi-
» dor (19 juin), laisser tout son convoi dans
» le port, chercher lui-même les Anglais, et
» présenter le combat avec toutes les chances
» de succès que lui donnent les avantages
» suivans :

» D'abord, la supériorité du nombre. Il est
» parti avec treize vaisseaux; il a armé en flûte,
» à Malte, un vaisseau vénitien; deux autres
» vaisseaux vénitiens l'ont joint avec le convoi
» de Civitta-Vecchia. Il a pris aussi un bâti-

» ment maltais de 60 canons ; enfin, il a ré-
» parti sur sa flotte un grand nombre d'excel-
» lens matelots turcs et maltais, et il fera ser-
» vir son artillerie par des compagnies d'élite
» des héros d'Italie.

» Quelle que soit l'issue du combat, les An-
» glais doivent au moins en sortir hors d'état
» de tenir la mer, et, par conséquent, de
» nous empêcher de continuer notre expédi-
» tion. »

Ces promesses étoient présomptueuses (1), mais elles sembloient justifiées par l'inactivité de l'Angleterre. Il paroît constant que le cabinet de Londres étoit encore incertain sur les projets de la France et que l'amiral Nelson ignoroit la marche de Buonaparte. Son escadre occupoit les ports de Naples et de Syracuse avec des forces au moins égales à celles de l'armée française. S'il eût fait voile pour Malte, il surprenoit l'escadre républicaine ; il pouvoit la vaincre et l'Égypte étoit sauvée. Mais l'heure de la victoire

---

(1) L'avenir ne se présentoit pas à Venise sous des couleurs aussi riantes. On y comptoit sur les succès de l'amiral Nelson et la chute de Buonaparte. Une estampe le représentoit enfermé dans une cage de fer après avoir rendu son épée à l'amiral anglais. Mais, s'il avoit des détracteurs, il avoit aussi des partisans zélés. On arrêta à Vienne, dans les états autrichiens, un grand nombre d'individus qui affectoient de se parer de son portrait.

n'étoit pas encore arrivée, et l'étoile de Buonaparte devoit encore le servir quelque temps.

Rien de plus étonnant que l'état d'incertitude qui régnoit en Angleterre et dans la plupart des états d'Europe sur le véritable but de l'expédition française. On se livroit à ce sujet à des conjectures plus ou moins raisonnables; on en discutoit les chances avec plus ou moins de sagesse et de chaleur.

« Les indices les plus positifs, disoit-on à
» Londres, font présumer que l'Égypte est le
» premier objet, et l'Inde le terme final de
» l'entreprise confiée au général Buonaparte.
» L'Égypte est le point de réunion, et peut
» être regardée comme un poste militaire. Ce
» ne seroit probablement que par la suite que
» l'on pourroit y fonder une colonie. Mais de
» grandes difficultés s'opposent à une attaque
» sérieuse contre nos Indes orientales.

» A tous égards, les Français ont choisi la
» meilleure saison de l'année pour leur tra-
» versée en Égypte. Dans le mois de juin, et
» par un temps favorable, on le fait de Mar-
» seille en quinze jours; mais le double port
» d'Alexandrie, quoique très-vaste, n'est pas
» sûr, et la côte d'Égypte est remplie de bas-
» fonds qui la rendent difficile et dangereuse à
» aborder. Les sables que charrie le Nil encom-

» brent presque tous les ans les ports de
» l'Égypte, à tel point que les pilotes côtiers
» les plus expérimentés y sont trompés. Buo-
» naparte peut déjà avoir atteint cette côte,
» s'il a pu échapper à l'amiral Nelson. Mais,
» en supposant qu'il eût heureusement abordé,
» que d'obstacles lui restent encore à surmon-
» ter sur la route de l'Inde! La milice de Ma-
» meloucks qui, au nombre de 8000 hommes,
» domine ou plutôt opprime l'Égypte, est
» si mal organisée qu'elle pourroit bien ne
» contrarier que foiblement les Français.

» Mais que de choses il faudra pour appro-
» visionner convenablement leur armée! car la
» flotte anglaise pourvoira sans doute à ce qu'il
» ne leur arrive aucun secours de France. »

» La navigation de la Mer-Rouge, surtout
» dans la partie septentrionale, est d'ailleurs,
» suivant les rapports des meilleurs voyageurs,
» extrêmement dangereuse. Cette mer est in-
» connue aux pilotes d'Europe, et les matelots
» de l'Inde sont très-maladroits. Que de diffi-
» cultés pour le transport de l'artillerie et des
» autres objets nécessaires à la guerre. Il est
» ensuite très-peu probable que les Français
» puissent rassembler à l'île de France assez de
» vaisseaux pour transporter l'armée de Buo-
» naparte de la Mer-Rouge à la côte de Mala-
» bar, ou qu'ils puissent échapper à la vigi-

» lance de nos marins dans la mer de l'Inde.
» Mais, en supposant même qu'ils abordassent
» dans l'Indostan, l'armée seroit considérable-
» ment affoiblie par les accidens d'une si lon-
» gue navigation et par une route entreprise
» à travers des contrées inconnues et ennemies;
» en sorte qu'à moins d'événemens extraor-
» dinaires et inattendus, l'Angleterre peut en-
» core être tranquille sur le sort de ses posses-
» sions dans l'Inde.

» Dans d'autres temps, un pareil projet eût
» paru tout-à-fait incroyable; mais des entre-
» prises étranges et romanesques se marient
» très-bien avec l'esprit audacieux d'une révo-
» lution qui a déjà enfanté tant de prodiges.

» L'histoire nous offre, d'ailleurs, plusieurs
» preuves que des tentatives hardies, impossi-
» bles à croire, ont été couronnées par le suc-
» cès, et précisément peut-être parce qu'on
» étoit persuadé qu'elles ne pouvoient réussir.
» Des entreprises extraordinaires semblent,
» d'ailleurs, inspirer à ceux qui les forment un
» courage et une ardeur également extraordi-
» naires. Enfin, les Français paroissent comp-
» ter particulièrement sur l'assistance éner-
» gique de Tippo-Saïb, et c'est encore pour
» eux une chance favorable. »

Ces réflexions étoient d'un sens droit et profond. Les conjectures auxquelles se livroient les

politiques allemands et russes avoient moins de justesse. On supposoit à Saint-Pétersbourg que Buonaparte méditoit la conquête de la Grèce, et que déjà il étoit arrivé à Salonique.

« De ce point, disoit-on, il sera à peu près à
» distance égale de Constantinople et de Vid-
» din, siége des forces de Paswan-Oglou, que
» l'on suppose ici agir de concert avec la
» France. De Salonique, située au fond d'un
» des golfes de l'Archipel, Buonaparte peut
» aller rejoindre Passwan-Oglou en franchis-
» sant les chaînes du mont Hémus, de l'autre
» côté desquelles se trouve Sophia. Il a dès-lors
» le Danube devant lui, et rien ne l'arrête
» plus jusqu'à Viddin.

» Si, ce qui est moins probable, ses vues se
» tournent vers Constantinople, sa flotte peut
» le suivre le long des côtes de l'Archipel. Au-
» cune forteresse ne s'oppose à sa marche, et rien
» ne l'empêche de former une république grec-
» que de toute la partie occidentale de la Tur-
» quie européenne, y compris Candie et les
» autres îles de l'Archipel. Ce projet paroîtra
» audacieux ; mais il est digne de celui qui l'a
» formé, de ceux qu'il emploîra à son exé-
» cution ; et les puissances terrestres et mari-
» times, malgré le déplacement de leurs forces,
» ne sont pas en mesure pour le faire avorter.

» S'il réussit, il fonde une république natu-
» rellement amie de la France, dont les rela-
» tions multipliées accroîtroient de beaucoup
» les avantages de son commerce du Levant
» et menaceroient les états d'Autriche de la pro-
» pagation des principes révolutionnaires. Dans
» ce cas, cette expédition de Buonaparte, qui
» a tant exercé la sagacité des politiques, ne
» seroit plus étrangère à la grande querelle
» qui occupe l'Europe. Ses résultats ne se-
» roient pas moins brillans et plus sûrs que
» ceux de l'expédition lointaine et hasardeuse
» dont on a prêté l'idée au gouvernement
» français.

» Dans le cas où les hostilités recommen-
» ceroient, il auroit un moyen de plus, soit
» pour attaquer, soit au moins pour inquiéter
» l'Autriche; que, s'il fait la paix avec elle,
» il auroit au moins préparé de grands em-
» barras pour l'époque où une nouvelle guerre
» viendroit à se rallumer, et, dans tous les cas,
» il pourra se glorifier d'avoir ramené dans leur
» patrie les lumières et la liberté. »

Au milieu de ce conflit d'opinions et de raisonnemens opposés et contradictoires, Buonaparte poursuivoit avec ardeur l'accomplissement du projet dont le sort lui étoit confié. Il quitta Malte le 20 juin, laissant au général

Vaubois et au commissaire général du directoire le soin de pourvoir à leur conservation et et à leur defense. La flotte, poussée par un vent favorable, entra dans la grande mer qui sépare Candie et Malte de l'Afrique, et, toujours secondée par la fortune, elle aperçut les minarets d'Alexandrie, que les matelots saluèrent des plus vives acclamations.

CHAPITRE VI.

Débarquement de la flotte; prise d'Alexandrie; détails sur la situation de cette ville; marche de l'armée sur Rosette.

De toutes les terres classiques honorées des hommages et de la vénération des peuples, il n'en est point de plus propre que l'Égypte à exalter notre imagination, à enflammer notre curiosité, à réveiller de plus brillans souvenirs : l'histoire sacrée et profane la recommandent également à notre respect et à notre intérêt. Dès nos premières années, elle est pour nous une terre de merveilles et d'affection. C'est là que l'histoire a élevé ses plus antiques monumens, c'est là que l'esprit humain a déposé les gages de sa plus haute puissance ; elle est le berceau des nations civilisées, la patrie des sciences et des arts. Presque toute la terre étoit barbare que déjà l'Egypte étonnoit la pensée par les miracles de son industrie. Aussi loin que puisse remonter la mémoire des hommes, elle offre le spectacle d'un éclat et d'une grandeur auxquels les peuples modernes, aidés de tous les secours du passé, peuvent à peine s'élever. Tout chez elle paroît appartenir à un ordre extraordinaire et merveilleux : un ciel sans nuage, une terre sans pluie et sans rosée, un fleuve dont la source semble se cacher dans des contrées inaccessibles, dont les eaux bienfaisantes et comme animées d'un esprit d'intelligence, viennent tous les ans répandre partout l'abondance et la fertilité ; des villes rehaussées par des travaux immenses, et s'élevant comme des îles au milieu des eaux ; des plaines couvertes, dans toutes les saisons, de troupeaux, de laboureurs, de jardiniers ; un air toujours pur, d'une température toujours égale et comme embaumée par les parfums des plantes, des citronniers et des orangers.

Tel étoit l'aspect attrayant sous lequel l'Égypte s'offroit à l'imagination des Français. L'espoir d'en faire la conquête, d'y faire de nouveau fleurir les arts, les animoit des plus hautes pensées. Ce dessein n'appartenoit ni au directoire, ni à Buonaparte. La France avoit de tout temps nourri des hommes d'une imagination vive, prêts à tenter les entreprises les plus hasardeuses. Sous le règne de Louis XV, quand les chances malheureuses de la guerre nous eurent privés de la majeure partie de nos établissemens en Amérique, on proposa au roi l'occupation de l'Égypte, comme une riche et juste compensation ; on reproduisit ce projet sous Louis XVI, lorsque la France combattoit pour les Américains contre la puissance oppressive de l'Angleterre.

Mais alors la France possédoit une marine formidable, et rivalisoit avec la dominatrice des mers; ses flottes étoient commandées par les plus habiles officiers de l'Europe. De nombreuses et de puissantes alliances lui garantissoient une sécurité profonde sur le continent, et peut être, avec d'habiles négociations, pouvoit-on se flatter d'obtenir du grand-seigneur, qu'il ne mît aucun obstacle à cette entreprise.

La possession de l'Égypte étoit du plus haut intérêt pour la France ; elle assuroit, non-seulement son commerce dans le Levant, mais elle en étendoit le cercle. Elle rapprochoit les forces françaises des points les plus vulnérables de la puissance anglaise ; elle la menaçoit dans ses possessions les plus riches et les plus lointaines.

Cependant, quelque séduisant que fût ce projet, des obstacles insurmontables pouvoient s'opposer à son exécution. Le Roi connoissoit l'état malheureux de l'Égypte; la misère et l'abrutissement des peuples, le fanatisme des mahométans, la difficulté d'atteindre et de détruire une puissance dont l'armée, toute composée de cavalerie, pouvoit, comme celle des anciens Parthes, échapper à toutes les poursuites de son ennemi, et triompher en fuyant.

Il falloit, par une marine formidable, s'assurer de la Méditerranée, établir des communications sûres et constantes avec l'Égypte. Une seule défaite pouvoit séparer l'armée française de sa patrie, et la laisser dans la situation la plus périlleuse. Ces considérations engagèrent une cour sage et réservée à renoncer à un projet plus brillant que solide. Mais on en conserva les mémoires et les plans dans les archives; et, lorsque le directoire fut arrivé à la puissance suprême, il n'eut que la peine de les consulter.

En 1795, M. Magallon, consul au Caire, entretenoit souvent le gouvernement français des vexations que les beys commettoient envers les établissemens de sa nation. Il voyoit avec regret l'un des plus beaux pays du monde plongé dans la barbarie, et livré à la tyrannie d'une poignée d'hommes qu'il lui sembloit facile d'anéantir. Il parla de la conquête d'Égypte, il en montra tous les avantages; il réveilla toutes les idées qu'on avoit eues avant lui, et par les mémoires, les rapports et les plans qu'il adressa au ministre des relations extérieures, il décida le directoire à s'occuper de cette expédition (1).

Buonaparte saisit cette idée avec empressement, et n'y vit d'obstacle que du côté du grand-seigneur. Il insista auprès du Directoire pour qu'on ouvrît des négociations avec la Porte-Ottomane; on le lui promit, et il partit, ne méditant que la fondation d'un nouvel empire pour lui-même, ou peut-être un surcroît de gloire propre à l'élever jusqu'au trône de France.

---

(1) M. Martin, dans son Histoire de l'expédition d'Égypte, nous a conservé à cette occasion une lettre du ministre Charles La Croix qui jette un grand jour sur cette affaire :

« Paris, 29 termidor an IV. (16 août 1796.)

» J'ai différé, dit-il à M. Magallon, de répondre à vos lettres,
» parce que je me suis toujours flatté que le concours des événe-
» mens pour faire naître des circonstances favorables pourroit
» punir Mourad et Ibrahim Beys, soit par nous-mêmes, soit
» par la Porte, toute foible qu'elle est en Égypte. Les circons-
» tances n'ont point encore changé, il faut remettre à d'au-
» tres temps tout projet sur l'Égypte. Je n'y renonce pas, car
» cette contrée fixe mon attention d'une manière toute parti-
» culière. Je sens le degré d'utilité dont elle peut être pour la
» République. Je ne m'expliquerai pas à cet égard d'une ma-
» nière plus positive. Il doit vous suffire de savoir que mes vues
» reposent sur les bases contenues dans vos mémoires et dans
» votre lettre du 27 prairial an III (15 juin 1795) au citoyen
» Verninac, dans laquelle je n'ai trouvé que des idées sages et
» grandes. Je conférerai avec vous sur tous ces objets, lorsque
» vous serez en France. Sur ce rapport le congé que vous m'avez
» demandé, et que je m'empresse de vous accorder, ne sera pas
» inutile au service de la république.

» *Signé*, Charles DE LA CROIX. »

La fortune sembloit d'intelligence avec lui ; un ciel pur, une mer calme, un vent prospère poussoient la flotte à pleines voiles vers sa destination; nul vaisseau ennemi ne se montroit dans les mers; Buonaparte avoit signalé six bâtimens suédois, destinés pour Naples, il en avoit fait venir à son bord les six capitaines, et, pour dérober sa marche aux Anglais, il avoit exigé qu'ils se rendissent dans le port de Cagliari, et qu'ils y restassent quelques jours, pour lui donner le temps d'achever sa route.

Près d'aborder aux côtes d'Égypte, il résolut de s'expliquer enfin officiellement, et de révéler à ses soldats le secret de leur expédition. Du bord de l'Orient qu'il montoit, il fit distribuer sur tous les bâtimens, la proclamation suivante :

« Soldats, vous allez entreprendre une con-
» quête dont les effets sur la civilisation et le
» commerce du monde sont incalculables.
» Vous porterez à l'Angleterre le coup le plus
» sûr et le plus sensible, en attendant que vous
» puissiez lui porter le coup de la mort.

» Nous ferons quelques marches fatigantes ;
» nous livrerons plusieurs combats; *nous réus-*
» *sirons dans toutes nos entreprises; les destins*
» *sont pour nous.* Les Beys mamelouks, qui fa-
» vorisent exclusivement le commerce anglais,
» qui ont couvert d'avanies nos négocians, et

» qui tyrannisent les malheureux habitans du
» Nil, *quelques jours après notre arrivée,*
» *n'existeront plus.*

» Les peuples avec lesquels nous allons vivre
» sont mahométans. Leur premier article de foi
» est celui-ci : il n'y a d'autre Dieu *que Dieu ,*
» *et Mahomet est son prophète.* Ne le contre-
» disez pas ; agissez avec eux comme nous avons
» agi avec les Juifs et les Italiens. Ayez des
» égards pour leurs muftis et leurs imans ,
» comme vous en avez eu pour les rabbins et
» les évêques ; ayez pour les cérémonies que
» prescrit l'Alcoran, pour les mosquées, la même
» tolérance que vous avez eue pour les couvents,
» pour les synagogues et les religions de Moïse
» et de Jésus-Christ. Les légions romaines pro-
» tégoient toutes les religions.

» Vous trouverez ici des usages différens de
» ceux de l'Europe. Il faut nous y accoutumer.
» Les peuples chez lesquels nous allons entrer
» traitent les femmes différemment que nous ;
» mais, dans tous les pays , celui qui viole est
» un monstre.

» Le pillage n'enrichit qu'un petit nombre
» d'hommes; il nous déshonore ; il détruit nos
» ressources ; il nous rend ennemis des peuples
» qu'il est de notre intérêt d'avoir pour amis.

» La première ville que nous allons rencon-
» trer a été bâtie par Alexandre. Nous trouve-

» rons à chaque pas de grands souvenirs dignes
» d'exciter l'émulation des Francis. »

Le soldat répondit à cette proclamation par des cris de joie ; il s'étonnoit lui-même de son bonheur. Il savoit qu'une nombreuse flotte anglaise, commandée par un des plus habiles marins de l'Angleterre, parcouroit la Méditerranée ; et les escadres de la république avoient tenu la mer pendant plus de quarante jours sans avoir rencontré, sans avoir aperçu aucun bâtiment ennemi.

Par quel étrange hasard l'amiral anglais n'avoit-il su se trouver à temps, ni devant Toulon, ni à Malte ; ni dans les eaux d'Égypte. Ce mystère sembloit inexplicable, car l'on savoit qu'il ne manquoit ni de talent ni d'activité.

Parti de Cadix par ordre de l'amiral Saint-Vincent avec treize vaisseaux de ligne et un brick, il étoit entré dans la Méditerranée, s'étoit présenté devant Toulon, quinze jours après le départ de la flotte, avoit parcouru la rivière de Gênes, et toutes les côtes d'Italie, s'étoit arrêté à Naples pour prendre des notions certaines sur la marche des Français ; avoit mis à la voile au moment même où ils quittoient Malte, et s'étoit assuré par un bâtiment ragusois qu'ils suivoient la direction de l'Est.

Il conçut alors le hardi projet de les devancer, coupa la mer en ligne droite, traversa le canal, se fraya une route dans des parages inusités, et parut à Alexandrie le 28 juin. Les Français n'y étoient point encore arrivés; mais leurs projets y étoient connus, et l'alarme avoit été donnée par des bâtimens de commerce. A la vue des bâtimens anglais, toute la ville fut dans le trouble; le vice-amiral anglais essaya en vain de détromper le commandant turc; il offrit inutilement de joindre ses forces à celles de la Sublime Porte pour combattre les Français; on regarda ses propositions comme une ruse de guerre, et l'on refusa à sa flotte non-seulement l'entrée du port, mais de l'eau et des vivres. Le vice-amiral, voyant tous ses efforts inutiles, se croyant trompé sur la marche de l'armée française, remit au consul des lettres pour l'Inde, quitta la côte d'Alexandrie, et se dirigea sur Alexandrette.

Le lendemain, le pavillon français flotta sur les mers qu'il venoit d'abandonner. Buonaparte ne se dissimuloit pas le danger; mieux instruit que Nelson, il apprit par le consul français que la flotte anglaise l'avoit précédé, et qu'elle ne s'étoit éloignée que le jour précédent. Il trembloit à chaque instant de la voir reparoître. La mer étoit grosse et houleuse; le mouillage étoit mauvais, le débarquement périlleux, aucune considération ne l'arrêta ; il ordonna qu'on mit pied à terre, et, le premier, s'embarqua dans un canot, bravant audacieusement les vagues agitées; mais au moment où il prenoit terre, on signala un bâtiment à l'ouest ; il crut voir la flotte ennemie, et, ne pouvant alors se défendre d'un sentiment d'effroi : *Fortune, s'écria-t-il, m'abandonnerois-tu donc ! Encore quatre jours, et tout est sauvé.*

La fortune l'exauça ; on reconnut que le bâtiment qui inspiroit tant de terreur, étoit la frégate française *la Justice*, qui arrivoit de Malte. Le débarquement continua, et le lendemain trois divisions étoient en marche pour Alexandrie.

Cette ville n'est plus l'ancienne et opulente cité bâtie par Alexandre ; le temps et les barbares ont tout détruit. L'enceinte de l'ancienne Alexandrie n'est marquée que par des ruines.
« A peine sort-on de la ville neuve, dit un de
» nos plus éloquens et véridiques écrivains ,
» que l'on est frappé de l'aspect d'un vaste ter-
» rain tout couvert de débris. Pendant deux
» heures de marche, on suit une double ligne
» de murs et de tours, qui formoient l'enceinte
» de l'ancienne Alexandrie. La terre est couverte
» de tronçons de colonnes brisées ; les sommets
» des édifices sont écroulés, les voûtes enfon-
» cées, les créneaux dégradés, et les pierres rou-

» gées et défigurées par le salpêtre. On parcourt
» un vaste intérieur, sillonné de fouilles, percé
» de ponts, distribué par des murs encombrés,
» semé de quelques monumens anciens, de
» tombeaux modernes, de palmiers, de nopals,
» où l'on ne trouve de vivant que des chacals,
» des éperviers et des hiboux. Les habitans, ac-
» coutumés à ce spectacle, n'en reçoivent au-
» cune impression; mais l'étranger, en qui
» les souvenirs qu'il rappelle s'exaltent par l'effet
» de la nouveauté, éprouve une émotion, qui
» souvent passe jusqu'aux larmes, et qui donne
» lieu à des réflexions, dont la tristesse touche
» autant le cœur qu'elle élève l'âme.

» Considérée comme une ville de guerre,
» Alexandrie n'est rien. On n'y voit aucun ou-
» vrage de fortification. Le phare même avec
» ses hautes tours n'en est pas un. Il n'a pas quatre
» canons en état, et pas un seul canonnier qui
» sache pointer. Les cinq cents janissaires qui
» doivent former sa garnison, réduits à moitié,
» sont des ouvriers qui ne savent que fumer la
» pipe. Le terrain est sans eau. Il faut la tirer
» du Nil par un canal de douze lieues, qui l'a-
» mène chaque année, lors de l'inondation. On
» remplit les souterrains ou citernes creusées
» sous l'ancienne ville, et cette provision doit
» durer jusqu'à l'année suivante.

» C'est par ce canal seulement qu'Alexandrie
» tient à l'Egypte ; car, par sa position hors du
» Delta, et par la nature de son sol, elle appartient
» réellement au désert d'Afrique. Ses environs
» sont une campagne de sable, plate, stérile,
» sans arbres, sans maisons, où l'on ne trouve
» que des plantes propres à faire de la soude et
» une ligne de palmiers qui borde le canal.

» L'intérieur de la nouvelle ville offre un
» tableau plus misérable encore. Des maisons
» de boue, sans autres fenêtres que quelques
» trous couverts d'un treillage grossier, des
» portes étroites et basses, point de toits. Des
» rues étranglées, irrégulières, sans pavé, par-
» courues par des chiens dégoûtans et couverts
» d'insectes, où l'on est continuellement incom-
» modé de la poussière et d'une chaleur ex-
» cessive. Et si les habitans se décident à arroser
» le devant de leurs chaumières, le mal est plus
» grand encore : la poussière se convertit en
» boue épaisse, et il n'est plus possible de mar-
» cher. Triste et misérable spectacle que fait
» ressortir bien davantage encore l'aspect de
» deux monumens qui seuls ont traversé les
» siècles et bravé les efforts de la barbarie. C'est
» la colonne de Pompée, élevée par l'empereur
» Sévère, et le magnifique obélisque appelé
» l'Aiguille de Cléopâtre. Il est d'un seul bloc
» de granit, très-bien conservé, et surchargé

» d'hiéroglyphes. Sa hauteur est d'environ
» soixante-douze pieds. Quelques dattiers,
» d'une verdure triste, sont les seuls ornemens
» de ces lieux malheureux et sauvages. »

Telle étoit la contrée sur laquelle alloit marcher une armée pleine d'enthousiasme et d'illusions. Le débarquement s'étoit fait à la tour des Arabes, près de l'anse du Marabout, château à l'ouest du Vieux-Port. Il avoit coûté la vie à plusieurs soldats; mais on n'avoit pas trouvé un seul homme pour s'opposer à la descente.

A deux heures et demie du matin, le général en chef, après avoir dormi quelque temps sur le sable, se mit en marche pour Alexandrie. On vit à la pointe du jour des Arabes caracoler autour des bataillons; c'étoit un spectacle aussi curieux, aussi nouveau pour nos soldats, que l'armée française l'étoit pour les Arabes.

La ville avoit pour gouverneur un descendant de Mahomet nommé Seid-Mohamed-Coraïm : c'étoit un homme de mœurs douces, d'un esprit souple, et fort attaché aux lois de sa religion, aux mœurs et aux principes admis chez les Turcs. Les beys comptoient sur sa fidélité, parce qu'il se prêtoit volontiers à leurs exactions; il étoit brave, mais sans expérience et sans capacité dans les exercices de la guerre. Toute la garnison d'Alexandrie consistoit en cinq cents janissaires qui, depuis long-temps, n'avoient manié l'épée. Aucune défense, aucun ouvrage fortifié ne pouvoit protéger la ville. Les habitans, rassemblés à la hâte, mal armés, mais pourtant disposés à verser leur sang pour la conservation de leur pays et de leurs lois, avoient à combattre contre des guerriers d'une expérience, d'un courage et d'une discipline qu'admiroit l'Europe elle-même. Le combat ne fut pas long. Le général Menou attaqua le château triangulaire situé près du vieux port; le général Marmont força la porte de Rosette; la division du général Kléber escalada les remparts en face de la colonne de Pompée. Il fut blessé à la tête, Menou le fut à la cuisse; mais ces blessures légères ne retardèrent pas leur conquête : dans l'espace de quelques minutes les troupes françaises furent dans l'intérieur de la ville. C'étoit là que quelque danger les attendoit. Les habitans, renfermés dans leurs maisons, embusqués dans les passages les plus étroits, tiroient avec acharnement contre les soldats ennemis; cent cinquante Français périrent; le général en chef lui-même courut quelque danger; mais la résistance exaltant la fureur du soldat, il enfonce les portes des maisons, poursuit partout les habitans, pénètre dans l'intérieur des mosquées, où ils s'étoient réfugiés, et massacre tout ce qui s'offre à sa vengeance. Hommes, femmes, enfans, vieillards, tout périt. Enfin, las de sang, de meurtre et de pillage, il s'arrête. Les Musulmans épouvantés mettent bas les armes ; tout ce qui peut échapper par la fuite court chercher un asile dans les lieux souterrains, dans des décombres au milieu des ruines ; Koraïm vaincu vient aux pieds du général en chef implorer sa clémence pour lui et les malheureux habitans qu'il gouverne.

Buonaparte le reçut avec une bonté à laquelle il étoit loin de s'attendre, lui assura qu'il n'étoit venu que pour châtier l'insolence des beys et établir l'autorité du grand-seigneur; il l'engagea à servir une si noble cause, et lui offrit le commandement du Caire, s'il vouloit s'attacher aux Français. Koraïm promit tout, prêta, entre les mains du général en chef et de toute l'armée, le serment de fidélité à la République française, prit la cocarde tricolore, et fut continué dans ses fonctions, sous les ordres du général Kléber, que sa blessure retenoit à Alexandrie.

Toute l'armée française étoit débarquée, sans que, ni les Anglais, ni les beys, ni les Égyptiens, eussent songé un instant à contrarier leurs desseins. Cette suite de bonheur élevoit le courage du soldat, et sembloit ne lui montrer dans l'avenir que de nouveaux succès. Cependant, la vue des lieux qu'il parcouroit, ces déserts brûlans, ces vastes solitudes, ces sables arides que les pluies ne rafraichissent jamais, ces chaumières hideuses d'Alexandrie, la misère des peuples, ces hommes presque nus, ces femmes couvertes de haillons, dérobant sous un lambeau de toile bleue une figure fatiguée par le besoin; enfin, ces ruines, monumens d'une gloire passée et d'une barbarie présente, commençoient à changer ses idées. Toutes ses brillantes illusions se dissipoient : il sortoit comme d'un rêve profond (1); la tristesse pé-

---

(1) Toutes les lettres reçues d'Égypte, à cette époque, portent une empreinte d'inquiétude, de regrets et de mélancolie.

Louis Buonaparte écrivoit à son frère Joseph : « J'ai souf-
» fert beaucoup dans la traversée ; ce climat m'accable, il nous
» changera tous ».

« Quand l'officier et le soldat virent Alexandrie et les déserts
» qui l'environnent, ils furent frappés de stupeur. » *Lettre du commissaire ordonnateur Jaubert à l'amiral Brueix.*

« Je ne sais dans quel temps j'aurai le bonheur de vous revoir.
» Je me repens bien d'être venu, mais il n'est plus temps. Je me
» résigne à la volonté suprême, et malgré les mers qui nous
» séparent, votre mémoire sera toujours gravée dans mon cœur,
» et aussitôt que les circonstances le permettront, je franchi-
» rai tous les obstacles pour rentrer dans ma patrie ». *Lettre du capitaine Guillot à sa mère.*

« Je crois que nous nous sommes bien trompés sur cette
» entreprise si belle et tant vantée. Je crois même qu'en réus-
» sissant à soumettre l'Égypte, nous aurions bien de la peine à
» tirer de cette opération tout le fruit qu'on en attendoit.

nétroit dans son cœur, et les plus prévoyans tournoient déjà vers leur patrie des regards in-

---

» Nous trouvons partout beaucoup de résistance et surtout de
» trahisons. Il est impossible à un Français de s'écarter de quel-
» ques portées de fusil du lieu habité sans courir le risque d'être
» assassiné, ou victime d'une passion affreuse très en vogue
» dans ce pays, surtout de la part des Mamelucks et des Arabes
» Bédouins. Je connois plusieurs personnes qui dans la ville même
» d'Alexandrie ont été enlevées à la nuit tombante et ont subi
» ce sort indigne. Cette Égypte si vantée ne vaut pas sa réputa-
» tion. L'endroit le plus sauvage et le plus agreste de la France
» est mille fois plus beau. Rien de si triste, de si misérable, de
» si malsain qu'Alexandrie, le port le plus commerçant de l'É-
» gypte. Figure-toi un amas de colombiers vilains et mal bâtis,
» et tu auras une idée juste des palais d'Alexandrie. » *Lettre interceptée.*

» C'est après une marche très-fatigante, sans pain pour man-
» ger, ni eau pour boire, que l'armée est arrivée au Caire.
» J'ai regretté bien souvent, mon cher Miot, que ton amitié
» pour moi se soit portée à me mettre de cette expédition. J'ai
» vu assassiner plusieurs de mes camarades, et, au milieu de
» tant d'événemens extraordinaires, mon existence est une
» énigme pour moi.

» Savary a trompé sur l'Égypte. Ce n'est pas ce beau pays
» qu'il vante tant, ni cette rosée balsamique qu'on respire
» le matin. C'est le pays de la misère. Les habitans sont des
» sauvages qui de toutes manières ont encouru la disgrâce de
» la nature. Ils n'ont absolument rien pour eux, et l'on doit
» toujours se croire au milieu d'une bande d'assassins, lorsqu'on
» se trouve dans quelque village de la basse Égypte. Enfin,
» mon cher ami, c'est un miracle des plus merveilleux que je
» ne sois ni mort ni malade. Il n'en est pas de même de mon
» pauvre *Milord* (son cheval) : je ne crois pas qu'il supporte
» long-temps le séjour de ce pays; il n'y a ni foin, ni avoine, et
» les chevaux sont réduits à se nourrir de fèves et d'un peu
» de paille.

quiets et consternés. Ce n'étoient plus ces belles riches contrées de l'Italie, qui n'offroient partout qu'une conquête facile et des jouissances certaines. Les mœurs, la religion, le langage, tout étoit nouveau pour eux. Ils sembloient être jetés sur une terre étrangère et inconnue. Mais rien ne pouvoit rebuter l'infatigable ambition de Buonaparte. Aveuglé par la fortune, il se flattoit de triompher de tous les obstacles, et de vaincre en Égypte comme il avoit vaincu en Italie. Déjà il embrassoit par la pensée la conquête du Nil, de la Syrie, de la Palestine, de l'Orient tout entier. Dans l'excès de ses illusions, il ne pouvoit modérer sa joie. *Enfin, nous y voilà!* dit-il au général Berthier, en lui frappant sur l'épaule, lorsqu'il eut pris terre à Aboukir (1).

» J'ai vu, de Gisé, les belles pyramides : si nous voulons les » voir de près, il faudra nous réunir trois ou quatre cents. Il » est impossible de sortir de la ville sans être poursuivi ou tué » par les Arabes. Tu sens le danger d'herboriser, les botanistes » sont mal placés à la guerre. Tout ce que je puis te promet- » tre, mon cher ami, c'est que, dès qu'il sera possible de sortir » sans crainte d'être assassiné, je m'occuperai sur-le-champ » de t'organiser un petit herbier ». *Lettre interceptée par les bâtimens anglais. Londres.* 1799.

(1) Toutes les circonstances de la prise d'Alexandrie sont consignées avec beaucoup de détail dans une lettre de M. Shéchy, capitaine-adjudant à l'état-major du général Buonaparte. Elle étoit adressée à M. Doulcet de Pontécoulant, et fut interceptée

Maître d'Alexandrie, il pensa à s'assurer sa conquête par les mêmes moyens qu'il avoit em-

---

» par des bâtimens anglais, ainsi que la plupart de celles que j'aurai occasion de citer.

» Notre voyage de Toulon à Malte n'a été accompagné d'aucun événement intéressant. Vous connoissez toutes les particularités de la prise de cette île importante. Nous avons mis à la voile le 30 prairial (18 juin) au soir, et nous avons poussé en douze jours devant Alexandrie.

» Le 13 au soir, après avoir donné tous les ordres nécessaires pour effectuer la descente dans la nuit, le général en chef s'est embarqué dans une galère de Malte, à l'effet de pouvoir approcher de plus près de la côte. Malgré les conseils prudens des marins qui prétendoient que le débarquement étoit impossible, à cause de la violence des vents et des récifs qui remplissent la baie de Marabout, le général Buonaparte a poursuivi son projet de descente et l'a fait effectuer sur ce point même. Marabout est à trois lieues d'Alexandrie ; j'étois du nombre des officiers de l'état-major qui l'ont accompagné.

» Descendus sur la plage, nous avons rencontré les généraux Menou, Kléber, Bon et Regnier ; celui-ci a reçu ordre de garder le point de débarquement. Les autres sont partis sur trois colonnes, pour marcher sur Alexandrie.

» Le général en chef et son état-major, après avoir dormi deux heures sur le sable, se sont éveillés pour se mettre à la tête des divisions.

» Celle de Kléber occupoit le centre et se dirigeoit sur la colonne de Pompée. Celle de Menou longeoit la mer ; celle de Bon étoit à la droite de Kléber et marchoit sur la porte de Rosette. Nous nous sommes mis à la tête de la division Kléber.

» Nous aperçûmes à la pointe du jour quelques cavaliers qui s'avançoient sur nous, et qui, voyant que nous n'avions point de cavalerie, sont venus nous tirer des coups de carabine jusqu'à la portée du coup de pistolet. Mais nos tirailleurs, s'étant avancés rapidement au milieu des collines qui bordoient nos flancs, les ont forcés à s'éloigner. Nous conti-

ployés en Europe. Il assembla les imans, les cheicks, les schérifs de la ville, en composa une

---

» nuâmes notre marche toujours à pied, jusqu'à trois quarts de
» lieue, où étoit placée une citerne. Nous bûmes avec délices
» d'une eau douce que les fatigues de la marche nous ont fait
» trouver très-agréable.

» Arrivés à la colonne de Pompée, nous y fîmes encore une
» petite halte. Nos tirailleurs s'étoient déjà avancés très-près des
» murs et faisoient le coup de fusil avec les Alexandrins qui les
» bordoient de toutes parts. Le général en chef m'envoya sous
» les murs de la place reconnoître leur situation. J'approchai
» donc jusqu'à la portée du pistolet. A peine commençois-je à
» considérer les forts avec une lorgnette, que j'entendis les cris
» d'un grand nombre de femmes et d'enfans qui paroissoient sur
» les remparts. En même temps, je fus accueilli par une fusil-
» lade des plus vives. Un volontaire placé à trente ou quarante
» pas derrière moi fut blessé à l'épaule.

» Le général ayant ordonné de battre la charge et d'attaquer
» sur tous les points, nos troupes volent aux remparts et les
» franchissent dans un instant, malgré une grêle de pierres et
» de balles qui n'ont pas laissé de nous tuer du monde. Le général
» monte rapidement sur une butte assez élevée qui commande
» et la ville et le port, à l'effet d'observer l'attaque.

» Les généraux Kléber et Menou furent blessés, l'un à la tête ;
» l'autre n'a eu que des contusions, ses blessures ne sont point
» mortelles.

» Un des forts ayant été pris d'assaut, le général m'envoya
» chercher les prisonniers afin d'en tirer quelques renseigne-
» mens. A mon arrivée, il me renvoya dans la ville pour faire
» battre la générale, ordonner aux troupes d'en sortir, et de
» se mettre en bataille sous la butte où il étoit placé.

» Entré dans la ville, et voyant que les Alexandrins ne ces-
» soient de nous assaillir du haut de leurs terrasses et de leurs
» fenêtres à coups de pierres et de fusil, je me vis dans la néces-
» sité de mettre vingt hommes de chaque côté des rues que je
» traversois, pour empêcher les mesures hostiles. Malgré cela

sorte de conseil, et leur remit une proclamation en langue arabe.

» les coups de pierre ne laissèrent pas de me blesser quelques
» soldats.
 » J'arrivai devant un petit fort gardé par une trentaine de
» Turcs, ils me tirèrent quelques coups de fusil; mais, voyant
» grossir ma troupe, ils firent semblant de capituler en posant
» leurs fusils par terre et en poussant des cris effroyables. Je
» jugeai à propos d'accepter la capitulation, et j'empêchois nos
» troupes de tirer sur le fort, lorsqu'un coup de fusil tiré
» d'une maison voisine, tua un grenadier placé à mon côté.
» Ne connoissant pas la maison d'où étoit parti le coup, je me
» vis obligé de continuer ma route sans venger la mort du brave
» grenadier. Bientôt je me vis devant le principal fort de la
» ville; il étoit déjà bloqué par la division Menou : le capi-
» taine du bâtiment de guerre turc étant survenu fit mettre
» ce fort en notre pouvoir, et successivement tous ceux qui se
» trouvoient dans la ville.
 » Je dors en vous écrivant, je suis excédé de fatigue; vous
» ne pouvez vous faire une idée de ce que nous éprouvons. Si
» nous revenons de cette expédition, nous mériterons bien le
» paradis. A bord des bâtimens nous regrettions la France. En
» Égypte; je crois que nous regretterons les vaisseaux ».

Ces détails se trouvent encore décrits d'une manière plus vive et plus animée dans un lettre de l'adjudant général Boyer au général Kilmaine.

« Quand on saura l'espèce d'ennemis que nous avons eu à
» combattre, le peu d'art qu'ils ont employé contre nos moyens,
» enfin la nullité de leurs entreprises, cette expédition et nos
» conquêtes ne paroîtront plus si extraordinaires.
 » Nous avons d'abord débuté par un assaut livré à une place
» sans défense, dont la garnison étoit de 500 janissaires qui
» à peine savent tirer le fusil. C'est Alexandrie dont je veux
» parler : ville assez ouverte de tous côtés, qui certainement
» ne pouvoit résister aux efforts de 25,000 hommes qui venoient
» l'attaquer. Nous y avons néanmoins perdu 150 hommes, qu'on

« Depuis trop long-temps, disoit-il, les beys
» qui gouvernent l'Égypte insultent à la nation
» française, et couvrent ses négocians d'avanies.
» L'heure de leur châtiment est arrivée. Depuis
» trop long-temps ce ramassis d'esclaves, ache-
» tés dans le Caucase et la Géorgie, tyrannise
» la plus belle partie du monde. Mais Dieu, de
» qui tout dépend, a ordonné que leur empire
» finit.

» auroit pu conserver en sommant la place; mais il falloit
» commencer par étonner son ennemi. Les Turcs, repoussés de
» tous côtés, se réfugient chez leur Dieu et leur prophète. Ils
» remplissent leurs mosquées; hommes, femmes, vieillards,
» jeunes gens et enfans, tous sont massacrés. Au bout de quatre
» heures, nos soldats mettent fin à leur fureur, et le calme
» renaît.

» Alexandrie n'a plus de son antiquité que le nom, et les
» ruines de ses magnifiques monumens restés enfouis et ignorés
» au milieu d'un peuple qui à peine connoît qu'ils existent. Fi-
» gurez-vous un être impassible, prenant tous les événemens
» comme ils viennent, que rien n'étonne, qui la pipe à la bouche
» n'a d'autre occupation que d'être assis devant sa porte, sur un
» banc ou devant la maison d'un grand, et passe ainsi sa journée
» se souciant fort peu de sa femme, de ses enfans; des mères
» qui errent la figure couverte d'un haillon noir, et offrent aux
» passans leurs enfans à vendre; des hommes à moitié nus dont
» le corps ressemble au bronze, la peau dégoûtante, fouillant
» dans des ruisseaux bourbeux, et qui, semblables à des animaux
» immondes, rongent et dévorent ce qu'ils y trouvent: voilà les
» habitans de la ville fondée par Alexandre; ajoutez qu'autour
» de ces amas de misère et d'horreur, sont les fondemens de la
» cité la plus célèbre de l'antiquité, les monumens les plus
» précieux de l'art ».

» Peuples de l'Égypte! on vous dira que je
» viens pour détruire votre religion : ne le
» croyez pas. Répondez que je viens vous res-
» tituer vos droits, punir les usurpateurs, et
» que je respecte, plus que les Mamelouks,
» Dieu, son prophète et le Koran.

» Dites-leur que les hommes sont égaux de-
» vant Dieu. La sagesse, les talens et les vertus
» mettent seuls de la différence entre eux.

» Or, quelle sagesse, quels talens, quelles
» vertus distinguent les Mamelouks, pour qu'ils
» aient exclusivement tout ce qui rend la vie
» aimable et douce?

» Y a-t-il une belle terre : elle appartient aux
» Mamelouks ; y a-t-il une belle esclave, un
» beau cheval, une belle maison : cela appar-
» tient aux Mamelouks.

» Si l'Égypte est leur ferme, qu'ils montrent
» le bail que Dieu leur en a fait. Mais Dieu est
» juste et miséricordieux pour le peuple. Tous
» les Égyptiens sont appelés à gérer toutes les
» places. Que les plus sages, les plus vertueux,
» les plus instruits gouvernent, et le peuple
» sera heureux.

» Il y avoit parmi vous de grandes villes, de
» grands canaux, un grand commerce. Qui a
» tout détruit, si ce n'est l'avarice, les injus-
» tices et la tyrannie des Mamelouks?

» Cadis, cheicks, imans, dites au
» peuple que nous *sommes aussi de vrais*
» *musulmans. N'est-ce pas nous qui avons*
» *détruit le pape, qui disoit qu'il falloit*
» *faire la guerre aux musulmans ?* N'est-ce pas
» nous qui avons été dans tous les temps les
» amis du grand-seigneur (que Dieu accom-
» plisse ses desseins!) et les ennemis de ses en-
» nemis? Les Mamelouks, au contraire, ne se
» sont-ils pas toujours révoltés contre l'autorité
» du grand-seigneur, qu'ils méconnoissent en-
» core? Ils ne font que leurs caprices.

» Trois fois heureux ceux qui seront avec
» nous! ils prospéreront dans leur fortune et
» leur rang. Heureux ceux qui seront neutres!
» ils auront le temps de nous connoître, et ils
» se rangeront de notre côté. Mais malheur à
» ceux qui s'armeront pour les Mamelouks et
» combattront contre nous; il n'y aura pas
» d'espérance pour eux : ils périront. »

On avoit pris, entre Aboukir et Alexandrie, quelques Turcs et quelques Arabes, qui regardoient la mort comme inévitable. Buonaparte les rassura, leur fit lire sa proclamation par un prêtre maronite de Damas (1), les remit

---

(1) Ce Maronite étoit chrétien et c'étoit un jeu pour Buonaparte de faire lire par un prêtre chrétien une proclamation mahométane.

en liberté, et les envoya dans les campagnes voisines faire des prosélytes à l'armée française. On fit aussi fusiller un soldat français, pour avoir enlevé un poignard à un Arabe paisible; afin de donner par cet exemple une haute idée de la discipline française.

Le contre-amiral turc, chargé de percevoir les tributs de l'année, venoit d'entrer dans le port d'Alexandrie; Buonaparte, avant d'effectuer sa descente, lui avoit écrit :

« Les beys ont accablé d'exactions les négo-
» cians français. Je viens en tirer satisfaction :
» je serai demain à Alexandrie; que cela ne
» vous alarme point. Vous êtes sujet de notre
» puissant ami le sultan; conduisez-vous en
» conséquence. Mais, si vous commettez le
» moindre acte d'hostilité envers l'armée fran-
» çaise, je vous traiterai en ennemi, et vous
» ne vous en prendrez qu'à vous; car ces me-
» sures sont loin de mes intentions et de mon
» cœur. »

Le contre-amiral s'empressa d'envoyer à bord de l'Orient, son capitaine de pavillon pour féliciter le général. On lui lut la proclamation; chaque passage qui traitoit de l'insolence des Mamelouks le faisoit tressaillir de joie. Il en demanda des copies, promit de les répandre, et de servir de tout son pouvoir la cause des Français.

Mais à peine la ville fut-elle soumise, que l'on afficha un ordre du jour qui sembloit contraster singulièrement avec les dispositions amicales qu'annonçoit le général français. Il étoit conçu ainsi :

« Tous les habitans d'Alexandrie, de quelque
» nation qu'ils soient, sont tenus, vingt-quatre
» heures après la publication du présent ordre,
» de déposer leurs armes à feu dans le lieu
» marqué par le commandant de la place. Les
» muftis, les imans, les cheicks, sont seuls
» dispensés de cette mesure. Il leur est permis
» de porter leurs armes.

» Tous les habitans d'Alexandrie, de quelque
» nation qu'ils soient, sont tenus de porter la
» cocarde tricolore. Les muftis seuls auront le
» privilége de porter le shall aux trois cou-
» leurs. Cependant, le général en chef se ré-
» serve la faculté d'accorder le même honneur
» à ceux des cheicks qui se distingueroient
» par leurs lumières, leur prudence et leurs
» vertus.

» Il est défendu expressément aux agens étran-
» gers, quelle que soit la puissance à laquelle
» ils appartiennent, de déployer leur pavillon
» sur les terrasses ; les consuls ont la permis-
» sion de faire inscrire au-dessus de leur porte,
» la marque de leur emploi : LE CONSUL DE...

» Les cheicks, cadis et imans, conserveront
» les fonctions de leurs places, et les prières
» continueront comme à l'ordinaire. Chacun
» remerciera Dieu de la destruction des Mame-
» louks, et criera : Gloire au sultan ! gloire à
» l'armée française son amie ! Malédiction aux
» Mameloucks, et bonheur aux peuples
» d'Égypte !

» Tout village qui prendroit les armes contre
» l'armée française, sera brûlé.

» Le présent ordre du jour, traduit en arabe,
» sera envoyé aux principaux habitans. Le
» chérif le fera publier dans toute la ville, et
» veillera à son exécution. »

La ville d'Alexandrie avoit été prise avec deux mille hommes d'infanterie, et n'avoit pas coûté un seul coup de canon. Toute l'artillerie étoit encore sur la flotte. Le général en chef fit entrer dans le port les bâtimens légers ; les vaisseaux de ligne ne pouvoient y être admis (1) ; il enjoignit au vice-amiral Brueys de

---

(1) On s'étoit flatté que le vieux port offriroit un abri sûr à la flotte ; mais on se trompoit. Voici de quelle manière en parle le vice-amiral Brueys dans une lettre qu'il adressoit au ministre de la guerre et qui fut interceptée par les Anglais :

« Il est fâcheux qu'il n'y ait pas un port où une escadre
» puisse entrer. Mais le port vieux tant vanté est formé par des
» récifs hors de l'eau et sous l'eau, lesquels forment des passages
» fort étroits de vingt-trois, vingt-cinq ou trente pieds. La mer

mouiller dans la rade d'Aboukir, lieu ouvert, où l'on ne peut pas s'approcher assez de terre pour y établir des batteries. L'amiral s'y établit avec tout l'art et le soin que permettoit sa position. On débarqua les chevaux, les canons, les savans, les bagages, et tout le matériel de l'armée. On fit passer sur les bâtimens de guerre les matelots qui servoient sur les transports, et on les remplaça par des matelots égyptiens : on ne laissa aux navires européens qui se disposoient à quitter Alexandrie, que le nombre d'hommes indispensables pour la manœuvre; le surplus fut enlevé et transporté sur la flotte.

L'escadre avoit toujours été mal équipée, mal armée, mal servie; et, si la flotte anglaise

---

» y est ordinairement élevée, et vous voyez qu'un vaisseau de
» 74 seroit fort exposé; il seroit brisé un quart d'heure après
» y avoir touché. J'ai offert, pour satisfaire au désir du géné-
» ral en chef, dix mille francs au pilote du pays qui feroit
» entrer l'escadre; mais aucun n'a voulu se charger que d'un
» bâtiment qui tireroit au plus vingt pieds d'eau. J'espère néan-
» moins qu'on trouvera un passage dans lequel nos 74 pour-
» ront entrer; mais ce ne peut être que le fruit de beaucoup de
» soins et de peines.

» J'en ai chargé deux officiers intelligens : l'un est le capitaine
» de frégate Barré, commandant l'Alceste, et le second le citoyen
» Vidal, lieutenant de vaisseau. S'ils trouvent un canal ils le
» bâtiront, et alors on pourra entrer sans beaucoup de danger.
» Mais la sortie sera toujours très-difficile et très-longue, et dès-
» lors une escadre y sera toujours mal placée. »

l'eût attaquée, il lui eût été presque impossible de soutenir le combat avec quelque avantage. L'autorité du vice-amiral étoit presque nulle; tout se faisoit par ordre de Buonaparte. Les troupes de terre vivoient aux dépens de celles de mer : tous les jours elles leur enlevoient une grande quantité de provisions, et bientôt l'escadre se trouva réduite à n'avoir que pour quinze jours de biscuit. Il est vrai que l'armée de terre manquoit de tout: point de solde, point de pain, point de vin, point d'eau-de-vie pour les soldats, point de fourrages pour les chevaux.

L'on avoit cru que la flotte, heureuse d'avoir évité les Anglais, quitteroit les côtes d'Égypte aussitôt après le débarquement, et feroit voile pour Corfou, où elle pourroit se réunir aux vaisseaux de Toulon, d'Ancône et de Malte, et se trouver en état de tenir la mer, et d'assurer les communications. La prudence indiquoit cette mesure, c'étoit aussi l'avis du vice-amiral; mais Buonaparte, qui décidoit de tout en souverain, en ordonna autrement, et elle attendit l'ennemi dans la rade d'Aboukir.

L'apparition subite de l'armée française, la prise d'Alexandrie, le massacre de ses habitans jusque dans les mosquées, avoient répandu la terreur sur tous les points de l'Égypte. On voyoit sur toute la côte des bateaux remplis de fuyards, qui communiquoient leur effroi, et couroient au-delà du Nil chercher un asile contre l'ennemi. Les femmes poussoient des cris affreux, et fuyoient dans les campagnes, emportant leurs enfans. Les mosquées se remplissoient de vieillards et de dévots qui imploroient Dieu et Mahomet.

Buonaparte résolut de profiter de ces dispositions pour presser le cours de ses conquêtes, et ordonna au général Dugua de se porter sur Rosette. Tout y étoit dans le désordre et la confusion. Cette ville et son territoire obéissoient alors à un bey nommé Saley, qui, en ce moment, étoit en pèlerinage pour la Mecque, et s'étoit fait représenter par le mamelouk Selim. Les Candiotes, dévoués au bey, y exerçoient la plus grande influence; dès qu'ils apprirent la marche des Français, ils se précipitèrent dans tous les quartiers de la ville pour soulever le peuple et lui faire prendre les armes. Eux-mêmes, ils parcouroient les rues, le sabre et le poignard à la main, insultant tout ce qu'ils rencontroient d'Européens. Le domestique d'un jeune Français arrivé depuis quelque temps de Smyrne, fut massacré. On proposa de mettre le feu à une riche maison de commerce tenue par un négociant de Marseille, nommé Varsy, établi à Rosette depuis de longues années. Ces Candiotes ne parloient que de meurtres et d'incendies; la terreur glaçoit toutes les âmes, lorsqu'un parlementaire d'Alexandrie se présenta. Il étoit envoyé par le général en chef, et apportoit sa proclamation. Il en remit un exemplaire à Selim, qui, ne sachant pas lire, la remit au mufti. Celui-ci la lut à haute voix devant le peuple assemblé, annonça les Français comme les vengeurs de l'Égypte et les amis du grand-seigneur. Il les engagea à servir la cause de Dieu et de son prophète, et parla avec tant d'intérêt et de chaleur, que les Égyptiens se déclarèrent aussitôt les protecteurs de tous les Français qui se trouvoient à Rosette, et résolurent d'envoyer une députation à l'armée française pour lui remettre la ville. Mais comme on ignoroit la route que devoit prendre l'armée républicaine, on se contenta de déposer le drapeau de la ville chez le négociant français, et de le prier de porter lui-même les paroles de paix. Effrayé de cette révolution subite, Selim se hâta de rassembler ce qu'il avoit de plus précieux, et de remonter le Nil pour rejoindre les Mamelouks (1).

Rosette est à quinze lieues d'Alexandrie; son nom arabe est *Rascht*; elle est située sur celle des branches du Nil qu'on appelle *Bolbitine*. On fait remonter son origine jusqu'au hui-

---

(1) Histoire de l'expédition d'Égypte par M. Martin.

tième siècle; elle étoit alors à l'embouchure du fleuve ; elle en est aujourd'hui éloignée de plus de deux lieues. Ses commencemens ont eu peu d'éclat ; vers le milieu du seizième siècle, elle étoit encore peu considérable; mais depuis que les ensablemens successifs du Nil ont rendu la navigation plus difficile; depuis que les navires ne peuvent plus remonter jusqu'à Faoë, ville autrefois florissante, Rosette est devenue l'entrepôt des marchandises d'Alexandrie et du Caire. Elle occupe sur la rive occidentale du fleuve une étendue de près d'une lieue de long sur un quart de large ; elle passe pour un des séjours les plus agréables de l'Égypte. On en trouve des descriptions pleines de charme dans les récits des voyageurs : ils vantent la propreté de ses rues, l'élégance de ses bâtimens, l'effet pittoresque de sa position, la hardiesse et la légèreté de ses minarets, la fécondité de ses campagnes, la variété de ses productions, la fraîcheur et l'ombrage de ses jardins, la beauté du ciel, la pureté de l'air qu'on y respire (1).

---

(1) « Rosette, dit M. Savary, est une des plus jolies villes
» d'Égypte; elle s'étend sur la rive occidentale du Nil, et a
» près d'une lieue de long sur un quart de large. On n'y voit
» point de place remarquable, point de rue parfaitement ali-
» gnée ; mais toutes les maisons bâties en terrasses, bien per-
» cées, bien entretenues, ont un air de propreté et d'élé-

Mais ces descriptions sont loin de la réalité ; et si Rosette a quelque attrait pour les

» gance qui plaît. Leur intérieur renferme de vastes appartemens, où l'air se renouvelle sans cesse par un grand nombre
» de fenêtres toujours ouvertes ; les jalousies et les toiles claires
» qu'on y tend arrêtent les rayons du soleil, y entretiennent un
» jour doux, et tempèrent l'excès des chaleurs. Les seuls édifices publics qui se fassent remarquer sont les mosquées, accompagnées de hauts minarets construits avec beaucoup
» de légèreté et d'adresse. Ils produisent un effet pittoresque
» dans une ville où tous les toits sont plans, et jettent de la variété dans le tableau. La plupart des maisons ont la vue du
» Nil et du Delta : c'est un magnifique spectacle. Le fleuve est
» toujours couvert de bâtimens qui montent et descendent à la
» rame et à la voile. Le tumulte du port, la joie des mariniers, leur musique bruyante, offrent une scène mobile et
» vivante.

» Le Delta, cet immense jardin où la terre ne se lasse jamais
» de produire, présente, toute l'année, des moissons, des légumes, des fleurs et des fruits. Cette abondante variété satisfait à la fois le cœur et les yeux. Il y croit diverses espèces de
» concombres et de melons délicieux. La figue, l'orange, la
» banane, la grenade, y sont d'un goût exquis.

» Au nord de la ville, on trouve des jardins où les citronniers,
» les orangers, les dattiers, les sycomores sont plantés au hasard. Le mélange de ces arbres, leur voûte impénétrable aux
» rayons du soleil, des fleurs jetées à l'aventure dans ces bosquets, en rendent l'ombrage charmant.

» Lorsque l'atmosphère est en feu, que la sueur coule de tous
» les membres, que l'homme, haletant, soupire après la fraîcheur, comme le malade après la santé, avec quel charme il
» va respirer sous ces berceaux, au bord du ruisseau qui les
» arrose ! C'est là que le Turc, tenant dans ses mains une longue pipe de jasmin, garnie d'ambre, se croit transporté dans
» le jardin de délices que lui promet Mahomet. C'est dans ces
» jardins que de jeunes Géorgiennes, vendues par des parens

voyageurs, c'est aux horribles déserts qui la séparent d'Alexandrie, c'est aux fatigues de tous les genres qu'il faut essuyer pour s'y rendre qu'elle en est redevable.

Les admirateurs les plus passionnés des beautés de Rosette, ceux même qui ne voient dans les objets les plus ordinaires que des merveilles, ne sauraient dissimuler l'état affligeant où la barbarie des Arabes et des Turcs a réduit cette belle partie de l'Egypte.

« Les voyageurs qui vont d'Alexandrie à » Rosette par terre, dit le célèbre auteur que » nous avons déjà cité, passent près des dé- » bris du grand Cirque; et rencontrent sur la » gauche les ruines de Nicopolis.

» Durant l'espace de deux lieues, ce ne sont » que des monceaux de décombres. On côtoie

---

» barbares, viennent déposer, avec le voile qui les couvre, la » décence qu'elles observent en public. Libres de toute con- » trainte, elles font exécuter, en leur présence, des danses las- » cives, chanter des airs tendres, déclamer des romans qui sont » la peinture naïve de leurs mœurs et de leurs plaisirs. Nées » dans un climat tempéré, elles ont reçue de la nature une âme » pleine d'énergie et propre aux passions tumultueuses; trans- » portées en Égypte, le feu des airs, le parfum de la fleur » d'orange, les émanations des plantes aromatiques portent la » volupté dans tous leurs sens : alors, un seul point les occupe, » un seul désir les tourmente, un seul besoin se fait puissam- » ment sentir, et la gêne où elles sont retenues en accroît encore » la violence. »

» ensuite le rivage de la mer : la vue s'étend
» d'un côté sur les flots, de l'autre sur des
» campagnes sablonneuses; des dattiers épars
» çà et là interrompent la triste uniformité de
» ces plaines arides. Après avoir passé le bac
» de la Madié, on trouve un caravenserai,
» seul asile contre les feux d'un ciel brûlant,
» pendant une marche de quatorze lieues. Au-
» delà s'étend une plaine stérile, où l'on n'a-
» perçoit ni arbre, ni buisson, ni verdure;
» les yeux y sont fatigués par un torrent de
» lumière; la peau est brûlée par l'ardeur du
» soleil.

» Onze colonnes, placées de distance en
» distance, servent à diriger le voyageur à
» travers ce désert, dont le vent fait mou-
» voir les monticules de sable, comme les
» vagues de l'Océan. Malheur à celui qu'un
» tourbillon du midi surprend au milieu de
» cette solitude : s'il n'a pas une tente pour se
» mettre à l'abri, il est assailli par des flots de
» poussière embrasée, qui, lui remplissant les
» yeux et la bouche, lui ôtent la respiration et
» la vie. Le parti le plus sage est de faire cette
» route pendant la nuit. Au point du jour, on
» découvre les palmiers et les sycomores qui
» couronnent les bords du Nil. On arrive à
» Rosette, baigné de sueur ou de rosée.
» Quand après un long séjour au milieu des

» ruines, après un voyage fatigant, on se
» trouve dans un lieu riant, entouré de bos-
» quets et de verdure, l'âme se repose et se
» dilate ; telle est la situation du voyageur
» qui vient de quitter Alexandrie pour Ro-
» sette : échappé aux horreurs du désert, il
» se croit transporté dans un nouvel Éden;
» mais quand, remis de ses premières sensa-
» tions, il envisage les objets de plus près,
» quand il les considère avec le sang-froid
» d'un observateur calme et désintéressé, alors
» quelle différence ! Ces lieux si beaux, cette
» ville si attrayante, se dépouillent de leur
» prestige, et Rosette n'est plus qu'un séjour
» triste et monotone (1). »

« Rosette, dit un des officiers de l'expédition
» française, est un séjour beaucoup moins af-
» freux qu'Alexandrie; les habitans en sont plus
» doux. Le pays est un peu plus riant, le Nil
» y procure un peu de verdure; et la vue des
» palmiers, quoique bien monotone, puisque
» c'est la seule espèce d'arbres qu'on y trouve,
» récrée un peu les yeux; mais ce pays est
» loin de valoir sa réputation.

» La construction des villages est exécrable :
» c'est de la boue travaillée avec les pieds et les
» mains, n'ayant de jour que des trous pratiqués

---

(1) *Voyage en Syrie.*

» dessus. Figurez-vous les tas de neige que font
» les enfans en France ; leurs fours ressemblent
» parfaitement aux palais des Égyptiens. Les
» cultivateurs, qu'on appelle fellahs, sont ex-
» trêmement laborieux, mais d'une malpro-
» preté qui fait horreur. On les voit souvent
» boire l'eau qu'ont laissée les chevaux ou les
» chameaux (1). »

La description de Rosette, par le lieute-
nant-colonel anglais Wilson, en donne encore une plus misérable idée :

» Rosette est bâtie de briques d'un rouge
» foncé. Une grande partie de la ville est en
» ruines : les rues n'ont qu'une toise de large,
» et sont remplies de créatures tellement dé-
» gradées par la misère, que l'orgueil de
» l'homme civilisé répugne à les classer parmi
» ses semblables. Le nombre d'aveugles est pro-
» digieux ; il égale presque un cinquième des
» habitans. Des maladies de peau hideuses, les
» érysipèles, la lèpre, l'éléphantiasis, cho-
» quent la vue à chaque instant ; une malpro-
» preté dégoûtante, des insectes de la plus in-
» commode espèce, des maisons presque inha-
» bitables, un air infect, des femmes si laides,
» que, heureusement pour les Européens, elles

---

(1) Lettre de l'adjudant général Boyer.

» se cachent de manière à ne pouvoir être
» aperçues : tel est le tableau des beautés de
» Rosette, tel est cet Éden décrit avec tant
» complaisance dans les Lettres de Savary. »

Le corps d'armée qui marchoit sur Rosette étoit commandé par le général Dugua, officier brave, habile et patient : il s'enfonça avec courage à travers les ruines et les déserts qu'il avoit à passer. La chaleur étoit excessive ; les rayons du soleil, réfléchis par les sables, frappoient les yeux d'une lumière éblouissante. Le soldat respiroit à peine : accablé de fatigue, dévoré par la soif, il cherchoit en vain une fontaine pour se désaltérer, un arbre pour se reposer sous son ombrage, il ne trouvoit partout qu'une nature stérile et sauvage. Un phénomène inconnu en Europe (1) aug-

---

(1) Ce phénomène est connu sous le nom de *mirage*. M. Monge en a donné une explication très-ingénieuse. Voici d'abord comme il le décrit :

« Le terrain de la Basse-Égypte est une plaine à peu près
» horizontale, qui, comme la surface de la mer, se perd dans le
» ciel, aux bornes de l'horizon ; son uniformité n'est interrompue
» que par quelques éminences ou naturelles ou factices, sur les-
» quelles sont situés les villages, qui, par cette position, se
» trouvent au-dessus des inondations du Nil. Le soir et le matin,
» l'aspect du terrain n'offre rien d'extraordinaire ; mais, dès que
» la surface du sol est suffisamment échauffée par la présence
» du soleil, le terrain ne paroît plus avoir la même exten-
» sion ; il semble comme terminé, à une lieue environ, par une
» inondation.

mentoit encore le sentiment de ses maux. De loin, il croyoit apercevoir une vaste éten-

---

» Les villages situés au-delà de cette distance, ressemblent à
» des îles situées au milieu d'un grand lac. On voit leur image
» renversée comme on la verroit effectivement dans une vaste
» étendue d'eau.

» A mesure qu'on approche d'un village qui paroît placé dans
» l'inondation, le bord de l'eau apparente s'éloigne, le bras
» de mer qui sembloit vous séparer des habitations, se resserre;
» il disparoît entièrement, et le phénomène, qui cesse pour ce
» village, se reproduit sur-le-champ pour un autre. Ainsi, tout
» concourt à compléter l'illusion: c'est un jeu cruel pour
» l'homme que presse la soif, et qui voit s'éloigner sans cesse le
» moment où il se flattoit de l'éteindre. »

Voyons maintenant de quelle manière ce phénomène peut s'expliquer:

« Lorsqu'un rayon de lumière, dit M. Monge, passe d'un
» milieu transparent dans un autre d'une densité plus grande;
» si le rayon est perpendiculaire, il n'éprouve aucune réfrac-
» tion; mais, si le rayon est oblique, il se brise au passage et
» forme, avec la perpendiculaire, un angle plus petit que celui
» qu'il formoit dans le premier milieu.

» Pour les deux mêmes milieux, quelle que soit la grandeur
» de l'angle que le rayon incident fait avec la perpendiculaire,
» le sinus de cet angle et celui de l'angle que fait le rayon ré-
» fracté sont toujours entre eux dans le même rapport.

» Or, les sinus des grands angles ne croissent pas aussi rapi-
» dement que ceux des angles plus petits. Lors donc que l'angle
» formé par le rayon incident et la perpendiculaire vient à
» croître, le sinus de l'angle formé par le rayon brisé croît dans
» le rapport du premier; mais l'accroissement de l'angle lui-
» même est moindre que celui de l'angle formé par le rayon in-
» cident. Ainsi, à mesure que l'angle d'incidence augmente,
» l'angle du rayon brisé augmente aussi, mais toujours de moins
» en moins, de manière que, quand l'angle d'incidence est le
» plus grand qu'il puisse être, c'est-à-dire qu'il est tout près

due d'eau ; des arbres, des maisons, des collines sembloient se peindre dans le lac.

» de 90°, l'angle du rayon brisé est moindre, et c'est là son
» *maximum*, c'est-à-dire qu'aucun rayon de lumière ne peut
» passer du premier milieu dans le second, sous un plus grand
» angle.

» Si, donc, l'angle que fait le rayon incident avec la perpen-
» diculaire est plus grand que le *maximum* de l'angle de réfrac-
» tion, il ne sort pas du milieu dense, il se réfléchit à la sur-
» face, et retourne dans ce même milieu en faisant un angle
» de réflexion égal à l'angle d'incidence. C'est sur cette dernière
» proposition qu'est fondée l'explication du *mirage*.

» La transparence de l'atmosphère, c'est-à-dire la faculté de
» laisser passer avec une assez grande liberté les rayons de lu-
» mière, ne lui permet pas d'acquérir une température très-
» haute ; mais quand la surface du sol est considérablement
» échauffée, la couche de l'atmosphère la plus voisine de la terre
» contracte un degré de chaleur très-élevé : cette couche se di-
» late, sa pesanteur spécifique diminue, elle s'élève jusqu'à ce
» qu'elle ait recouvré une densité égale à celle des parties envi-
» ronnantes ; elle est remplacée par la couche qui est immédiate-
» ment au-dessus d'elle, à travers laquelle elle se tamise : cette
» seconde couche éprouve la même altération, et il en résulte
» un effluve continuel d'air s'élevant au travers d'un air plus
» dense qui s'abaisse, et cet effluve est rendu sensible par des
» ondulations qui altèrent et agitent les images des objets fixes
» qui sont placés au-delà.

» Les rayons qui viennent des parties basses du ciel, et qui
» forment avec l'horizon de petits angles lorsqu'ils se présentent
» à la surface qui sépare la couche inférieure et dilatée de l'at-
» mosphère de la couche plus dense qui est au-dessus d'elle, ne
» peuvent plus sortir de la couche dense. D'après les principes
» d'optique dont on a parlé, ils se réfléchissent vers le haut,
» faisant l'angle de réflexion égale à l'angle d'incidence, comme
» si la surface qui sépare les deux couches étoit un miroir,
» et ils vont porter à l'œil placé dans la couche dense, l'image

Attiré par cette trompeuse image, il accéléroit ses pas pour y arriver; mais à mesure qu'il approchoit de ces eaux tant désirées, l'image fuyoit, reproduisoit de nouvelles illusions, et irritoit ses désirs en les frustrant sans cesse.

On croyoit se retrouver au milieu des enchantemens de l'Arioste et du Tasse. Pendant deux lieues, les fatigues de l'armée furent excessives; mais, à mesure qu'elle s'éloignoit d'Alexandrie, un air plus pur et plus frais ranimoit les forces du soldat et relevoit ses espérances. On commençoit à apercevoir des lieux habités; quel-

---

» renversée des parties basses du ciel, que l'on voit alors au-
» dessous du véritable horizon.

» Dans ce cas-ci, rien ne vous avertit de votre erreur.

» Comme la surface de l'eau n'est ordinairement visible sous un
» petit angle, que, par l'image du ciel qu'elle réfléchit, vous
» voyez une image du ciel réfléchi, vous croyez apercevoir
» une surface d'eau réfléchissante.

» Les villages et les arbres qui sont à une distance conve-
» nable, en interceptant une partie des rayons de lumière en-
» voyés par la région basse du ciel, produisent des lacunes, et
» ces lacunes se trouvent remplacées par l'image renversée de
» ces objets ; mais comme la surface réfléchissante qui sépare les
» deux couches n'est ni parfaitement plane, ni parfaitement
» immobile, ces dernières images doivent paroître mal ter-
» minées et agitées sur leurs bords, comme seroit celle que pro-
» duiroit la surface d'une eau qui auroit contracté de légères
» ondulations. »

M. Monge explique, avec la même clarté et par les mêmes principes, pourquoi les objets reculent à mesure qu'on en approche.

ques villages étoient déserts ; les autres n'opposoient aucune résistance : un seul, près du lac d'Edko, ayant osé défendre ses foyers, fut livré au pillage et incendié ; cent soixante de ses habitans périrent dans les flammes ou par le fer. L'armée s'avança, précédée de la terreur, sous les murs de Rosette ; elle n'eut point de combat à livrer : une députation de la ville, présidée par le négociant français Varsy, vint présenter les clefs de la place, et reconnoître la puissance de la République française. On entra à Rosette comme dans une ville amie. Le général Dugua y établit un conseil de gouvernement, y laissa une garnison de deux cents hommes, et, dès le lendemain, se remit en marche pour joindre la grande armée.

CHAPITRE VII.

Situation de l'Égypte à l'arrivée des Français.

L'Égypte, considérée en elle-même, n'offre qu'une vaste solitude, que d'immenses plaines de sable enflammées par un ciel brûlant; que des montagnes arides et nues, des déserts sauvages au milieu desquels s'ouvre une vallée étroite, longue de cent cinquante lieues, à peine large de trois à sept. Mais ces plaines arides, ces montagnes nues, ces déserts de sable, sont animés par les eaux d'un fleuve bienfaisant qui porte partout la fécondité et la vie.

C'est au Nil seul que l'Égypte doit son existence. Son territoire, ses villes, ses campagnes, sa population, ses arts, sont des présens de ce fleuve libéral. Le sol même qui la nourrit ne lui appartient pas. Partout où le Nil n'épanche point son urne abondante, la nature est ingrate et stérile : mais partout où il en répand les trésors, l'Égypte est le pays le plus favorisé du globe.

Dès les premiers âges du monde, lorsque la civilisation étoit encore au berceau dans l'Europe, l'Égypte étonnoit l'imaginations du spectacle de sa grandeur. Des villes immenses, des temples, des palais, des édifices d'une magnificence inconnue, des ouvrages d'une dimension colossale, des travaux dont la hardiesse et l'étendue semblent appartenir à un autre ordre d'hommes, confondent les idées vulgaires, et nous relèguent comme dans un monde idéal.

Les instructions nous manquent pour remonter à l'origine de tant de merveilles, pour écrire l'histoire d'un peuple dont la puissance semble avoir précédé de tant de siècles nos époques modernes. Les monumens que l'Égypte nous avoit laissés ont péri. Son écriture est perdue, le secret de ses symboles s'est enseveli dans ses ruines; et l'ignorance des nations contemporaines ne nous a laissé que des récits chimériques ou des traditions fabuleuses.

Lorsqu'Hérodote visita ces contrées célèbres, les prêtres assuroient que, depuis la fondation de leur empire, deux fois le soleil s'étoit levé au lieu de l'horizon où il se couche; et que deux fois il s'étoit couché au lieu où il se lève; ils ajoutoient même que le souvenir de ce grand phénomène étoit consigné dans les chroniques sacrées. A quelle inconcevable antiquité cette observation ne nous reporteroit-elle pas! Pour l'expliquer, il faudroit recourir à la variation annuelle de l'obliquité de l'écliptique; et comme ce mouvement n'est que de cinquante secondes par siècle, il donneroit pour son achèvement entier deux millions cinq cent-quatrevingt-douze mille années.

Au milieu des impénétrables obscurités qui enveloppent le berceau de l'Égypte, un seul flambeau auroit pu nous éclairer de quelques lumières. C'est l'ouvrage de Manéthon, grand-prêtre d'Héliopolis et garde des archives sacrées. Ce savant, initié dans les lettres et les arts de la Grèce, avoit reçu de Ptolémée Philopator l'ordre d'écrire l'histoire des antiquités égyptiennes. Il avoit consulté les monumens les plus authentiques, les écrits les plus révérés; et, quelle que soit l'incertitude des témoignages des hommes, son livre seroit aujourd'hui pour nous l'autorité la plus grave et la plus imposante.

Malheureusement l'ignorance, la barbarie, et le fléau de la guerre, non moins redoutable qu'elles, nous ont privés de cette précieuse ressource. Nous ne possédons plus que quelques fragmens informes, quelques chapitres mutilés de ce grand ouvrage; c'est sur ces fondemens isolés et défectueux que s'appuie l'histoire d'une des plus grandes nations qui aient illustré l'humanité.

Trois époques constituent ses annales; l'une

est attribuée à Vulcain et au Soleil, allégorie mystérieuse, qui nous présente l'univers aux premières époques de sa naissance. On y trouve l'invention du zodiaque : circonstance frappante qui prouve jusqu'à quel point l'astronomie s'étoit perfectionnée chez ce peuple industrieux et savant.

La seconde est consacrée aux héros et aux demi-dieux. C'est une image de cet âge d'or si célèbre parmi tous les peuples. L'histoire de ces temps primitifs est encore enveloppée de ténèbres profondes, où l'esprit humain se chargeroit inutilement de trouver quelque instruction.

Ce n'est donc qu'à la troisième époque que le flambeau de l'histoire commence à jeter quelques lueurs moins incertaines. C'est à l'an 2888 avant notre ère vulgaire qu'on voit se former, suivant les historiens profanes, les dynasties des rois d'Égypte ; et cette époque est digne de remarque, puisque si elle étoit réelle, elle précéderoit de plus de cinq siècles le déluge universel, fixé par nos chronologistes à l'an 2348 avant la naissance de Jésus-Christ.

C'est vers ces temps éloignés que l'on place le règne de Ménès, le plus ancien des rois d'Égypte, l'instituteur du culte des dieux et des cérémonies de la religion, l'inventeur des sciences et des arts. C'est sous le règne de ses successeurs que s'élèvent ces villes immenses, ces temples, ces monumens magnifiques dont les débris inspirent encore le respect et l'admiration.

Quels changemens les siècles et les hommes n'apportent-ils pas aux empires! Dans ces temps reculés, l'Égypte n'avoit point conquis sur la mer cette portion célèbre de son territoire, connue sous le nom de Delta. Détournant ses ondes vers l'ouest, le Nil alloit se perdre dans les vastes plaines de la Libye, et l'on montre encore aujourd'hui son ancien lit que les Arabes appellent *Bahr-bela-ma, la mer sans eau*.

Mais l'industrie humaine, lui traçant une nouvelle direction, l'obligea de rentrer dans les montagnes, et de donner de nouvelles terres à l'Egypte. Le limon fertile qu'il roule dans son cours impétueux, s'entasse sur les bords de la mer, la force de reculer, et crée la Basse-Égypte.

Chaque siècle voit naître de nouveaux prodiges. Des lacs, creusés de main d'homme, reçoivent le superflu des eaux du fleuve, et le reversent sur la terre, dans les temps de stérilité. Les villes s'élèvent sur des chaussées artificielles comme autant d'îles au milieu des eaux. Une colonne indique les progrès de l'inondation, et règle les espérances et les craintes. Quatorze coudées apportent la joie; quinze, la sécurité; seize, l'abondance. Pour multiplier les bienfaits du Nil, on ouvre des canaux dans toutes les directions. On arrose les terrains élevés avec des machines hydrauliques d'une construction ingénieuse et savante. Toutes les parties de l'empire sont unies entre elles par des communications faciles et nombreuses. La mer Rouge apporte les trésors de l'Inde; et l'Isthme de Suez, enrichi d'une des branches du fleuve, n'oppose plus d'obstacle à la réunion des deux mers.

Telle étoit l'Égypte dans les beaux jours de sa gloire. Jamais le génie créateur ne s'étoit montré avec plus de magnificence. Le démon de la guerre et le génie du désordre détruisirent tout.

Les premiers coups furent portés par les Arabes pasteurs; c'étoient des nomades étrangers aux arts, uniquement occupés du soin de leurs troupeaux. Trois siècles de leur domination retardèrent le progrès des arts; mais ils reprirent bientôt un nouvel éclat. Sous le règne à jamais mémorable de Sésostris, l'Égypte s'éleva de nouveau au plus haut degré de splendeur: heureuse si les successeurs de ce héros eussent hérité de ses hautes conceptions, de sa sagesse et de sa modération! Mais souvent la tyrannie remplaça la puissance; on éleva des monumens non plus pour la gloire et la prospérité de l'empire, mais pour satisfaire une vaine ostentation ; c'est l'orgueil seul qui a posé les fondemens de ces pyramides colossales, plus étonnantes par l'énormité de leurs masses que par la majesté de leur construction. Agitée par la révolte, troublée par les factions, l'Égypte retomba sous un joug étranger. Les Éthiopiens, les Assyriens, les Perses, ravagèrent successivement ses fertiles provinces; et la superbe Thèbes vit ses temples pillés, ses édifices incendiés, ses prêtres et ses mystères outragés par le farouche Cambyse. L'Égypte vaincue resta sous le joug de ses successeurs, et, réduite en province, elle cessa d'être comptée parmi les empires.

Les arts sont négligés, les sciences périssent. Elle perd, sous un indigne tyran, ses livres, ses archives, les ornemens de ses temples et les objets les plus révérés de sa religion.

Mais la Macédoine lui prépare un vengeur. Nommé généralissime de l'armée des Grecs, Alexandre se met à la tête de ses phalanges, traverse le détroit des Dardanelles, et se dispose, sur le tombeau d'Achille, à l'accomplissement de ses glorieuses destinées. Le Granique, l'Issus, sont témoins de ses victoires. Il parcourt la Syrie : Damas, Tyr, Sidon tombent en son pouvoir; il marche sur Péluse, ville frontière de l'Égypte, remonte le Nil, dissipe l'armée des Perses, est reçu partout comme un libérateur, et jette les fondemens de cette ville célèbre qui jusqu'à ce jour a conservé son nom. Il en dresse lui-même le plan, désigne les temples et les places publiques. Les édifices sortent du sein de la terre comme par enchantement : l'architecte Dynocharès déploie, dans ces magnifiques travaux, toutes les richesses des arts de la Grèce. Des priviléges avantageux attirent dans la nouvelle capitale une foule d'habitans grecs, syriens, phéniciens, égyptiens. Les lois, la religion, les mœurs du peuple sont respectés : l'Égypte ne recouvre point sa liberté; mais, sous l'influence du héros de la Grèce et de ses premiers successeurs, elle jouit d'une gloire et d'une prospérité qui lui fait oublier son ancienne indépendance. Ptolémée, par sa modération, son génie conservateur et la sagesse de son gouvernement, se fait chérir des Égyptiens. Sous son règne et celui de Philadelphe, Alexandrie devient l'entrepôt des productions de l'Europe et de l'Asie. Les arts enfantent de nouveaux prodiges; de magnifiques bibliothèques enrichissent le palais des rois. Les images des Dieux enlevées par Cambyse sont replacées dans les temples. Le phare éclaire au loin les vaisseaux sur les mers. Un muséum réunit en société les savans de toutes les nations civilisées. On voit à la cour des rois d'Égypte les Euclide, les Callimaque, les Théocrite, les Manéthon. L'école d'Alexandrie n'a plus rien à envier à Athènes.

Mais au milieu de ces prospérités l'empire des Grecs décroît; Rome s'élève rapidement, et prépare de nouveaux maitres à l'univers.

Bientôt l'Europe et l'Asie cèdent à l'irrésistible ascendant de ses intrigues et de ses armes. Un des Ptolémées achète son alliance, et, pour sauver sa couronne, ouvre ses états aux légions romaines. Dès-lors le trône de l'Égypte chancelle. La guerre de César et de Pompée en accélère la chute. Alexandrie en flammes voit périr le plus riche dépôt des connoissances humaines. Cléopâtre oppose en vain l'empire de ses charmes à la fortune de ses vainqueurs. Dédaignée par Octave, elle perd à la fois la vie et la couronne.

Alors commencent la décadence et la ruine de l'Égypte. Ses plus beaux monumens deviennent la proie du vainqueur. Ses colonnes, ses statues, ses obélisques, toutes les richesses de ses temples et de ses palais vont orner la ville des vainqueurs. Le christianisme s'élève sur les débris de ses anciennes croyances, son antique religion s'éteint, le secret de ses mystérieuses écritures se perd; et si l'école d'Alexandrie conserve encore une haute réputation, ses études ont désormais un objet différent.

C'est dans l'Égypte qu'on vit naître cette foule de solitaires qui ennoblirent le désert, et rendirent la Thébaïde si célèbre. Animée de l'esprit de charité, caractère le plus auguste de la religion chrétienne, l'église d'Alexandrie donna l'exemple des plus sublimes vertus. Les docteurs de l'Évangile prêchoient la foi: mais ils n'employoient pas la violence pour la faire adopter. Théophile, le premier, forma la résolution d'extirper l'idolâtrie par la force; il obtint un rescrit de l'empereur pour détruire tous les temples. Une lutte terrible s'engage entre ces deux religions. Le sanctuaire des lieux saints est inondé de sang; la flamme en dévore les murailles; la nouvelle bibliothèque, formée par les soins de Cléopâtre, devient l'objet d'une nouvelle destruction. Le fanatisme n'épargne rien, tout ce qui tient à l'antique religion de l'Égypte est anéanti; et l'église d'Alexandrie, délivrée de sa rivalité des païens, ne voit plus d'ennemis à combattre que les Juifs. Elle les poursuit avec ardeur; des combats sanglans s'engagent entre les deux partis, les lois de l'humanité sont violées au nom du ciel, un zèle aveugle exalte les esprits, on se porte à des actes d'une barbarie révoltante.

Bientôt le même zèle arme les chrétiens les uns contre les autres. L'habitude de disputer sur les points de la religion enfante chaque jour de nouvelles hérésies. Arius, Eutichès, Nestorius, remplissent l'église de trouble et de confusion. Les solitaires quittent leur paisible retraite pour se livrer aux fureurs de la guerre, et le sang coule sous des mains, qui jusqu'alors n'avoient invoqué que les bénédictions du ciel. Au milieu de ces combats, Alexandrie présente l'image d'une ville prise d'assaut ; partout le viol, le pillage, l'incendie. Égarés par l'excès du fanatisme, quelques furieux poussent l'oubli de l'humanité jusqu'à dévorer des membres humains.

Cependant les successeurs d'Auguste et de Constantin ne tiennent plus que d'une main débile les rênes de l'état, tout annonce une dissolution prochaine.

Au sein de l'Arabie un homme paroît, doué d'une imagination ardente, d'un génie élevé, d'un esprit entreprenant. Habile à distinguer les hommes, à dissimuler sa pensée, à feindre toutes les vertus, à profiter de la faiblesse des âmes vulgaires, il conçoit le projet audacieux de créer un empire, et de fonder une religion.

Pour préparer les esprits, Mahomet se dérobe aux regards du vulgaire, et feint de se livrer aux mystères de la vie contemplative. Il sème adroitement le bruit que le ciel entretient avec lui des communications sacrées, et daigne l'instruire de ses plus augustes secrets. Les attaques d'épilepsie dont il est atteint ne servent que mieux ses ambitieux desseins. Bientôt il s'annonce comme l'envoyé de Dieu; l'ange Gabriel descend du ciel pour lui dicter les chapitres du livre saint qu'il nomme le *Koran*. Ses dogmes sont peu nombreux : *Il n'y a de Dieu que Dieu, et Mahomet est son prophète. Les jours de l'homme sont comptés; les cieux sont ouverts à ceux qui meurent en combattant.*

Il se dit appelé pour ramener à sa pureté primitive la religion des anciens patriarches. D'abord il s'annonce avec timidité et modération; mais à mesure que sa puissance s'accroît ses projets s'agrandissent, et bientôt il ne confie qu'à la force du glaive le succès des conversions. Des hommes ambitieux et fanatiques se joignent à lui; un nouvel empire est fondé, et les califes se rendent redoutables à toutes les nations voisines. La Syrie, la Phénicie, la Palestine, tombent rapidement sous le joug des conquérans arabes. Les légions romaines sont détruites ou dispersées, et, découverte de tous côtés, l'Égypte offre une proie riche et facile. Déjà l'armée des Sarrasins est devant Alexandrie; la place se défend avec courage; mais, après dix mois d'un siége opiniâtre, le redoutable Amrou entre dans ses murs. Il ne s'y comporta point en barbare. Il en respecta les monumens, épargna ses édifices, et sauva les habitans des horreurs du pillage. Il eût sauvé de même la magnifique bibliothèque du Sérapion, s'il eût été en son pouvoir de la conserver. Mais il crut devoir consulter le calife Omar, et l'on connoît la réponse de ce barbare. Le dépôt le plus précieux des connoissances humaines servit pendant six mois à chauffer les bains publics (1).

Ici commence pour l'Égypte la plus grande de toutes les révolutions. Conquise par les Perses, elle n'avoit perdu, ni ses institutions, ni son culte religieux, ni celui des sciences et des arts qui faisoient sa gloire. Vaincue par Alexandre, elle avoit vu de nouvelles villes s'élever sur son fertile territoire, de nouveaux monumens accroitre la splendeur de ses arts. Rome l'avoit dépouillée d'une partie de ses richesses; ses colonnes, ses obélisques, ses sphinx, décoroient la capitale du monde : mais son commerce, son industrie, la fécondité de son sol, la renommée de ses écoles, en faisoient

---

(1) Cette bibliothèque n'étoit plus celle que Cléopâtre avoit rassemblée au Sérapion pour réparer la perte immense du Bruchion. Il est aujourd'hui démontré que les ouvrages les plus précieux de cette belle collection avoient été détruits avant la fin du cinquième siècle. Mais quelle que fut celle qu'Omar fit incendier, ce fut toujours une perte irréparable pour les arts et les sciences.

encore une des plus heureuses contrées du monde. Ses mystères, ses traditions vivoient toujours dans le secret des temples parmi les prêtres dépositaires de ses dogmes antiques.

En renversant les autels des faux dieux, en brisant les idoles, le christianisme n'avoit point éteint en Égypte ce goût des arts, cet amour des sciences qui sembloit inné chez ce peuple industrieux et spirituel; Alexandrie continua d'être l'école la plus célèbre du monde.

L'invasion des musulmans changea ses mœurs, sa religion, son langage, et prépara cet état de dégradation et de servitude dans lequel l'Égypte gémit encore aujourd'hui; cependant quelques princes arabes ne se montrèrent point insensibles aux charmes des lettres, et aux avantages de la vie civilisée. Amrou jeta les fondemens d'une ville nouvelle; il répara l'ancien canal ouvert par Adrien, et le rendit navigable. Le Nil vit s'élever près de ses bords Cateia et le Caire; le calife *Haroun-el-Raschid* s'acquit une gloire immortelle par la protection qu'il accorda aux sciences et aux lettres. On fonda une nouvelle bibliothèque; on institua un nouveau musée; on appella de tous les pays soumis à l'islamisme les hommes les plus profonds en jurisprudence, en théologie, en mathématiques, en astronomie, en histoire;

on les retint par des récompenses et des honneurs; on traduisit en arabe les livres les plus célèbres de la Grèce; et, pour que la misère n'éloignât personne des connoissances utiles, on assigna chaque jour, à chaque étudiant, une distribution de ris, de pain, de viande et de légumes; on désigna sous le nom de Mosquée des Fleurs, le temple destiné aux études littéraires: quatorze mille élèves y étoient entretenus aux dépens de l'état, et la plupart même y étoient logés. Mais tandis que les lettres florissoient au Caire, d'autres villes subissoient une décadence rapide. Alexandrie, si étendue, si riche, sous la puissance des empereurs de Rome et de Constantinople, voyoit tous les jours sa population diminuer. On fut bientôt réduit à resserrer son enceinte, et, pour veiller plus sûrement à sa défense, à l'entourer de nouveaux murs, qu'on appela depuis, l'*Enceinte des Arabes*. Les guerres sanglantes que se livrèrent les différentes sectes des musulmans, les changemens rapides de maîtres et de dynasties, devinrent une autre source de désordres et de calamités. Pour étendre le Caire, on détruisit la ville fondée par Amrou; des cités célèbres par leur antiquité disparurent. La langue égyptienne et la langue grecque cessèrent d'être la langue du peuple. Le christianisme ne fut plus qu'une religion tolérée.

Tout s'humilia devant la puissance du turban.

Les Arabes régnoient ainsi depuis deux cents ans sur l'antique patrimoine de Sésostris, lorsqu'une révolution extraordinaire sembla devoir lui rendre son indépendance et le replacer de nouveau sous l'empire de la croix. Jérusalem étoit toujours la ville sainte ; mais son temple étoit profané ; les lieux révérés par les chrétiens étoient au pouvoir des ennemis de la foi ; et ce n'étoit qu'au prix de l'or et des plus humiliantes conditions qu'on obtenoit la permission de les visiter. Un homme d'un courage élevé et d'un zèle ardent entreprit de venger l'honneur de la religion. Il parcourt l'Europe : il tonne contre la coupable indifférence des princes chrétiens ; il fait passer dans leur cœur les sentimens dont il est animé lui-même, et bientôt à sa voix tous les monarques, tous les peuples sont prêts à passer les mers, à reconquérir sur les infidèles les lieux témoins de nos plus augustes mystères. La Syrie est soumise, l'étendard de la croix flotte sur les murs de Jérusalem. Les chrétiens s'illustrent par des exploits héroïques. Mais l'Égypte est toujours sous le joug des musulmans. Amauri I*ᵉʳ*, roi de Jérusalem, forme le projet de la délivrer : il rassemble une armée considérable, et charge Gui de Lusignan, son gendre, de l'exécution de ses desseins. Lusignan prend Belbeis d'assaut, s'avance jusque sous les murs du Caire, force le calife à demander la paix et à payer un tribut.

Mais il abuse de la victoire, et le calife invoque le secours de Nour-el-Din, souverain d'Alep. Le sultan saisit avec empressement l'occasion d'entrer en Égypte. Il envoie, à la tête d'une armée, ce célèbre *Selah-el-Din*, que nous nommons *Saladin*, et dont la mémoire s'est conservée jusqu'à nos jours. Ce général, d'un esprit entreprenant, d'une âme et d'un courage supérieurs, était issu de ces tribus guerrières, si connues sous le nom de Turcs, qui avoient pénétré dans l'Asie, et que les califes n'avoient pas craint d'admettre à leur service. Il s'avança rapidement, à la tête de ses soldats, sous les murs du Caire, força les croisés de se retirer, et fut reçu par le calife comme un libérateur. Une nouvelle tentative d'Amauri n'eut pas plus de succès. Selah-el-Din, toujours prévoyant, toujours actif et brave, déconcerta tous ses projets. Le calife étoit vieux, et ne tenoit que d'une main débile les rênes du gouvernement. Son libérateur sent qu'il lui suffit de vouloir pour s'emparer du trône : il fait périr le calife qu'il étoit venu secourir, et jette les fondemens d'une nouvelle dynastie. L'Égypte cesse alors d'appartenir aux Arabes; et, pour faire oublier son crime, le nouveau souverain s'illustre autant par l'élévation de son esprit que par l'éclat de ses victoires et l'étendue de ses conquêtes. Il joint la Syrie à ses états, enlève Jérusalem à Gui de Lusignan, et devient la terreur des croisés.

Quelques-uns de ses successeurs imitèrent ses belles qualités; tel fut ce Malek-Adel qui parvint à inspirer de l'amour à Mathilde, sœur de Richard, roi d'Angleterre; les autres se rendirent odieux par leur tyrannie ou méprisables par leur foiblesse. Pour soutenir leur puissance, ils formèrent cette milice redoutable, connue sous le nom de Mamelouks, qui bientôt brisa leur trône et acheva de précipiter l'Égypte dans la barbarie.

L'histoire de ces Mamelouks demande quelques développemens. Vers le commencement du treizième siècle, Gengis-Kan, devenu maître de presque toutes les hordes tartares, entreprit les plus vastes conquêtes dont l'esprit humain ait conçu la pensée. A la tête de ses légions farouches, il parcourt l'Asie presque entière, soumet la Chine, la Perse, passe au nord de la mer Caspienne, pousse ses ravages jusqu'en Russie, et partout son passage est marqué par le meurtre, le pillage et l'incendie. Enfin, las de carnage, ses soldats s'arrêtent, emmènent captives des nations tout entières, et les exposent en vente sur leurs marchés. On voyoit parmi ces prisonniers une foule de jeunes gens propres aux exercices de la guerre. Le soudan d'Égypte en achète jusqu'à douze mille, les fait élever dans les camps, les exerce à monter à cheval, à lancer le javelot, à supporter avec constance la chaleur du climat, la soif dévorante des déserts, et se forme ainsi la milice la plus brave et la plus redoutable de l'Asie. Il leur donne le nom de Mamelouks, c'est-à-dire d'esclaves; mais leur servitude ne se rapporte qu'au service militaire, et n'a rien d'humiliant.

A cette époque, saint Louis quittoit ses états pour passer les mers et tenter de reconquérir les lieux saints envahis par les infidèles. Il débarque à Damiette, prend la ville d'assaut, défait d'abord les Musulmans, et la terreur de son nom se répand dans toute l'Égypte. Mais il craint de rien précipiter; il laisse à son ennemi le temps de se rassurer, engage avec lui de nouveaux combats, et trouve partout ces indomptables Mamelouks, égaux en valeur aux phalanges chrétiennes. On connoît la funeste issue de cette expédition. Délivrés de la crainte que les Français leur inspiroient, les Mamelouks songent à se rendre indépendans. Leur chef s'empare du pouvoir suprême, fait périr le sultan et son fils, épouse la sultane, et forme une nouvelle dynastie. Mais cette dynastie n'a rien de commun avec celles qui l'ont précédée;

ce n'est ni la naissance ni le sang qui règle le droit de succession. C'est l'armée seule qui nomme ses chefs. Car c'est un fait d'histoire naturelle non contesté, que les Mamelouks ne se reproduisent pas. En Égypte, on ne connoît pas trois générations successives de ces soldats étrangers. Dédaignant de s'allier aux femmes égyptiennes, qu'ils méprisent, ils épousent des filles étrangères comme eux; et, par un effet du climat qui s'étend à toutes les productions exotiques, ils ne voient point leurs enfans, comme ceux des autres peuples, étendre et multiplier leur race. Élevés à la puissance suprême, des soldats sans discipline, sans instruction, sans humanité, ne pouvoient être que d'horribles tyrans; quarante-sept d'entre eux se disputèrent le sceptre dans l'espace de cent soixante-sept ans. Les droits du peuple ne furent plus réglés par les lois : les arts et l'industrie effrayés s'exilèrent : l'anarchie dévora toutes les branches de l'administration, et le sabre seul décida de tout.

Enfin, vers le commencement du seizième siècle, Sélim Ier., empereur de Constantinople, entreprit de réparer tant de maux. Il entre en Égypte, pénètre jusqu'au Caire, fait pendre aux créneaux le sultan Timan bey, et proclame l'abolition de la souveraineté des Mamelouks. Il crée un gouvernement, nomme un vice-roi sous le titre de pacha, institue un divan, et, pour ménager un corps qu'il n'avait pu détruire entièrement, charge vingt-quatre chefs des Mamelouks de gouverner, sous le nom de beys, les vingt-quatre provinces de l'Égypte. Pendant deux cents ans, l'Égypte goûte quelque repos sous cette nouvelle forme d'administration. Mais le dix-huitième siècle vit périr la puissance du grand-seigneur, et le sceptre des musulmans se relever. Ibrahim s'empare du pouvoir, et règne sans obstacle sur le divan et le pacha. Aly bey s'élève au plus haut degré de la renommée par l'audace et le succès de ses entreprises; l'empire ottoman est menacé d'une prochaine destruction. Aly meurt; mais sa mort ne rend point la puissance aux souverains légitimes.

Mohamed, qui lui succède, signale un règne de trois ans par le meurtre, le pillage et tous les excès de la tyrannie. Deux beys s'emparent de son héritage : l'un adroit, rusé, plus habile négociateur que guerrier redoutable; l'autre, brave, entreprenant, préférant la puissance du sabre à toutes les négociations; tous deux avides d'autorité, mais n'osant, avec des forces égales, se soumettre aux hasards d'un débat périlleux et incertain.

Ibrahim et Mourad, maîtres de l'Égypte depuis 1776, régnoient encore lorsque l'armée française y parut sous les ordres de Buonaparte. Leur puissance étoit également odieuse au peuple et à la cour de Constantinople. Cette cour entretenoit encore un pacha destiné à recueillir les contributions. Mais il étoit l'objet du mépris des Mamelouks; et, après avoir reçu ce qu'il leur plaisoit de lui accorder, il rentroit dans son obscurité, plutôt sujet des beys que ministre d'un grand souverain. En dirigeant contre eux ses proclamations et ses forces, en s'annonçant comme le libérateur de l'Égypte, comme l'allié du grand-seigneur, le général français se flattoit de trouver dans une nation mécontente de nombreux auxiliaires. Mais ce peuple ne formoit plus une nation. C'étoit un mélange de Coptes, d'Arabes, de Turcs, tous également avilis par la lâcheté, l'ignorance et la susperstition. Personne ne répondit à l'appel de Buonaparte. Ainsi, réduit à ses propres forces, il n'eut d'autres ressources que de pousser la guerre avec toute l'habileté dont il étoit capable.

CHAPITRE VIII.

Marche de l'armée française dans le désert, ses souffrances ; combat des Pyramides; prise du Caire; description de cette ville.

Les ennemis que l'armée française avait à combattre étoient peu nombreux. Les Mamelouks comptoient à peine dans leurs rangs neuf à dix mille hommes. Mais ces soldats braves, habiles à manier les armes, formoient un corps de cavalerie excellent, et passoient, dans l'Orient, pour une milice invincible. Trois cents chevaux composoient toute la cavalerie des Français, et ces chevaux, épuisés par une traversée de deux mois, soutenoient avec peine le poids de leurs cavaliers. L'infanterie étoit de trente mille hommes exercés depuis long-temps aux combats, accoutumés à vaincre, et capables de triompher de tous les obstacles. L'armée partit d'Alexandrie le 6 et le 7 de juin. Le général Desaix commandoit l'avant-garde. Les autres divisions marchoient sous les ordres des généraux Reynier, Bon, Menou, Kléber et Damas. L'artillerie obéissait au général Daumartin; l'arme du génie au général Caffarelli du Falga. Kléber et Menou, blessés à l'attaque d'Alexandrie, étoient remplacés par les généraux Vial et Dugua.

Les deux beys, Ibrahim et Mourad, avoient appris au Caire l'apparition de la flotte française, son débarquement et ses premiers succès. Ibrahim s'en étoit d'abord effrayé; mais, fidèle à son caractère, Mourad bey, loin de se laisser abattre par le danger, se disposoit à soutenir la gloire de ses armes, à venger l'honneur du croissant. De son palais de Gisch, il expédia des couriers à tous les beys, rassembla tous ses Mamelouks, et rappela auprès de lui Mohamed-el-Elfi, officier brave et expérimenté, qui faisait la guerre aux Arabes dans la Haute-Égypte. Cependant, plein de confiance dans ses soldats et de mépris pour une armée uniquement composée d'infanterie, il dédaigna d'employer toutes ses forces pour combattre les Français, et n'envoya qu'une partie de ses guerriers à Rahmanié.

Les légions françaises marchoient par le désert; Buonaparte étoit à leur tête, sans appareil et sans suite, ne pouvant dissimuler sa joie et ses espérances. Le calme d'une belle nuit favorisa d'abord l'armée; quelques Arabes voltigeaient, il est vrai, sur ses flancs, tuoient quelques traîneurs; mais rien n'annonçoit un danger sérieux, et le soldat partageoit volontiers la joie de son général. Au lever du soleil, la scène change; une mer de sable s'offre à ses yeux; la chaleur augmente successivement, une sueur abondante coule de tous ses membres. Ses forces s'épuisent sur un sol mobile et brûlant; bientôt les ardeurs de la soif se font sentir; pas un ruisseau, une citerne, un puits pour l'éteindre. Au loin, de vastes lacs, des fleuves, des étangs d'une eau abondante et pure, s'offrent comme une glace aux regards de l'armée; elle se flatte de s'y désaltérer, mais l'image fuit, et le soldat est dupe d'une illusion qui aggrave encore le sentiment de ses maux.

La division du général Reynier marchoit à la suite de l'avant garde; elle fut deux jours à franchir la distance d'Alexandrie à El-Ouah; et cette distance n'est que de sept lieues. Elle passa quarante-huit heures sans boire ni manger. On avoit pris pour cinq jours de biscuit; mais, excédé du poids de la chaleur, le soldat avoit jeté ses provisions, espérant de s'en procurer d'autres dans les villages voisins. Trompé dans son attente, il s'irrite contre ses chefs; il demande à rétrograder; mais il réfléchit bientôt que ses maux seront les mêmes, soit qu'il avance, soit qu'il recule. Dans l'excès du désespoir, plusieurs terminèrent d'une manière tragique une vie qu'ils ne pouvoient plus supporter; d'autres expirèrent de fatigue; le désespoir étoit dans tous les cœurs.

A quels horribles excès l'amour de la vie peut-il donc nous porter? Un soldat voyant succomber un de ses camarades, regarde autour de lui, épie le moment où il ne sera aperçu de personne, pour égorger son ami et se désaltérer dans son sang. Mais on l'observe, et il est forcé de renoncer à son funeste dessein. Il a depuis avoué cette effroyable intention; et cet homme n'avoit point un cœur farouche.

Les domestiques du général Reynier étoient parvenus à force de recherches à découvrir un peu de boue liquide, et se hâtoient de porter ce foible secours à leur maître. Un soldat mourant s'en aperçoit, il recueille ses forces, et court à son général.—Je sais, lui dit-il, le respect que je vous dois, mais vous tenez la vie dans vos mains, et je meurs; en disant ces mots, il lui arrache le vase des mains, et aspire avidement le peu d'humidité qu'il renferme.

Après trois jours de marche, les malheureux Français arrivèrent à Birket, misérable hameau servant de repaire à quelques Arabes Fellahs(1): une seule citerne existoit; ils y courent : un soldat se hâte d'y descendre; ses camarades attendent avec inquiétude l'issue de ses recherches:

---

(1) C'est le nom qu'on donne aux paysans, qui pour la plupart sont issus des premières familles arabes qui firent la conquête de l'Égypte.

du fond de ce trou, il prononce cet arrêt de mort : *Il n'y a pas d'eau.* A l'instant tous les fronts pâlissent ; une sombre terreur se répand dans toutes les âmes. On croit toucher à sa dernière heure (1).

Mais Buonaparte ranime le courage de ses soldats, partage lui-même leurs souffrances, et les soutient sur cette route désolée. Sept à huit cents hommes périrent, les uns par la chaleur, la famine et la soif, les autres par le fer des Arabes et des Mamelouks. Ceux-ci, voltigeant sans cesse sur les flancs de l'armée, égorgeoient quiconque restoit en arrière ou s'écartoit des rangs. Le général Muireur, officier distingué par son esprit, sa jeunesse et ses talens, déjà dégoûté de la vie, ayant cherché quelque distraction dans le désert, fut surpris par des Bédouins, cachés derrière des monticules de sables, et massacré à la vue des Français qui tentèrent inutilement de le secourir.

Le sort de l'adjudant Denanostre ne fut pas moins cruel. Ce jeune officier étant tombé entre les mains des ennemis, Buonaparte s'empressa de leur offrir une rançon. Les Arabes s'en disputèrent le partage ; pour terminer le différend, un d'eux lui brûla la cervelle. Des scènes semblables se renouveloient tous les jours ;

---

(1) Histoire de l'expédition d'Égypte, par M. Martin

quiconque s'écartoit des colonnes, étoit sûr de trouver la mort. Cependant le brave Desaix s'avançait toujours avec une constance et un courage que rien ne pouvait altérer. Enveloppé par un parti de Mamelouks, il se trouve quelque temps dans le plus grand danger ; le péril ranime les soldats ; le général Régnier marche à son secours, et force l'ennemi à la retraite.

Enfin, après quatre jours de fatigues, de privations et de maux excessifs, le Nil vint offrir aux soldats ses ondes salutaires. Tous se précipitèrent sur ses bords ; les uns, sans se déshabiller, s'y plongeoient tout entiers ; les autres buvoient à longs traits cette eau si long-temps désirée. Pendant quatre jours on se reposa à Rhamanié, village situé sur les bords du fleuve. La division Dugua vint y joindre l'armée, et le plaisir de cette réunion fit oublier une partie des maux qu'on avoit soufferts.

Les Mamelouks ne s'étoient point encore montrés réunis en corps d'armée. On apprit bientôt qu'ils avoient pris position au village de Chébreiss. Une flottille française, commandée par le contre-amiral Pérée, remontoit le fleuve, mais sans garder aucun ordre ; les eaux du Nil suffisoient à peine pour des bâtimens aussi forts ; ils marchoient isolément, occupés à sonder un fond inconnu. L'ennemi les attendoit vers un lieu où le lit du fleuve se resserre entre deux rives élevées : il avoit aussi une flottille. Le combat s'engagea dans cette position périlleuse : la flotte française se trouvoit sous le feu du canon égyptien, sans pouvoir lui répondre; tous les coups de l'ennemi portoient; plusieurs bâtimens coulèrent à fond; un grand nombre d'officiers et de soldats furent blessés, et toute la flotte eût été indubitablement prise, si l'armée de terre ne fût venue à son secours. Le combat ne fut pas long. Les Mamelouks, pleins de confiance dans la supériorité de leurs armes, vinrent fondre avec impétuosité sur les carrés serrés et impénétrables de l'infanterie française; le choc fut terrible, et auroit effrayé toute autre troupe que des soldats français. Mais les bataillons les attendoient de pied ferme, et, les tirant à bout portant, les forcèrent bientôt de reculer. Autant de fois les Mamelouks essayèrent de renouveler cette attaque, autant de fois ils furent repoussés avec perte. Alors, étonnés d'une résistance qu'ils étoient loin d'attendre, désespérant de vaincre, ils s'éloignèrent à toute bride, et laissèrent au pouvoir de l'ennemi l'importante position de Chébreiss.

Mais la flotte française avait perdu dans cet engagement deux *djermes* (c'est le nom qu'on donne en Égypte aux bateaux de transports), et les ennemis, qui s'en étoient emparés, en avoient massacré les équipages; perte d'autant plus grande, qu'ils étoient chargés de cavaliers qu'on se disposoit de monter prochainement.

Ranimée par ce succès, l'armée se remit en marche. Ce n'étoit plus cette famine horrible qui l'avoit poursuivie dans le désert; les bords du Nil offroient en abondance des pastèques, dont l'eau rafraichissante tempéroit l'excès de la chaleur et de la soif. Mais le vin, l'eau-de-vie, la viande, le pain manquoient absolument, et les maladies, suite de la disette, commençoient à se manifester dans l'armée.

Les communications d'une division à l'autre devenoient chaque jour plus difficiles. Les Arabes Bédouins étoient partout; ils fuyoient au moindre signe de danger; ils reparoisoient à la moindre apparence de sécurité. Tout homme isolé tomboit entre leurs mains. Il étoit dépouillé, massacré, après avoir assouvi une passion brutale et dénaturée.

La vie de ce peuple, habitant des déserts, a quelque chose de si extraordinaire, qu'il est à propos de leur consacrer quelques pages.

La population de l'Égypte se compose de quatre races différentes. La plus ancienne est celle des *Coptes*. On croit reconnoître encore dans le nom qu'elle porte celui des Égyptiens. Elle professe le christianisme, mais un christianisme corrompu par les dogmes d'Eutichès. C'est de tous les habitans de l'Égypte la classe la plus éclairée. Elle possède encore quelques livres où se retrouvent épars de foibles débris de la langue primitive ; mais elle ne les comprend plus. La seule langue qu'on parle en Égypte est l'arabe, le sultan Oualeb 1er. ayant, peu de temps après le règne d'Omar, ordonné sous peine de mort que l'on renonçât à tout autre idiome. Les Coptes sont chargés de la tenue des livres et de tous les détails qui se rapportent à l'administration. Ils jouissent d'une assez grande influence en Égypte, et Buonaparte eût pu les associer à ses intérêts, si, dès le début de son expédition, il ne se fût annoncé comme l'ami des musulmans et l'ennemi des chrétiens.

La seconde race est celle des *Arabes Fellahs*. Ils descendent des premiers vainqueurs de l'Égypte, qui s'établirent dans ces riches contrées après la conquête d'Amrou. Attachés à la terre, ils habitent les villages des bords du Nil, et se livrent exclusivement aux travaux de l'agriculture. Pauvres et opprimés, ils ont perdu une partie des qualités primitives qui distinguoient leur nation. On ne retrouve plus parmi eux ni la bonne foi, ni la générosité de leurs ancêtres. Leurs cabanes, leur nourriture, leur vêtement, tout est misérable ; souvent même ils sont, pour les voyageurs qui naviguent sur le Nil, des ennemis dangereux et impitoyables.

L'Arabe Bédouin (1), plus redoutable encore, a conservé les mœurs et l'indépendance des nomades. Il fuit le séjour des villes, et se plaît dans la solitude. Ennemi du travail, il préfère aux jouissances d'une vie sédentaire, la liberté de la vie errante; il ne veut point acquérir à la sueur de son front ce qu'il peut acquérir au prix de son sang. Sa maison est une tente, ses richesses un cheval, des armes, des troupeaux, et quelques ustensiles propres à préparer ses alimens. Ses mets les plus recherchés sont de l'orge grillé sur une plaque de fer rouge, des dattes, la chair et le lait de ses chèvres ou de ses brebis; sa patrie est partout. En un instant il plie sa tente, enlève son ménage, charge sa femme et ses enfans sur des chameaux, et va s'établir loin des lieux qu'il occupoit précédemment. Les riches caravanes, et les propriétaires n'ont point d'ennemi plus redoutable. On cherche en vain à le surprendre, il échappe à toutes poursuites; et, s'il est pressé trop vivement, le désert lui offre un asile inaccessible. Il vit là où tout meurt. Sa sobriété supplée à tout. Sans religion, sans culte extérieur, il cultive quelques vertus; il est fidèle dans les traités, franc et hospitalier. Un officier français étoit, depuis plusieurs mois, prisonnier d'un

---

(1) *Bedouah*, désert.

chef d'Arabes; le camp est surpris pendant la nuit par un corps de cavalerie française, les Bédouins n'ont que le temps de se sauver. Tentes, troupeaux, provisions, tout devient la proie du vainqueur. Le lendemain errant, isolé sans ressource, l'Arabe tire de ses habits un peu de pain, en présente la moitié à son prisonnier, et lui dit : « Je ne sais quand nous » en mangerons d'autre; mais on ne m'accusera » point de n'avoir pas partagé mon dernier morceau avec l'ami que je me suis fait. »

Le sort des prisonniers de guerre n'a rien de cruel. Ils obéissent aux femmes, ils soignent les chameaux, et partagent les travaux de la famille, comme ils partagent son abondance et sa pauvreté. Les chevaux sont pour les Arabes l'objet d'une espèce de culte et d'un commerce très-lucratif. Nul peuple ne connoit comme eux l'art de les dresser, de les accoutumer à la faim, à la soif, aux fatigues de tous les genres. On les divise en deux classes, les nobles et les plébéiens. Ceux-ci se croisent de toute manière, et forment l'espèce la plus nombreuse; c'est le tiers-état des haras. On conserve la généalogie des premiers, et chez eux, comme autrefois en Champagne, c'est le ventre qui anoblit. Dès qu'une jument a mis bas, on constate la noblesse de sa progéniture par un acte de naissance en bonne forme, certifié de plusieurs témoins. Il y a quatre races de chevaux nobles, et chaque race à ses formes particulières que les marchands arabes savent parfaitement distinguer. On vend les chevaux à trois ans. Le prix varie suivant la qualité; il est de cinquante à cent vingt francs pour les chevaux plébéiens, de mille à dix mille pour les nobles. Le cheval arabe ne connoît pas le foin. Sa nourriture consiste en cinq ou six livres d'orge, qu'on lui donne au coucher du soleil. Sous la tente on l'amuse avec un peu de paille d'orge hachée. Un des premiers mérites des chevaux arabes étant de savoir fuir à propos, les Arabes les font poursuivre, lorsqu'ils sont jeunes, la lance sur la croupe. Ces animaux sont tellement accoutumés à cet exercice, que, dès qu'ils sentent un cavalier derrière eux, il suffit de leur lâcher la bride pour les voir disparoître comme un éclair. Cependant ils sont souvent inférieurs pour la course à nos chevaux coureurs, dont quelques-uns parcourent deux mille toises en quatre à cinq minutes.

Quelques tribus d'Arabes Bédouins s'adonnent passagèrement à la culture des terres. Elles en louent quelques arpens qu'elles ensemencent; mais après la récolte elles disparaissent. Jamais le bail n'est plus long (1).

_____

(1) Mémoires sur l'Égypte, tom. I.

La quatrième race d'habitans en Égypte est celle des Turcs. Ce sont les souverains du pays, ils en ont du moins le titre; mais ils sont peu répandus dans l'intérieur des campagnes; ils préfèrent le séjour des villes, où ils exercent les arts et remplissent les emplois religieux et militaires.

Tous ces peuples, divisés de mœurs, de religion, d'intérêts, d'habitudes, étoient réunis par une haine commune contre les Français. L'armée marchoit à petites journées en remontant le Nil; l'échec de la flotille et la perte de plusieurs barques la privoient des vivres et des munitions sur lesquels elle avoit compté. On avoit inutilement chargé deux officiers d'explorer le Delta pour y recueillir des provisions; les villages étoient déserts; les paysans avoient tout abandonné, tout caché. L'armée marcha pendant huit jours, accablée du poids du jour, condamnée à toutes les privations. Enfin on aperçut les pyramides, et l'on apprit que Mourad occupoit avec toutes ses forces la position d'Embabeh. Il falloit donc se disposer au combat. Le soldat étoit exténué de fatigue et de besoin; mais la victoire devoit mettre un terme à ses maux, et il brûloit d'en venir aux mains. Buonaparte, avec son activité et son intelligence ordinaires forma ses carrés, et les disposa en demi-cercle au tour du camp des Mamelouks, qui se trouvèrent ainsi enfermés entre le Nil et les bataillons français. Le général parcourt rapidement la ligne, et d'une voix forte et comme inspirée:

« Soldats! s'écrie-t-il, en montrant les pyra-
» mides, songez que du haut de ces monumens
» quarante siècles ont les yeux sur vous. »

Ces mots, propres à frapper l'imagination, sont accueillis avec enthousiasme, et toute l'armée se prépare à combattre. Mourad ne pouvoit se dissimuler le danger de sa position. Déjà il avoit éprouvé la valeur de l'infanterie française. Il se précipite sur les deux divisions qui forment la droite, résolu de les enfoncer. Les colonnes l'attendent sans s'ébranler, et à demi-portée de fusil écrasent l'ennemi d'une grêle de mitraille et de mousqueterie. Mourad, étonné, essaie de prendre les carrés à dos; il est accablé par le feu croisé des colonnes de côté; il se replie sur un bois de palmiers; des tirailleurs viennent l'en déloger. En même temps deux divisions se portent sur Embabeh, enlèvent quarante mauvaises pièces d'artillerie qui défendent les retranchemens, et s'emparent du camp et du village. Quinze cents Mamelouks et autant de paysans armés font des prodiges de valeur; mais les généraux Rampon et Marmont leur coupent la retraite, et ces braves périssent tous sous le fer du soldat ou dans les flots du Nil. Mourad bey vit, en frémissant, le désastre de ses troupes, et se consuma quelque temps en efforts impuissans; enfin, obligé de renoncer à la victoire, il quitte le champ témoin de sa défaite, et cherche dans la fuite le salut du reste de son armée. Le vainqueur le poursuit jusqu'à Giseh, et le force à quitter sa capitale. Quarante pièces de canon, quatre cents chameaux, des munitions, des vivres, des provisions de tous les genres furent le fruit de la victoire.

Jamais triomphe n'avoit coûté moins de sang; dix hommes tués, trente blessés, c'étoit tout ce que l'armée française avoit à regretter. Qui pourroit peindre la joie du soldat! Au milieu d'un camp où l'abondance et tous les genres de richesses s'offrent avec profusion, il ne sait à quel objet donner la préférence; il ne songe plus ni à la soif ni à la faim. Le camp se transforme en marché où se vendent à vil prix les étoffes brodées, les pelisses et les schalls de Cachemire; chargée de butin, l'armée commence à croire à l'accomplissement prochain des brillantes promesses de son général.

On étoit aux portes du Caire, de cette ville que les musulmans d'Égypte appellent la sainte, la grande, la magnifique. Buonaparte ignoroit les dispositions des habitans pour les Français, et, ne voulant rien abandonner au hasard, il différa de quelques jours son entrée dans cette capitale. Elle étoit en effet livrée à un étrange désordre ; également irrité contre les beys, et contre les Français, le peuple s'étoit livré aux plus horribles excès. Après le départ des Mamelouks, il s'étoit répandu dans tous les quartiers pour exercer ses vengeances et piller les maisons de ses oppresseurs. Toutes celles des beys avoient été dévastées ; celles de Mourad, livrées aux flammes. Les Français furent attaqués partout où l'on pouvoit supposer qu'ils s'étoient retirés ; mais le courage d'une femme les sauva, et ce secours leur vint du côté où ils devoient le moins l'attendre.

Après la bataille de Chébreiss, Mourad avoit repassé le fleuve pour se rendre au Caire, résolu d'abattre les têtes de tous les négocians français. Il communiqua son dessein à un Vénitien nommé Rozetti, dans lequel il avoit une grande confiance : « Sans doute, répondit Ro-
» zetti, ces Français sont dignes de mort, et tu
» peux, sans blesser la justice, satisfaire ta
» vengeance. Mais, si tu consultes la sagesse,
» penses-tu qu'elle te donne le même conseil?
» La mort de ces Européens, loin de retarder la
» marche de l'ennemi, ne fera que l'accélérer ;
» ils courront à la vengeance, ils demanderont
» compte du sang de leurs compatriotes, et
» deviendront tes ennemis irréconciliables,
» quand même ils ne songeroient point à

» l'être. D'ailleurs que t'importe de hâter leur
» supplice? leur vie n'est-elle pas entre tes
» mains? et n'es-tu pas le maître de les faire
» périr après la victoire? Les besoins de ton
» armée sont urgens, et leur fortune peut ve-
» nir à ton secours. »

Mourad goûta ce raisonnement, renonça à son dessein, leur imposa une contribution de vingt mille francs, et les fit enfermer dans la citadelle.

Dans ce péril ils trouvèrent une libératrice. Ibrahim bey avoit une femme issue du sang de Mahomet, et révérée de tous les musulmans; elle étoit d'un âge avancé, et d'une haute dévotion. La religion et la pitié plaidèrent dans son cœur la cause des malheureux captifs. Elle osa avouer à son époux et à Mourad l'intérêt qu'elle leur portoit; elle sollicita et obtint la permission de les tenir enfermés dans son palais. Elle les y fit aussitôt transférer, leur prodigua les soins les plus affectueux, et admit leurs femmes dans sa société. Les Français s'efforcèrent de répondre à ces actes de bonté, par la conduite la plus sage et les marques de la plus vive reconnoissance. Ils lui promirent que, si l'armée républicaine s'emparoit de la capitale, ils rendroient compte au général des bienfaits dont ils étoient l'objet, et répondirent sur leurs personnes et leurs fortunes qu'ils obtiendroient pour elle tout ce qu'elle pouvoit désirer.

Mais cette femme généreuse leur répondit qu'aucun motif d'intérêt personnel n'entroit dans ses vues; qu'attachée à son époux, elle le suivroit partout, et partageroit ses dangers et sa mauvaise fortune.

Cependant l'inquiétude augmentoit dans la capitale à mesure que l'armée française approchoit. Buonaparte avoit écrit au pacha ; mais sa lettre n'étoit point parvenue. Ce fantôme de vice-roi ne pouvoit se rendre compte des desseins de la France. Incapable de prendre une résolution par lui-même, il se joignit à Ibrahim bey, dont il connoissoit l'expérience et l'habileté. Après quelques délibérations, ils s'adressèrent à l'un des négocians français détenus chez la femme d'Ibrahim. Ils l'engagèrent à parler sans contrainte, et à leur dire pourquoi les Français étoient descendus les armes à la main dans l'une des plus belles possessions du grand-seigneur, leur ancien et fidèle allié ? pourquoi, s'ils venoient avec des intentions amicales, et du consentement du grand-seigneur, ils hésitoient à s'expliquer ?

Le négociant répondit qu'il ignoroit absolument les vues de la république française ; mais qu'il croyoit pouvoir affirmer que ce n'étoit pas avec des vues hostiles contre la sublime

Porte ; que tout ce qu'il pouvoit présumer, c'est qu'ils étoient venus demander un passage pour se rendre aux Grandes-Indes, et porter la guerre dans les possessions anglaises.

Cette conjecture parut vraisemblable. Ibrahim et le pacha proposèrent au négociant de se rendre en parlementaire au camp de Buonaparte, de lui porter des paroles de paix, et de lui offrir amitié et passage au nom du pacha du Caire. La proposition fut acceptée ; et le message alloit s'accomplir, lorsqu'on apprit les premières hostilités entre Buonaparte et les Mamelouks.

Ibrahim prit alors son parti, rassembla ses troupes, enleva du Caire toutes ses richesses, et, de concert avec le pacha, alla établir son camp au-delà du Nil, devant Boulak.

Le danger devenoit plus pressant pour les Français. La généreuse épouse d'Ibrahim redoubla de soins et de prévoyance pour eux ; elle leur fit donner des subsistances pour un mois, et se prépara à suivre son mari.

Au milieu des désordres qui ensanglantoient le Caire, leur asile fut respecté ; les cheiks, les agas, les janissaires et quelques autres officiers de police se réunirent à eux ; on menaça le peuple de la vengeance du vainqueur, et l'on parvint à le faire rentrer dans le devoir.

Buonaparte étoit à Giseh, dans le palais même de Mourad bey; il fit annoncer au lieutenant du pacha le triomphe de son armée, et le dessein de prendre possession de la capitale. Une députation des grands de la ville se rendit à son camp pour l'assurer de leur soumission, et le lendemain on afficha, dans toutes les rues de la ville, une proclamation conçue en ces termes :

« Peuple du Caire, je suis content de vous.
» Vous avez bien fait de ne pas prendre parti
» contre moi; je suis venu pour détruire la
» race des Mamelouks, protéger le commerce
» et les naturels du pays. Que tous ceux qui
» ont peur se tranquillisent; que tous ceux qui
» sont éloignés rentrent dans leurs maisons. Que
» la prière ait lieu aujourd'hui comme à l'or-
» dinaire, comme je veux qu'elle continue
» toujours; ne craignez rien pour vos familles,
» vos maisons, vos propriétés, et surtout pour
» la religion du prophète que j'aime.

» Comme il est urgent que la tranquillité ne
» soit pas troublée, il y aura un divan de sept
» personnes qui se rendront à la mosquée. Il y
» en aura toujours deux près du commandant
» de la place, et quatre seront occupés à main-
» tenir la tranquillité publique, et à veiller à la
» police. »

Le jour même, Buonaparte, à la tête de son

armée victorieuse, fit son entrée au Caire. Il n'avoit plus d'ennemis à combattre. Mourad occupoit la Haute-Égypte. Ibrahim, après avoir incendié la flottille turque, avoit quitté sa position au-delà du Nil, et s'étoit jeté avec ses Mamelouks, ses femmes et ses trésors, sur la route de la Syrie. Un détachement français avoit, pendant la nuit, pris possession de l'île de Rhouda, lieu saint où se conserve le *mekias* ou nilomètre, objet justement revéré des habitans de l'Égypte.

Le Caire, quoique déchu de son antique splendeur, est encore l'une des capitales les plus considérables et les plus riches du monde. Sa population est d'environ trois cent mille âmes; son enceinte, de douze milles, en y comprenant le vieux Caire, et Boulak qui en est le port; son étendue, d'une lieue et demie du nord au sud, et de trois quarts de lieue du levant au couchant. Elle doit sa naissance aux califes de la dynastie des Fatimites. Son origine remonte à l'an 358 de l'hégire. Moaz, fils d'Elmanzor, qui la bâtit, lui donna le nom *d'Elnkaher* (*la victorieuse*), pour consacrer le souvenir de ses triomphes. Mais sa position est moins avantageuse que celle du vieux Caire, dont nous parlerons bientôt. Elle s'étend sur une plaine de sable à peu près à un quart de lieue du Nil. Elle est dominée par la chaîne des montagnes de Mokattam, dont les flancs stériles et nus affligent la vue, et réfléchissent sur la ville une chaleur souvent accablante.

Ce n'est que du château bâti par Selah-el-Din sur le mont Mokattam, qu'on peut prendre une juste idée de son étendue. Ses rues sont la plupart étroites et tortueuses; ses maisons, d'une construction pauvre et d'un aspect triste et irrégulier; mais trois cents mosquées, dont les hardis minarets s'élèvent dans les airs, donnent à son ensemble un aspect imposant. C'est de là que cinq fois par jour huit cents crieurs publics se font entendre, au même instant, dans tous les quartiers de la ville, et appellent le peuple à la prière. Quoique les rues ne soient point pavées, que la température soit presque toujours très-élevée, l'air y est assez pur, et l'eau du Nil suffit presque toujours pour guérir toutes les maladies. Mais un fléau dont il est impossible de se défendre, c'est le vent brûlant qui souffle des plaines de l'Arabie, depuis la fin de mars jusqu'au milieu du mois de mai. Chargé d'un sable fin, il fatigue la vue, et produit souvent la cécité; aussi ne trouve-t-on dans aucune ville un aussi grand nombre d'aveugles. On ne boit dans tous les quartiers que de l'eau du Nil, qu'on transporte dans des outres sur le dos des ânes et des chameaux. Rien ne ressemble moins à nos villes européennes que le Caire. On n'y voit ni carrosse ni calèche. Les grands-seigneurs et leurs esclaves, les cavaliers de profession et les Arabes, ne paroissent qu'à cheval. Le reste de la population, Juifs, Turcs, chrétiens, janissaires, soldats, n'ont point d'autre monture que les ânes; et les femmes elles-mêmes, de quelque condition qu'elles soient, ne vont point autrement. Tel étoit l'état d'humiliation auquel les Francs étoient réduits avant l'arrivée de l'armée française, qu'ils étoient tenus de descendre dès qu'ils apercevoient quelque officier turc ou mamelouk, sous peine de recevoir des coups de bâton.

La population du Caire est un mélange de Coptes, d'Arabes, de Turcs, de Juifs, de Grecs, d'Arméniens, et d'Européens, que quelques voyageurs portent à quatre cent mille; mais qu'il faut réduire, comme nous l'avons dit, à trois cent mille. A l'époque de l'inondation du Nil, les places du Caire, couvertes d'eau, forment comme autant de lacs qui s'enrichissent, le soir, d'une multitude de barques élégantes sur lesquelles se promènent les personnes les plus riches de la ville, avec leurs femmes. On y donne des concerts; on y tire des feux d'artifice. Toutes les façades des maisons sont illuminées; et, malgré les soins des maris, on entrevoit les dames à travers les jalousies. C'est la saison des plaisirs. Après le débordement, ces plaines d'eau se transforment en jardins fertiles et délicieux.

La plus belle des mosquées est celle qu'on appelle *des Fleurs*. Elle est remarquable par le nombre, l'élégance et l'élévation de ses minarets, et par l'étendue de ses bâtimens. Outre son musée et son académie, dont nous avons déjà parlé, elle possédoit autrefois une riche bibliothèque formée par les soins des princes arabes. Les princes mamelouks en ont détruit une partie; le reste a été dispersé, vendu par des dépositaires infidèles; de sorte qu'à l'exception des livres de théologie, de l'histoire musulmane, et de quelques poésies arabes, l'Égypte n'a presque plus de bibliothèque.

Après la mosquée des Fleurs, la plus belle est celle qui fut fondée par Amrou, et reconstruite depuis sur un plan magnifique. C'est la plus ancienne de l'empire musulman.

L'hôpital général est un des principaux monumens du Caire, et seroit probablement le mieux doté de l'univers, si l'on eût conservé fidèlement tous les legs dont la piété publique l'a enrichi. Mais le patrimoine des pauvres ne sert aujourd'hui qu'à faire vivre dans l'opulence les administrateurs chargés de recueillir leurs revenus.

Ce bel établissement est situé dans l'un des plus beaux quartiers de la ville; deux mosquées magnifiques en font partie. Les malades étoient autrefois placés dans des salles séparées, chacun suivant la nature de ses maux. Ils étoient traités par des médecins qui avoient fait une étude particulière et distincte des diverses branches de la médecine, et ne s'attachoient qu'à un seul genre de maladie. La dépense de chaque malade étoit, dans l'origine, d'un ducat d'or ; on n'épargnoit rien pour son traitement. Le seul privilége dont ils jouissent aujourd'hui, est d'être réveillés deux heures plus tôt que les autres pour savoir à quelle heure le soleil se lèvera.

Nulle ville ne possède, relativement, un plus grand nombre de bains que le Caire. On y est servi avec beaucoup de soin, de propreté, et souvent d'élégance. Les hommes et les femmes s'y baignent séparément.

Le château du Caire est placé sur un rocher escarpé, environné de murs épais, défendu par des tours. Il a plus d'un quart de lieue de circonférence ; la garde en est confiée à des janissaires et à des azabs, troupes au service du grand-seigneur. Six mauvaises pièces de canon composent son système de défense. L'intérieur du château renferme les ruines de l'ancien palais des sultans d'Égypte. Des dômes renversés, des monceaux de décombres, des dorures et des peintures dont les couleurs ont bravé l'injure du temps, de superbes colonnes de marbre encore debout, mais la plupart sans chapiteau. Voilà, dit l'auteur des Lettres sur l'Égypte, tout ce qui reste de son ancienne magnificence.

Mais un des monumens les plus curieux de ce château, est le puits de Joseph, taillé dans le roc; sa largeur est de treize pieds, sa profondeur de deux cent quatre-vingts. On y descend par un escalier éclairé de distance en distance par des jours tirés de loin, et à la foiblesse desquels on supplée par des bougies allumées.

Les bœufs y descendent jusqu'à une première esplanade, où l'on a élevé des machines à roue qu'ils tournent pour faire monter l'eau : là elle est versée dans un premier bassin, et reprise par une seconde machine pour arriver jusqu'au sommet du puits. Cette belle et ingénieuse construction est l'ouvrage des Arabes. Les Égyptiens l'attribuent à Salah-el-Din ; le peuple, au patriarche Joseph.

Le pacha habite dans l'intérieur du château un vaste appartement qui n'a rien de remarquable. Le quartier des janissaires est établi sur les ruines de l'ancien palais de Saladin. On y voit encore le divan de Joseph, salle immense dont les murs sont en partie tombés, mais dont la majesté se conserve dans une suite de trente colonnes de granit rouge et de diverses proportions. Leur fût, d'une seule pièce, a quarante-cinq pieds de hauteur: les ornemens des chapiteaux annoncent les restes d'anciens monumens.

Tels sont les objets les plus dignes de remarque dans la ville du Caire. D'ailleurs cette capitale n'a rien de la majesté, du caractère, de la propreté de nos grandes villes d'Europe (1). Pas une seule rue large et bâtie avec élégance: les palais des grands sont plus propres à attrister qu'à flatter la vue: les maisons du peuple sont toutes d'une construction et d'une forme misérables.

---

(1) Elle seroit même hideuse, s'il falloit s'en rapporter aux témoignages des officiers français.

« Après vingt jours d'une marche des plus pénibles
» dans les déserts (écrivoit le général Dupuis, com-
» mandant de la place du Caire), nous sommes enfin
» arrivés au Grand-Caire. Me voilà donc, mon ami,
» revêtu d'une nouvelle dignité, que je n'ai pu refu-
» ser. Le commandement du Caire étoit trop beau pour
» moi. J'occupe aujourd'hui le plus beau sérail de la
» capitale d'Égypte; c'est celui de la sultane favorite
» d'Ibrahim bey. Son palais est enchanté; au milieu
» des nymphes, je respecte la parole donnée à mon
» amie.

» Le Caire est abominable. Les rues y respirent la
» peste par les immondices. Le peuple est affreux et
» abruti. Je prends de la peine comme un cheval, et ne

Fodstadt, que les Européens appellent improprement le *vieux Caire*, n'offre pas un aspect plus heureux. Cette ville, fondée par Amrou, jouit pendant plusieurs siècles des honneurs et du titre de capitale : on la nommoit *Masr*, mot arabe qui indique la prééminence. Sa situation sur les bords du Nil, près d'un canal qui communiquoit à la mer Rouge, en faisoit comme l'entrepôt de toutes les marchandises, le rendez-vous de toutes les nations commerçantes de l'Asie et de l'Afrique. Son enceinte étoit de près de deux lieues. C'étoit de toutes les cités de l'Égypte, la plus populeuse et la plus fréquentée. Mais la fondation de Ca-

---

» puis parvenir encore à me reconnoître dans cette immense cité, plus grande que Paris, mais bien différente. Ah! qu'il me tarde de revoir la Ligurie!

» Oui! mon cher, je la regrette sans cesse, quoique j'aie beaucoup d'agrément et que rien ne me manque. Mais où sont mes amis? Où est l'aimable Marina? Je pleure sur notre séparation. Mais j'espère que je serai bientôt auprès d'elle. Oui bientôt, car je m'ennuie diablement. Notre passage du désert, et nos divers combats ne nous ont presque rien coûté. Jugez de la lâcheté de ce grand peuple tant vanté! Je me suis emparé de cette immense cité, le 5 du mois, avec deux compagnies de grenadiers seulement. »

(*Lettres interceptées.*)

téia et celle du Caire commencèrent à porter atteinte à sa prospérité ; le fléau de la guerre acheva sa décadence. A l'époque où Lusignan vint assiéger le soudan d'Égypte jusque dans sa capitale, ce prince, pour ravir Fodstadt au vainqueur, y mit le feu. L'incendie dura près de deux mois, et les malheureux habitans, obligés de quitter des monceaux de cendres, se réfugièrent au Caire. Dès lors, cette dernière ville devint la capitale de l'empire, et Fodstadt, pour conserver quelque chose de sa fortune passée, prit le nom de *Masr-El-Atik*, *l'ancienne capitale*. Ses environs sont couverts de ruines qui attestent son malheur; mais ces ruines n'ont rien de la majesté des temps antiques. On n'y trouve ni sphinx, ni colonnes, ni obélisques; et si l'on nomme *Greniers de Joseph* un vaste emplacement où l'on dépose les blés de la Thébaïde ; c'est une idée populaire qui n'a aucun fondement dans l'histoire.

A quelque distance de Fodstadt, est Boulak, situé sur les bords du Nil. C'est le port où viennent se décharger toutes les marchandises d'Alexandrie et de Damiette : c'est l'entrepôt de toute l'Égypte, le point de réunion des caravanes de l'Inde et de la Mecque, le séjour des négocians de toutes les nations, le magasin général de tous les objets de commerce. Sa construction annonce une ville moderne ; on l'a bâtie pour réparer la faute des califes, qui avoient fondé le Caire loin des bords du fleuve.

Boulak, le vieux et le nouveau Caire, sont gouvernés par un pacha, que gouvernent arbitrairement les beys. Il préside le divan, perçoit les contributions, exerce l'autorité que veulent bien lui laisser les Mamelouks. Comme ce gouvernement est un des plus considérables de l'empire, il ne l'obtient qu'à force d'argent. Il faut, avant d'arriver au Caire, qu'un pacha compte sur d'immenses sacrifices. Il est communément élu pour un an: mais quelquefois, à force de présens, il parvient à se faire continuer pour trois ans. Il est tenu envers le grand-seigneur à des redevances qui montent à des sommes considérables: mais, au moyen de ses arrangemens, il jouit de tous les revenus qui appartiennent au grand-seigneur, et ses revenus excèdent souvent ceux de son maître.

La justice est administrée par le cadi; elle est prompte et expéditive. Le magistrat entend les témoins. S'il s'agit d'argent dû à un particulier, on envoie le débiteur en prison; si la dette regarde le grand-seigneur, on lui donne la bastonnade. Le crime capital est puni suivant le rang du coupable: s'il appartient à la classe du peuple, il est empalé; s'il est d'un ordre plus distingué, on l'étrangle ou on le décapite.

Malgré le fanatisme des Turcs, toutes les religions sont tolérées au Caire. Les chrétiens et les Juifs y professent librement leur culte; les Grecs y ont un patriarche qui prend le titre de patriarche d'Alexandrie; les Arméniens, quoique en petit nombre, ont aussi leur église. A l'époque où les Français arrivèrent dans cette ville, on y comptoit deux monastères occupés par des religieux italiens. Les Maronites qui se trouvent au Caire, suivent le rite latin : les Juifs ont des synagogues.

Toute la force armée est entre les mains des Mamelouks. Les habitans du Caire ne sont ni guerriers, ni cultivateurs, et la plus grande injure qu'on puisse leur adresser, est de les appeler *fellahs*. Leurs mœurs sont douces, leur vie sobre, les mets de leur table, simples et en petit nombre; point de vin; le café, le sorbet, les eaux de cannelle ou de fleur d'orange, sont les boissons les plus recherchées. Ils aiment la musique, les fêtes, les illuminations : c'est à eux qu'on doit l'usage d'illuminer en verres de couleurs; ils ont porté ce genre d'industrie au plus haut degré de perfection. Les Turcs ont un souverain mépris pour les femmes égyptiennes. Jamais ils ne contractent d'alliance avec elles; ils font venir leurs épouses de la Géorgie, de l'Abyssinie, et leur accordent beaucoup plus de liberté qu'on ne l'imagine communément en Europe. Elles ont la permission de se rendre des visites, et de passer entre elles une grande partie du jour. Dans les réjouissances publiques elles peuvent sortir le jour et la nuit, et entrer partout où elles veulent, toutes les maisons étant alors ouvertes. Elles sortent aussi les vendredis pour aller visiter les sépulcres de leurs parens, et prier Dieu pour les morts; mais elles sont suivies par des eunuques quelquefois plus difficiles à tromper que les maris mêmes. Les femmes du peuple, libres de ces formalités, parcourent les rues le visage couvert d'un morceau de toile qui ne laisse apercevoir que les yeux: leur vêtement est une simple chemise de toile et un pantalon de même étoffe. Les hommes sont vêtus de la même manière; ils ont les jambes nues.

On voit par ce tableau que la ville du Caire n'a rien de commun, ni pour la construction de ses édifices, ni pour les mœurs de ses habitans, avec les villes européennes; mais sa population et son commerce en font encore une ville de la plus haute importance.

Maître de cette riche capitale, Buonaparte songea à lui donner un gouvernement il avoit déjà, (avant même de débarquer à Alexandrie), nommé un administrateur général des finances et des revenus de l'Égypte; il avoit institué pour chaque province une commission chargée de saisir tous les biens des Mamelouks, de surveiller et d'accélérer la rentrée des contributions. Mais alors ces ordres n'avoient rien de sérieux. C'étoit un de ces actes d'ostentation que le général français ne manquoit jamais de faire pour imposer à la multitude, et inspirer une haute idée de sa persévérance dans ses entreprises, et de la confiance dans ses moyens (1). Son entrée au Caire lui donnoit le droit de parler en maître; les Mamelouks étoient vaincus et fuyoient, nulle armée ne s'opposoit à l'armée républicaine, et c'étoit

---

(1) Cet acte est daté du 24 juin, à bord de l'Orient. Il mérite d'être conservé.

Art. Ier. Les généraux qui sont chargés du commandement des divisions, donneront l'ordre aux commissaires des guerres et au payeur de la division, au cheik de chaque pays et à un officier d'état-major, de mettre sous le scellé les caisses publiques, les registres des collecteurs et les revenus des Mamelouks.

Art. II. Tous les Mamelouks seront arrêtés et conduits au quartier-général de l'armée.

Art. III. Toutes les villes et tous les villages seront désarmés.

Art. IV. Tous les chevaux seront mis en réquisition et remis aux chefs de brigade de cavalerie, qui s'occuperont aussitôt de monter leurs soldats. Il est défendu aux officiers, de quelque rang qu'ils soient, de prendre aucuns chevaux avant que la cavalerie soit montée.

du palais des beys que Buonaparte dictoit ses volontés.

Il établit, sous le nom de *grand divan*, une espèce de sénat, chargé de surveiller l'administration civile et de juger tous les différens entre les Égyptiens. Il composa ce corps des fonctionnaires qui étoient restés au Caire, et de divers habitans que lui indiquèrent le consul de France et quelques négocians français. Il institua des autorités semblables, mais moins nombreuses, pour les provinces de l'É-

---

Art. V. Tous les chevaux propres à l'artillerie seront remis aux commandans de l'artillerie de chaque division, qui se pourvoira d'équipages et de conducteurs.

Art. VI. Les chameaux seront également retenus et remis au commandant d'artillerie. Ceux qu'on enlevera aux Mamelouks ou à l'ennemi, seront employés au transport de l'artillerie et des munitions, de manière à diminuer le plus qu'il est possible les fourgons de munitions. Il y aura dans chaque division un chameau à la disposition de l'officier de génie, pour transporter les outils des pionniers.

Art. VII. Tous les chevaux et les chameaux pris à l'ennemi après une bataille seront payés : les chevaux à raison de quatre louis, les chameaux à raison de six.

Art. VIII. Il est défendu à tout soldat, sous peine de punition, d'entrer dans les maisons des habitans, pour leur enlever leurs chevaux ou leurs chameaux.

gypte (1), et fit venir d'Alexandrie ceux des savans qui s'y trouvoient encore, pour leur confier quelques parties de l'administration. Le sort de ces lettrés étoit loin d'être aussi heureux qu'ils l'avoient espéré. Jetés sur une terre étrangère et ennemie, ils ne pouvoient se livrer à aucune des recherches dont ils s'étoient flattés d'enrichir le domaine de la

---

(1) On trouve une copie de l'ordonnance du général en chef dans une des pièces interceptées par les bâtimens anglais ; elle est adressée au général Kléber et ainsi conçue :

Buonaparte, membre de l'Institut national, général en chef, ordonne :

Art. Ier. Il y aura dans chaque province d'Égypte un divan, composé de sept personnes chargées de veiller aux intérêts de la province ; de me faire part de toutes les plaintes qu'il pourroit y avoir ; d'empêcher les guerres que se font les villages entre eux ; de surveiller les mauvais sujets, de les châtier en demandant la force au commandant français; et d'éclairer le peuple toutes les fois que cela sera nécessaire.

Art. II. Il y aura dans chaque province un aga des janissaires, qui se tiendra toujours avec le commandant français. Il aura avec lui une compagnie de soixante hommes du pays, armés, avec lesquels il se portera partout où il sera nécessaire pour maintenir le bon ordre, et faire rentrer chacun dans l'obéissance et la tranquillité.

science. Ils ne pouvoient que marcher avec l'armée, ou se tenir enfermés dans les villes. Nulle excursion ne leur étoit permise, sans courir risque de la vie. Souvent même ils étoient obligés de se battre dans les rangs des soldats. Buonaparte et le général Kléber les protégeoient ; mais l'armée les haïssoit et les accusoit de toutes ses souffrances. C'étoient

---

Art. III. Il y aura dans chaque province un intendant chargé de la perception du *miri* et du *feddam* (noms des impôts levés sur le peuple au profit du souverain), et de tous les revenus qui appartenoient ci-devant aux Mamelouks, et qui appartiennent aujourd'hui à la république. Il aura chez lui le nombre d'agens nécessaires.

Art. IV. Il y aura près dudit intendant un agent français, tant pour correspondre avec l'administration des finances, que pour faire exécuter tous les ordres qu'il pourroit recevoir, et se trouver toujours au fait de l'administration.

Rien n'étoit plus ignorant que les administrateurs turcs : « J'ai vu hier, écrivoit le général Boyer, recevoir le divan nommé par le général Buonaparte. » Il étoit composé de neuf personnes. J'ai vu neuf automates habillés à la turque, de superbes barbes, de magnifiques costumes. Nulle part autant d'ignorance, nulle part autant de richesses, et nulle part aussi mauvais, aussi sordide usage du temporel.

(*Lettres interceptées.*)

les savans qui avoient conseillé cette funeste expédition ; c'étoient les savans qui avoient trompé le gouvernement sur la situation de l'Égypte ; c'étoient eux qui, chaque jour encore, induisoient les généraux en erreur. Quelques botanistes, qui avoient voulu herboriser, avoient été forcés de renoncer à leurs doctes promenades. Les communications continuoient d'être interceptées sur tous les points ; les Bedouins infestoient toutes les campagnes, les habitans des villages étoient armés. Alexandrie, Rosette et le Caire ressembloient à trois villes assiégées, d'où il étoit impossible de sortir. On ne pouvoit aller sans escorte ni à Boulak, ni aux environs du Caire. On incendia inutilement quelques villages où des courriers français avoient été massacrés ; ces actes de rigueur ne firent qu'augmenter la haine des naturels contre les vainqueurs. Mourad bey et Ibrahim n'étoient qu'à peu de distance de la capitale ; leur présence entretenoit l'espoir des vaincus, et menaçoit le Caire d'une disette prochaine ; toutes les lettres écrites à cette époque portent le caractère de la tristesse et d'un profond découragement.

« C'est après une marche très-fatigante,
» écrivoit un des employés de l'expédition, sans
» pain pour manger, sans eau pour boire, que
» l'armée est arrivée au Caire après plusieurs

» combats dans lesquels elle a toujours été
» victorieuse. J'ai regretté bien souvent, mon
» cher Miot, que ton amitié pour moi t'ait
» porté à me mettre de cette expédition. J'ai
» vu assassiner plusieurs de mes camarades, et
» mon existence, au milieu de tant de circon-
» stances extraordinaires, est une énigme pour
» moi. Le bon Sucy lui-même (ordonna-
» teur en chef) n'a pas échappé au malheur
» qui nous poursuit; il a été blessé au bras par
» les Arabes, et il paroît qu'il en restera estro-
» pié. Savary a trompé sur l'Égypte; c'est le
» pays de la misère. Les Égyptiens sont des
» sauvages qui ont encouru la disgrâce de la
» nature. Les malheurs que nous avons éprou-
» vés sont innombrables, et c'est avec le dégoût
» dans l'âme que toute l'armée est arrivée ici;
» elle avoit placé toute son espérance dans
» cette ville : combien elle a été trompée !
» l'unique désir des généraux et des soldats est
» de s'en retourner. Il n'y a ici pour les che-
» vaux, ni foin, ni avoine; ils sont réduits à
» se nourrir d'un peu de paille.

» J'ai vu, de Gisch, les belles pyramides. Si
» nous voulons les voir de près, il faudra nous
» réunir trois ou quatre cents; il est impossible
» de sortir de la ville. Tu sens le danger d'her-
» boriser, et tu conçois que ton herbier doit
» être un peu négligé. Les botanistes sont mal

» placés à la guerre : tout ce que je puis, mon
» cher ami, c'est de te promettre que du mo-
» ment que l'on pourra sortir de la ville sans
» craindre d'être assassiné, je m'occuperai de
» t'organiser un petit herbier. Le dégoût dans
» l'armée est général; toutes les administra-
» tions sont désorganisées. Le climat fait que
» nous sommes, malgré notre caractère naturel,
» devenus mous, et que nous avons beaucoup
» de peine à nous déterminer à mettre un pied
» devant l'autre. »

Une lettre du général Savary peint encore la misère et le dénûment de l'armée, d'une manière plus énergique.

« Nous vivons ici beaucoup plus mal que
» nous n'avons jamais vécu de la vie. Pas une
» goutte de vin, ni d'eau-de-vie; il y a un
» siècle que nous en avons le plus grand be-
» soin. Fais embarquer des ballots de souliers,
» de chemises, etc.; les soldats sont nus. Au
» nom de Dieu envoie nous du vin et de l'eau-
» de-vie. Toute l'armée a la diarrhée à force
» de boire de l'eau. Pour Dieu, du vin, de
» l'eau-de-vie, du rhum. »

« Rien de plus triste que la vie que nous
» menons ici, dit l'ex-député Tallien dans une
» lettre adressée de Rosette à madame Tallien.
» Nous manquons de tout; depuis cinq jours
» je n'ai pas fermé l'œil. Je suis couché sur le

» carreau : les mouches, les punaises, les four-
» mis, les cousins, tous les insectes nous dé-
» vorent; et vingt fois par jour je regrette notre
» charmante chaumière. Je t'assure que, si j'ai
» le bonheur de revoir le sol de ma patrie,
» ce sera pour ne le quitter jamais. Parmi les
» quarante mille Français qui sont ici, il n'y
» en a pas quatre qui pensent autrement.
» Adieu, ma bonne Thérésia : les larmes inon-
» dent mon papier. »

Chaque jour les besoins de l'armée devenoient plus pressans. L'argent manquoit, et les
hôpitaux étoient dans le dernier dénûment (1);
le soldat, auquel on avoit peint l'Égypte comme
un lieu de délices, s'indignoit d'avoir été
trompé ; la tristesse étoit générale dans tous les

---

(1) « Il est bien étonnant, citoyen, que depuis un
» mois que l'hôpital est établi à Rosette, vous l'ayez
» négligé à un point qui paroît impardonnable.

» Point de paillasses, point d'ustensiles, point de mé-
» dicamens, point de linge pour le pansement, en un
» mot, manque de tout, et les malades dans l'état le
» plus affligeant. Vous ne m'alléguerez pas, je crois,
» que vous êtes sans moyens; vous avez d'abord tant
» par décade pour subvenir aux besoins du service;
» vous avez en second lieu le bâtiment n°. 47, qui est
» chargé de tout ce qui peut être nécessaire pour un
» hôpital de mille malades. Outre cela, il existe un ma-
» gasin général à Alexandrie.

rangs, et chacun se livroit aux plus tristes pressentimens. Le général seul sembloit ne rien perdre de son assurance et de sa sérénité; mais il affectoit une confiance qu'il n'avoit pas. Obligé de rendre compte au directoire de ses premières opérations, il ne parla que de ses espérances et de ses succès, suivant sa coutume. Pour imposer davantage à l'opinion publique et appuyer ses récits de quelque marque d'ostentation, il rassembla une douzaine de Mamelouks faits prisonniers, les adressa à l'amiral Brueys, et lui donna l'ordre de les faire partir pour la France à la première occasion (1).

Son rapport commençoit par le départ de Mal-

» Je vous somme donc, citoyen, sous votre respon-
» sabilité, de me faire passer, dans le plus bref délai,
» tout ce qui peut être nécessaire, tant en effets qu'en
» médicamens, pour un hôpital de quatre cents ma-
» lades. J'aurai soin de rendre compte de votre né-
» gligence à l'ordonnateur en chef, ainsi qu'au général
» en chef, surtout si vous tardez de me faire parvenir
» ce que je vous demande. »

Lettre du commissaire des guerres Duval au sieur Tripier, agent des hôpitaux militaires.

(1) « Je vous envoie, citoyen amiral, quelques Ma-
» melouks faits prisonniers, dont je joins ici les noms.
» Vous aurez la bonté de les recevoir à bord d'un des

the, il décrivoit la prise d'Alexandrie, et traçoit ensuite le tableau de ses opérations subséquentes :

« Le 19 messidor, disoit-il, l'armée partit
» d'Alexandrie. Elle arriva à Damenhour,
» le 20, souffrant beaucoup à travers ce désert
» de l'excessive chaleur et du manque d'eau.

» Le 22 nous rencontrâmes le Nil à Rhama-
» nié, et nous nous rejoignîmes avec la division
» du général Dugua, qui étoit venue par Ro-
» sette, en faisant plusieurs marches forcées.

» La division du général Desaix fut attaquée

» vaisseaux de votre escadre, et de les envoyer en
» France par la première occasion. »

Noms des Mamelouks prisonniers.

Hanau. . . . . *mamelouk.*
Hali . . . . *id.*
Mourad. . . . . *id.*
Jouseph. . . . . *id.*
Achmet. . . . . *id.*
Haly. . . . . *id.*
Ibrahim. . . . . *id.*
Mourad. . . . . *id.*
Soliman. . . . . *id.*
Ali. . . . . *id.*
Mohenud. . . . . . . *id.*
Cahiac. . . . . *id.*

(*Lettre du général Alexandre Berthier, à l'amiral Brueys.*)

» par un corps de sept à huit cents Mamelouks,
» qui, après une canonnade assez vive, et la
» perte de quelques hommes, se retirèrent.

» Cependant j'appris que Mourad bey, à la
» tête de son armée, composée d'une grande
» quantité de cavalerie, ayant huit ou dix
» grosses chaloupes canonnières et plusieurs
» batteries sur le Nil, nous attendoit au vil-
» lage de Chébreisse. Le 24 au soir, nous
» nous mîmes en marche pour nous en ap-
» procher. Le 25, à la pointe du jour, nous
» nous trouvâmes en présence.

» Nous n'avions que deux cents hommes
» de cavalerie, éclopés et harassés encore de
» la traversée; les Mamelouks avoient un ma-
» gnifique corps de cavalerie, couvert d'or et
» d'argent, armé des meilleures carabines et
» pistolets de Londres, des meilleurs sabres
» de l'Orient, et monté peut-être sur les
» meilleurs chevaux du Continent.

» L'armée étoit rangée, chaque division for-
» mant un bataillon carré, ayant les bagages
» au centre et l'artillerie dans les intervalles
» des bataillons. Les bataillons rangés, les
» deuxième et quatrième divisions derrière
» les première et troisième. Les cinq divi-
» sions de l'armée étoient placées en éche-
» lons, se flanquant entre elles, et flanquées
» par deux villages que nous occupions.

» Le citoyen Perrée, chef de division de la
» marine, avec trois chaloupes canonnières,
» un chébec et une demi-galère, se porta
» pour attaquer la flotille ennemie. Le com-
» bat fut extrêmement opiniâtre. Il se tira de
» part et d'autre plus de cent cinquante coups
» de canon. Le chef de division Perrée a été
» blessé au bras d'un coup de canon, et, par
» ses bonnes dispositions et son intrépidité,
» est parvenu à reprendre trois chaloupes
» canonnières et la demi-galère que les Ma-
» melouks avoient prises, et à mettre le feu à
» leur amiral. Les citoyens Monge et Ber-
» thollet, qui étoient sur le chébec, ont mon-
» tré, dans des momens difficiles, beaucoup
» de courage. Le général Andréossi, qui com-
» mandoit les troupes de débarquement, s'est
» parfaitement conduit.

» La cavalerie des Mamelouks inonda bien-
» tôt toute la plaine, déborda toutes nos ailes,
» et chercha de tous côtés sur nos flancs et nos
» derrières le point foible pour pénétrer; mais
» partout elle trouva que la ligne étoit égale-
» ment formidable, et lui opposoit un double
» feu de flanc et de front. Ils essayèrent plu-
» sieurs fois de charger, mais sans s'y déter-
» miner. Quelques braves vinrent escarmou-
» cher; ils furent reçus par des feux de pelo-
» tons de carabiniers placés en avant des in-

» tervalles des bataillons. Enfin, après être
» restés une partie de la journée à demi-portée
» de canon, ils opérèrent leur retraite et dis-
» parurent. On peut évaluer leur perte à trois
» cents hommes tués ou blessés.

» Nous avons marché pendant huit jours,
» privés de tout et dans un des climats les plus
» brûlans du monde.

» Le 2 thermidor au matin, nous aperçûmes
» les pyramides.

» Le 2 au soir nous nous trouvions à six
» lieues du Caire, et j'appris que les vingt-trois
» beys, avec toutes leurs forces, s'étoient re-
» tranchés à Embabé, qu'ils avoient garni leurs
» retranchemens de plus de soixante pièces de
» canon.

» J'ordonnai aux divisions des généraux
» Desaix et Reynier de prendre position sur
» la droite, entre Gizeh et Embabé, de ma-
» nière à couper à l'ennemi la communication
» de la Haute-Égypte, qui étoit sa retraite na-
» turelle. L'armée étoit rangée de la même
» manière qu'à la bataille de Chébreisse.

» Dès l'instant que Mourad bey s'aperçut du
» mouvement du général Desaix, il se résolut
» à le charger, et il envoya un de ses beys les
» plus braves avec un corps d'élite qui, avec
» la rapidité de l'éclair, chargea les deux divi-
» sions. On le laissa approcher jusqu'à cin-

» quante pas, et on l'accueillit par une grêle
» de balles et de mitraille qui en fit tomber
» un grand nombre sur le champ de bataille.
» Ils se jetèrent dans l'intervalle que formoient
» les deux divisions, où ils furent reçus par un
» double feu qui acheva leur défaite.

» Je saisis l'instant, et j'ordonnai à la divi-
» sion du général Bon, qui étoit sur le Nil, de
» se porter à l'attaque des retranchemens, et
» au général Vial, qui commande la division
» du général Menou, de se porter entre le
» corps qui venoit de le charger et les retran-
» chemens, de manière à remplir le triple
» but d'empêcher le corps d'y rentrer, de
» couper la retraite à celui qui les occupoit, et
» enfin, s'il étoit nécessaire, d'attaquer ces re-
» tranchemens par la gauche.

» Les colonnes d'attaque du général Bon,
» commandées par le brave général Rampon,
» se jetèrent sur les retranchemens avec leur
» impétuosité ordinaire, malgré le feu d'une
» assez grande quantité d'artillerie, lorsque les
» Mamelouks firent une charge. Ils sortirent
» des retranchemens au grand galop. Nos
» colonnes eurent le temps de faire halte, de
» faire front de tous côtés, et de les recevoir
» la baïonnette au bout du fusil, et par une
» grêle de balles. A l'instant même le champ
» de bataille en fut jonché. Nos troupes eurent

» bientôt enlevé les retranchemens. Les Ma-
» melouks en fuite se précipitèrent aussitôt
» en foule sur leur gauche. Mais un bataillon
» de carabiniers, sous le feu duquel ils furent
» obligés de passer à cinq pas, en fit une bou-
» cherie effroyable. Un très-grand nombre se
» jeta dans le Nil et s'y noya.

» Plus de quatre cents chameaux chargés
» de bagages, cinquante pièces d'artillerie,
» sont tombés en notre pouvoir. J'évalue la
» perte des Mamelouks à deux mille hommes
» de cavalerie d'élite. Une grande partie des
» beys a été blessée ou tuée. Mourad bey a été
» blessé à la joue (1). Notre perte se monte
» à vingt ou trente hommes tués, et à cent
» vingt blessés. Dans la nuit même, la ville du
» Caire a été évacuée. Toutes leurs chaloupes
» canonnières, corvettes, briks et même une
» frégate, ont été brûlés, et le 4 nos troupes
» sont entrées au Caire. Pendant la nuit, la
» populace a brûlé les maisons des beys et
» commis plusieurs excès. Le Caire, qui a plus

---

(1) Tout ceci est infidèle et exagéré. Le nombre des Mamelouks tués, blessés ou noyés n'excédoit pas douze cents. Les vingt-trois beys n'étoient point au combat, et la joue de Mourad n'avoit pas reçu la plus légère atteinte.

» de trois cent mille habitans, a la plus vilaine
» populace du monde.

» La cavalerie des Mamelouks a montré une
» grande bravoure. Ils défendaient leur for-
» tune, et il n'y a pas un d'eux sur lequel nos
» soldats n'aient trouvé trois, quatre et cinq
» cents louis d'or (1).

» Tout le luxe de ces gens-ci étoit dans leurs
» chevaux et leur armement. Leurs maisons
» sont pitoyables. Il est difficile de voir une
» terre plus fertile et un peuple plus misérable,
» plus ignorant et plus abruti. Ils préfèrent un
» bouton de nos soldats à un écu de six francs.
» Dans les villages, ils ne connoissent pas
» même une paire de ciseaux. Leurs maisons
» sont d'un peu de boue. Ils n'ont pour tout
» meuble qu'une natte de paille et deux ou
» trois pots de terre. Ils mangent et consom-
» ment en général fort peu de chose. Ils ne
» connoissent point l'usage des moulins, de
» sorte que nous avons bivouaqué sur des tas
» immenses de blé sans pouvoir avoir de fa-

---

(1) En supposant, comme le dit Buonaparte, deux mille Mamelouks tués, le butin du soldat se seroit monté en argent à vingt-quatre millions; mais comment concilier cette riche capture avec la pénurie d'argent que Buonaparte ne craignit pas d'avouer quelques jours après?

» rine. Nous ne nous nourrissions que de lé-
» gumes et de bestiaux. Le peu de grains qu'ils
» convertissent en farine, ils le font avec des
» pierres ; et dans quelques gros villages il y
» a des moulins que font tourner des bœufs.

» Nous avons été continuellement harcelés
» par des nuées d'Arabes, qui sont les plus
» grands voleurs et les plus grands scélérats
» de la terre, assassinant les Turcs comme les
» Français, tout ce qui leur tombe dans les
» mains. Le général de brigade Muireur et
» plusieurs autres aides-de-camp et officiers
» de l'état-major, ont été assassinés par ces
» misérables. Embusqués derrière des digues
» et des fossés, sur leurs excellens petits che-
» vaux, malheur à celui qui s'éloigne à cent
» pas des colonnes. Le général Muireur, mal-
» gré les représentations de la grande garde,
» seul, par une fatalité que j'ai souvent re-
» marqué accompagner ceux qui sont arri-
» vés à leur dernière heure, a voulu se porter
» sur un monticule à deux cents pas du
» camp. Derrière étoient trois Bédouins, qui
» l'ont assassiné. La république fait une perte
» réelle : c'étoit un des généraux les plus braves
» que je connusse.

» La république ne peut avoir une colonie
» plus à sa portée et d'un sol plus riche que
» l'Égypte. Le climat est très-sain, parce que

» les nuits sont fraîches. Malgré quinze jours
» de marche, de fatigues de toute espèce, la
» privation du vin et même de tout ce qui
» peut alléger la fatigue, nous n'avons point
» de malades. Le soldat a trouvé une grande
» ressource dans les pastèques, espèce de me-
» lons d'eau qui sont en très-grande quantité.

» Je vous enverrai incessamment un officier
» avec tous les renseignemens sur la situation
» économique, morale et politique de ce
» pays-ci.

» Je vous prie de faire payer une gratifica-
» tion de douze milles livres à la femme du ci-
» toyen Larrey, chirurgien en chef de l'armée.
» Il nous a rendu, au milieu du désert, les plus
» grands services par son activité et son zèle.
» C'est l'officier de santé que je connoisse le
» plus fait pour être à la tête des ambulances
» d'une armée. »

Malgré le ton d'assurance qui règne dans ce récit, le général en chef n'étoit pas sans inquiétude sur sa position. Son imagination vive, ardente et romanesque, lui avoit présenté la conquête de l'Égypte comme une entreprise facile et glorieuse. Il s'étoit flatté d'engager le peuple dans sa cause, de l'armer contre ses oppresseurs, de ranimer chez lui l'amour de la liberté, et le goût des arts. Il se voyoit déçu dans toutes ses espérances, trompé dans tous ses calculs. Ignorant et abruti, le peuple égyptien souffroit sans murmurer le joug qui l'accabloit ; dans l'excès de sa misère et l'habitude des souffrances, il sembloit avoir perdu le sentiment de ses maux et la faculté de penser. Ni le faste des proclamations, ni l'éclat des promesses, ni le prestige des arts, ni la séduction des droits de l'homme ne purent rien sur des esprits exclusivement circonscrits dans le cercle des besoins physiques. Les mots de liberté, et d'égalité, devinrent des talismans sans pouvoir et sans vertu. Loin de concourir aux succès de l'armée française, les Égyptiens s'armoient de toutes parts pour s'opposer à ses progrès. Le fanatisme de la religion augmentoit encore leur haine : argent, vivres, munitions, tout étoit dérobé aux recherches et à l'avidité du soldat.

Pressé par le besoin, le vainqueur se vit dans la nécessité de recourir à toutes les violences de la guerre. Les réquisitions, les contributions forcées, les exactions de tous les genres, accablèrent bientôt ce malheureux pays : l'armée, nue et sans solde, murmuroit. Effrayée de l'avenir, la troupe redemandoit sa patrie, et, pour l'apaiser, le général en chef fut souvent obligé de lui promettre qu'une nouvelle armée viendroit bientôt la relever.

Lui-même songeoit déjà à quitter une terre où il ne voyoit ni gloire ni fortune à acquérir.

Dès le 28 juillet il écrivoit à son frère Joseph (1) : « Tu verras dans les papiers publics
» la relation des batailles et de la conquête
» de l'Égypte, qui a été assez disputée pour
» ajouter une feuille à la gloire de cette armée.
» L'Égypte est le pays le plus riche en blé,
» riz, légumes, viandes, qui existe sur la terre.
» La barbarie est à son comble ; il n'y a pas
» d'argent, pas même pour solder la troupe (2).
» Je puis être en France dans deux mois.

---

(1) Cette lettre a paru d'un si grand intérêt à l'éditeur des Lettres Françaises interceptées par les Anglais, qu'il en a fait graver le *fac-simile* dans le second volume de sa collection. On a vainement essayé d'en contester l'authenticité ; l'éditeur la prouve jusqu'à l'évidence. On pourroit être surpris des fautes nombreuses d'orthographe qui s'y trouvent, si l'on ne savoit pas que Buonaparte ne s'étoit jamais appliqué à écrire correctement : le désordre des idées et les vices de logique sont plus remarquables.

(2) Le besoin d'argent étoit tel, que Buonaparte ordonna de reprendre aux négocians d'Alexandrie celui qu'on leur avoit donné en paiement, et de leur remettre en échange du riz, du blé et divers objets de consommation.

Sa lettre au général Kléber, datée du Caire, du ⋯ juillet 1798, ne laisse aucun doute à cet égard.

» Fais en sorte que j'aie une campagne à
» mon arrivée, soit près Paris, soit en Bour-
» gogne. Je compte y passer l'hiver. »

Au milieu de tant d'anxiétés et d'embarras, la fortune sembla un instant venir au secours du général et lui offrir un moyen de faire oublier à l'armée ses privations et ses fatigues, et de l'attacher de nouveau à sa fortune.

Saley bey, émir-hadgy, ou prince des pèlerins, revenoit en ce moment du grand pèlerinage de la Mecque. Il escortoit une riche et magnifique caravane, et ignoroit les événemens

---

« Nous avons au Caire, citoyen général, une très-
» belle monnoie. Nous aurions besoin de tous les lingots
» que nous avons laissés à Alexandrie en échange de
» quelque numéraire que les négocians nous ont donné.
» Je vous prie donc de faire réunir tous les négocians
» auxquels ont été remis lesdits lingots, et de les leur
» redemander : je leur donnerai en place des blés, du
» riz, dont nous avons une quantité immense.

» Notre pauvreté en numéraire est égale à notre ri-
» chesse en denrées, ce qui nous oblige absolument à
» retirer du commerce le plus de lingots et d'argent
» que nous pourrons, et à leur donner en échange des
» denrées.

» Je n'ai pas reçu de vos nouvelles depuis mon départ
» d'Alexandrie ; vous aurez eu bien des fausses nouvelles,
» de l'inquiétude. Je vous ai écrit souvent par les gens
» du pays; mais je crains que les Arabes ne les aient inter-
» ceptés, comme je pense qu'ils ont intercepté les

survenus en Égypte pendant son absence. Il avoit expédié des courriers à Mourad et à Ibrahim, pour les prévenir de son arrivée. Ibrahim, ayant appris cette nouvelle au moment de son départ, envoya aussitôt à Saley bey l'ordre d'éviter la route du Caire, et de se diriger sur Salahieh. Il se flattoit de sauver, par cette mesure, les immenses richesses que rapportoit la caravane ; mais les pèlerins que la dévotion seule avoit conduits à la Mecque, et

---

» vôtres. J'attends de vos nouvelles avec impatience :
» vous en aurez sans doute en ce moment reçu de France.
» Nous avons essuyé plus de fatigues que beaucoup de
» gens n'avoient le courage de les supporter ; mais en
» ce moment-ci nous nous reposons au Caire, qui ne
» laisse pas de nous offrir beaucoup de ressources.
» L'armée a grand besoin de ses bagages. J'ai envoyé l'ad-
» judant-général Almeyras, avec un bataillon de la 85ᵉ.
» et une quantité de vivres pour l'escadre, à Rosette.
» Il est chargé d'embarquer, à son retour, tous les
» effets de l'armée, et de les escorter jusqu'au Caire.
» Donnez ordre aux officiers des états-majors des
» corps chargés des dépôts, de les envoyer à Rosette.
» Envoyez-nous nos imprimeries arabe et française :
» veillez à ce que l'on embarque tous les vins, eaux-de-
» vie, tentes, souliers, etc.; envoyez tous ces objets
» par mer à Rosette, et, vu la croissance du Nil, ils
» remonteront facilement jusqu'au Caire.
» J'ai écrit à Louis de partir pour Rosette avec tous
» mes effets. »

qui n'avoient aucunes richesses à sauver, échappèrent à sa surveillance et vinrent au Caire publier la nouvelle qu'il s'efforçoit de tenir secrète. Toujours prêt à profiter de la fortune, Buonaparte ordonna aussitôt au général Leclerc de sortir du Caire le 2 août, et de se porter en reconnoissance sur la route de Belbeis, où Ibrahim s'étoit retiré avec ses Mamelouks. Le corps du général Leclerc étoit composé d'un bataillon, de trois compagnies de grenadiers, de cent cinquante hommes de cavalerie, et de deux pièces de campagne. La division du général Régnier bivaquoit à quelque distance : Leclerc y prit l'infanterie et l'artillerie qui lui étoient nécessaires, et le lendemain s'établit au village d'El - hanka sans avoir rencontré d'ennemis. On s'occupa des subsistances de l'armée, on construisit des fours; et les troupes, trop peu nombreuses pour occuper le village, qui étoit fort étendu, campèrent dans des jardins d'orangers.

Mais leur présence avoit répandu l'alarme partout. Les Mamelouks, les Arabes, et tous les habitans des villages voisins se réunirent contre l'armée française, et vinrent l'attaquer avec fureur. La petite troupe de Leclerc se trouva dans une position difficile. Le village d'El-hanka s'étoit révolté; et, quoique les paysans fussent mal armés, leur nombre suppléoit au défaut d'ordre et de discipline. Le général Murat, qui occupoit une position sur les bords du Nil, entendit le canon, et se hâta d'instruire le général en chef de l'embarras où se trouvoit le général Leclerc.

Celui-ci s'étoit battu tout le jour avec beaucoup de courage et de présence d'esprit; mais ses munitions étoient épuisées, le service de ses deux petites pièces d'artillerie étoit sur le point de manquer; il fallut céder, et l'on battoit en retraite, lorsque la division du général Régnier vint rétablir le combat et sauver l'honneur des armes françaises. Les divisions des généraux Lannes et Dugua arrivèrent ensuite, et l'on se porta en avant, sans s'inquiéter des mouvemens des Mamelouks, qui caracoloient sans cesse sur les flancs de l'armée. Le 10 août on arriva à Belbeis, où l'on attendoit la caravane de la Mecque, qui s'avançoit lentement dans le désert.

Buonaparte, impatient d'une si riche conquête, étoit venu se mettre à la tête de l'armée; il sentoit la nécessité de se hâter; il prend avec lui tout ce qu'il a de cavalerie, donne à l'infanterie l'ordre de presser sa marche, et se porte en avant. La caravane, escortée par des Arabes et des Mamelouks, s'étoit déjà réunie à l'armée d'Ibrahim et s'enfonçoit dans des routes impraticables; le reste, couvert par un corps de Mamelouks, s'efforçoit d'échapper à l'ennemi ; Buonaparte l'attaque avec impétuosité ; les Arabes demandent à piller avec les Français, la proposition est acceptée ; les pèlerins éperdus cherchent à se sauver de tous côtés ; les uns rejoignent Ibrahim, les autres se jettent dans les bras des Français ; le désordre est à son comble ; les négocians qui ne peuvent échapper perdent leurs marchandises, et le soldat chargé de butin se trouve tellement embarrassé de schalls, de cachemires, qu'il s'en sert pour emballer les effets les plus communs. Cent chariots conduisirent au Caire les dépouilles de la caravane.

Ce succès redoubla l'ardeur du général en chef ; il se mit à la poursuite d'Ibrahim avec un petit corps de cavalerie, le joignit près de Salahieh, et, enflammé à la vue des immenses bagages qui défiloient, il ordonna à ses hussards et à ses dragons de charger avec impétuosité. C'étoit les livrer à un ennemi supérieur en nombre, en armes et en habileté ; car il ne manque aux Mamelouks que la connoissance de l'art militaire, pour être les premiers cavaliers du monde.

Les chevaux de l'armée républicaine, la plupart français, étoient fatigués par la route, la faim, ou le changement de nourriture. C'étoit avec ces désavantages qu'il falloit attaquer une cavalerie fraîche, legère, et menée par des mains adroites et expérimentées. Les détachemens du 7ᵉ. de hussards, et du 22ᵉ. de chasseurs, chargèrent néanmoins avec intrépidité. Bientôt le combat devint général; les guides suivirent les hussards; les généraux, les aides-de camp, donnèrent l'exemple de l'audace et de l'intrépidité. Le chef d'escadron d'Estrées fut rapporté sur un manteau. Il avoit reçu quatorze coups de sabre. Le jeune Sulkouski, officier plein de bravoure et de mérite, revint le bras traversé d'une balle, et couvert de blessures. Les hussards s'etoient jetés sur un peloton de Mamelouks ; mais arrivés au centre, ils se trouvèrent enveloppés de tous côtés, et entamés par derrière : la perte fut très-grande ; le général en chef étoit resté presque seul, et auroit couru de grands dangers, sans la présence d'esprit d'un régiment de dragons, qui, s'avançant au pas et en bon ordre, força les Mamelouks de reculer, et leur enleva deux petites pièces de canon. Buonaparte, s'apercevant de sa faute, ordonna la retraite : son ennemi, plus prudent, ne songea point à poursuivre son succès. Content de sauver ses bagages et son armée, il continua sa route dans le désert, et se trouva bientôt hors de l'atteinte des Français.

CHAPITRE IX.

Bataille navale d'Aboukir. Destruction de la flotte française. Suites de ce désastre.

Tandis que Buonaparte s'occupoit à recueillir les dépouilles de la caravane de la Mecque et les débris de sa cavalerie, la rade d'Aboukir étoit le théâtre d'une des plus sanglantes catastrophes dont les annales de la marine aient conservé la mémoire.

Dès le 25 juillet, un bruit sinistre s'étoit répandu dans l'armée que la flotte anglaise avoit attaqué nos vaisseaux, et qu'après un combat terrible l'escadre avoit été détruite. Cependant ce bruit n'avoit rien de réel ; et loin de redouter l'approche des Anglais, le général en chef et l'amiral paroissoient dans la plus profonde sécurité. La position d'Aboukir leur sembloit inexpugnable. Les retards de Nelson devenoient à leurs yeux des preuves irrécusables ou de son impéritie ou de sa timidité ; s'il étoit égal en nombre, son artillerie étoit loin de valoir l'artillerie française ; il n'oseroit donc se mesurer avec l'escadre républicaine.

Dans cette extrême assurance, on avoit négligé toutes les précautions. Aucun équipage n'étoit complet ; on avoit retiré pour l'armée de terre tout ce qui pouvoit assurer le salut de l'armée navale. Les bâtimens avoient à peine la moitié des hommes nécessaires pour le service de l'artillerie. On s'occupoit à les décorer et à les peindre, comme s'il n'eût été question que de fêtes ; et le jour même où Nelson parut, on faisoit les préparatifs d'un grand dîner, que l'amiral donnoit aux officiers du service de terre. Plein de confiance dans son étoile, accoutumé à triompher de toutes les difficultés, Buonaparte ne redoutoit aucune trahison de la fortune : occupé d'une unique pensée, il avoit constamment retenu la flotte sur les côtes d'Égypte, pour empêcher les vaisseaux turcs d'aborder et de détromper les Égyptiens sur les véritables dispositions du grand-seigneur.

Un mois s'étoit écoulé depuis le débarquement ; on étoit au 2 août ; un ciel pur, une mer calme, étoient loin de présager un désastre. La flotte, l'armée, les garnisons de Rosette et d'Alexandrie, partageoient la confiance et la sécurité de leurs chefs. Tout à coup les croisières signalent des voiles venant de l'ouest ; leur marche, leurs signaux, leur forme, tout annonce qu'elles sont anglaises. Surpris de cette apparition subite, Bruéys ordonne les préparatifs du combat et convoque un conseil. Des officiers d'une habileté reconnue vouloient qu'on levât l'ancre, et que l'on combattît à voiles libres. C'étoit l'opinion du brave capitaine du Petit-Thouars. L'avis contraire prévalut, et l'on garda l'embossage. La ligne de bataille étoit à deux tiers d'encâblure; le vaisseau de tête serroit la terre, mais non point d'assez près pour ne pas craindre d'être doublé; le reste formoit une ligne courbe le long des hauts-fonds; le dernier étoit appuyé sur des récifs. On avoit proposé à l'amiral de couler bas quelques bâtimens de transport pour assurer sa position et fermer la barre. Il s'y refusa en disant qu'on n'oseroit l'attaquer.

Cette confiance le perdit. Désespéré d'avoir, jusqu'à ce jour, manqué la flotte ennemie, Nelson voulut racheter ses fautes ou son malheur par un coup éclatant. D'un regard il mesure la position de l'amiral français, et prend sur-le-champ la résolution brillante et périlleuse de se jeter entre l'escadre ennemie et la côte.

Le *Culloden* est chargé d'exécuter le premier cette manœuvre audacieuse. C'était le meilleur vaisseau de l'escadre; Nelson y avait rassemblé l'élite de son armée. Il vogue à pleines voiles, s'approche imprudemment des rochers d'Aboukir, et échoue. La flotte française jette un cri de joie; la flotte anglaise paroît découragée: mais Nelson, sans rien perdre de sa constance, donne ordre aux bâtimens suivans de moins serrer les récifs et de continuer leur marche.

La perte du *Culloden* avait rempli d'ardeur l'armée républicaine. Elle reçut si vaillamment les deux premiers vaisseaux ennemis, qu'ils furent obligés de se rendre. Mais, pendant ce temps, *le Zealous*, *l'Alexandre*, *l'Audacieux*, *le Goliath*, *l'Orion* passoient, et la moitié de nos vaisseaux se trouva bientôt entre deux feux. Par une manœuvre pleine d'audace, le bâtiment anglais *le Léander* perce la ligne et se jette derrière le vaisseau amiral *l'Orient*. Alors la lutte devient terrible ; *l'Orient* démâte lui seul et met hors de combat les deux bâtimens anglais acharnés contre lui. Le feu de l'escadre française fut long-temps supérieur; on se battoit à la portée du pistolet. La nuit même ne put mettre un terme à la fureur des soldats ; le carnage redoubloit, et cependant une partie de la flotte n'était point engagée. Si, dans ce moment, l'amiral Bruéys lui eût donné le signal de lever l'ancre et de se porter sur l'escadre anglaise, l'ennemi se seroit à son tour trouvé entre deux feux. Mais, tout occupé du danger qui le presse, il s'abandonne à son courage, et se contente de se battre en désespéré. Blessé grièvement, il continue de commander. En vain les guerriers qui l'entourent le pressent

de se retirer; « Un amiral, leur dit-il, doit
» mourir sur son banc de quart! »

A peine a-t-il prononcé ces mots, qu'un
boulet l'atteint et le sépare en deux. (1) En
même temps, une pièce de bois enflammée
met le feu à un grand baquet d'huile, laissé imprudemment sur la dunette du vaisseau. L'huile
s'allume aussitôt, des torrens embrasés se répandent sur ce magnifique bâtiment, et portent
partout l'incendie et la désolation. Les peintures encore fraîches offrent un nouvel aliment
à la fureur des flammes. L'effroi saisit tous les
cœurs; on n'entend partout que des cris de
désespoir. Dans ce désordre général, le chef de
l'état-major Gantheaume n'a que le temps de
se jeter dans un canot pour gagner le rivage.
Moins heureux que lui, le brave capitaine
Casa-Bianca, fidèle à l'honneur et au devoir,
se laisse héroïquement entourer par les flammes. En vain quelques soldats s'efforcent de
sauver son fils; ce généreux enfant, à peine
âgé de dix ans, se refuse à toutes leurs ins-

---

(1) Ce brave et malheureux officier étoit d'une ancienne et honorable famille de Languedoc, du surnom
de d'Aiguillers. Il appartenoit à la marine monarchique,
ainsi que les contre-amiraux Casa-Bianca, Blanquet Du
Cheyla, et le capitaine du Petit-Thouars. Il étoit lieutenant de vaisseau avant la révolution.

tances; rien ne peut le détacher de son père, qui venoit d'être blessé : « Sauvez-vous, leur » dit-il, vous pouvez encore servir utilement » votre patrie. Pour moi, je sais ce que me » prescrit mon devoir. » Noble et touchante victime de l'amour filial, il rendit, quelques instans après son dernier soupir auprès du corps de son père (1).

Effrayés eux-mêmes du sort funeste de l'Orient, craignant pour leur flotte les flammes qui dévorent ce superbe vaisseau, les Anglais s'écartent et suspendent pour quelques instans le combat. Cependant d'intrépides soldats, qui pouvoient encore se sauver en se jetant à la mer, ne veulent point abandonner les batteries inférieures, et continuent le combat en désespérés. Enfin l'incendie les gagne; les uns périssent dans les flammes, les autres se saisissent de quelques débris à demi brûlés, et se précipitent dans les flots. En ce moment, le feu se communique à la sainte-barbe; les poudres détonnent avec une horrible explosion,

---

(1) On raconte diversement les circonstances de cette mort héroïque. Quelques personnes, témoins du combat, disent que le malheureux capitaine Casa-Bianca était parvenu à se placer avec son fils et l'intendant de l'escadre sur un mât jeté à la mer, et que l'explosion de *l'Orient* les engloutit tous trois.

et lancent à trois cents pieds en l'air cette magnifique forteresse; son désastre éclaire le rivage à dix lieues à la ronde, et la clarté de l'incendie dure assez pour distinguer les corps de cinq cent malheureuses victimes qui retombent de la hauteur où elles ont été jetées. A ce spectacle épouvantable succède une profonde obscurité, un morne et lugubre silence, qu'interrompent bientôt les cris des infortunés qui luttent contre la mort à la surface des flots.

Les Anglais, acharnés à leur proie et rassurés contre le danger de l'incendie, recommencent le combat avec une nouvelle fureur. On ne donnoit plus d'ordre dans l'armée française. Entourés de toutes parts, criblés par le feu croisé des ennemis, nos vaisseaux furent obligés de céder à la mauvaise fortune; *l'Heureux* se fit sauter; *le Timoléon* se brûla après avoir sauvé son équipage; le capitaine de la frégate *l'Artémise*, l'intrépide Stanley, ne peut se résoudre à se rendre. Après s'être battu jusqu'à la dernière extrémité, il met le feu à son vaisseau, et se sauve à terre avec les restes mutilés de son équipage. Bientôt il s'aperçoit que la frégate ne périt point; il retourne au bâtiment, rallume la mèche, et ne songe à se mettre en sûreté que quand il est sûr d'avoir enlevé à l'ennemi le bâtiment qu'il commande; *le Timoléon* imita cet exemple, 'e capitaine Thévenard, commandant de *l'Aquilon*; périt généreusement sur son banc de quart.

Le combat duroit depuis trente-six heures, et *le Tonnant* continuoit seul de soutenir cette lutte terrible et désespérée. Ce vaisseau étoit commandé par le capitaine du Petit-Thouars, l'un des plus habiles et des plus braves officiers de la marine. Il avoit inutilement prévu le désastre de la flotte, ses conseils n'avoient point été écoutés. Voyant tout perdu, il voulut au moins s'illustrer par un trépas glorieux. Il fait passer dans le cœur de ses soldats l'ardeur qui l'anime. Entourés de toutes parts, écrasés par le feu de l'ennemi, ils font retentir les airs du cri de *vive la République! vivent les Français!* Un boulet de canon coupe les deux cuisses du capitaine, il reste assis sur son banc de quart; un autre boulet lui enlève un bras, il demeure intrépidement à son poste, remet le commandement à son lieutenant Belliard, et meurt en criant à ses soldats: *Équipage du Tonnant, ne vous rendez pas.*

Fidèles à ses dernières paroles, ces intrépides guerriers ne songent plus qu'à venger la mort de leur capitaine. L'armée anglaise craint de les approcher; ils la tiennent en échec pendant le reste de la nuit; enfin le nombre et la mauvaise fortune triomphent de leurs efforts héroïques. Les mâts sont brisés; la mort promène dans tous les rangs sa faux meurtrière ; les batteries cessent d'être servies, le bâtiment, sans officiers, sans pilote, sans soldats, sans matelots, est jeté sur la côte, et devient la proie du vainqueur, qui n'y trouve que des cadavres.

Alors le contre-amiral Villeneuve prit le commandement général; et, voyant l'ennemi venir à lui, ordonna de mettre à la voile et de s'éloigner. Deux vaisseaux de haut bord, *le Guillaume-Tell* et *le Généreux*, et deux frégates, *la Diane* et *la Justice*, purent seuls exécuter cette manœuvre. Trois autres, qui suivaient *le Tonnant*, surpris par l'ennemi, tombèrent entre ses mains. Poussé par un vent favorable, l'amiral Villeneuve s'éloigna du théâtre de cette désastreuse journée, et arriva heureusement à Corfou.

Les Anglais, fatigués d'un combat terrible, ne purent se mettre à sa poursuite, et restèrent les jours suivans occupés à réparer leurs bâtimens, dont le plus grand nombre étoit hors d'état de tenir la mer. Mais ils étoient maîtres du champ de bataille, et se disposoient à mener en triomphe dix magnifiques vaisseaux, leurs captifs. Pendant plusieurs mois la côte offrit le spectacle le plus déplorable. Quatre lieues de terrain étoient couvertes des débris de nos navires et des cadavres de nos guerriers. On reconnaissoit à leurs blessures les braves qui étoient morts glorieusement pour leur patrie. Les Arabes du désert, pour se procurer quelques ustensiles de fer, brûloient sur toute l'étendue du rivage les mâts, les affûts, les embarcations, et annonçoient au loin, par ces incendies, l'immensité de nos pertes.

Ainsi se termina cette funeste et déplorable journée, qui acheva la ruine de la marine française, sépara l'armée d'Égypte de la terre paternelle, détruisit tous les effets qu'on attendait de ses efforts et de ses victoires, et, par une suite d'événemens incalculables, changea les destinées de la France. On reprocha à l'amiral Bruéys beaucoup de fautes :

« Si l'amiral Bruéys, dit le judicieux auteur
» de l'histoire de l'expédition d'Égypte, après
» avoir commis la faute de s'établir dans la rade
» d'Aboukir, eût su profiter de sa position et
» combiner sa ligne de défense avec la côte,
» sa flotte étoit invincible. Car il est reconnu,
» parmi les marins, qu'on ne doit jamais atta-
» quer une flotte embossée lorsqu'elle est bien
» défendue par des batteries de terre et qu'on
» ne peut pas rompre sa ligne : mais ces pre-
» miers élémens de la tactique navale avoient
» été méconnus.

» L'amiral français avoit eu un mois pour
» l'opération de son embossage. Pendant ce

» temps il pouvoit sonder toute la rade et ne
» pas laisser d'espace entre la côte et ses vais-
» seaux; il pouvoit encore établir des batteries
» sur les corps avancés, et particulièrement
» sur un petit rocher qui se trouve en avant. Il
» pouvoit également doubler le nombre de ses
» équipages, puisque les bâtimens de convoi
» avoient, après le débarquement, laissé leurs
» marins oisifs à Alexandrie : mais une faute
» plus grave encore, c'est d'avoir, pendant le
» combat, négligé l'opération la plus simple,
» celle de donner à la queue de son escadre
» l'ordre de lever ses ancres et d'entourer les
» six vaisseaux anglais qui n'avaient point
» doublé la flotte. »

Buonaparte ne fut pas le dernier non plus à accuser l'infortuné général; il faisoit rédiger un journal au Caire, sous le titre de *Courrier de l'Égypte*. On affecta dans cette feuille de plaindre le sort du malheureux Bruéys, mais on lui reprocha vivement de n'avoir pas combattu à la voile. Le général en chef ne le ménagea pas davantage dans son rapport au directoire : il ne craignit pas de manquer à la vérité et de lui attribuer des fautes qu'il n'avoit commises que par obéissance.

« Je lui avais écrit, dit-il, le 6 juillet, d'en-
» trer sous vingt-quatre heures dans le port
» d'Alexandrie, et si son escadre ne pouvoit

» pas y entrer, de décharger promptement tous
» les effets de l'armée et de se rendre à Corfou.

» Je suis parti d'Alexandrie dans la ferme
» croyance que sous trois jours l'escadre seroit
» entrée ou auroit appareillé. Depuis le 6 juil-
» let jusqu'au 24, je ne reçus aucune nouvelle
» ni de Rosette ni d'Alexandrie. Une nuée d'A-
» rabes accourus du désert était constamment
» à cinq cents toises du camp. Je reçus depuis
» plusieurs lettres de l'amiral, où je vis avec
» étonnement qu'il se trouvoit encore à Abou-
» kir. Je lui écrivis sur-le-champ pour lui faire
» sentir qu'il ne devoit pas perdre une heure
» à entrer à Alexandrie ou à se rendre à
» Corfou.

» L'amiral m'instruisit encore, par une lettre
» du 20 juillet, que plusieurs vaisseaux anglais
» étoient venus le reconnaître, et qu'il se for-
» tifioit pour attendre l'ennemi, embossé à
» Aboukir. Cette étrange résolution me rem-
» plit des plus vives alarmes; mais déjà il n'é-
» toit plus temps, car sa lettre ne m'arriva que
» le 30. Je lui expédiai néanmoins mon aide-
» de-camp Julien, avec ordre de ne pas partir
» d'Aboukir, qu'il n'eût vu l'escadre à la voile.
» Il fut tué en chemin par un parti d'Arabes.

» Il me paroit que l'amiral Bruéys n'a pas
» voulu se rendre à Corfou avant qu'il eût été
» certain de ne pouvoir entrer dans le port d'A-

» lexandrie, et que l'armée fût dans une posi-
» tion à n'avoir pas besoin de retraite. Dans
» ces funestes événemens, il a fait des fautes,
» mais il les a expiées par une mort glorieuse. »

Si l'infortuné Bruéys eut survécu à sa défaite, il lui eut été facile de repousser ces inculpations et de les rejeter sur celui même qui
les lui faisoit. Tout le monde savoit dans l'armée qu'il n'étoit resté dans la rade d'Aboukir
que pour obéir aux ordres du général en chef.
Le commissaire-ordonnateur l'avait écrit à son
frère dans une lettre du 7 juillet, interceptée
par les Anglais : « L'opinion générale, disoit-il,
» étoit qu'aussitôt le débarquement nous au-
» rions dû partir pour Corfou, où nous au-
» rions été ralliés par nos vaisseaux de Malte,
» de Toulon et d'Ancône, pour être prêts à
» tout. » On savoit également que la flotte avoit
été retenue pour fournir des vivres à l'armée
de terre, et que les équipages des vaisseaux
avaient été sur le point de manquer de provisions.

Buonaparte étoit si peu disposé à renvoyer la
flotte à Corfou, que trois semaines avant l'apparition des Anglais il s'occupait de la fortifier,
et qu'il écrivoit au directoire : « J'aurois besoin
» que vous m'envoyassiez le plus tôt possible les
» trois Vénitiens qui sont à Toulon; j'enver-
» rai chercher les trois qui sont à Ancône. »

Enfin l'amiral Bruéys sentoit si bien le danger de sa position, qu'il ne craignit pas de confier ses pressentimens au ministre de la marine.

« Il est fâcheux pour notre flotte qu'il n'y ait
» pas un port où une escadre puisse entrer.
» Mais le Port Vieux tant vanté est formé par
» des récifs hors de l'eau et sous l'eau, qui for-
» ment des passages fort étroits, et entre les-
» quels il n'y a que vingt-trois, vingt-cinq ou
» trente pieds. La mer y est ordinairement
» fort élevée, et vous voyez qu'un vaisseau de
» soixante-quatorze seroit fort exposé. J'ai
» offert, pour satisfaire au désir du général en
» chef, dix mille francs au pilote du pays qui
» feroit entrer l'escadre; mais aucun n'a voulu
» se charger d'un bâtiment qui tireroit plus de
» vingt pieds d'eau.

» J'ai donc mis à la voile pour aller mouiller
» à la rade de Békier avec treize vaisseaux et
» trois frégates. J'ai formé une ligne de bataille
» à deux tiers d'encâblure de distance; le
» vaisseau de tête le plus près possible de l'é-
» cueil qui nous reste dans le nord-ouest, le
» reste de la ligne formant une ligne courbe le
» long des hauts-fonds, de manière à ne pas
» être doublée dans le sud-ouest. Cette position
» est la plus forte que nous puissions prendre
» dans une rade ouverte, où l'on ne peut pas

» s'approcher assez de terre pour y établir des
» batteries.

» Nos équipages sont très-foibles en nombre,
» et en qualité d'hommes. Nos vaisseaux sont
» en général fort mal armés, et je trouve
» qu'il faut bien du courage pour se charger de
» conduire des flottes aussi mal outillées. Je ne
» crois pas devoir entrer dans de plus grands
» détails sur notre situation. Vous êtes marin,
» et vous sentirez mieux notre position que je
» ne pourrois vous la dépeindre. »

Si, depuis, l'amiral Bruéys parut se rassurer, s'il porta même la sécurité jusqu'à l'imprudence, c'est que Buonaparte parvint à lui inspirer une partie de cette confiance qu'il portait jusqu'à la témérité; c'est que depuis les célèbres campagnes d'Italie, c'étoit une opinion reçue dans l'armée que Buonaparte étoit invincible, et que son étoile ne pouvoit lui être infidèle.

L'amiral périt moins par inexpérience que par foiblesse. Il ne sut point conserver l'autorité attachée à son rang. Il reçut des ordres au lieu d'en donner. Il craignit de déplaire à Buonaparte, auquel il devait une partie de son élévation, et sacrifia à cette crainte son opinion, sa renommée, et le salut de sa patrie. Un homme d'une âme ferme et indépendante eût tout sauvé.

Qui pourroit décrire la consternation de

l'armée de terre, à la nouvelle de cette terrible catastrophe! Le premier coup de canon avait répandu l'alarme sur toute la côte. Tous les Français en garnison à Alexandrie et à Rosette s'étoient empressés d'occuper les points les plus élevés de la ville pour être spectateurs du combat. Là, partagés entre la crainte et l'espérance, ils suivoient d'un œil inquiet tous les mouvemens des deux flottes, et se livroient, suivant les diverses apparences, à mille conjectures différentes (1).

---

(1) Il serait difficile de porter l'exactitude des détails et des observations plus loin que ne l'ont fait MM. Poumilgue et Julien François dans leur correspondance. Voici la lettre de ce dernier :

Alexandrie, 14 *thermidor à midi.*

» Il y a dans ce moment quatorze vaisseaux anglais en
» vue. On compte douze vaisseaux de ligne et deux fré-
» gates. Ces deux ci sont venues à la portée du canon
» d'Alexandrie ; mais elles ont viré de bord quand elles
» ont vu que notre escadre n'y était pas ; et l'escadre
» ennemie a forcé de voiles pour se rendre au Békier,
» rade sise à trois lieues d'ici.

» A cinq heures, nous voyons avec des porte-vues,
» distinctement, l'escadre anglaise qui va mouiller au
» Békier pour y attaquer notre flotte. Il est cinq heures
» et demie, la canonnade commence, et vers les six
» heures elle redouble. Il est sept heures, la nuit com-
» mence à tomber, et le feu redouble encore. A sept

Tant que le feu de l'escadre française parut supérieur à celui de l'ennemi, on se flatta de la victoire ; mais lorsque la ligne eut été

» heures et demie, nous voyons l'horizon enflammé, ce
» qui annonce l'incendie de quelque vaisseau. A huit
» heures et un quart, la canonnade se ralentit; à neuf
» heures, nous voyons l'incendie augmenter. A neuf
» heures et quelques minutes, le vaisseau a sauté. Quelle
» horreur ! un ciel couvert de feu!

» La canonnade se ralentit à neuf heures et demie.
» Dans ce moment, on fait partir mille matelots et ca-
» nonniers pour aller au Békier par terre. Il est dix heures,
» le feu est ralenti, et la lune se lève du lieu même où
» le vaisseau incendié vient de faire explosion. Les Fran-
» çais sont ici tous en armes, nous sommes dans la mai-
» son du général Kléber, sur les terrasses. On fait partir
» des détachemens d'heure en heure, pour aller au Bé-
» kier renforcer les équipages de notre escadre.

» A minuit, le feu qui n'a cessé que quelques in-
» stans, recommence et redouble. Il est clair que l'es-
» cadre anglaise veut couler la nôtre ou se faire couler.
» Nous brûlons de savoir des nouvelles. A trois heures
» du matin, le feu redouble encore. Il part encore d'ici
» des matelots et des canonniers. Il est huit heures, le
» feu n'a pas encore diminué. A midi, il arrive un ex-
» près du Békier. O fatale nuit ! ô fatale journée ! l'es-
» cadre est détruite.

L'incertitude et la crainte n'étaient pas moindres à Rosette qu'à Alexandrie. « Le 14 thermidor (2 août),
» dit M. Poussielgue, nous entendîmes des coups de ca-

doublée, que les deux flottes se furent mêlées, qu'il ne fut plus possible de rien discerner, alors l'incertitude redoubla les alarmes. Bien-

---

» non ; nous montâmes sur les terrasses des plus hautes
» maisons, et sur les petites éminences, où nous dis-
» tinguâmes parfaitement dix vaisseaux anglais. Les au-
» tres ne s'apercevoient pas. De Rosette à Aboukir, il
» n'y a en ligne droite que quatre lieues et demie. A
» neuf heures et un quart, nous aperçûmes une très-
» grande lumière qui nous annonça qu'un vaisseau brû-
» loit. A dix heures, il sauta avec un bruit épouvantable,
» qui s'entendit à Rosette comme on entendit à Paris
» l'explosion de Grenelle..... On peut juger de notre
» impatience et de notre perplexité. Vingt-quatre heures
» s'étoient écoulées, sans que personne fût venu nous
» donner des nouvelles. Enfin, le 16 au matin (4 août),
» un bateau, parti la nuit d'Alexandrie, vint nous ap-
» prendre que notre escadre étoit abimée, que quatre
» vaisseaux s'étoient sauvés, mais que le reste étoit
» perdu. Voici comme du haut de la tour tout se pré-
» sentoit à nos yeux.

» Le premier vaisseau n'a point de mât, et porte pa-
» villon anglais. Le quatrième a perdu un mât. Le cin-
» quième est en bon état, et porte pavillon anglais.

» Le sixième a perdu son mât de hune ; ce matin, on
» y élève une voile quarrée. — Le septième est sans
» mât de perroquet. — Le huitième est rasé. — Le neu-
» vième est rasé, il lui reste son mât de beaupré.

» Les onzième, douzième et treizième forment une

tôt l'incendie et l'explosion de *l'Orient*, le feu de *l'Artémise* et du *Timoléon* remplissent de terreur toutes les âmes. On ignoroit encore de quel côté se passoient ces grands désastres, mais on n'en redoutoit pas moins l'issue d'un combat qui sembloit devoir anéantir les deux flottes. A chaque instant le général Kléber, que sa blessure continuoit de retenir à Alexandrie, envoyoit au secours de l'armée française des détachemens de matelots et de canonniers. Mais aucun courrier, aucune nouvelle n'arrivoit de la rade. Cette cruelle incertitude dura

---

» espèce de groupe. On ne compte que sept mâts pour
» ces trois vaisseaux.

 » Le quatorzième n'a que son mât de misaine. — Le
» quinzième a perdu ses perroquets de misaine et d'ar-
» timon. — Le seizième est entièrement rasé. — Le dix-
» septième a perdu son perroquet d'artimon. — Le dix-
» huitième n'a que le mât de misaine.

 » Les dix-neuvième, vingtième et vingt-unième for-
» ment un groupe où l'on ne voit que quatre mâts et
» point de perroquets. — Le vingt-deuxième est entiè-
» rement rasé et échoué. Il a pavillon anglais, on tra-
» vaille à le remettre à flot et à le mâter de petits
» mâts.

 » Le vingt-troisième est en bon état; il porte pavillon
» anglais. Le vingt-quatrième est en bon état. Depuis
» deux jours, tous ces vaisseaux sont dans l'inaction, et
» semblent anéantis. »

près de vingt-quatre heures. Enfin, à midi, on apprit avec effroi que la France n'avoit plus de flotte. Les Arabes, les paysans insurgés, occupoient tout le pays entre Alexandrie et Rosette. Toute la rive étoit éclairée par des feux qu'ils avoient allumés pour témoigner aux Anglais la joie qu'ils ressentoient de leur arrivée. Presque tous les malheureux soldats, tous les matelots qui cherchèrent leur salut sur la côte, furent impitoyablement massacrés. On trembloit, à Rosette, pour un convoi d'artillerie qu'on venoit d'envoyer à Aboukir. Le général Menou, quoiqu'il eût de la cavalerie, n'osoit exposer un courrier sur cette route infestée d'ennemis. Enfin, à travers mille périls, une barque vint lui annoncer le funeste événement qui remplissoit tous les cœurs de douleur et de crainte.

Mais qui oseroit se rendre au quartier général, traverser un pays couvert d'hommes armés, dont le nombre et l'audace alloient s'accroître par la certitude de notre désastre? qui oseroit aborder le général en chef, et lui porter sans crainte la nouvelle d'une défaite? M. Loyer, aide-de-camp du général Kléber, et l'ex-député Tallien, ne craignirent point de se charger de cette périlleuse mission, et ils s'en acquittèrent heureusement.

Buonaparte quittoit en ce moment la ville

de Salahich, qu'il avoit fait fortifier, et où il avoit laissé la division du général Reguier. Il écouta sans émotion tous les détails de la sanglante bataille d'Aboukir; et, loin de laisser paroître la plus légère altération, on assure qu'il affecta un rire moqueur qui déconcerta étrangement l'envoyé du général Kléber. Mais il n'en fut pas de même au Caire et dans son armée; la consternation et le découragement furent extrêmes. Ces Français, qui avoient quitté leur patrie, pleins des plus brillantes illusions, à qui l'on avoit promis la gloire et la fortune, se voyoient maintenant séparés de leur patrie, sans espoir de secours, sans communication, abandonnés à leurs propres ressources, sur une terre lointaine et étrangère, au milieu d'une immense population armée contre eux par le fanatisme et le besoin de se défendre. « Que deviendrons-nous, disoient-
» ils, si la flotte ennemie bloque les ports,
» intercepte toutes les communications, nous
» prive de tout secours. En vain chercheroit-
» on à nous persuader que bientôt les flottes
» de Toulon, de Malte, de Corfou, réunies,
» viendront nous délivrer. On peut, avec de
» vaines promesses, amuser des enfans; mais
» à qui fera-t-on croire que Nelson permette
» cette réunion? Déjà l'Égypte est insurgée
» contre nous; à peine pouvons-nous sortir de

» nos garnisons sans courir le risque d'être
» égorgés : que sera-ce quand les Égyptiens, que
» nous avons trompés, à qui nous avons fait
» croire que le grand-seigneur approuvoit
» notre expédition, apprendront que nous
» avons violé tous les traités envers lui, et
» que nous sommes ses ennemis; quand toutes
» les forces de l'empire ottoman se réuniront
» pour nous accabler? Parens, amis, patrie,
» tout est perdu pour nous. Exilés à cinq cents
» lieues de nos foyers, la mort nous moisson-
» nera successivement, et nous ne reverrons
» jamais les bords chéris de notre pays. »

Ces tristes réflexions circuloient dans l'armée, et portoient dans toutes les âmes l'abattement et le désespoir. Le général en chef paroissoit seul au-dessus des événemens, et couvroit d'une sérénité inaltérable les profonds chagrins dont il étoit intérieurement dévoré. Il se hâta de revenir au Caire, rassembla les chefs de son armée, et releva leur courage par un de ces mots heureux que sa confiance lui inspiroit toujours dans les circonstances les plus difficiles.

» Nous n'avons plus de flotte, dit-il; eh
» bien! il faut rester ici, ou en sortir grands
» comme les anciens. »

Il fit en même temps publier parmi ses soldats les nouvelles les plus propres à les rassurer.

« Alexandrie étoit, suivant lui, encombrée de
» matelots et d'équipages provenant de l'es-
» cadre. Tous les prisonniers avoient été ren-
» dus. L'amiral Villeneuve, qui avoit fait voile
» par Malte, se joindroit incessamment aux trois
» vaisseaux qu'il trouvera dans ce port, et à
» l'escadre de Toulon. Il restoit encore dix
» bâtimens de guerre et frégates dont on com-
» plétoit les équipages, et qui étoient dans le
» meilleur état; on avoit, dans l'espace de quel-
» ques jours, travaillé avec une telle activité
» aux fortifications de la place, qu'elle étoit à
» l'abri de toute espèce d'attaque, soit par terre,
» soit par mer. Cinquante pièces de canons de
» vingt-quatre, avec sept à huit grilles à boulet
» rouge et plus de vingt mortiers, défendoient
» les différentes branches du port. On avoit cou-
» ronné, du côté de terre, tous les monticules
» de l'enceinte des Arabes, d'ouvrages faits
» avec autant de soin que d'habileté, et défendus
» par plus de quatre-vingt pièces de campagne.
» On construisoit des redoutes pour défendre
» le lac d'Aboukir. Quant aux subsistances, les
» magasins étoient déjà fournis pour nourrir
» l'armée pendant plus d'un an.

» A Damiette, le peuple se félicitoit tous les
» jours d'être sous la puissance des Français.
» On travailloit à mettre en défense l'embou-
» chure du Nil : plusieurs pièces de trente-six,

» des mortiers de douze pouces, étoient déjà,
» à cet effet, partis du Caire.

» On avait vu Ibrahim bey à Gaza avec les
» débris de sa maison, et dans un état déplo-
» rable. Pendant toute sa marche, les Arabes
» du désert l'avoient suivi, pour piller et mas-
» sacrer tout ce qui s'éloignoit du gros de
» sa troupe. Dgezzar, pacha de Saint-Jean
» d'Acre, lui avait assigné l'ordre de ne pas
» séjourner dans le pays qu'il gouverne (1).
» Les provinces offroient le spectacle le plus
» satisfaisant. Celle de Bahireh jouissoit de
» la plus grande tranquillité : les habitans de

---

(1) Après le combat que Buonaparte avoit livré à Ibrahim, il lui avoit écrit la lettre suivante, dans l'intention
de l'attirer à son camp et de se rendre maître de sa personne.

« La supériorité des forces que je commande ne
» peut être contestée. Vous voilà hors de l'Égypte et
» obligé de passer le désert. Vous pouvez trouver dans
» ma générosité la fortune et le bonheur que le sort
» vient de vous ôter. Faites-moi connoître de suite votre
» intention.

» Le pacha du grand-seigneur est avec vous; envoyez-le
» moi, porteur de votre réponse. Je l'accepte pour médiateur. »

Ibrahim Bey ni le pacha ne se fièrent à ces obligeantes
propositions; ils continuèrent leur route sans faire de
réponse à l'homme généreux qui vouloit leur restituer
libéralement ce que le sort leur avoit enlevé.

» la ville de Damanhour, ainsi que les Arabes,
» sachant que l'armée française avoit à se
» plaindre d'eux, étoient venus solliciter leur
» pardon, et se donnoient le plus grand soin
» pour que les eaux du Nil arrivassent par le
» canal à Alexandrie. Tous les bagages, tous
» les approvisionnemens de l'armée qui se
» trouvoient à Alexandrie, pourroient, par ce
» canal, arriver à Rahmanieh.

» On travailloit à Salahieh, avec la plus
» grande activité, à établir des retranchemens
» qui mettroient les magasins, l'hôpital et les
» forts à l'abri de toute insulte. Les Mamelouks
» étoient très-mal dans la haute Égypte. »

On supposa encore qu'une frégate anglaise, s'étant approchée de la côte de Tunis, avoit échoué; qu'une partie de l'équipage avoit péri, que l'autre avoit été recueillie par un bâtiment maltais, et conduite prisonnière à Malte; que sur un des hommes de l'équipage, on avoit trouvé une lettre adressée à un membre de la chambre des communes d'Angleterre, dans laquelle on lisoit les considérations suivantes :

« Notre escadre vient de remporter une vic-
» toire qui ne laisse rien à désirer à la gloire de
» notre marine; mais, toute éclatante qu'elle est,
» elle n'améliore en rien la position critique
» où se trouve l'Angleterre. Avant la bataille

» d'Aboukir, nous étions déjà maîtres de la Mé-
» diterranée : notre victoire ne nous dispense
» pas d'entretenir une flotte dans cette mer éloi-
» gnée ; car les Français ont encore des vaisseaux
» de guerre à nous opposer. Nous avons tué six
» à sept cents hommes : nous en avons perdu au-
» tant ; nous leur avions fait deux mille cinq
» cents prisonniers, nous avons été obligés de
» les leur rendre. Nous leur avons pris trois
» vaisseaux que nous pourrons mener à Lon-
» dres : nous en avons déjà tant !

» La conquête de Malte que les Français
» viennent de faire, leur assure la domination
» de toute la Méditerranée. Cette inappréciable
» acquisition vaut seule trente vaisseaux de
» guerre. — Et la conquête de l'Égypte ! Un
» bon anglais ne peut, de sang-froid, en con-
» sidérer les funestes conséquences. Quoi ! ce
» centre du monde appartient aux Français !
» Les riz, les bleds qui nourrissent l'Archipel
» et l'empire ottoman, les bois qui approvi-
» sionnent ses flottes, seront à jamais au pou-
» voir de notre ennemi ! Seuls ils vont possé-
» der plus de sucre et d'indigo qu'il n'y en a
» dans toutes nos colonies. Tout le café, les
» gommes, le commerce de l'Arabie, de la mer
» rouge, est exclusivement à eux.

» L'Égypte est irrévocablement au pouvoir
» des Français, qui peuvent, en cinquante jours,

» avoir réponse de leurs dépêches aux Indes.
» Mais que dis-je? qui sait, à l'heure qu'il est,
» où ils sont déjà? Pourquoi cette armée, qui
» a traversé les Alpes juliennes et noriques,
» route inconnue dans l'histoire moderne,
» pour s'élancer dans le cœur de l'Allemagne,
» ne feroit-elle pas ce qu'ont fait autrefois les
» Macédoniens et les Romains? et si seulement
» l'ombre de cette armée invaincue se mon-
» troit aux Indes, que deviendroit la puissance
» anglaise? *Elle aurait été....*

» Ajoutez à cela l'insurrection de l'Irlande:
» il y a six ans que nous tenons les mers sans
» relâche, et je crois que nous sommes con-
» damnés pour long-temps à rester séparés de
» nos femmes, de nos foyers, au milieu de l'a-
» bîme des vagues, pendant la saison des tem-
» pêtes. Nous manquons ici de vivres, et tous
» les ports nous sont fermés. Les Napolitains
» même n'osent nous en donner qu'à la déro-
» bée. Pauvre Angleterre! jusqu'à quand seras-
» tu victime d'un ministère qui te sacrifie à ses
» passions et à ses préjugés? »

Il était facile de reconnoître, dans cette lettre, les formes du style révolutionnaire et la main qui l'avoit écrite. Mais c'étoit à la multitude que Buonaparte s'adressoit, et personne ne savoit mieux que lui user de la crédulité du soldat.

Ces artifices produisirent l'effet qu'il en attendoit, et l'armée se crut encore capable d'accomplir, sous les auspices de son chef, la glorieuse entreprise qu'elle avoit commencée.

Après avoir ainsi rétabli la confiance parmi ses soldats, Buonaparte s'occupa de porter des consolations dans le sein des familles françaises, qui avoient fait, à la bataille d'Aboukir, les pertes les plus douloureuses. Il écrivit à madame Bruéys :

« Votre mari a été tué d'un coup de canon,
» en combattant vaillamment à son bord. Il est
» mort sans souffrir, et de la mort la plus douce,
» la plus enviée par les militaires. Je sens vive-
» ment votre douleur. Le moment qui nous
» sépare de l'objet que nous aimons est terri-
» ble; il nous isole de la terre, il fait éprouver
« au corps les convulsions de l'agonie. Les fa-
» cultés de l'âme sont anéanties ; elle ne con-
» serve de relations avec l'univers qu'au travers
» d'un cauchemar qui altère tout. Les hommes
» paroissent plus froids, plus égoïstes, plus
» méchans, plus odieux qu'ils ne le sont réel-
» ment. On sent dans cette situation que, si
» rien ne nous attachoit à la vie, il vaudroit
» beaucoup mieux mourir. Mais lorsqu'après
» cette première pensée, l'on presse ses enfans
« contre son cœur, des larmes, des sentimens
» tendres raniment la nature, et l'on vit pour

» ses enfans. Oui, madame, voyez-les dès ce
» premier moment; qu'ils ouvrent votre cœur
» à la mélancolie; vous pleurerez avec eux,
» vous éleverez leur enfance, vous cultiverez
» leur jeunesse : vous leur parlerez de leur père,
» de votre douleur, de la perte qu'eux et la ré-
» publique ont faite. Après avoir rattaché votre
» âme au monde par l'amour filial et l'amour
» maternel, appréciez pour quelque chose l'a-
» mitié et le vif intérêt que je prendrai tou-
» jours à la femme de mon ami. Persuadez-
» vous qu'il est des hommes, en petit nombre
» peut-être, qui méritent d'être l'espoir de la
» douleur, parce qu'ils sentent avec chaleur les
» peines de l'âme. »

A l'exception de cette dernière phrase, jamais on n'avait écrit, dans une pareille circonstance, une lettre d'un style plus étrange, d'une métaphysique plus obscure et plus aride. Celle que Buonaparte adressa au vice-amiral Thévenard, père du courageux capitaine de l'*Aquilon*, porte à peu près le même caractère.

« Votre fils est mort d'un coup de canon sur
» son banc de quart. Je remplis, citoyen géné-
» ral, un triste devoir en vous l'annonçant.
» Mais il est mort sans souffrance et avec hon-
» neur : c'est la seule consolation qui puisse
» adoucir la douleur d'un père. Nous sommes
» tous dévoués à la mort. Quelques jours de

« vie valent-ils le bonheur de mourir pour son
» pays? compensent-ils la douleur de se voir
» mourir sur un lit, environné de l'égoïsme
» d'une nouvelle génération? valent-ils les dé-
» goûts, les souffrances d'une longue maladie.
» Heureux ceux qui meurent sur le champ de
» bataille! Ils vivent éternellement dans le
» souvenir de la postérité. Ils n'ont jamais in-
» spiré la compassion ni la pitié que nous arra-
» che la vieillesse caduque, ou l'homme tour-
« menté par des maladies aiguës. Vous avez
» blanchi, citoyen général, dans la carrière
» des armes; vous regretterez un fils digne de
» vous et de la patrie. En accordant quelques
» larmes à sa mémoire, vous direz avec nous
» que sa mort glorieuse est digne d'envie.

» Croyez à la part que je prends à votre
» douleur, et ne doutez pas de l'estime que
» j'ai pour vous. »

La bataille d'Aboukir avoit coûté à l'armée
française près de six mille hommes; Buonaparte,
dans ses rapports, ne parla que de la perte de six
cents hommes; il diminua également le nombre
des prisonniers, et usa de toutes ses ressources
ordinaires pour pallier l'immensité de la perte
qu'on venoit de faire. De leur côté, les Anglais avaient à regretter près de neuf cents
soldats et matelots, et plusieurs officiers d'un

mérite distingué. Le lendemain du combat, Nelson proposa la remise des blessés et des prisonniers ; sa proposition fut acceptée, et l'amiral anglais déposa à Alexandrie trois mille cent prisonniers, parmi lesquels se trouvoient huit cents blessés. Il fit en même temps bloquer le port par quatre vaisseaux de soixante-quatorze et deux frégates (1) ; et après avoir pris quelque repos et réparé les bâtimens qui avoient le plus souffert, il partit avec le reste de son escadre, emmenant avec lui, pour orner son triomphe le *Franklin*, le *Spartiate*, le *Tonnant*, le *Peuple souverain*, le *Conquérant* (2) ; il avait précédemment brûlé le *Mercure*, l'*Heureux*, le *Guerrier*. Il entra en vainqueur dans le port de Naples, où la nouvelle de sa victoire avoit été apportée par la cor-

---

(1) Le port d'Alexandrie renfermoit alors trois bâtimens vénitiens, les seuls qui eussent pu entrer, deux frégates, quelques flûtes, et deux cent quatre-vingts bâtimens de transport. La division anglaise étoit commandée par le capitaine Towbridge.

(2) Depuis l'origine de la guerre, cinquante-sept vaisseaux français étoient entrés dans les ports d'Angleterre, et la marine française restait réduite à vingt-huit vaisseaux de ligne ; huit à Toulon, seize à Brest, et les deux sauvés par l'amiral Villeneuve.

vette la *Muline* (3). Sa récompense à Londres fut d'être créé pair de la Grande-Bretagne, sous le titre de *baron du Nil*.

---

(1) L'amiral Nelson avoit d'abord expédié le *Léandre*, qui, par sa brillante manœuvre, avoit coupé notre ligne. Ce bâtiment tomba au milieu de la petite escadre de l'amiral Villeneuve, et fut pris dans les eaux de Malte.

CHAPITRE X.

Effets de la bataille d'Aboukir sur les cours de l'Europe. Insurrections en Égypte; mesures prises par Buonaparte pour en arrêter le cours. Supplice du schérif d'Alexandrie.

Depuis le départ de l'expédition d'Égypte et les nouvelles de ses premiers succès, le directoire français avoit redoublé de fierté et de tyrannie. L'Europe toute entière, courbée sous un joug qu'elle détestoit, n'osoit rien entreprendre pour s'en affranchir. Subjuguée par la crainte, étonnée elle-même de cette suite inexplicable de succès, elle se croyoit sous l'ascendant d'une fatalité irrésistible, et commençoit à désespérer de la Providence.

Mais lorsque, des hauteurs de la tour de Londres, le canon eut annoncé les triomphes de Nelson et la destruction de la flotte française, *alors toutes les cours revinrent de leur stupeur, comme d'un songe pénible, et commencèrent à respirer. Les courriers couvrirent les chemins pour multiplier cette nouvelle; les lettres particulières, les journaux, la reproduisirent de cent manières différentes ; en quelques jours, elle envahit toute l'Europe, et devint le sujet de toutes les espérances, de tous les discours.

La haine générale, long-temps comprimée, éclatoit de toute part : on se livroit à la joie sans ménagement ; on se flattoit publiquement de se venger bientôt de la servitude et des outrages qu'on avoit endurés.

Peu s'en fallut que l'annonce de cet événement ne renouvelât en Sicile et à Naples ces vêpres mémorables, vengeance exécrable d'une exécrable oppression. Dans les villes d'Italie, dans la Suisse, au milieu des garnisons françaises, personne ne déguisa ni ses transports ni ses espérances. La flegmatique Allemagne elle-même ne put se défendre d'un mouvement de satisfaction.

En plusieurs lieux, la force armée eut peine à prévenir les insurrections. La Cité Vieille et les campagnes de Malte se soulevèrent, massacrèrent plusieurs détachemens français, et forcèrent les troupes du directoire à se retirer précipitamment dans les forts de Saint-Elme et de la Valette (1).

A Londres, le peuple se livra à des transports de joie excessifs. Une souscription, ou-

---

(1) Mercure britannique, tom. 1.

verte au profit des femmes et des enfans des matelots tués ou blessés à la bataille d'Aboukir, produisit en quinze jours douze mille livres sterlings.

La timidité et l'irrésolution firent place, dans les cabinets, à des sentimens plus généreux ; et l'on commença à entrevoir la possibilité de rompre les chaines humiliantes dont on étoit accablé.

Frappé lui-même de ce revers inattendu, le directoire en prévit toutes les conséquences, et fit de vains efforts pour dissimuler son chagrin et ses inquiétudes. Le fait étoit trop certain, le désastre trop éclatant, pour pouvoir le nier. Sur terre, un échec pouvoit se réparer facilement; les décrets des conseils, les réquisitions, fournissoient promptement une nouvelle armée; mais, ni les décrets, ni les réquisitions, ne pouvoient rendre à la France la marine qu'elle avoit perdue. Depuis long-temps, on menaçoit l'Angleterre d'une guerre formidable sur son propre terrain : on secondoit avec activité tous les mouvemens de l'Irlande, on promettoit aux insurgés de prompts et puissans secours ; mais pour exécuter un projet, pour attaquer un empire défendu de tous les côtés par les mers et protégé par des escadres nombreuses, il falloit pouvoir soi-même disposer d'une grande flotte, et soutenir, avec quelque apparence de succès, une lutte périlleuse. Maintenant, de trente-sept vaisseaux de ligne, onze n'existoient plus, ou n'existoient que pour grossir les forces de l'ennemi ; toutes les démonstrations de l'armée d'Égypte contre les possessions britanniques dans les grandes Indes, devenoient des menaces ou des projets chimériques.

Depuis quatre siècles, la France exerçoit une heureuse et féconde domination sur le Levant. Les provinces méridionales y trouvoient un riche débouché pour les produits de leur industrie. Chaque année, trente millions tournois, conquis sur les comptoirs de l'Afrique et de l'Asie, enrichissoient la Provence ; une alliance antique attachoit la Porte ottomane à la France, et opposoit une barrière redoutable aux progrès toujours croissans de la Russie.

Une seule journée venoit d'enlever à la république française tous ces avantages. La cour de Constantinople, outragée et trahie, ne méditoit plus que des projets de vengeance. Le cri de guerre retentissoit à Constantinople et dans tous les pachalicks. L'Angleterre offroit ses vaisseaux victorieux ; la Russie, d'immenses et belliqueuses armées ; l'Allemagne elle-même, fatiguée des interminables négociations d'un congrès où tout portoit le caractère de l'humiliation et de la servitude, renonçoit à son système de temporisation. L'insurrection générale de tous les peuples s'annonçoit de toutes parts.

Au milieu de tant d'embarras et de dangers, il ne restoit au directoire que les déclamations de ses journaux officiels, et une armée aguerrie, mais privée de ses plus illustres généraux. Pichegru étoit relégué dans les déserts de la Guiane; Moreau en disgrâce; Buonaparte, Kléber, Berthier, Desaix, Lannes, servoient en Égypte avec l'élite des troupes. La guerre de Suisse absorboit trente mille hommes; on en comptoit à peine cent vingt mille de Bâle en Hollande.

Dans cette situation, le directoire eut recours à ses moyens ordinaires. Loin de paroître effrayé de sa position, il affecta de redoubler de confiance; et pour imposer aux cabinets de l'Europe, et prévenir une nouvelle coalition, dont la France pouvoit se voir bientôt menacée, il adressa aux deux conseils un message pour leur demander une levée de 200 mille hommes, et 125 millions de nouvelles contributions.

Il y parloit à peine du désastre d'Aboukir. « L'armée navale, disoit-il, doit répondre aux
» efforts des armées de terre. Les flottes de la
» république doivent se montrer plus terribles
» après un moment de revers. Nous n'avons
» pas besoin de chercher dans l'histoire des
» républiques anciennes la preuve du ressort
» nouveau que tout échec imprime à l'énergie

» d'un peuple libre. Vers la fin de l'an 2, l'armée
» du nord ne revint sous les murs de Valen-
» ciennes, que pour y reprendre l'élan qui la
» porta jusqu'au Texel. Celle de Sambre et
» Meuse prit la même impulsion pour franchir
» le Rhin. On ne sauroit douter du zèle et de
» l'ardeur qui animeront également nos marins.
» Mais, dans cette carrière, le zèle ne peut rien
» sans des préparatifs immenses. Si les armées
» de terre exigent 90 millions, la marine en
» demande pour le moins 55 de dépenses ex-
» traordinaires. Ainsi le directoire pense qu'il
» faut 125 millions, pour que nos défenseurs
» sur l'un et l'autre élément puissent combiner
» leurs efforts et nous assurer la paix.

» Décidez le succès de nos négociations à
» Rastadt, en complétant soudain l'armée
» par 200 mille hommes que ses cadres atten-
» dent. Donnez à nos escadres les moyens qui
» leur manquent pour multiplier les attaques
» portées au cabinet de Londres, et sur les
» mers qu'il asservit, et dans les Indes qu'il
» opprime, et au sein même de son île. Ap-
» prenez à nos ennemis que le peuple français,
» indigné des retards ou des refus que l'on
» oppose à ses vues de conciliation, est prêt à
» terminer la guerre de la liberté; qu'il la finira,
» s'il le faut, par la ruine entière de ceux qui
» lui résistent; enfin montrez la république

» présentant d'une main l'olivier de la paix, de
» l'autre les foudres de la guerre; montrez dans
» cette vue l'accord des grands pouvoirs; se-
» condez efficacement le vœu national; soyez
» les bienfaiteurs de tous les peuples, qui sou-
» pirent ardemment après la paix, et qui vous
» béniront d'avoir fixé leur sort. Dites un mot,
» citoyens représentans, et des légions sortiront
» de la terre à votre voix; ce prodige vous est
» facile. Le directoire attend avec confiance
» le prompt effet de vos délibérations. »

Le directoire n'attendit pas long-temps; ses orateurs étoient prêts dans l'un et l'autre conseil : « Citoyens représentans, dit le député » Chabert, encore une fois la patrie a besoin » des secours de ses enfans, encore une fois » la grande nation va déployer ses forces; mais » cette fois sera la dernière : la jeunesse ré- » publicaine n'attend que votre signal pour » ceindre l'armure civique. L'instant est décisif, » sachons le mettre à profit. Machiavélique gou- » vernement anglais, tu vas recevoir le prix » de tes perfidies; les armées françaises vont se » mouvoir, et bientôt tu ne seras plus. » Les représentans Duviquet, Lecointre-Puyraveaux, et plusieurs autres, parlèrent avec la même chaleur; et les secours d'hommes et d'argent sollicités par le directoire, furent aussitôt accordés.

D'un autre côté, fidèle à sa politique artificieuse, il redoubla, dans l'intention de gagner du temps, d'astuces et d'intrigues auprès des cours que ses députés menaçoient. Avant le désastre d'Aboukir, il ne parloit que le langage de la menace ; il ne traitoit que l'épée à la main. Devenu plus traitable, il assoupit ses prétentions, modéra ses demandes. Fier avec les foibles, caressant avec les forts, il s'étudia à endormir adroitement leur vigilance pour leur préparer un réveil terrible. La cour de Vienne pouvoit, en entrant dans une nouvelle coalition, faire trembler à son tour ceux qui tenoient suspendu au-dessus d'elle le glaive de la terreur. Le directoire entreprit de faire une dernière expérience sur sa candeur, de la désarmer par des promesses, de la séduire par l'appât des concessions. Il lui montra un agrandissement de territoire en Italie, et surtout la possession de cette forteresse de Mantoue qu'elle avoit abandonnée avec tant de peine, et que le directoire avoit juré de ne jamais restituer.

On usa envers le roi de Naples d'une courtoisie inusitée. On ne le désignoit précédemment que comme un roi *licencié*. On lui parla le langage de la plus tendre affection. Au moment même où l'amiral Nelson entroit en triomphe dans ses ports, où les rivages de ses états retentissoient des acclamations de ses sujets, Lacombe-Saint-Michel fut chargé de lui offrir l'alliance du directoire, de lui promettre une nouvelle distribution de l'Italie, et de faire briller à ses yeux l'espoir prochain d'ajouter à ses états Ponté-Corvo et Bénévent. On étoit parvenu à mettre la Prusse dans les intérêts de la France. Ainsi le directoire pouvoit se flatter de préparer tranquillement de nouveaux moyens d'attaque, et de reprendre bientôt le ton de la supériorité, qu'il n'abandonnoit momentanément que pour le recouvrer d'une manière irrévocable.

De son côté, Buonaparte ne négligeoit rien en Égypte pour prévenir les suites de la défaite d'Aboukir et conserver sa conquête. Les insurrections se multiplioient dans la Basse-Égypte, et prenoient un caractère alarmant : il résolut de les prévenir par la terreur, et fit incendier successivement les villages de Ramanieh et d'Al-can. Il fit condamner à mort Syd-Mohamet el-Koraïm, cheik d'Alexandrie, comme convaincu de trahison. Ce musulman s'étoit d'abord donné aux Français, avoit pris les couleurs tricolores, prêté serment de fidélité, et continué ses fonctions au nom de la république. Le général Kleber le soupçonnant d'entretenir des intelligences contraires à l'armée française, le fit arrêter et transporter, avec cent ôtages, sur le vaisseau l'*Orient*. Mais, avant de livrer la bataille d'Aboukir, l'amiral Brueys, persuadé de son innocence, l'avoit envoyé libre à Rosette. Menou le fit arrêter et conduire sous bonne garde au Caire. On ne connoît point les pièces de son procès ; tout ce qu'on sait, c'est qu'après une courte instruction, il fut condamné à être fusillé, et que sa tête fut promenée dans les rues du Caire avec cet écriteau :

Koraïm, schérif d'Alexandrie, condamné à mort pour avoir trahi le serment de fidélité qu'il avoit fait à la république française, et avoir continué ses relations avec les mamelouks, auxquels il servoit d'espion.

Ainsi seront punis tous les traîtres et parjures.

Ses biens meubles et immeubles furent confisqués au profit de la république.

Beaucoup de personnes regardèrent ce malheureux comme une victime de la cruelle politique de Buonaparte, qui vouloit, par cet acte de sévérité, effrayer les chefs de l'Égypte, et leur apprendre, par cet exemple, que, ni le rang, ni la fortune, ne pouvoient les sauver.

Mais, loin de remédier au mal, ces cruelles exécutions ne faisoient que l'aggraver. La haine du nom français s'accroissoit tous les jours, et menaçoit d'une insurrection générale. Le Caire lui-même fermentoit et commençoit à inspirer des inquiétudes au général en chef. Pour prévenir ces fâcheuses dispositions, il saisit avec empressement l'occasion de l'arrivée des eaux du Nil dans la ville pour donner une fête brillante et se réconcilier avec les habitans.

Le 18 août, le kyaya du pacha, gouverneur du Caire, descendit du château avec toute sa cour, ayant à sa droite le général en chef de l'armée française accompagné de son état-major. Ils se rendirent ensemble, dans la plus grande pompe à Fodstatd, où commence le canal, qui traverse la ville du Caire. Buonaparte et le pacha se placèrent sous un pavillon magnifique dressé à la tête de la digue. Les chefs de la religion y parurent montés sur des chevaux richement caparaçonnés. Tous les habitans, à cheval, à pied et en bateaux, s'empressèrent d'assister à cette solennité. Près de deux cent mille âmes couvroient la terre et les eaux. La plupart des bateaux, agréablement peints, artistement sculptés, étoient surmontés d'un pavillon, ornés de banderoles de diverses couleurs. On reconnoissoit ceux des femmes à leur élégance, aux colonnes dorées qui soutenoient le pavillon, et surtout aux jalousies abaissées. Tout le peuple attendoit en silence que le kyaya du pacha donnât le signal; il déféra cet honheur au général français, et à l'instant l'air retentit d'acclamations, les trompettes exécutèrent des fanfares; le son des instrumens remplit toute la rive. On précipita dans le Nil la statue de *la fiancée*. La digue fut rompue, et l'eau, ne trouvant plus d'obstacle, entra à pleins flots dans le canal du Caire. Buonaparte jeta au peuple plusieurs milliers de médins, et des pièces d'or au bateau qui passa le premier. Il décora du caftan les principaux officiers; et pour honorer le mollah, gardien du Mékias, il le revêtit de la pelisse noire.

On sait que le Mékias est le lieu qui renferme la colonne destinée à marquer les degrés d'élévation des eaux du Nil. On l'appelle nilomètre. Elle est placée près du vieux Caire, dans l'île de Rhouda, nom qui, en langue arabe, signifie jardin. La longueur de cette île est d'environ une demi-lieue; elle est plantée de palmiers et de sycomores. Les habitans du Caire y ont des maisons de campagne, où ils vont chercher la fraîcheur et l'ombrage pendant les grandes chaleurs. On voit dans la partie occidentale de l'île des restes de murailles qu'on y avoit élevées pour arrêter les débordemens du fleuve. Au levant est l'escalier de Moïse; d'anciennes traditions portent que ce fut là que le législateur des Juifs fut exposé dans son enfance et sauvé par la fille de Pharaon, nommée Thermutis. Au midi, est un château qui appartient au pacha du Caire, et dans lequel on a la liberté de se promener.

On traverse, pour aller au Mékias, un passage qui conduit à la belle mosquée que fit construire le sultan Sélim. C'est dans un salon voisin de cette mosquée, que réside le gardien du Mékias. Ce lieu a la forme d'un puits carré, dont chaque face a dix-sept pieds. Tout autour règne une assez belle galerie, soutenue par huit colonnes de marbre blanc d'ordre corinthien. On y descend par un escalier de vingt et un degrés. Au milieu du puits, est une colonne de marbre blanc, composée de deux pièces liées ensemble par un cercle de cuivre. Sa hauteur, depuis la base jusqu'au chapiteau, est de trente et un pieds huit pouces; le chapiteau a un pied huit pouces; il est d'ordre corinthien, et paroît avoir été rapporté : il soutient une large poutre, qui traverse le puits d'un côté à l'autre, et présente sur ses deux côtés une inscription en langue arabe, destinée à constater l'époque où le Mékias a été construit. Elle porte que ce bâtiment a été élevé l'an de l'hégire 247 (de J.-C. 869). Il n'est fait aucune mention du prince qui régnoit alors. (1) Les quatre faces du puits sont décorées d'une corniche assez habilement travaillée, au-dessous de laquelle règne une double plate-bande chargée de sentences en anciens caractères couphiques. La première contient l'énumération des principaux bienfaits dont Dieu a comblé l'homme : c'est pour lui qu'il a créé le ciel et la terre, qu'il a placé le soleil et la lune dans le firmament, qu'il a fait tomber du ciel la pluie et les rosées, etc. La seconde porte : qu'il n'y a d'autre Dieu que le Dieu vivant et tout-puissant, dont la science est infi-

---

(1) J'ai tiré une partie de ces détails d'un ouvrage fort exact, publié en 1755, sous le titre de *Description historique et géographique des plaines d'Héliopolis et de Memphis*. L'auteur avoit tout vu, tout mesuré, tout dessiné par lui-même, et il paroit bien difficile de ne pas s'en rapporter à son témoignage. Cependant il ne se trouve point d'accord avec le rapport lu à l'Institut d'Égypte, sur le Mékias de Rhouda, par M. Le Père, ingénieur des ponts et chaussées. Ce savant assure que des inscriptions en caractères couphiques constatent que ce monument a été construit par le calife Sarrazin Almanoun, l'an 211 de l'hégyre, ou 833 de l'ère chrétienne. L'auteur de la description rapporte aussi les inscriptions en caractères couphiques, mais elles ne concernent nullement, suivant lui, les divers accroissemens des eaux du Nil. Il y aura donc toujours incertitude dans les témoignages des hommes même les plus dignes de foi!

nie ; que ses deux trônes sont le ciel et la terre. Les deux inscriptions finissent par une prière à Dieu, pour qu'il bénisse son prophète Mahomet.

Pour établir une mesure juste et tenir l'eau du puits à la hauteur exacte des eaux du Nil, on a construit une voûte de niveau avec le lit du Nil ; elle a vingt-six pieds de longueur et un pied carré de diamètre. Elle porte les eaux au Mékias par une ouverture pratiquée à cet effet, et ces eaux sortent par une autre ouverture au côté opposé. Cette première voûte est surmontée de deux autres, qui ont les mêmes dimensions, et communiquent au puits de la même manière. C'est par ce procédé simple et ingénieux que l'on connoît exactement les divers accroissemens du fleuve.

Tous les ans, à la fin d'avril, lorsque les eaux sont au point le plus bas, on se transporte dans le Mékias pour y constater la quantité d'eau qui lui reste, et l'on dresse acte de cette première reconnoissance ; on en fait une seconde le 29 juin ; et, à partir de cette époque, on vérifie chaque jour les diverses crues du Nil. Le gardien du Mékias se transporte d'abord au château du pacha pour lui en faire part. Il parcourt ensuite toutes les rues du Caire pour annoncer que le Nil est crû cette nuit de tant de mesures ; et comme il est suivi d'un grand nombre d'enfans qui se font un sujet d'émulation de répéter ce qu'il dit, personne ne peut l'ignorer. On renouvelle chaque jour ces sortes de publications, jusqu'à ce que l'eau soit parvenue à une hauteur suffisante pour entrer dans le canal.

Ce canal traverse le Caire dans toute sa longueur, et passe sous neuf ponts différens, à l'extrémité desquels sont des grilles destinées à arrêter le corps des personnes noyées. Il n'est rempli que pendant quatre mois; le reste de l'année, l'eau y est si basse, qu'elle y croupit, ce qui rend les environs très-malsains. Un écrivain arabe attribue l'ouverture de ce canal au roi *Tarcis-Ibumalia*, qu'il suppose être le Pharaon qui enleva la femme d'Abraham.

En célébrant la crue du Nil et l'entrée de ses eaux dans le canal, Buonaparte ne fit que répéter une cérémonie pratiquée de tems immémorial chez les Égyptiens, et par tous les pachas d'Égypte.

Le jour où l'on devoit ouvrir le canal, le pacha se rendoit dans une maison vis-à-vis l'île de Rhouda, accompagné de tous les grands, de tous les magistrats, et précédé de trompettes et d'autres instrumens de musique. Il marchoit ensuite vers le fleuve, suivi d'une foule immense, qui chantoit, dansoit, et se livroit à toutes les démonstrations de la joie. On précipitoit dans les flots l'image d'une jeune fille, reste de la coutume ancienne et cruelle d'immoler au fleuve une victime humaine, en reconnoissance des bienfaits qu'il répandoit sur l'Égypte. Les bords du canal étoient couverts de boutiques où l'on étaloit comme dans une foire toutes sortes de marchandises. Lorsque l'eau étoit entrée dans le canal, on y voyoit aussitôt naviguer une foule de bateaux ornés de feuillages et chargés de musiciens. Les mères apportoient leurs enfans qu'elles dépouilloient de leurs langes, et les plongeoient plusieurs fois dans le fleuve. Tout respiroit la joie, lorsque l'eau étoit arrivée à la hauteur désirée ; tout étoit deuil lorsqu'elle se tenoit au-dessous.

C'étoit le 19 du mois d'août, seize jours après la funeste catastrophe d'Aboukir, que l'armée française se livroit à ces fêtes. L'anniversaire de la naissance de Mahomet en produisit de nouvelles. Pendant quatre jours, le palais du général en chef, l'hôtel du commandant de la place, celui du cheik, et les hôtels des principaux fonctionnaires furent magnifiquement illuminés. Des processions de fidèles parcouroient les rues, et s'y livroient ensuite au chant et à la danse. Les troupes exécutèrent diverses évolutions. Buonaparte et son état-major, après une grande parade, se rendirent le soir, précédés d'instrumens de musique et d'un grand nombre de flambeaux chez le cheik El-Bekry, où ils assistèrent à un festin splendide. Un feu d'artifice et des danses aux lumières mirent fin à cette brillante soirée. Buonaparte y parut en costume oriental, le turban en tête, et accepta avec empressement le surnom d'*Ali-Buonaparte*, qui lui fut décerné par l'assemblée des musulmans. Lui-même il revêtit le cheik de la pelisse d'honneur en présence du divan.

Il se flattoit de gagner, par ces caresses, le cœur des Égyptiens, et d'affoiblir l'impression fâcheuse qu'avoit faite le désastre d'Aboukir. Il ne bornoit pas ses soins à l'intérieur de l'Égypte. On étoit à l'époque où la caravane des pèlerins se disposoit à partir pour la Mecque; il écrivit au schérif de la ville sainte; et, pour donner plus de poids à sa lettre, il la fit appuyer d'une lettre apologétique des cheiks et des notables du Caire.

« Nous avons, disoient-ils, l'honneur d'in-
» former notre seigneur, dont le génie actif
» ne cesse jamais de veiller aux intérêts de
» la religion et des fidèles, comme aussi nous
» avons l'honneur d'informer les seyds, descen-
» dans d'Abden-Naf, un des plus illustres aïeux
» de nos seigneurs les schérifs, tous les docteurs
» de l'islamisme, habitans de la Mecque, les ca-
» dis, les imans, prédicateurs, et généralement

» tous les négocians et employés dans le gou-
» vernement de la ville sainte, que le 7 du mois
» de safar, l'armée française s'est présentée sur
» les terres de Giseh, et y a livré le même
» jour un combat qui a duré deux heures en-
» viron. L'issue de ce combat a été fatale aux
» mamelouks, qui ont été forcés de prendre
» la fuite vers le coucher du soleil, après avoir
» laissé sur le champ de bataille un grand nom-
» bre de combattans.

» Le lendemain au matin, une députation
» des docteurs de la loi, des notables de la
» ville du Caire, se transporta à Giseh, pour
» demander sauve-garde et protection en fa-
» veur des habitans, excepté les mamelouks et
» leurs adhérens. Le général en chef leur ac-
» corda leur demande ; les mêmes députés de-
» mandèrent aussi que le *Khoutbez*, c'est-à-
» dire que les vœux que les prédicateurs de
» mosquée ont coutume de faire pour sa ma-
» jesté impériale le vendredi, à la prière du
» midi, eussent lieu comme ci-devant. Le gé-
» néral en chef y souscrivit d'une manière au-
» thentique, et il ajouta qu'il étoit un des plus
» dévoués amis de l'empereur des Ottomans ;
» qu'il chérissoit ceux qui lui étoient attachés,
» et que tous ses ennemis étoient les siens
» propres ; et, de suite, il ordonna que les
» exercices religieux se fissent librement, comme

» à l'ordinaire, et que la proclamation de la
» prière, la lecture du Koran, l'ouverture des
» mosquées, et que tous les actes de piété re-
» prissent leurs cours.

» Il se plut encore à informer la députation
» qu'il étoit pénétré de la vérité incontestable
» qu'il n'y a d'autre Dieu que Dieu ; que les
» Français en général étoient remplis de véné-
» ration pour notre prophète et le livre de
» notre sainte loi, et que beaucoup d'entre
» eux étoient même convaincus de la supério-
» rité de l'islamisme sur toutes les autres re-
» ligions; et, pour le prouver, le général cita
» la délivrance de tous les musulmans qu'il a
» trouvés esclaves à Malte, la destruction des
» églises chrétiennes et des croix dans les états
» qu'il a conquis, et particulièrement dans la
» ville de Venise, où il a fait cesser les vexa-
» tions qu'on faisoit aux musulmans ; le ren-
» versement du trône du pape, qui légitimoit
» le massacre des fidèles, et dont le siége étoit
» à Rome. Cet ennemi éternel de l'islamisme,
» qui faisoit croire aux chrétiens que c'étoit une
» œuvre méritoire aux yeux de Dieu que de
» verser le sang des vrais croyans, n'existe plus,
» pour le repos des fidèles, sur lesquels le
» Tout-Puissant veille avec bonté.

» Lorsque les pèlerins de la Mecque s'appro-
» chèrent du Caire, le général de l'armée fran-

» çaise se transporta lui-même dans la pro-
» vince de Charkich, sur les nouvelles qui par-
» vinrent que les Arabes, voleurs et assassins,
» les avoient dépouillés. Les troupes françai-
» ses recueillirent tous ceux qui avoient échappé
» à la déprédation et à la mort, leur procurè-
» rent des montures, et donnèrent à manger
» et à boire à ceux qui avoient faim et soif.

» Le général, plusieurs jours avant de partir
» pour la Charkieh, avoit écrit à la caravane des
» pèlerins, pour l'inviter à se rendre en droi-
» ture au Caire, où il leur seroit fait l'accueil
» le plus gracieux. Malheureusement ses lettres
» ne parvinrent point ; elle a subi ce que le
» destin avoit ordonné d'elle.

» L'ouverture du canal du Caire s'est faite
» cette année avec plus de pompe que de cou-
» tume, dans la vue sans doute de complaire
» aux fidèles, et de dissiper leurs inquiétudes
» et leurs soucis. Le général a distribué des
» sommes considérables en aumônes aux pau-
» vres, et il a donné un festin aux notables.
» De même aussi, le jour de la naissance du
» prince des prophètes, il a dépensé beaucoup
» d'argent pour la fête qui a eu lieu, et qui a
» été des plus brillantes, à la satisfaction des
» croyans. *Nous sommes à Dieu, et nous re-*
» *tournons à lui.* Nous devons surtout ne pas
» vous laisser ignorer que le général en chef

» a témoigné le plus grand désir pour la no-
» mination d'un émir-adgy (chef de la cara-
» vane); nous avons été d'avis, ainsi que lui, de
» donner cette honorable commission au très-
» distingué l'émir Mustapha-Aga kiaha de S. E.
» Aboubeker-Pacha, gouverneur du Caire,
» et ce choix nous a paru devoir être agréable
» à la sublime porte, en ce qu'il assure ses
» droits sur un des points qui lui tiennent le
» plus à cœur.

» Le général en chef de l'armée française
» montre le zèle le plus actif pour les intérêts
» des deux sanctuaires, et il s'occupe avec as-
» siduité de tout ce qui concerne l'expédition
» de la caravane des pèlerins. C'est ce qu'il
» nous a recommandé de vous faire savoir,
» comme témoins oculaires, afin que, de votre
» côté, vous fassiez ce qui vous paroîtra con-
» venable. »

Buonaparte joignit sa propre lettre à celle des notables du Caire; il l'assura que les musulmans n'avoient pas de meilleurs amis que les Français, et que les schérifs et tous les docteurs de la loi trouveroient en lui un protecteur zélé, et il lui offrit de faire escorter la caravane par des détachemens de cavalerie.

Il fit aussi distribuer dans l'armée et dans toutes les provinces d'Égypte, un cantique que l'on chantoit dans les mosquées, en mémoire de son entrée triomphante au Caire. Mais tous ces moyens faisoient peu d'impression sur un peuple que la pénurie de ses finances l'obligeoit de fouler sans cesse par de nouvelles contributions; qu'on avoit promis de défendre contre les exactions des beys, et qui se trouvoit plus malheureux sous ses nouveaux maîtres que sous les premiers. Les émissaires de Mourad et d'Ibrahim ne cessoient d'animer de leurs exhortations tous les habitans de la Haute et Basse-Égypte, en leur représentant que Buonaparte ne les caressoit que pour les perdre plus sûrement; ils faisoient valoir les intérêts de la religion et ceux du grand-seigneur pour lequel les Égyptiens conservoient le plus grand respect.

Les environs d'Alexandrie étoient couverts d'Arabes armés qui disparoissoient à l'approche de nos soldats, et reparoissoient dès que le danger étoit passé.

Les Anglais tentoient eux-mêmes des expéditions sur la côte. Soutenus des Arabes et des paysans du hameau de Birkel, ils parvinrent jusqu'au canal d'Alexandrie, et le coupèrent pour empêcher les eaux du Nil d'entrer dans cette ville. Le chef de brigade Barthélemy marcha contre eux à la tête de six cents hommes, pilla le village et rétablit le canal; mais à peine une première insurrection étoit-elle étouffée, qu'il falloit en étouffer d'autres.

Un détachement de la treizième demi-brigade et du dix-huitième régiment de dragons avoit été assassiné dans la province de Garbieh; le général Verdier se porta contre les meurtriers, leur tua une cinquantaine d'hommes, et livra aux flammes le village de Saubat où ils s'étoient retirés.

Celui de Schouara subit le même sort après un combat sanglant, où les insurgés déployèrent un grand courage. Ils étoient sous la conduite d'un chef intrépide nommé *Herran-Toubar*, et comptoient plus de dix mille hommes, venus de Derne et du lac Menzalé. Le 15 septembre ils osèrent attaquer la garnison de Damiette, dont les Français avoient pris possession. Leur camp étoit à Schouara et leur armée se grossissoit tous les jours; mais le général Vial, ayant reçu des secours, se décida à faire une sortie et à les attaquer; il donna au général Andréossi le commandement de la flottille, et marcha lui-même à la tête de ses légions. L'ennemi occupoit tout l'espace depuis le Nil jusqu'au lac Menzalé; il avoit de l'artillerie, des drapeaux, et paroissoit disposé à disputer long-temps la victoire. Il soutint en effet avec valeur le choc de l'armée française; mais l'habileté triompha du nombre; l'armée française enfonça l'ennemi de toutes parts, en jeta une partie dans le lac et dans l'inondation du Nil, lui enleva ses quatre pièces de canon, et incendia le village qui leur avoit donné retraite.

Malgré le succès de cette journée, la province fut loin de recouvrer sa tranquillité ; les soulèvemens éclatoient sur tous les points, et les généraux français se virent dans la nécessité de former des colonnes mobiles pour parcourir tous les villages des provinces de Damiette et de Mansourah, et d'en tirer souvent une vengeance exemplaire.

Mais ces vengeances en appeloient d'autres ; la haine du nom français augmentoit tous les jours ; et Buonaparte lui-même détruisoit souvent son propre ouvrage par des mesures qui sembloient en opposition avec ce qu'il avoit fait précédemment. Il acheva d'aigrir les esprits en ordonnant à tous les habitans de l'Égypte de porter la cocarde républicaine, à tous les patrons de bâtimens d'arborer le pavillon tricolore ; à tous les gardiens de mosquée de le faire flotter sur le sommet des plus hauts minarets. Sa loi sur l'enregistrement ne produisit pas un meilleur effet. Elle portoit l'établissement, dans chaque chef-lieu des provinces de l'Égypte, d'un bureau où tous les titres de propriétés et les actes susceptibles d'être produits en justice recevroient une date authentique ; elle ordonnoit par chaque enregistrement un droit proportionné à l'importance de l'acte ;

on ne devoit reconnoître de propriétés particulières que celles dont les titres auroient été enregistrés; toutes les autres propriétés étoient déclarées nationales; enfin tous possesseurs de biens fonds étoient tenus de se présenter à l'enregistrement dans le délai d'un mois, sous peine de payer un double droit; tous les actes qui n'auroient point été enregistrés dans les dix jours de leur date étoient également assujettis à un double droit.

Il étoit difficile de rendre une loi plus propre à soulever les esprits par la nouveauté de ses formes et ses dispositions menaçantes et oppressives. Buonaparte croyoit avoir aplani toutes les difficultés en s'assurant des membres du divan, et de quelques hommes qui avoient joui d'une grande influence sur la multitude; mais à mesure qu'ils s'attachoient aux intérêts de la France, ils perdoient de la considération que le peuple leur portoit Les habitans du Caire, réduits à étouffer dans le silence la haine qu'ils avoient pour les Français, n'attendoient que l'occasion de briser leurs fers. Elle ne tarda pas à arriver.

Le cours de la sixième année républicaine venoit de s'achever, on étoit au 22 septembre 1798. Buonaparte fit célébrer avec faste l'anniversaire de la fondation de la république; il fit tracer dans la vaste place d'El-Béquir un cirque de deux cents toises de diamètre, dont le pourtour étoit formé de cent cinq colonnes surmontées de drapeaux tricolores qui portoient le nom des départemens de la république. L'une des entrées du cirque étoit décorée d'un arc de triomphe, sur lequel on avoit représenté la bataille des Pyramides; l'autre étoit ornée d'un portique chargé d'inscriptions arabes, dans l'une desquelles on lisoit : *Il n'y a de Dieu, que Dieu, et Mahomet est son prophète.* Au milieu du cirque s'élevoit un obélisque de soixante-dix pieds de hauteur, également chargé d'inscriptions en honneur de la république française. Sept autels de forme antique supportoient des trophées d'armes, au milieu desquels étoit placée la liste des braves de chaque division morts en combattant (1).

A l'heure indiquée le général se rendit au milieu du cirque, accompagné de son état-major, des officiers généraux, du divan, du cheik, du lieutenant du pacha, de l'émir; fit exécuter des évolutions aux différens corps de l'armée, chanter des hymnes patriotiques (2), et lire leur proclamation au peuple égyptien.

---

(1) Buonaparte avoit déjà fait graver sur la colonne de Pompée les soldats morts à l'attaque d'Alexandrie.

(2) Depuis l'entrée des Français au Caire on avoit, comme on l'a déjà dit, répandu dans l'armée un hymne,

Lui-même, placé au pied d'une pyramide élevée à cet effet, adressa le discours suivant à son armée :

« Soldats,

» Nous célébrons le premier jour de l'an
» sept de la république.

―――――――――――――――――――

composé par un Cophte, et chanté le 23 juillet dans la grande mosquée du Caire. On y reconnoissoit facilement l'esprit qui l'avoit inspiré.

« Le grand Allah n'est plus irrité contre nous. Il a
» oublié nos fautes, assez punies par la longue oppres-
» sion des Mamelouks. Chantons les miséricordes du
» grand Allah !

» Les Beys-Mamelouks avoient mis leur confiance dans
» leurs chevaux. Les Beys-Mamelouks avoient rangé leur
» infanterie en bataille. Mais le favori de la victoire, à la
» tête des braves de l'Occident, a détruit l'infanterie et
» les chevaux des Mamelouks.

» O fils des hommes ! baissez le front devant la justice
» du grand Allah. Chantez ses miséricordes, ô fils des
» hommes !

» Les Mamelouks n'adorent que leur avarice ; ils dé-
» vorent la substance du peuple. Ils sont sourds aux
» plaintes des veuves et des orphelins. Ils oppriment le
» pauvre sans miséricorde.

» Mais les braves de l'Occident adorent le grand Allah.
» Ils respectent les lois de son prophète ; ils aiment le
» peuple et secourent les opprimés.

» Il y a cinq ans, l'indépendance du peuple
» français étoit menacée. Vous prîtes Toulon,
» ce fut le présage de la ruine de nos ennemis.
» Un an après vous battiez les Autrichiens à
» Dégo; l'année suivante vous étiez sur le
» sommet des Alpes.

» Vous luttiez contre Mantoue, il y a deux
» ans, et vous remportiez la célèbre bataille de
» Saint-George ; l'an passé vous étiez aux sources
» de la Drave et de l'Isonso de retour de l'Al-
» lemagne. Qui eût dit alors que vous seriez
» sur les bords du Nil, au centre de l'ancien
» continent ?

» Depuis l'Anglais célèbre dans les arts et
» le commerce, jusqu'au hideux et féroce Bé-
» douin, vous fixez les regards du monde. Sol-
» dats, votre destinée est belle, parce que vous

» C'est pourquoi le grand Allah a détruit le règne des
» Mamelouks, c'est pourquoi il a exaucé les prières des
» opprimés, et leur a fait miséricorde.

» Réjouissez-vous, ô fils des hommes ! de ce que le
» grand Allah n'est plus irrité contre nous. Réjouissez-
» vous de ce que sa miséricorde a amené les braves de
» l'Occident pour nous délivrer du joug des Mamelouks.

» Que le grand Allah bénisse le favori de la victoire !
» que le grand Allah fasse prospérer l'armée des braves
» de l'Occident ! Chantons à jamais les miséricordes du
» grand Allah ! »

» êtes dignes de ce que vous avez fait et de
» l'opinion que l'on a de vous. Vous mourrez
» avec honneur comme les braves dont les
» noms sont inscrits sur cette pyramide, ou
» vous retournerez dans votre patrie couverts
» de lauriers et de l'admiration de tous les
» peuples.

» Depuis cinq mois que nous sommes éloi-
» gnés de l'Europe, nous avons été l'objet des
» sollicitudes de nos compatriotes. Dans ce
» jour quarante millions de citoyens célèbrent
» l'ère des gouvernemens représentatifs; qua-
» rante millions de citoyens pensent à vous;
» tous disent : C'est à leurs travaux, à leur sang
» que nous devons la paix générale, le repos,
» la prospérité du commerce et les bienfaits
» de la liberté civile. »

Après le cérémonial on servit une table de cent cinquante couverts, à laquelle étoient invités les chefs musulmans du Caire; et le général en chef porta, au son des instrumens, une santé *à l'an trois cent de la république française*. Après le banquet on ouvrit des courses, et l'on distribua les prix aux vainqueurs. Un cheval français eut la gloire de surpasser en vitesse les chevaux arabes. A la nuit, la place, le cirque, l'obélisque furent illuminés avec magnificence et à la manière des Turcs; car les Turcs surpassent souvent les Européens dans ce genre d'industrie. Un feu d'artifice d'une élégante composition termina le premier jour de la septième année de la république. On avoit promis le spectacle d'un aérostat promenant deux savans dans les airs; mais les appareils nécessaires à ce genre d'expérience étant restés à Alexandrie, la difficulté des communications n'avoit point encore permis de les transporter au Caire.

Jusqu'à ce jour on avoit tiré peu de parti des savans. La guerre avoit absorbé tous les soins et toutes les pensées du général en chef. Plusieurs même d'entre eux, détrompés des rêves brillans qu'ils avoient faits en quittant leur patrie, se disposoient à quitter des contrées étrangères à la civilisation et aux arts. Mais après le désastre d'Aboukir, quand tout espoir de retour fut perdu, Buonaparte songea à les réunir et à fonder, dans ce lieu de leur exil, une société qui pût leur offrir des objets d'études et d'utiles distractions.

A l'instar de l'institut de France, il créa un institut d'Égypte, qu'il divisa en quatre classes: mathématiques, physique, économie politique, littérature et beaux-arts. Il lui assigna pour ses séances un local vaste et commode, ordonna la formation d'une grande bibliothèque, d'une ménagerie, d'un cabinet de physique, d'un observatoire, d'un jardin de botanique, d'un laboratoire de chimie, de salles d'antiquités. Il nomma M. Monge président, accepta lui-même la place de vice-président, et conféra les fonctions de secrétaire perpétuel à M. Fournier. Les membres de la classe de mathématiques étoient le général Andréossi, le général en chef, MM. Costaz, Fournier, Girard, Lepère, Leroi, Malus, Monge, Darcet, Quesnoi et Say. Ceux de la classe de physique: MM. Bertholet, Champy, Conté, Delille, Descotils, Desgenettes, Dolomieu, Dubois, Geoffroy, Sanguy. La classe d'économie politique fut composée de MM. Cafarelli, Gloutier, Poussielgue, Sulkouski, Sacy, Tallien. La littérature et les arts comptèrent MM. Denou, Dutertre, Norry, Parceval de Grand-Maison, Redouté, Rigel, Venture et D. Raphaël.

La première séance eut lieu le 20 août. Le général Andreossi y lut un mémoire sur la fabrication des poudres. M. Monge y expliqua le singulier phénomène du mirage dont nous avons déjà parlé. On y nomma deux commissions, l'une chargée de rédiger un tableau comparatif des mesures de France et des mesures égyptiennes; l'autre, de composer un vocabulaire français-arabe.

A cet établissement il ajouta la création d'un

journal de littérature et d'économie politique, sous le nom de *Décade égyptienne*, et celle d'un journal politique sous le nom de *Courrier d'Égypte*. L'ex-député Tallien fut chargé de la direction du premier, M. Costaz du second.

Le Caire n'avoit point de spectacles. Buonaparte voulut lui donner un théâtre; écrivit au directoire pour lui demander des acteurs, et chargea l'institut d'Égypte de lui présenter les moyens d'établir une école de déclamation, de danse et de musique.

La destruction de la flotte et la présence des Anglais lui enlevoient les moyens de recruter son armée; il y suppléa en appelant sous ses drapeaux, par l'appât d'une solde considérable, des Arabes, des Juifs, et même quelques janissaires. Il comprit dans une conscription générale les esclaves noirs et blancs et les enfans qu'avoient laissés les Mamelouks. Il fit employer, comme fifres et comme tambours, ceux qui étoient au-dessous de seize ans et au-dessus de huit, et incorpora les autres de seize à vingt-quatre dans les cadres de ses légions. Il recueillit les débris de l'armée navale, qui se montoient à deux ou trois mille hommes, et en forma une *légion nautique*.

Toutes les rues du Caire étoient fermées par des portes qui n'étoient ouvertes que le jour. C'étoit une précaution prise contre les incursions et les surprises des Arabes ; mais elles formoient de chaque quartier de la capitale comme autant de petites villes où l'on pouvoit se défendre avec avantage ; Buonaparte les fit détruire, et cette prévoyance le servit utilement.

Les soldats, malgré la sévérité de la discipline, se conduisoient souvent mal envers les femmes, les arrêtoient dans les rues, leur arrachoient leurs voiles, les enlevoient à leurs maris. Buonaparte renouvela ses ordonnances, prescrivit le plus grand respect pour le culte religieux, défendit aux gouverneurs de provinces de frapper aucune réquisition en argent, fit veiller à l'entretien des canaux, établit une commission chargée de recevoir les réclamations du peuple, et prit de sévères mesures contre les dilapidations.

Il accueillit avec empressement une caravane de Nubie, arrivée au Caire dans le mois de septembre, et partie de Berber, bourg principal du royaume de Chaudy, sur la rive orientale du Nil. Cette caravane s'étoit avancée sur ses chameaux jusqu'à Syène ; là, elle s'était embarquée, avoit poussé sa navigation jusqu'à Fuyont, l'une des principales villes de la Haute-Égypte ; mais, effrayée des bruits qu'on avoit répandus sur l'avarice et la cruauté des Français, une partie s'étoit décidée à retourner à Syène ;

l'autre, plus hardie, avoit continué sa route. Elle apportoit des dents d'éléphans, des plumes d'autruches, de la poudre d'or, des esclaves mâles et des femmes, etc. On se fait de fausses idées sur la beauté, les charmes de ces esclaves qu'on vient vendre en Égypte. La plupart de ces infortunées arrivent dans les marchés publics, couvertes de haillons, et flétries par la misère ; elles se laissent déshabiller en présence des marchands, et se prêtent sans résistance à tout ce qu'exige l'indiscrète curiosité de l'homme qui prétend en devenir le possesseur. Cependant, dans cet état de servitude, elles sont moins malheureuses qu'on ne pense. Lorsqu'elles tombent entre les mains d'un maître barbare, elles peuvent invoquer la protection des lois et le forcer à les revendre. Quelque honteux que soit ce commerce, les Égyptiens y sont accoutumés, et Buonaparte crut de sa politique de le protéger.

Il convoqua pour le 1er. octobre, au grand Caire, une assemblée générale des notables des diverses provinces de l'Égypte, afin de délibérer sur les besoins des peuples et les formes de gouvernement qui leur convenoient le mieux; chaque députation devoit être composée de neuf délégués, trois docteurs de la loi, trois négocians, trois cheiks. Il recommanda à ses généraux de faire tomber le choix sur les hommes les plus riches, les plus influens, et les plus dévoués à la cause française; il leur ordonna également de lui envoyer les noms des députés, avec des notes particulières sur leur conduite et leurs dispositions.

Il fabriqua et fit publier, sous le nom du grand-seigneur, une proclamation adressée au peuple égyptien, par laquelle sa hautesse déclaroit que c'étoit de son consentement que Buonaparte s'étoit emparé de l'Égypte; il ajouta à la lettre qu'il avoit écrite au schérif de la Mecque, une autre lettre, qu'il le prioit de faire parvenir à son ami le sultan Tippoo-Saïb. Il honora la mémoire du brave du Petit-Thouars, en donnant son nom à la grande rue du Caire. Il décerna des honneurs semblables à d'autres guerriers.

Pour prévenir les dangers du mauvais air, et les délits qui pouvoient se commettre pendant la nuit, il ordonna à tous les Turcs d'éclairer leurs maisons après le coucher du soleil, de les arroser, de les balayer deux fois par jour. Il recommanda les mêmes précautions aux Français (1).

---

(2) Une proclamation du général Dupuy, commandant du Caire, porte : « J'invite tous les Français qui « occupent les maisons des Mamelouks ou autres, à se « conformer à l'ordonnance publiée ces jours derniers.

On prit à Alexandrie, et dans toutes les villes, toutes les précautions pour éviter la peste. On établit des conseils de santé ; on veilla sur la propreté des rues, sur la nourriture, les vêtemens, et l'on recommanda aux soldats l'usage fréquent des bains.

Buonaparte favorisa de tous ses moyens les développemens de l'industrie française, et ne négligea rien pour inspirer aux naturels le goût des arts européens. Des ouvriers en tout genre levèrent des ateliers, établirent des boutiques. Il s'éleva une tannerie ; on fabriqua des selles, des bottes, des ceinturons, des chapeaux. On construisit des moulins ; on fit des lits, des chaises, des tables, objets jusqu'alors inconnus en Égypte.

Une compagnie ouvrit une maison de réunion au Caire, et en publia le prospectus dans le

---

» Les Français doivent aux habitans du pays l'exemple
» du bon ordre. Mais quand cette considération ne suffi-
» roit pas, un motif plus impérieux doit les déterminer :
» c'est leur intérêt personnel. Ils savent que de pareils
» ordres ont été donnés principalement pour eux ; que
» c'est pour les préserver de la peste qu'on a prescrit
» d'arroser les rues, et pour les garantir de l'assassinat
» qu'on a ordonné de les éclairer. Il seroit bien absurde
» que cette double mesure ne fût pas observée par ceux
» mêmes qui en sont l'objet. »

Courrier d'Égypte. On se seroit cru à Paris. Il portoit que, pour offrir aux Français tous les agrémens de la société, un de leurs compatriotes, M. Dargeavel, avoit fait choix d'une maison et d'un vaste emplacement, situés près de la place d'Albéquier, et que le jardin étoit le plus beau du Caire :

« Il est couvert d'orangers, de citronniers et autres arbres odoriférans. Au moyen de plusieurs puits à roue, il y aura de l'eau courante dans toutes les parties. On trouvera dans la maison ce que les localités permettent de procurer. Il y aura un cabinet de littérature où seront réunis des livres de choix. Le jardin sera disposé à la française. De grandes allées seront tracées pour la promenade ; des salles de verdure, ménagées avec art, pour y placer des balançoires, des tables, des rafraîchissemens : la nuit, il sera agréablement illuminé.

» On trouvera dans la maison toutes sortes de rafraîchissemens, ainsi qu'un restaurateur, qui entreprendra tous les repas qu'on voudra faire. Enfin, on réunira dans ce lieu tout ce qui pourra contribuer aux plaisirs de la société qui le fréquentera. Si Paris a un Élysée, un Tivoli, et tant d'autres jardins délicieux, il faut que le Caire ait aussi un lieu d'agrément. Peut-être sera-ce un moyen d'attirer dans nos sociétés les habitans du pays et leurs femmes, et de leur faire insensiblement prendre les habitudes, les modes et les goûts français.

On fabriqua des sirops, des liqueurs fines de toute espèce, du tafia, de l'eau-de-vie. Le vin seul était d'une grande rareté; on ne s'en procuroit que par des chargemens de spéculateurs hardis, qui échappoient aux croisières anglaises. De jolies Françaises qui n'avoient pas redouté les fatigues d'une longue navigation, les dangers de la guerre, les ardeurs d'un climat brûlant, et les ordonnances du général en chef, fixèrent les regards des officiers, et l'on vit, dit M. Miot(1), se former quelques sociétés. On auroit voulu joindre à ces plaisirs celui des bals; mais les femmes n'étoient pas en assez grand nombre, et les danseuses publiques elles-mêmes croyoient se profaner, que de danser devant des Français.

---

(1) Mémoires pour servir à l'expédition d'Égypte et de Syrie.

CHAPITRE XI.

Insurrection du Caire. Occupation de Suez.

Tandis que Buonaparte s'occupoit de ces soins, un orage redoutable se formoit dans le sein même de la capitale. Depuis que les Anglais étoient maîtres de la mer, qu'aucune flotte française ne couvroit plus les côtes d'Égypte, qu'aucune croisière ne pouvoit intercepter les bâtimens expédiés de Constantinople, les communications étoient redevenues libres entre l'Europe et l'Afrique. Buonaparte s'efforçoit encore, mais inutilement, de tromper le peuple égyptien sur les dispositions du grand-seigneur; des actes authentiques, répandus dans toutes les provinces, ne laissoient plus aucun doute à cet égard.

Lorsque le directoire avoit conçu le projet de la conquête d'Égypte, il étoit facile de prévoir que le grand-seigneur en concevroit un vif ressentiment. Buonaparte ne s'étoit déterminé à prendre le commandement de l'expédition qu'après la promesse formelle du gouvernement d'envoyer à Constantinople M. de Talleyrand de Périgord, pour ouvrir des négociations à ce sujet, et prévenir toute rupture.

Mais, par une négligence ou une politique difficile à expliquer, M. de Talleyrand étoit resté à Paris, et le directoire n'avoit pris aucune des mesures convenables dans une affaire aussi importante.

La Sublime-Porte, tranquille sur les dispositions de la France, rassurée par les protestations d'amitié qu'elle ne cessoit d'en recevoir, avoit vu sans inquiétude les préparatifs de Toulon, le départ de la flotte, et la conquête de l'île de Malte. Elle avoit un ambassadeur à Paris, et n'avoit reçu de lui aucun avis propre à l'alarmer. Mais lorsqu'elle apprit que l'armée française s'étoit emparée d'Alexandrie, et que, sous prétexte de combattre les Mamelouks et d'affranchir l'Égypte du joug des beys, elle se mettoit en possession de ce riche domaine de l'empire ottoman, la surprise du grand-seigneur égala son indignation.

Il fit arrêter non-seulement tous les agens du gouvernement français, mais tous les Français qui se trouvoient à Constantinople, et se saisit de leur fortune, qui montoit à plus de quatre-vingt millions. On expédia à tous les pachas un firman pour les prémunir contre les intentions des Français, et leur faire prendre les mesures propres à venger l'honneur du Croissant.

Mais, jusqu'à la bataille d'Aboukir, ces nouvelles n'avoient point transpiré en Égypte ; et, malgré les protestations des beys, le peuple, qui haïssoit leur tyrannie, doutoit encore si Buonaparte agissoit pour les intérêts de la Sublime-Porte ou pour ceux de son gouvernement.

Après la malheureuse journée du 2 août, le charme fut rompu, le firman, répandu dans les provinces, y causa autant d'indignation qu'à Constantinople. Il étoit conçu ainsi :

Au nom du Dieu clément et miséricordieux. Gloire au seigneur maître des mondes. Salut et paix à notre prophète Mahomet, le premier et le dernier des prophètes, à sa famille et aux compagnons de sa mission.

« Le peuple français (Dieu veuille détruire
» leur pays de fond en comble, et couvrir d'i-
» gnominie leurs drapeaux), est une nation
» d'infidèles obstinés et de scélérats sans frein.
» Ils nient l'unité de cet Être suprême qui a
» créé le ciel et la terre ; ils ne croient point à
» la mission du prophète destiné à être l'inter-
» cesseur des fidèles au jugement dernier ; ou,
» pour mieux dire, ils se moquent de toutes
» les religions, ils rejettent la croyance d'une
» autre vie, des récompenses et des punitions.

» Ils ne croient ni à la résurrection des corps,
» ni au jugement dernier, et ils pensent qu'un
» aveugle hasard préside à leur vie et à leur
» mort; qu'ils doivent leur existence à la pure
» matière, et qu'après que la terre a reçu leur
» corps, il n'y a plus ni résurrection, ni compte
» à rendre, ni demande ni réponse.

» En conséquence, ils se sont emparés des
» biens de leurs propres temples; ils ont dé-
» pouillé les croix de leurs riches ornemens;
» ils ont chassé, proscrit leurs pasteurs, leurs
» prêtres, leurs religieux.

» Les livres divins inspirés aux prophètes
» ne sont, à leur dire, que mensonge et impos-
» ture; ils regardent le Coran, l'Ancien Tes-
» tament et l'Évangile, comme des fables. Les
» prophètes, tels que Moïse, Jésus et Maho-
» met, ne sont, selon eux, que des hommes
» comme les autres, qui n'ont jamais eu de
» mission, et qui n'ont pu en imposer qu'à des
» ignorans.

» Ils pensent que les hommes, étant nés égaux,
» doivent être également libres; que toute dis-
» tinction entre eux est injuste, et que chacun
» doit être le maître de son opinion et de sa
» manière de vivre.

» C'est sur d'aussi faux principes qu'ils ont
» bâti une nouvelle constitution, et fait des lois,
» auxquelles a présidé l'esprit infernal. Ils ont

» détruit les fondemens de toute religion ; ils
» ont légitimé tout ce qui étoit défendu ; ils
» ont laissé un libre cours aux désirs effrénés
» de la concupiscence; ils se sont perdus dans
» un dédale d'erreurs inextricables, et en éga-
» rant la vile populace, ils en ont fait un peuple
» de pervers et de scélérats.

» Un de leurs principes diaboliques est de
» souffler partout le feu de la discorde, de
» mettre la désunion parmi les souverains, de
» troubler les empires, d'exciter les sujets à la
» révolte par des écrits mensongers et sophis-
» tiques, dans lesquels ils disent avec impu-
» dence : *Nous sommes frères et amis, les
» mêmes intérêts nous unissent, et nous profes-
» sons la même religion que vous.*

» Ils ont appris à distiller le crime, et à se
» servir habilement de la fraude et du parjure.
» Leur conscience n'est jamais troublée par le
» remords et la crainte de faire le mal. Ils re-
» gardent le larcin et le pillage comme un bu-
» tin légal, et la calomnie comme la plus belle
» éloquence.

» Ils ont fait périr en France tous ceux qui
» n'ont pas voulu adopter leurs nouveaux et
» absurdes principes.

» Toutes les nations européennes ont été
» alarmées de leur audace et de leurs forfaits ;
» et alors ils se sont mis à aboyer comme des

» chiens, à hurler comme des loups, et, dans
» leur rage, ils se sont jetés sur tous les royaumes
» et sur toutes les républiques, pour détruire
» leurs religions et leurs gouvernemens, pour
» enlever leurs femmes et leurs enfans. Des ri-
» vières de sang ont abreuvé la terre, et les
» Français ont enfin réussi dans leurs criminels
» desseins, à l'égard de quelques nations qui
» ont été forcées de se soumettre (1).

---

(1) Ici le grand-seigneur cite une prétendue lettre du directoire à Buonaparte, sur la conduite qu'il doit tenir dans son expédition d'Égypte. Cette lettre est évidemment supposée. Mais le grand-seigneur n'avoit-il pas le droit d'user contre le gouvernement français des armes dont il se servoit lui-même?

« S'il faut, dit-il, des preuves de la perfidie des Fran-
» çais et de leurs noirs projets contre le peuple musul-
» man, on peut citer une lettre adressée à Buonaparte,
» général en chef de leurs armées réprouvées, par les
» directeurs de leur infâme république. L'un de nos
» agens secrets nous en a envoyé une copie, et nous al-
» lons la traduire littéralement.

» Vous n'ignorez pas combien les Musulmans tiennent
» à leur religion : lorsque vous aurez pénétré sur leurs
» terres, il faut vous faire un plan de conduite adapté à
» leurs forces, à leurs préjugés, à leurs mœurs. Vis-à-
» vis des foibles, vous emploierez la force des armes, le
» pillage et le massacre. Quant à ceux qui ont le moyen
» de résister, vous vous servirez des filets de la ruse et
» de la fourberie, pour les empêcher de nuire, en res-

» O vous donc, défenseurs de l'islamisme,
» ô vous, héros protecteurs de la foi; ô vous,
» adorateurs d'un seul Dieu, qui croyez à la
» mission de Mahomet, fils d'Abda-Allah, réu-
» nissez-vous et marchez au combat sous la
» protection du Très-Haut. Ces chiens enra-
» gés s'imaginent sans doute que le peuple vrai
» croyant ressemble à ces infidèles qu'ils ont
» combattus, qu'ils ont trompés, et à qui ils
» ont fait adopter leurs faux principes. Mais
» ils ignorent, les maudits, que l'islamisme est

» pectant leur religion, leurs femmes et leurs proprié-
» tés, jusqu'à ce que vous en soyez entièrement maître.

» Vous semerez adroitement les haines, les dissensions
» et les guerres intestines parmi les diverses peuplades
» qui habitent le pays de l'islamisme. Vous exciterez les
» mauvais sujets et la vile populace contre les schérifs et
» les gens vertueux. Vous inspirerez l'esprit de rébel-
» lion aux bons et aux méchans, et surtout aux tribus
» arabes, à leurs cheiks, et à ceux qui parmi eux font
» le métier de détrousser les voyageurs.

» Quand vous serez parvenu à allumer la guerre ci-
» vile entre eux, vous aurez soin de prêter main-forte
» aux foibles; car, lorsque les puissans seront écrasés,
» et qu'il ne restera plus que les gens foibles, ceux-ci
» deviendront facilement vos victimes.

» Mais, attendu que nous avons secoué le joug de
» toute doctrine religieuse, que nous avons foulé aux
» pieds toutes les lois divines et humaines, et que nous

» gravé dans nos cœurs, et qu'il circule dans
» nos veines avec notre sang. Nous seroit-il
» possible d'abandonner notre sainte religion,
» après avoir été éclairés de la divine lumière?
» Non, non, Dieu ne permettra pas que nous
» soyons un instant ébranlés. Nous serons fi-
» dèles à la foi que nous avons jurée. L'Eternel
» a dit dans le livre de la vérité : Les vrais
» croyans ne prendront jamais les infidèles
» pour amis. Soyez donc sur vos gardes, mé-
» fiez-vous des piéges et des embûches qu'ils
» vous tendent, et ne soyez point effrayés ni

» ne pourrions jamais compter sur les Musulmans, qui
» sont si zélés pour leur religion, dès que vous les aurez
» domptés par les moyens indiqués ci-dessus, vous dé-
» truirez la Mecque et la Caaba, Médine et le mausolée
» de leur prophète, Jérusalem, toutes les mosquées,
» tous les lieux de vénération, ensuite vous ordonnerez
» un massacre général, et vous n'épargnerez que les
» jeunes filles et les jeunes garçons. Après quoi, nous
» partagerons entre nous leurs dépouilles et leurs terres.
  » Quant à ce qui restera de ce peuple, il nous sera
» aisé de leur faire adopter nos principes, notre cons-
» titution, notre langue. L'islamisme et ses lois dispa-
» raitront de dessus la terre, dans les quatre parties
» du monde. »

C'est ainsi que finit cette lettre infâme. Puisse le Dieu que nous adorons tourner contre eux leurs perfides desseins!

» de leur nombre, ni de la forme de leurs vê-
» temens. Le lion ne se met point en peine du
» nombre de renards qui méditent de l'assail-
» lir, et le faucon ne s'effraie pas d'un essaim
» de corbeaux qui croassent autour de lui.
» Soyez unis, prêtez-vous aide et assistance les
» uns aux autres. Le fidèle, suivant l'expres-
» sion de notre divin prophète, doit être l'ap-
» pui des fidèles, comme les murs d'un édifice
» qui se soutiennent l'un par l'autre. Oubliez
» surtout tout sujet de querelle ou de dissen-
» sion qui pourroit exister parmi vous. Que
» les intérêts de la cause du ciel changent cette
» haine en bonne harmonie. Chassez loin de
» vous, quelque part que vous soyez, ceux
» qui se plaisent à semer la médisance et la ca-
» lomnie; mais n'éloignez pas sans raison légi-
» time le Musulman qui vient se réunir à vous
» de bonne foi, car l'islamisme fait de tous les
» fidèles une même famille.

» Cependant, ne cessez pas d'avoir les yeux
» ouverts et d'observer ce qui se passe autour
» de vous; car les perfides Français pourroient
» bien, à force d'argent, chercher à gagner
» ceux dont la foi est foible, l'esprit léger et
» le caractère factieux. Il est de votre devoir
» de les éloigner de vous, ou plutôt de les ex-
» terminer. Grâce au ciel, vos sabres sont
» tranchans, vos flèches sont aiguës, vos lances

» sont perçantes; vos canons ressemblent à la
» foudre, et toutes sortes d'armes meurtriè-
» res, maniées par d'habiles cavaliers, sauront
» bien atteindre l'infidèle, et le précipiter dans
» les flammes de l'enfer. N'en doutez pas, le
» ciel est pour vous. L'œil de Dieu veille à
» votre conservation et à votre gloire. Avec
» la puissante protection du prophète, ces ar-
» mées menaçantes se dissiperont devant vous
» et seront exterminées. Cette heure va bientôt
» sonner.

» Dans peu des troupes aussi nombreuses
» que redoutables s'avanceront par terre, en
» même temps que des vaisseaux aussi hauts
» que des montagnes couvriront la surface des
» mers. Des canons qui lancent l'éclair et la
» foudre, des héros qui méprisent la mort
» pour la cause de Dieu, des guerriers qui,
» par zèle pour leur religion, savent af-
» fronter le fer et le feu, vont se mettre à
» leur poursuite. Il vous est, s'il plaît à Dieu,
» réservé de présider à leur entière destruc-
» tion. Comme la poussière que les vents dis-
» persent, il ne restera plus aucun vestige de
» ces infidèles, car la promesse de Dieu est
» formelle L'espoir du méchant sera trompé,
» et les méchans périront.

» Gloire au Seigneur des mondes! »

Cet écrit, répandu avec profusion par les

Anglais et les beys dans toutes les provinces de l'Égypte, remplit les peuples d'enthousiasme pour le grand-seigneur et de haine pour les Français. Toute l'Égypte Inférieure courut aux armes, et présenta bientôt l'aspect d'un vaste champ de bataille, où le combat devoit se renouveler tous les jours. Instruit de ces mouvemens, Buonaparte donne aussitôt l'ordre au général Menou de parcourir la province de Rosette et de soumettre les villages insurgés. Le général crut que cette expédition présenteroit peu de dangers, et quelques membres de la commission des arts s'applaudirent de trouver l'occasion de visiter en savans un pays où, depuis plusieurs siècles, aucun Européen n'avoit pénétré. Le général Marmont, descendu du Caire, se joignit au général Menou, autant par amour pour les arts que par esprit militaire. Les premiers villages, loin de faire aucune résistance, s'empressèrent d'offrir au vainqueur tout ce qui pouvoit leur concilier son amitié. Mais, à mesure qu'on s'éloignoit des bords du Nil, les dispositions changeoient. Les habitans de Daissouk avoient pris les armes. Les savans et les généraux étoient à une lieue d'un détachement de deux cents hommes d'infanterie. Ils furent étonnés de trouver un nombreux rassemblement. Ils crièrent aux habitans de n'avoir aucune crainte, qu'ils venoient avec des intentions pacifiques. Pour toute réponse, les paysans firent une décharge de mousqueterie qui les força de revenir sur leurs pas, car aucun d'eux n'étoit armé. Les Arabes se mirent à leur poursuite, joignirent un jeune Français, nommé Joly, l'un des dessinateurs de la commission, et le massacrèrent.

Au premier bruit de la mousqueterie, le détachement força sa marche et repoussa les ennemis. Ceux-ci se replièrent sur un village voisin, s'enfermèrent dans une espèce de château fort, et attendirent intrépidement les Français. L'attaque fut vive et sanglante; le général Menou eut un cheval tué sous lui. Une partie de l'escorte fut mise hors de combat, et le général prit le parti de rétrograder, et de s'enfermer à Rosette.

La province de Damiette, où commandoit le général Dugua, n'étoit pas plus tranquille. On ne pouvoit y marcher qu'en corps d'armée. Les barques étoient arrêtées sur le Nil. Les hommes isolés ou peu nombreux échappoient rarement au fer des Arabes. Tel étoit l'état général des provinces occupées par les Français. La ville du Caire seule sembloit étrangère à tout sentiment d'inimitié, soit que la force lui imposât, soit qu'elle fût reconnoissante de toutes les marques d'attention et de bienveillance qu'elle recevoit du général. Buonaparte y avoit établi une garde nationale, composée de tous les employés de l'armée et de tous les Européens qui se trouvoient au Caire. L'assemblée générale des provinces, qu'il avoit convoquée quelque temps auparavant, avoit ouvert ses séances sous la présidence de M. Berthollet, et tout s'y passoit paisiblement. On n'apercevoit entre les Français et les Égyptiens aucune cause de rupture. La publication du firman et la loi sur l'enregistrement détruisirent toutes ces heureuses dispositions. Il n'en est pas en Égypte du droit de propriété comme en Europe. Elle n'est point héréditaire. C'est une concession temporaire faite par le gouvernement, qu'il peut suspendre ou retirer à la mort du concessionnaire. Le Caire étoit, ainsi que toutes les capitales, le séjour habituel des grands titulaires. La loi instituée par Buonaparte les assujétissoit à une déclaration, et, pour prix de la confirmation dans leurs biens, leur imposoit un droit d'enregistrement. Cet acte de souveraineté, ce règlement fiscal irrita singulièrement tous les gens riches. Tant que leurs droits et leurs intérêts avoient été respectés, ils s'étoient montrés très-indifférens pour ceux du souverain; mais, lorsqu'il fallut payer, ils ne virent plus dans les Français que des ennemis de la religion et de l'état, et soufflèrent secrètement le feu de la révolte.

Elle éclata le 30 vendémiaire (21 octobre), un mois après la célébration des fêtes solennelles en honneur de la république. Les rassemblemens parurent d'abord d'une nature peu inquiétante. Il sembloit que quelques mots de paix, que quelques promesses satisfaisantes dussent suffire pour terminer ces différens. Le divan recueillit les plaintes du peuple et se chargea de les porter au général en chef. Buonaparte étoit sorti le matin avec le général Cafarelli pour se rendre à Gizeh. Son aide de camp Junot restoit seul au quartier général. Il se hâta d'expédier un courrier à Gizeh et de lui donner avis de ce qui se passoit au Caire. L'insurrection prenoit un caractère effrayant. Le nombre des séditieux augmentoit à chaque instant. Les mieux armés et les plus entreprenans s'étoient réunis dans un cimetière. Le général Dupuis, commandant de la place, crut d'abord que de simples patrouilles suffiroient pour dissiper l'attroupement; mais, quand il vit que le désordre faisoit des progrès alarmans, il sortit de son hôtel, précédé de ses bâtonniers (1),

---

(1) Dans les états du grand-seigneur, tous les personnages constitués en dignité se font précéder d'hommes armés de bâtons, pour écarter la multitude.

et suivi d'un détachement de 150 dragons. Il avoit avec lui son aide de camp Maury et son interprète, M. Baudeuf, négociant français.

Malgré la foule qui inondoit toutes les rues, il étoit parvenu jusqu'au quartier des Francs, et avoit même dissipé quelques attroupemens. Mais, arrivé à la rue des Vénitiens, il trouva les passages fermés par une troupe résolue de les défendre. Il lui fit adresser quelques paroles de paix; mais, les insurgés refusant de les entendre, il donna à ses dragons l'ordre de le suivre, et chargea avec emportement. En un instant il se vit entouré d'ennemis, et couvert de blessures. Un fer de lance l'atteignit entre le bras et la poitrine, et lui ouvrit une artère. Au même instant son aide de camp tomba de cheval; il voulut lui tendre la main pour lui aider à remonter. Ce mouvement ouvrit la plaie; on le transporta chez le général Junot, son ami, où il expira quelques heures après.

La nouvelle de ce malheureux événement répandit l'alarme partout; le bruit du canon l'augmenta encore; l'armée française sortit de ses quartiers, le combat s'engagea dans toutes les rues et devint sanglant. Les habitans, du haut de leurs maisons, faisoient pleuvoir une

---

Les officiers français, malgré leur profession de foi sur la liberté et l'égalité, avoient adopté les mêmes usages.

grêle de pierres sur les soldats français. On portoit à 15 mille le nombre des insurgés; ils se replièrent sur une mosquée et s'y retranchèrent, pour donner à ceux qui n'avoient point encore pris les armes le temps de se rallier à eux.

Buonaparte se présenta avec ses guides à la porte du Caire, ne put y pénétrer, éprouva la même résistance à celle de l'Institut, et ne parvint dans l'intérieur de la ville que par celle de Boulak. Mais, toutes les communications étant interceptées, il fut réduit à se tenir sur la défensive, et le général Bon prit le commandement provisoire de la place.

Les rues de la ville étoient devenues le théâtre de scènes cruelles et sanglantes. Les Français isolés avoient été surpris et massacrés dans leurs maisons. Celle du général Cafarelli avoit été investie et forcée; quelques officiers de génie s'y étoient défendus avec une rare intrépidité : mais, écrasés par le nombre, ils avoient payé de leur vie leur courageuse résistance. L'Institut avoit été assailli, mais non forcé. La nuit suspendit la fureur des insurgés, et Buonaparte en profita pour expédier aux troupes stationnées dans les lieux les plus voisins du Caire, l'ordre de s'y rendre aussitôt.

Le lendemain la ville offrit un aspect encore plus menaçant. Les Arabes s'étoient joints aux insurgés, et la capitale se remplissoit à chaque instant de paysans armés de bâtons, de piques, de sabres, de tous les instrumens qui pouvoient leur servir à attaquer ou à se défendre.

Dans ce pressant danger, Buonaparte et les généraux français montrèrent une grande présence d'esprit et une résolution extraordinaire. Les généraux Lannes, Vaux et Damas sortirent de la ville à la tête de leurs soldats, pour contenir les campagnes, et forcèrent un grand nombre de paysans à rétrograder.

Le jeune Sulkouski, aide de camp du général en chef, avoit été envoyé en reconnoissance sur la route de Belbeis; à son retour, une masse d'insurgés entreprit de lui disputer le passage. L'intrépide jeune homme, n'écoutant que son courage, se précipita sur eux, tomba de cheval, et fut impitoyablement massacré. C'étoit un sujet de la plus haute espérance; il devoit sa première éducation aux soins du prince auguste Sulkouski, palatin de Posen, dont il étoit le parent. A 18 ans, il avoit fait la campagne de 1792 contre les Russes, dans l'armée de Lithuanie. Après la malheureuse issue de cette guerre, il s'étoit rendu en France où il en avoit rédigé le récit. C'étoit l'époque du règne de la terreur. Sulkouski conçut alors le dessein de passer aux Indes, et d'aller servir sous les ordres de Tippoo-Saïb. Il obtint des comités de la convention des lettres pour le marquis de Sainte-Croix, ambassadeur à Constantinople, connu alors sous le nom plus populaire de Descorches. Mais à peine étoit-il arrivé auprès de ce ministre, qu'on apprit qu'une insurrection venoit de se manifester en Pologne, sous le commandement du général Kosciusko. L'ambassadeur profita de l'à-propos pour envoyer le jeune Sulkouski auprès des insurgés, avec des instructions particulières. On sait de quelle manière se termina cette révolution. Sulkouski revint à Constantinople sans avoir pu rien entreprendre pour sa patrie. De là, renonçant à ses projets sur l'Inde, il passa à l'armée d'Italie, où le directoire l'employa avec le grade de capitaine. Il emporta avec une valeur extraordinaire les redoutes du fort Saint-George fixa sur lui les yeux du général en chef, qui le nomma son aide de camp. Depuis ce temps, constamment attaché à la fortune de Buonaparte, il le suivit dans toutes ses expéditions, et obtint sa confiance la plus intime. Il avoit autant d'esprit et de connoissances, que de résolution et de nobles qualités. Il a écrit plusieurs mémoires qui annoncent une grande instruction. Il avoit été blessé en Égypte dans plusieurs rencontres différentes, et relevoit à peine de ses dernières blessures, lorsqu'il termina, par une mort malheureuse, une carrière qu'il sembloit devoir illustrer par ses brillantes qualités. Il fut vivement regretté de tous ceux qui le connoissoient, et le général en chef, pour lui témoigner son attachement, donna son nom à un des forts du Caire.

Pendant la nuit, le général Daumartin avoit tourné la ville avec quelques pièces d'artillerie, et s'étoit établi sur le Mokattam, de manière à dominer la capitale; les troupes avoient pris position dans plusieurs quartiers, et par la supériorité de leur tactique et leurs excellentes dispositions se trouvoient en état de dicter la loi aux insurgés. Le général en chef leur envoya, à diverses reprises, offrir le pardon; mais, cette démarche même ne faisant qu'encourager la rébellion, il fit cerner la grande mosquée et tous les quartiers voisins, et donna aussitôt le signal à la citadelle et au général Daumartin de commencer le bombardement. En ce moment un phénomène rare en Égypte vint déconcerter les insurgés, et porter dans leur cœur une frayeur subite. Le ciel se couvrit de nuages, le tonnerre se fit entendre, et de nombreux éclairs sillonnèrent les nues. Le bruit du canon, celui de la foudre qui se mêloient d'une manière terrible, imprimèrent un si grand effroi aux Musulmans, que les quartiers de la ville qui n'avoient encore pris part au mouvement général, n'osèrent se montrer en armes; et qu'après deux heures de bombardement, ceux qui s'étoient retranchés dans la grande mosquée envoyèrent demander grâce. « L'heure de la clémence est passée, répondit » fièrement Buonaparte; vous avez commencé, » c'est à moi de finir. » Il fit alors resserrer le blocus, et les soldats français, s'avançant jusqu'aux portes de la grande mosquée, les brisèrent à coups de hache, et pénétrèrent dans l'intérieur de l'édifice. Alors le carnage devint terrible; ce ne fut plus un combat, mais une boucherie. Les malheureux Musulmans cherchoient en vain à s'échapper, ils tomboient sous la baïonnette du soldat. Tout ce qui étoit armé d'une pierre ou d'un bâton, fut impitoyablement mis à mort (1). Quelques corps d'insurgés rassemblés dans divers quartiers de la ville, effrayés du sort de leurs camarades, tentèrent de se sauver dans les campagnes; mais les Arabes du désert, également ennemis des deux partis, et la cavalerie française, commandée par le général d'Ancourt,

---

(1) Les Grecs montrèrent dans cette occasion un grand dévouement à la cause française. Ils firent, en combattant, un grand nombre de prisonniers, qui payèrent de leur tête leur imprudente révolte.

les forcèrent de rétrograder, et les poursuivirent jusque dans la ville, de sorte que, de tous côtés, ils ne trouvèrent que la mort. Cette sanglante exécution dura depuis quatre heures après midi jusqu'au lendemain matin ; enfin, las de tuer, le soldat s'arrêta. On compta du côté des insurgés cinq mille victimes égorgées. Les Français perdirent deux cents hommes.

Pour signaler sa colère contre la ville, le général en chef abolit le divan, soumit la capitale au gouvernement militaire, et lui imposa une contribution extraordinaire de deux millions.

Le lendemain, on s'occupa de la recherche et de la punition des coupables ; on imputoit ce soulèvement à vingt cheiks subalternes, qui avoient souvent manifesté des sentimens de haine contre Buonaparte. On en fit arrêter cinq parmi lesquels se trouvoit le cheik des aveugles de la grande mosquée ; c'étoit un homme d'une autorité considérable dans la ville, mais d'une âme plus fière et plus indépendante que les autres. Il s'étoit, pendant la révolte, retiré au quartier général pour donner aux Français un gage de son innocence; mais cette démarche ne le sauva point, les cheiks du divan qui l'avoient précédé, et dont il avoit souvent blâmé les serviles complaisances, le repoussèrent de leur rang, et Buonaparte le livra à une commission militaire. On ne connoît point les pièces de ce procès ; on apprit seulement que, dans son interrogatoire, il n'avoit accusé aucun de ses collègues. Ce malheureux Musulman fut décapité ; les quatre autres furent fusillés avec un grand nombre d'Égyptiens et de Turcs, qu'on désignoit comme les principaux instigateurs du soulèvement. On prit ensuite des mesures de sûreté ; on éleva à la hâte deux forts, l'un sur le Mokattam, auquel on donna le nom de *Dupuy*, l'autre au nord-est de la ville, qui reçut le nom de *Sulkouski*; la citadelle fut fortifiée ; on pourvut de canons l'aqueduc entre le Caire et Fodstadt. On assura les communications entre toutes les parties de la ville, et l'on somma tous les habitans de rendre leurs armes ; ainsi fut consommée la réduction d'un peuple auquel on avoit promis tous les bienfaits de la civilisation.

On a suivi dans ce récit les témoignages des écrivains les plus estimables, et particulièrement les mémoires de MM. Miot et Martin. On a consulté également un grand nombre de personnes qui se trouvoient alors au Caire, et dont l'autorité semble irrécusable. Toutes s'accordent à regarder l'insurrection de cette ville comme la suite malheureuse de quelques décrets imprudens de Buonaparte, et de ses règlemens sur les droits de succession.

Cependant, des hommes dont l'opinion n'est point indigne de considération, lui imputent à lui-même ce déplorable événement, et l'accusent de l'avoir provoqué à dessein, pour imprimer une salutaire terreur aux habitans de la capitale, lui enlever son divan, lui imposer de nouvelles contributions, et la soumettre à un gouvernement arbitraire.

On rappelle à cette occasion les mouvemens excités en 1796 à Pavie et à Milan. «Comment croire, dit-on, que les habitans du Caire, quelque maladroits et stupides qu'on puisse les supposer, eussent choisi, pour se révolter, le moment où Buonaparte étoit dans leurs murs au milieu d'une nombreuse garnison, où il pouvoit disposer de toute son armée, le seul moment où cette armée se soit trouvée réunie? C'étoit donc lui qui avoit tout préparé.»

» Mais bien qu'assuré la veille, de tout ce qui devoit être fait, il eut peur que la chose ne fût pas exactement bien conduite, et qu'elle n'allât plus loin qu'il ne l'avoit ordonné. Il se sauva donc, avant le signal convenu, par une brèche faite au mur du jardin de son hôtel; il se rendit d'abord à Boulak, puis dans l'île de Rhouda, avec ses amis les plus dévoués, et il n'en revint que le lendemain quand tous les dangers furent passés, lorsqu'il ne s'agit plus que de punir, ou, pour employer son expression favorite, lorsqu'il n'eut plus qu'à lancer la foudre.

» Cette insurrection eut tous les caractères de celle de Pavie; on fit grand bruit à la campagne du soulèvement de la ville, et à la ville du soulèvement des campagnes. La vérité est qu'il n'y eut de rassemblement que celui des malheureux qui cherchèrent à se soustraire à la mort, et qui, ne pouvant opposer au feu de l'artillerie que des pierres, des bâtons et des piques, se réfugièrent dans les maisons et les mosquées, où ils restèrent groupés comme des moutons pendant trois jours qu'on ne cessa de les massacrer par les boulets, la mitraille et les baïonnettes. » Voilà ce que l'on dit; mais ce récit merite-t-il quelque confiance?

Sans doute, si Buonaparte eût eu besoin d'une insurrection, il n'eût point hésité à la provoquer. Jamais ni le meurtre, ni l'incendie ne l'arrêtèrent dans ses projets; mais quel avantage pouvoit-il se promettre du massacre de quelques milliers d'hommes sans importance et sans autorité?

Étoit-ce après avoir paru dans les fêtes musulmanes le turban en tête, après avoir célébré avec une pompe extraordinaire la naissance du prophète, après avoir tout fait pour gagner la bienveillance des Égyptiens, qu'il pouvoit tout à coup songer à les égorger? Toute l'armée française étoit réunie au Caire, de l'aveu même des détracteurs de Napoléon; comment aucun officier, aucun savant n'auroit-il eu connoissance des projets du général en chef? Est-ce en secret qu'on peut préparer un mouvement séditieux? Ni M. Martin, ni M. Miot, qui, depuis la chute de Buonaparte, ont écrit l'histoire de l'expédition d'Égypte, n'ont dissimulé les actes effroyables qui ont souillé cette campagne. Ils ont donné l'un et l'autre les détails du massacre des prisonniers de Jaffa, de l'empoisonnement des soldats français malades devant Saint-Jean-d'Acre; ils étoient l'un et l'autre témoins oculaires de l'insurrection du Caire. Si elle eût été provoquée par Buonaparte, quelle raison auroient-ils eue de garder le silence? Comment, de tant de personnes revenues d'Égypte, de tant d'ennemis qu'il s'étoit faits par ses injustices et ses tyrannies, ne s'en seroit-il trouvé aucun qui lui imputât cette lâche et cruelle combinaison? Comment les Anglais n'en parleroient-ils point?

N'avons-nous pas assez de crimes réels à lui reprocher, sans chercher à le noircir inutilement par de fausses ou de vagues imputations (1)?

---

(1) Il faut cependant convenir que le rapport même de Buonaparte offre une circonstance qui pourroit justifier jusqu'à un certain point les soupçons de ceux qui le

L'insurrection du Caire fut provoquée comme toutes les insurrections qui éclatèrent dans les autres villes d'Égypte, par l'excès de l'oppression, et la lassitude de la tyrannie. Quelque violente qu'eût été la domination des beys, les Égyptiens étoient réduits à la regretter, et cherchoient avidement tous les moyens de se délivrer de leurs nouveaux maîtres. Ils ne voyoient les Anglais que comme des libérateurs; ils accueilloient avec empressement tous les agens du grand-seigneur, de Mourad et d'Ibrahim; les mesures de rigueur ne faisoient que les irriter davantage. Le général Menou fit fusiller sur la place publique de Rosette les chefs des villages d'Elko et d'El-Feni. Du sang de ces victimes naissoient de nouveaux ennemis, plus redoutables que les premiers. Buonaparte n'avoit donc pas besoin d'attiser de ses propres mains

---

croient l'auteur de cette insurrection. « Un chef de » bataillon turc, dit-il, *attaché à la police*, qui venoit » deux cents pas derrière la multitude, voyant le tu- » multe et l'impossibilité de le faire cesser par la dou- » ceur, tira un coup de tromblon, ce qui rendit la po- » pulace furieuse. »

L'opinion fut même si incertaine sur les véritables causes de l'insurrection, que Buonaparte lui-même crut devoir dissiper tous les doutes dans une note qu'il fit insérer au *Courier d'Égypte*, et où il accuse les cheiks de tout le mal qui avoit eu lieu.

les matériaux de l'incendie; tout étoit près depuis long-temps; il ne fallut qu'une étincelle pour l'allumer.

L'impression que fit sur les musulmans le manifeste du grand-seigneur, fut si rapide et si énergique, que Buonaparte sentit lui-même la nécessité d'en prévenir les suites, en le faisant désavouer par les gens de loi et les cheiks du Caire. Dès le lendemain de la révolte, on fit afficher dans tous les quartiers de la ville, et l'on adressa à tous les officiers civils des provinces la proclamation suivante :

Au peuple d'Égypte.

« O vous, Musulmans, habitans des villes et des places frontières, ô vous, habitans des villages, Fellahs et Arabes, sachez qu'Ibrahim-Bey et Mourad-Bey ont répandu dans toute l'Égypte des écrits tendant à exciter le peuple à la révolte, et ils ont fait entendre frauduleusement et malignement que ces écrits venoient de S. M. Impériale et de quelques-uns de ses visirs.

» Si vous cherchez la raison de ces mensonges politiques, vous les trouverez dans leur dépit et leur rage contre les ulemas et les sujets qui n'ont pas voulu les suivre, et qui n'ont pas abandonné leur patrie et leur famille. Ils se sont proposé par là de jeter des semences de défiance et de désordre parmi le peuple et l'armée française, afin d'avoir la satisfaction de voir détruire le pays et tous les habitans : tant est profonde la douleur de voir leur puissance détruite en Égypte. En effet, s'il étoit vrai que ces écrits vinssent de la part de Sa Majesté Impériale, nous les aurions vus apporter authentiquement par ses agahs.

» Les Français ont été de tout temps les amis des musulmans et de l'islamisme, et les ennemis des idolâtres et de leurs superstitions. Ils sont les amis et les fidèles alliés de notre seigneur le sultan; ce qui est la cause de la haine qui existe entre eux et les Russes, qui méditent la prise de Constantinople. Les Russes désireroient s'emparer de Sainte-Sophie et des autres temples dédiés au culte du vrai Dieu, pour en faire des églises consacrées aux exercices profanes de leurs perverses croyances; mais, s'il plaît au ciel, les Français aideront notre seigneur le sultan à se rendre maître de leur pays et à en exterminer la race.

» Nous vous invitons donc, habitans de l'Égypte, à ne point vous livrer à des projets de désordre, de sédition et de révolte. Ne cherchez pas à nuire aux troupes françaises : vous attireriez sur vous la mort et la destruction.

» N'oubliez pas qu'il est de votre devoir de

payer les droits et les impositions que vous devez au gouvernement et aux propriétaires des terres, afin que vous jouissiez, au milieu de votre famille et dans le sein de votre patrie, du repos et de la sécurité. Le général en chef Buonaparte nous a promis de ne jamais inquiéter personne dans l'exercice de l'islamisme, et de ne rien faire de contraire à ses saintes lois. Il nous a également promis d'alléger les charges du peuple, de diminuer les impositions et d'abolir les droits arbitraires que la tyrannie avoit inventés.

» Cessez enfin de fonder vos espérances sur Ibrahim et sur Mourad, et mettez votre confiance en celui qui dispose à son gré des empires et qui a créé les humains. Le plus religieux des prophètes a dit : *La sédition est endormie, maudit soit celui qui la réveillera.* »

Dans une autre proclamation, les gens de loi du Caire, et les cheiks que Buonaparte n'avoit pas fait fusiller, vantèrent la bienfaisance et la miséricorde du général en chef. « Il est arrivé, disoient-ils, quelques désor-
» dres au Caire de la part de la vile populace;
» ce qui a occasioné la mort de beaucoup de
» Musulmans. Mais la main invisible de Dieu
» est venue bientôt apaiser la sédition, et
» par notre intercession auprès du général
» Buonaparte, les malheurs qui devoient sui-

» vre la révolte ont été arrêtés. Il a empêché
» les troupes de brûler la ville et de la piller (1);
» car il est plein de sagesse, bienfaisant et mi-
» séricordieux, et sans lui tous les habitans du
» Caire n'existeroient plus. Rappelez-vous que
» Dieu donne l'empire à qui il veut, et or-
» donne ce qui lui plaît. Tous ceux qui ont été
» les auteurs du désordre ont péri, et cette
» terre en a été heureusement délivrée. »

Tandis que Buonaparte faisoit désavouer par les cheiks du Caire le firman du grand-seigneur, il prenoit lui-même toutes les mesures pour prévenir les dangers dont cette déclaration le menaçoit. C'étoit l'époque où les bâtimens turcs quittoient le port d'Alexandrie pour retourner à Constantinople. Lorsque les Français s'en étoient rendus maîtres, ils y avoient trouvé un grand navire appartenant au gouvernement, et du genre de ceux qu'on nomme *caravelles*. Ce bâtiment part tous les ans de la capitale pour aller recevoir et rapporter le tribut annuel qu'on lève sur les provinces d'Égypte. Buonaparte, instruit qu'il avoit ordre de quitter Alexandrie et de rentrer à Constantinople, s'empressa d'assurer le capitaine des

---

(1) Les cheiks devoient tenir ce langage, car tous les villages qui s'étoient révoltés avoient en effet été livrés au pillage et à l'incendie.

dispositions amicales des Français ; le pria d'assurer à la cour que le drapeau turc flottoit à Alexandrie avec le drapeau français; lui fit accepter de riches présens, et obtint de lui qu'il prendroit à bord M. Beauchamp, chargé de dépêches pour la sublime porte. Buonaparte s'y plaignoit de Dgezzar, pacha de Saint-Jean-d'Acre, qui avoit accueilli avec intérêt Ibrahim-Bey et ses Mamelouks, quoiqu'il fût en guerre avec les Français et qu'il eût été chassé d'Égypte. Il ajoutoit que, dans le cas où il seroit forcé de tirer satisfaction de Dgezzar, la Porte ne devoit point en prendre d'ombrage, puisque ce seroit uniquement dans l'intention de punir un des beys, ses ennemis (1).

---

(1) Le contenu de ces dépêches s'accordoit peu avec les nouvelles que le général en chef faisoit insérer tous les jours dans le *Courier de l'Égypte*. On y disoit qu'Ibrahim-Bey étoit dans un état à faire pitié; qu'il avoit été obligé de laisser une partie de ses bagages dans le désert; qu'une partie de ses chevaux étoient morts; que pendant toute sa marche les Arabes n'avoient cessé de piller et de massacrer tout ce qui s'éloignoit du gros de la troupe; que Dgezzar, pacha, lui avoit intimé sa défense de séjourner dans l'étendue de son gouvernement. (*Courier de l'Égypte*, 16 fructidor.)

On ajoutoit, deux mois après, que deux cents Arabes Bédouins, des environs de Salehieh, étoient partis pour

Cependant, pour éviter tout sujet de plainte de la part du grand-seigneur, il prit le parti, avant de commencer aucune hostilité, d'écrire à Dgezzar pour l'engager à faire sortir de son gouvernement Ibrahim et ses Mamelouks.

« Je ne veux point te faire la guerre, lui
» disoit-il; mais il est temps que tu t'expliques.
» Si tu continues à donner refuge sur les fron-
» tières de l'Égypte à Ibrahim-Bey, je regar-
» derai cela comme une marque d'hostilités, et
» j'irai à Acre.

---

aller chercher, à Gaza, Ibrahim-Bey, dont la tête étoit menacée par Dgezzar, pacha, qui convoitoit ardemment les débris de sa fortune. « Le pacha, disoit-on, l'a d'abord
» invité à se rendre auprès de lui; depuis il lui en a
» donné l'ordre. »

On annonçoit, le 14 frimaire, qu'Ibrahim avoit abandonné le projet de passer dans la Haute-Égypte; qu'il avoit écrit de nouveau, et toujours inutilement, au pacha de Saint-Jean-d'Acre; qu'il étoit dans la position la plus critique; qu'il n'avoit plus avec lui que quatre beys, et très-peu de Mamelouks; que presque tous s'étoient retirés à Jérusalem. Cependant Buonaparte savoit bien qu'Ibrahim étoit encore à la tête d'un corps assez considérable de Mamelouks, et qu'il devoit incessamment combiner ses opérations avec celles de Dgezzar. Mais, en répandant de fausses nouvelles, il entretenoit la sécurité et la confiance du soldat, et le disposoit à seconder incessamment les projets qu'il avoit sur la Syrie.

» Si tu veux vivre en paix avec moi, tu
» éloigneras Ibrahim-Bey à quarante lieues des
» frontières de l'Égypte, et tu laisseras libre le
» commerce entre Damiette et la Syrie.

» Alors, je te promets de respecter tes états,
» de laisser la liberté entière au commerce
» entre l'Egypte et la Syrie, soit par terre, soit
» par mer. »

Dgezzar, qui n'agissoit que par les ordres de son gouvernement, renvoya sans réponse l'officier chargé de la lettre(1), et fit jeter dans les fers tous les Français qui étoient à Saint-Jean-d'Acre.

Buonaparte vit alors qu'il ne lui restoit d'autre parti que la guerre, et disposa tout pour la faire avec avantage.

---

(1) Buonaparte, dans son rapport au Directoire, dit qu'il lui fit couper la tête. Mais ce fait n'est point prouvé.

CHAPITRE XII.

Mesures prises pour contenir les Arabes. — Premiers travaux de l'Institut. — Intrigue amoureuse de Buonaparte. — Son entretien dans la grande pyramide de Chéops avec les muftis et les imans.

De tous ses ennemis, les plus incommodes et les plus difficiles à vaincre, étoient les Arabes. La cavalerie française faisoit de vains efforts pour les atteindre : les déserts leur offroient toujours un asile sûr et inaccessible. Les chevaux ne pouvoient supporter long-temps la soif, et les provisions d'eau étoient promptement épuisées. Buonaparte s'occupa avec ardeur et persévérance des moyens de contenir et de réprimer ces tribus errantes. Il forma un corps de dromadaires qu'on dressa à toutes les évolutions militaires. Il choisit pour les monter les soldats de sa cavalerie les plus braves et les plus adroits. Chaque dromadaire en portoit deux avec les vivres et les munitions dont ils avoient besoin.

Lorsqu'on avoit surpris une tribu arabe, et qu'elle avoit échappé à la vitesse de la cavalerie, on mettoit à sa poursuite le corps des dromadaires ; et, comme ce docile et sobre animal peut fournir une course de vingt-quatre heures sans prendre de nourriture, on finissoit presque toujours par atteindre la tribu fugitive; alors les soldats descendoient, enveloppoient l'ennemi, et faisoient prisonniers, hommes, femmes, enfans, troupeaux. Cette guerre active et nouvelle déconcerta les Bédouins; et, le désert ne les mettant plus à l'abri de l'ennemi, ils cessèrent leurs courses, et plusieurs se firent les auxiliaires des Français.

Buonaparte perfectionna aussi la tactique militaire. Comme il n'avoit presque jamais à combattre que des corps de cavalerie, et que l'intrépide Mamelouk se précipitoit avec une valeur aveugle sur les rangs de l'infanterie, pour la mettre à l'abri du premier choc, il donna à chaque fantassin un pieu d'environ cinq pieds de hauteur ferré par les deux bouts et garni au tiers de sa hauteur de deux petits chaînons. A l'approche de l'ennemi, le soldat plantoit ce pieu devant lui, en l'inclinant en avant, et, à l'aide des chaînons, le lioit avec celui de son voisin. Par ce moyen ingénieux, le front de l'infanterie étoit défendu par une sorte de palissade qui arrêtoit l'impétuosité des chevaux et donnoit au soldat le temps de faire feu avec succès.

Au milieu de ces soins militaires, Buonaparte ne négligeoit rien pour affermir son autorité par les ressources de l'administration intérieure. Il assistoit régulièrement aux séances de l'Institut, et lui proposoit les questions dont il désiroit qu'il s'occupât. Elles rouloient presque toutes sur des objets d'économie politique, de géographie, d'antiquités; car les lettres y étoient comptées pour peu de choses; M. Parceval de Grandmaison étoit le seul qui eût le privilége de lire quelques fragmens d'une traduction du Tasse. Buonaparte vouloit que l'on apprît aux Égyptiens à construire des moulins, à fabriquer le pain, à se procurer des combustibles meilleurs et plus abondans que ceux qu'ils employoient, à purifier les eaux du Nil, à se préserver du fléau de la peste, à se procurer des liqueurs fermentées, de la poudre à canon, et un grand nombre d'autres objets qui leur manquoient absolument. Il fit punir un des boulangers de l'armée, pour ne s'être pas attaché un certain nombre d'élèves parmi les jeunes Égyptiens; il donna ordre au docteur Desgenettes de visiter les hôpitaux du Caire, pour connoître le régime qu'on y suivoit. Il fit composer des tables comparatives des mesures égyptiennes et des mesures françaises, un vocabulaire français-arabe, et un triple calendrier égyptien, cophte, européen.

Il chargea une commission composée de MM. Nouet, Méchain fils, astronome, Dolomieu, Geoffroi, Delille Savigny, Cordier, Coquebert, naturalistes, et Gratien Le Peyre, ingénieur des ponts et chaussées, de visiter la partie orientale de l'ancien Delta, de déterminer, par des observations astronomiques, plusieurs points importans de la géographie d'Égypte, entre autres de Damiette et des ruines de Péluse. Il confia au général Andréossi le soin de reconnoître le lac Menzalé et les parties les plus intéressantes de la province de Rosette.

Ces travaux et les séances de l'Institut eussent offert des délassemens pleins de charme, si Buonaparte n'en eût pas troublé la paix par cet esprit de despotisme qu'il portoit partout. Il ne souffroit aucune contradiction; et, quand il énonçoit une opinion, il permettoit rarement qu'on la combattit. Le médecin Desgenettes s'étant engagé avec lui dans une discussion sur un point de chimie, Buonaparte, irrité de trouver ce docteur en opposition avec lui, ferma la séance, en disant : « Je vois bien » que vous vous tenez tous par la main; la » chimie est la cuisine de la médecine, et » celle-ci la science des assassins. » Le médecin le regardant alors fixement : « Et com- » ment définirez-vous, général, celle des » conquérans? »

Le général Kléber étoit arrivé au Caire le jour même de la révolte. Il aimoit les savans, quoiqu'il eût lui-même assez peu d'instruction; et les savans l'aimoient, parce qu'il joignoit à une extrême franchise, un esprit naturel, juste, piquant, original. C'étoit chez lui qu'ils se rassembloient de préférence, et l'on s'y expliquoit souvent avec assez de franchise sur le général en chef. Kléber n'aimoit ni ses artifices, ni ses mensonges, ni ce ton d'inspiré, ni ce mépris des bienséances dont Buonaparte faisoit parade. On assure qu'indigné d'une proclamation où ce général en chef se donnoit pour l'envoyé de Dieu, Kléber dit à quelques-uns des savans qui se trouvoient chez lui, et qu'il regardoit comme ses amis : «Les extravagances de ce petit
» homme nous déshonorent, je ne sais à quoi
» il tient que je ne le prenne sous le bras, et
» ne lui inflige une correction d'écolier à la
» tête de son armée. » On ajoute que le propos fut connu de Buonaparte, qui dissimula son ressentiment; mais que quelque temps après, ayant eu occasion de recommander en présence de ses officiers l'observation de la discipline militaire, il dit en regardant fièrement le général Kléber : « Je la ferai observer ; et quiconque y
» manquera sera fusillé, eût-il six pieds. »

Les réunions de l'Institut n'étoient pas les seuls objets de délassement que trouvassent au

Caire les officiers français. Quoiqu'il eût été sévèrement défendu d'amener en Égypte aucune femme, cependant l'amour avoit trouvé le moyen d'en soustraire quelques-unes aux ordres du général; et plusieurs jeunes françaises étoient débarquées à Alexandrie sous divers déguisemens. Bientôt on se félicita de leur présence, et elles devinrent l'âme des sociétés que l'on venoit de former au Caire. L'une d'elle, madame F**, qui étoit d'une beauté ravissante, fixa plus particulièrement l'attention. Buonaparte la vit, et en médita la conquête; mais elle aimoit éperdument son époux, et cette circonstance sembloit mettre un obstacle invincible aux projets du général en chef. Il ne se rebuta point, et se rendit si empressé, employa tant de moyens de séduction, qu'enfin la place capitula. L'époux mécontent fut chargé d'une mission, et envoyé en France, comme chargé de dépêches. Mais, lorsqu'on les ouvrit, il se trouva qu'elles ne contenoient que des ordres du jour. En son absence Buonaparte fit prononcer le divorce devant un commissaire de guerres, et jouit paisiblement des fruits de la victoire. Il avoit promis à madame F** de l'épouser, si elle le rendoit père d'un enfant mâle. Elle n'eut pas ce bonheur, et madame de Beauharnais dut à cette circonstance l'avantage de conserver le titre d'épouse du héros de l'Italie. Madame F✶✶ fut peu de temps après abandonnée.

Dans toutes les fêtes qui avoient eu lieu jusqu'alors, on n'avoit point encore donné au peuple le spectacle d'une ascension aérostatique. Le vaste ballon qu'on avoit apporté d'Europe à cet effet, étoit resté à Alexandrie, et l'on n'avoit point, au Caire, les moyens nécessaires d'en construire un autre. Buonaparte attachoit un prix particulier à cette expérience, et ne doutoit pas qu'elle ne dût faire une grande impression sur le peuple, et qu'il ne regardât comme un être supérieur celui qui sembloit pouvoir, à son gré, disposer des lois de la nature. Il saisit l'occasion de l'anniversaire de la bataille de Rivoli pour donner une fête, et fit entrer dans le programme de la solennité l'ascension d'une vaste montgolfière. La machine s'éleva majestueusement, promena long-temps son foyer embrasé dans les airs, mais n'excita ni surprise, ni intérêt parmi les habitans du Caire. A peine quelques-uns d'entre eux songèrent-ils à élever les yeux en l'air pour observer ce phénomène.

Trompé dans son attente, le général essaya un autre moyen de se faire regarder comme un homme extraordinaire, comme un envoyé du ciel dépositaire des volontés du destin. Il fit publier, à cet effet, une prétendue révélation qu'on attribuoit à un saint personnage de la religion musulmane. On assuroit que ce favori du Très-Haut avoit assisté à une conférence entre Mahomet et le Destin; et voici de quelle manière on racontoit cet entretien :

« Lorsque Mahomet vit la flotte française
» approcher des côtes d'Égypte, il alla trouver
» le Destin, et lui dit : ô Destin, tu es ingrat; je
» t'ai fait souverain en titre du monde, et tu
» veux soumettre aux Français la plus belle des
» contrées soumises à ma loi. Le Destin lui
» répondit : O Mahomet, le décret est porté,
» il faut qu'il s'accomplisse. Les Français arrive-
» ront sur la terre d'Égypte, et en feront la
» conquête. Je n'ai plus le pouvoir de l'empê-
» cher; mais écoute et console-toi. J'ai décidé
» que ces conquérans *se feront mahométans.*
» Mahomet, pleinement rassuré par cette
» réponse, se retira très-satisfait. »

En même temps on répandoit le bruit que la ville du Caire renfermoit un grand nombre de personnages d'une vie exemplaire, passant les jours en contemplation, et souvent éclairés de lumières surnaturelles; que tous ces pieux serviteurs de Mahomet s'accordoient à promettre de grands succès à l'armée républicaine. Toutes ces nouvelles étoient insérées dans le *Courier de l'Égypte*. On rendit compte également d'un entretien mystique entre Buonaparte et plusieurs muftis et imans dans l'intérieur de la grande pyramide de Chéops(1).

---

(1) Le général en chef s'y étoit rendu le 11 du mois d'août avec plusieurs officiers de son état-major, et quelques membres de l'Institut. Après avoir visité les cinq pyramides inférieures, il s'étoit arrêté à la grande pyramide de Chéops, dont les membres de l'Institut déterminèrent la hauteur. Elle se trouva d'environ 465 pieds. Le général ayant pénétré avec sa suite dans l'intérieur de ce vaste monument, ils découvrirent d'abord un canal de cent pieds de long et de trois pieds de large, qui les conduisit, par une pente assez rapide, dans les salles construites pour servir de tombeau à celui des Pharaons qui avoit érigé ce monument.

Un autre canal déjà dégradé les mena successivement sur deux plates-formes, et de là à une galerie voûtée de cent dix-huit pieds. La salle, à laquelle elle aboutit, est d'environ dix-sept pieds de long sur quinze de large. On y remarque la place d'une momie, qu'on croit avoir été la femme du Pharaon. Une autre salle perpendiculaire à celle-ci, mais plus haute de cent pieds, renfermait, à ce que l'on croit, les restes mortels du Pharaon lui-même. Ces deux salles ont été fouillées par l'ordre d'un calife, qui se flattoit d'y découvrir un trésor. Près d'elle en est une troisième, dont l'avidité des Arabes a également violé le secret. Elle est à voûte plate, longue de trente-deux pieds, sur seize de large et dix-neuf de hauteur. On ignore ce que les émissaires du calife ont pu y trouver; les Français n'y découvrirent qu'une longue caisse de granit, dans laquelle on suppose que reposoit autrefois le corps d'un Pharaon. C'étoit le seul siège qu'offrît

C'étoit ainsi que, se mettant au-dessus de toutes les considérations qui enchaînent les

---

ce sombre palais de la mort. Buonaparte s'y assit, et faisant placer à ses côtés le mufti Suleiman et les imans Ibrahim et Muhamed, il commença avec eux la conversation suivante :

Buonaparte. Dieu est grand, et ses œuvres sont merveilleuses. Voici un grand ouvrage de mains d'hommes. Quel étoit le but de celui qui fit construire cette pyramide?

Suleiman. C'étoit un puissant roi d'Égypte, dont on croit que le nom étoit Chéops. Il vouloit empêcher que des sacriléges ne vinssent troubler le repos de sa cendre.

Buonaparte. Le grand Cyrus se fit enterrer en plein air, pour que son corps retournât aux élémens. Penses-tu qu'il ne fit pas mieux? le penses-tu?

Suleiman. Gloire à Dieu, à qui toute gloire est due!

Buonaparte. Honneur à Allah! Quel est le calife qui a fait ouvrir cette pyramide, et troubler la cendre des morts?

Muhamed. On croit que c'est le commandeur des croyans, Mahmoud, qui régnoit il y a plusieurs siècles à Bagdad; d'autres disent le renommé Aaron-Raschild (Dieu lui fasse paix!) qui croyoit y trouver des trésors; mais quand on fut entré par ses ordres dans cette salle, la tradition porte qu'on n'y trouva que des momies, et sur le mur cette inscription, en lettres d'or : *L'impie commettra l'iniquité sans fruit, mais non sans remords.*

Buonaparte. Le pain dérobé par le méchant remplit sa bouche de gravier.

Muhamed (s'inclinant). C'est le propos de la sagesse.

hommes, soumettant, le fer à la main, quiconque lui résistoit, fascinant par des pro-

---

Buonaparte. Gloire à Allah; il n'y a point d'autre Dieu que Dieu. Mohamed est son prophète, et je suis de ses amis.

Suleiman. Salut de paix sur l'envoyé de Dieu ; salut aussi sur toi, invincible général, favori de Mohamed.

Buonaparte. Mufti, je te remercie. Le divin Coran fait les délices de mon esprit et l'attention de mes yeux. J'aime le prophète, et je compte, avant qu'il soit peu, aller voir et honorer son tombeau dans la ville sacrée. Mais ma mission est auparavant d'exterminer les Mamelouks.

Ibrahim. Que les anges de la victoire balaient la poussière sur ton chemin et te couvrent de leurs ailes. Le Mamelouk a mérité la mort.

Buonaparte. Il a été frappé et livré aux anges noirs, Moukir et Quarkir. Dieu, de qui tout dépend, a ordonné que sa domination fût détruite.

Suleiman. Il a étendu les mains de la rapine sur les terres, les moissons, les chevaux de l'Égypte....

Buonaparte. Et sur les esclaves les plus belles, très-saint mufti. Allah a desséché sa main. Si l'Égypte est sa ferme, qu'il montre le bail que Dieu lui a fait. Mais Dieu est juste et miséricordieux pour le peuple.

Muhamed. Noble successeur de Scander (*), honneur à tes armes invincibles et à la foudre inattendue qui sort du milieu de tes guerriers à cheval ! (**).

Buonaparte. Crois-tu que cette foudre soit une œuvre

(*) Alexandre.
(**) L'artillerie volante, qui surprit beaucoup les Mamelouks.

messes, des espérances et des séductions ceux dont il sentoit le besoin de conquérir le suf-

---

des enfans des hommes? le crois-tu? Allah l'a fait mettre en mes mains par le génie de la guerre.

Ibrahim. Nous reconnoissons à tes œuvres que c'est Allah qui t'envoie.

Buonaparte. Un char céleste montera par mes ordres jusqu'au séjour des nues, et la foudre descendra vers la terre le long d'un fil de métal, dès que je l'aurai commandé (*).

Suleiman. Et le grand serpent, sorti du pied de la colonne de Pompée le jour de ton entrée triomphale à Scanderich (**), et qui est resté desséché sur le socle de la colonne, n'est-ce pas encore un prodige opéré par ta main?

Buonaparte. Lumières des fidèles, vous êtes destinées à voir encore de plus grandes merveilles; car les jours de la régénération sont venus.

Ibrahim. La Divinité te regarde d'un œil de prédilection, adorateur d'Issa (Jésus-Christ), et te rend le soutien des enfans du prophète.

Buonaparte. Mohamed n'a-t-il pas dit: Tout homme qui adore Dieu, et qui fait de bonnes œuvres, quelle que soit sa religion, sera sauvé?

Suleiman, Muhamed, Ibrahim (ensemble et s'inclinant tous les trois). Il l'a dit.

Buonaparte. Et si j'ai réprimé l'orgueil du vicaire d'Issa, par ordre d'en haut, en diminuant ses possessions terrestres pour lui amasser des trésors célestes, dites,

(*) Les ballons et le cerf-volant électrique.
(**) Alexandrie.

frage, réunissant vers un but commun tout ce que les sciences, les arts, le talent ont de

n'étoit-ce pas rendre gloire à Dieu, dont la miséricorde est infinie?

Muhamed (d'un air interdit). Le mufti de Rome étoit riche et puissant ; mais nous, nous ne sommes que de pauvres muftis.

Buonaparte. Je le sais; soyez sans crainte, vous avez été pesés dans la balance de Baltazar, et vous avez été trouvés légers. Cette pyramide ne renfermoit donc aucun trésor qui vous fût connu?

Suleiman (les mains sur l'estomac). Aucun, seigneur. Nous le jurons par la cité sainte de la Mecque.

Buonaparte. Malheur et trois fois malheur à ceux qui recherchent les richesses périssables, et qui convoitent l'or et l'argent, semblables à la boue.

Ibrahim. Tu as épargné le vicaire d'Issa, et tu l'as traité avec bonté.

Buonaparte. C'est un vieillard que j'honore (que Dieu accomplisse ses désirs quand ils seront réglés par la raison et la vérité); mais il a le tort de condamner au feu éternel tous les Musulmans, et Allah défend à tous l'intolérance.

Ibrahim. Gloire à Allah, à son prophète, qui t'a envoyé au milieu de nous pour réchauffer la foi des foibles, et rouvrir aux fidèles les portes du septième ciel.

Buonaparte. Vous l'avez dit, très-zélés muftis; soyez fidèles à Allah, le souverain maître des sept cieux merveilleux; à Mahomet, son visir, qui parcourt tous les cieux dans une nuit; soyez amis des Français, et Allah, Mohamed et les Français vous récompenseront.

Ibrahim. Que le prophète lui-même te fasse asseoir à

plus efficace, tout ce que les raffinemens de la politique, l'art de diviser, de corrompre, de

sa gauche le jour de la résurrection, après le troisième son de la trompette.

Buonaparte. Que celui-là écoute qui a des oreilles pour entendre. L'heure de la résurrection politique est arrivée pour tous les peuples qui gémissoient sous l'oppression. Muftis, imans, mullahs, derviches, kalenders, instruisez le peuple d'Égypte ; encouragez-le à se joindre à nous pour achever d'anéantir les beys et les Mamelouks; favorisez le commerce des Français dans vos contrées, et leurs entreprises pour parvenir d'ici à l'ancien pays de Brama(*); offrez-leur des entrepôts dans vos ports, et éloignez de vous les insulaires d'Albion, maudits entre les enfans d'Issa. Telle est la volonté de Mahomet. Les trésors, l'industrie et l'amitié des Français seront votre partage, en attendant que vous montiez au septième ciel, et qu'assis aux côtés des houris aux yeux noirs, toujours jeunes et toujours vierges, vous vous reposiez à l'ombre du *laba*, dont les branches offriront d'elles-mêmes aux vrais Musulmans tout ce qu'ils pourront désirer.

Suleiman (s'inclinant). Tu as parlé comme le plus docte des mullahs. Nous ajoutons foi à tes paroles ; nous servirons ta cause, et Dieu nous entend.

Buonaparte. Dieu est grand, et ses œuvres sont merveilleuses. Salut de paix sur vous, très-saints muftis!

En disant ces mots, le général se leva, laissa les savans faire de nouvelles observations sur les pyramides, et retourna au Caire, où il fit publier sa conversation.

(*) Les Grandes-Indes.

tromper peuvent ajouter au courage des guerriers et à la force des armes, Buonaparte s'élevoit au dessus des difficultés de sa position, et s'efforçoit de réparer les suites funestes du désastre d'Aboukir.

Mais il s'occupoit en même temps de desseins d'une plus haute importance. Près de la mer Rouge, il vouloit en visiter les côtes. Près de l'isthme de Suez, il vouloit vérifier enfin s'il étoit possible de joindre la Méditerranée au golfe Arabique. Maître d'une contrée voisine de l'Inde, il désiroit savoir jusqu'à quel point on pouvoit se flatter de frapper l'Angleterre dans ses riches possessions de l'Inde. Occupé de ces gigantesques pensées il disposa tout pour se rendre à Suez.

CHAPITRE XIII.

Expédition de Suez, préparatifs de l'expédition de Syrie.

Suez a été de tout temps l'objet des plus graves considérations de l'homme d'état, du commerçant, du géographe. La jonction de la mer Rouge et de la Méditerranée seroit d'un avantage si grand pour les nations européennes, elle établiroit une communication si utile avec les contrées les plus riches de l'Asie, et la nature semble avoir opposé si peu d'obstacles à cette importante réunion, qu'on a lieu de s'étonner qu'elle n'existe pas encore.

Lorsque l'Égypte, jouissant de toute sa splendeur, étoit gouvernée par des rois animés de l'amour du bien public et sensibles à la gloire, le projet brillant de verser les eaux de la mer Rouge dans la Méditerranée, en coupant l'isthme de Suez, occupa plus d'une fois les délibérations de leurs conseils. Un espace de dix-huit lieues paroissoit une si foible barrière; il sembloit si facile d'ouvrir un canal dans un terrain qui n'étoit hérissé d'aucune montagne, que l'on rougissoit en quelque sorte de n'avoir point encore procuré ce bienfait à l'Égypte et aux nations civilisées de l'Europe, de l'Afrique et de l'Asie ; mais ce n'est ni l'étendue des lieux, ni l'âpreté du sol qui s'oppose à ce grand travail; ce qui le rend impraticable, c'est que, dans toutes les parties que la mer Rouge et la Méditerranée baignent de leurs ondes, le rivage est tellement abaissé, tellement chargé de sables, où les eaux viennent s'arrêter et dormir, que les bâtimens repoussés de la côte sont obligés de s'en tenir à une grande distance. Or, par quels moyens tracer un canal dans un sol mobile et fugitif, comment en retenir les bords, par quel artifice prévenir les encombremens ? Ces difficultés effrayèrent les constructeurs les plus hardis, et les rois d'Égypte conçurent qu'il étoit préférable de faire servir le Nil lui-même à la jonction des deux mers.

Sésostris fut le premier qui entreprit ce grand ouvrage; et bientôt les bords de cette nouvelle branche du Nil se couvrirent d'habitations qui répandirent la vie dans ce vaste désert. Mais le mouvement des sables, le fléau des révolutions, les désastres de la guerre qui détruisent rapidement tous les monumens de l'industrie des hommes, tarirent bientôt cette nouvelle source d'abondance et de richesses. Après les conquêtes d'Alexandre, les Ptolémées, devenus maîtres de l'Égypte, la rétablirent. Trajan l'entretint, et le célèbre lieutenant d'Omar, Amrou fit de nouveau creuser le canal. On en retrouve encore les traces. Mais bientôt elles vont se perdre dans l'immensité des sables, qui couvrent un espace de trente lieues entre cette capitale et la ville de Suez.

Depuis long-temps Buonaparte désiroit associer sa gloire à celle de ces hommes célèbres et s'assurer par lui-même des moyens de rétablir les communications entre les ports de cette côte et la capitale de l'Égypte. Le 3 décembre, il se fit précéder par le général Bon, qui, à la tête de sa division, traversa le désert et arriva le 7 à Suez. Cette ville, située au milieu des sables, n'offre plus qu'un aspect misérable. La plupart des maisons y tombent en ruine. A peine peut-on s'y procurer une eau saumâtre, qu'on tire d'une source à trois heures de marche de la ville. C'est là cependant que se rendent les caravanes du Caire à l'époque de l'arrivée et du départ des vaisseaux. Alors la présence et le mouvement des étrangers donne quelque apparence de vie à ce séjour de misère et de tristesse. Mais lorsque les caravanes et les navires se sont éloignés, il ne reste à Suez qu'un Mamelouk qui gouverne la ville, et douze à quinze esclaves qui forment sa suite. A l'arrivée des Français, la terreur se répandit parmi les habitans. Plusieurs prirent la fuite, les autres s'enfermèrent dans leurs maisons. Mais le général les rassura, et la sécurité se rétablit en peu de temps. On y trouva quelques canons dont on s'empara ; on arma deux chaloupes canonnières, l'on mit le port en état de défense, et l'on disposa tout pour recevoir le général en chef (1).

Déjà la route du Caire à Belbeis étoit sûre. Le cheik des Arabes Billis, peuplade établie sur cette route, à peu de distance du Caire, étoit venue demander et avoit obtenu la paix. D'autres tribus ayant imité cet exemple, Buonaparte leur avoit imposé l'obligation de répondre d'une certaine étendue de la route. Le général Rampon avoit, à la suite de ces arrangemens, parcouru toute la contrée, et s'étoit assuré des dispositions de ces peuplades. De son côté, le général Murat, à

---

(1) On annonça alors qu'à l'arrivée du général Bon, un envoyé de Tippoo-Saïb, chargé de dépêches pour le général de l'armée française, venoit de débarquer à Suez ; mais que les Arabes lui avoient enlevé ses dépêches. On lui faisoit dire que Tippoo-Saïb étoit à la tête d'une armée de 200,000 hommes d'infanterie et de 130,000 hommes de cavalerie, et que l'arrivée des Français en Égypte avoit causé une joie singulière aux habitans de Mysore ; mais on regarda cette nouvelle comme une de celles que Buonaparte imaginoit pour entretenir l'ardeur de son armée.

la tête d'un corps de cavalerie, s'étoit mis sur la route d'Alexandrie à la poursuite des Arabes Bédouins, et, par la célérité de ses marches et l'habileté de ses mouvemens, leur avoit imprimé une salutaire terreur. Buonaparte pouvoit donc s'éloigner de la capitale avec sécurité; mais, avant de la quitter, il voulut se réconcilier entièrement avec les habitans, et leur rendre un gouvernement national. Il choisit soixante habitans du Caire pour former un nouveau divan, et annonça cette heureuse nouvelle dans une proclamation trop remarquable pour être passée sous silence.

« Des hommes pervers avoient égaré une
» partie d'entre vous; ils ont péri. Dieu m'a
» ordonné d'être miséricordieux pour le peu-
» ple; j'ai été clément et miséricordieux en-
» vers vous. J'ai été fâché contre vous de votre
» révolte. Je vous ai privés pendant deux mois
» de votre divan; mais aujourd'hui je vous le
» restitue. Votre bonne conduite a effacé la
» tache de votre révolte. Schérifs, ulemas,
» orateurs des mosquées, faites bien connoî-
» tre au peuple que ceux qui, de gaîté de
» cœur, se déclareront nos ennemis, n'au-
» ront de refuge ni dans ce monde ni dans
» l'autre.

» Y auroit-il un homme assez aveugle pour
» ne pas voir que le destin lui-même dirige

» toutes mes opérations? Y auroit-il quelqu'un
» asez incrédule pour révoquer en doute que
» tout, dans ce vaste univers, est soumis à
» l'empire du destin ?

» Faites connoître au peuple que, depuis que
» le monde est monde, il étoit écrit qu'après
» avoir détruit les ennemis de l'islamisme,
» *fait abattre les croix*, je viendrois du fond
» de l'Occident remplir la tâche qui m'est im-
» posée. Faites voir au peuple que dans le
» saint livre du Koran, dans plus de vingt
» passages, ce qui arrive a été prévu, et ce
» qui arrivera est également expliqué.

» Que ceux donc que la crainte seule de nos
» armes empêche de nous maudire, changent;
» car, en faisant au ciel des vœux contre nous,
» ils sollicitent leur condamnation ; que les
» vrais croyans fassent des vœux pour la pros-
» périté de nos armées.

» Je pourrois demander compte à chacun
» de vous des sentimens les plus secrets de son
» cœur; car je sais tout, même ce que vous
» n'avez dit à personne. Mais un jour viendra
» que tout le monde verra avec évidence que
» je suis conduit par des ordres supérieurs, et
» que tous les efforts humains ne peuvent rien
» contre moi ; heureux ceux qui, de bonne
» foi, sont les premiers à se mettre avec
» moi. »

Quelques jours après cette proclamation, il installa le nouveau divan, reçut une réponse favorable du schérif de la Mecque, qui lui demandoit les présens d'usage, et partit du Caire avec les généraux Berthier, Daumartin, Cafarelli, le contre-amiral Gautheaume, M. de Bourienne et MM. Berthollet, Monge, Dutertre, Descotils, Lepère, Costas, membres de l'Institut. La caravane entière étoit composée de 300 hommes. Les chameaux portoient l'eau et les vivres. On vit pour la première fois, dans ce désert, un carrosse à six chevaux traverser les sables à la suite du général en chef, qui néanmoins ne s'en servit pas.

Un grand nombre de marchands du Caire, qui s'étoient joints à la caravane française, étoient étonnés de la simplicité avec laquelle voyagent les généraux français. Les moins riches d'entre eux avoient sept à huit domestiques, l'un pour porter la pipe, l'autre pour faire le café, les autres pour porter les tentes. Un de ces marchands fastueux, ayant remarqué à la première halte que le général en chef n'avoit que trois domestiques : « Moi, » s'écria-t-il, qui ne suis qu'un pauvre mar» chand, j'ai onze domestiques, et voilà un » homme qui peut disposer de toute l'Égypte » qui n'en a que trois ! Ce n'étoit pas ainsi

» que faisoient les beys ; aussi ont-ils été
» vaincus. »

La caravane s'arrêta le premier jour au lac des Pèlerins, où le général Bon avoit établi un poste fortifié. Le lendemain elle passa la nuit auprès d'un arbre connu dans ces contrées sous le nom d'*amra*. C'est une des plus riches et des plus étonnantes productions du règne végétal ; on l'aperçoit plusieurs heures avant que d'arriver à lui. Il est seul au milieu d'une nature morte, et ombrage de ses rameaux un terrain couvert de sables et de cailloux. La nuit étoit froide et humide ; le lieu n'offroit aucune ressource pour les feux. Le général en chef fit dresser sa tente sous l'arbre même, afin d'obliger le soldat à le respecter. On se remit en marche à quatre heures du matin. Buonaparte se détacha de la caravane avec les autres généraux, et arriva à Suez dans la journée. Le reste de l'escorte, s'avançant lentement, coucha auprès d'*Adjeroud*.

Ce lieu est fort respecté des Arabes. On y a creusé un vaste puits de cinquante à soixante brasses de profondeur. On en tire une eau abondante, trop saumâtre à la vérité pour que les hommes en puissent boire, mais dont les chameaux et les chevaux arabes s'accommodent très-bien.

Il est défendu par une enceinte flanquée de

deux tours, et protégée par un château qui tombe aujourd'hui en ruines. Ces travaux avoient eu pour but d'assurer la jouissance du puits à la caravane de la Mecque. Un mois avant l'arrivée des pèlerins, on y envoie des chameaux pour tourner une roue à chapelet qui élève l'eau, et la conduit par des canaux dans trois réservoirs construits en maçonnerie, et revêtus d'un enduit imperméable.

Quelques capitaines de bâtimens arabes qui étoient en rade, ayant appris que le général de l'armée française étoit à Suez, sollicitèrent et obtinrent la permission de le voir. Ils étoient tous de l'Yémen. Buonaparte s'entretint avec eux des intérêts du commerce, et fit modérer en leur faveur les droits de douane. Il s'empressa de visiter les sources de Moïse, et passa la mer Rouge au gué avec les généraux et un détachement de cavalerie. Ces sources sont à trois lieues au sud de Suez, sur la côte d'Asie ; elles sont au nombre de cinq, et jaillissent, en bouillonnant, d'autant de petits monticules de sable. Leur eau est légèrement saumâtre, mais elle n'a rien d'insalubre, et les voyageurs la boivent avec plaisir lorsqu'ils sont altérés. La nuit approchoit, Buonaparte et les généraux voulurent reprendre la route de Suez. Le gué n'étoit pas praticable, la marée étant encore trop haute. Le guide, qui croyoit pouvoir indi-

un autre chemin, s'égara. On se trouva dans un marais avec de l'eau jusqu'à la ceinture. Le général Cafarelli, qui avoit perdu une jambe à la guerre, courut les plus grands dangers, et ne fut sauvé que par l'intrépidité et la présence d'esprit d'un guide à cheval (1).

La caravane repartit de Suez, et se dirigea sur Aggerhoud. Buonaparte avec ses généraux, et M. Monge, se porta au nord du golfe, pour y chercher les traces de l'ancien canal, qui mettoit en communication le Nil et la mer Rouge; on les découvrit en effet, et l'on marcha pendant cinq lieues sur le lit même du canal. Il étoit nuit, et l'on s'éloignoit d'Aggerhoud, où l'on devoit aller rejoindre la caravane qui portoit l'eau et les vivres. Buonaparte et le général Berthier partirent au galop, en se dirigeant sur le point où le soleil se couchoit, et firent allumer des feux pour éclairer la route de leurs compagnons. On se remit en marche, la caravane pour le Caire, le général pour Belbeis. Il y visita les fortifications, se mit de nouveau à la recherche du canal, en

---

(1) M. Martin, dans son *Histoire de l'Expédition d'Égypte*, attribue à Buonaparte lui-même ce que nous racontons ici du général Cafarelli; mais tous les rapports sont uniformes sur ce point. Ce ne fut point Buonaparte, mais le général Cafarelli qui courut risque de la vie.

retrouva encore les traces, surprit quelques camps d'Arabes, leur enleva des chameaux, des troupeaux et des femmes, et revint au Caire, où il donna des ordres pour lever le plan du canal.

Avant son départ pour Suez, un crime commis dans cette ville avoit causé une grande rumeur. On avoit trouvé le cadavre d'une femme assassinée. Le peuple s'étoit attroupé, et accusoit des soldats français ; on désignoit même deux guides du général en chef. Buonaparte les fit arrêter et traduire devant une commission militaire. On ne présentoit aucune preuve à l'appui de l'accusation. La commission ne put se résoudre à les condamner. A son retour de Suez, Buonaparte reprit l'instruction, et, quoique leur innocence fût évidente, il ordonna de son propre mouvement qu'ils fussent fusillés. Peu de jours après, le véritable assassin fut découvert ; mais Buonaparte, qui se disposoit alors à une grande expédition, ne vouloit pas laisser d'ennemis au Caire, et, pour satisfaire la multitude, il lui sacrifia ces deux victimes. Le lendemain il disoit : « Comment un général qui peut, le
» jour d'une bataille, envoyer cent mille
» hommes à la mort, n'auroit-il pas le droit
» de disposer de la vie de deux ou trois soldats
» pour l'intérêt commun? »

CHAPITRE XIV.

Situation de la Haute-Égypte; combats et victoires du général Desaix.

En quittant la France pour tenter la conquête d'Égypte, Buonaparte n'avoit négligé aucun des moyens militaires propres à assurer le succès de son expédition. Il avoit attaché à sa fortune les plus habiles généraux, et ce n'étoit pas sans quelque orgueil qu'il comptoit sous ses ordres tout ce que la gloire militaire avoit produit de plus illustre. Si la renommée des généraux Kléber, Desaix, Regnier, etc., avoit moins d'éclat que la sienne, ces habiles capitaines n'étoient pas moins estimés de ceux qui savent apprécier le mérite modeste et le courage sans l'appui de la fortune. Blessé dangereusement à l'attaque d'Alexandrie, le général Kléber avoit vu pendant long-temps sa bravoure enchaînée. Mais à peine descendu sur les bords d'Égypte, le général Desaix avoit le premier, à la tête de son intrépide division, tracé le chemin à travers les déserts, et reconnu ces bords du Nil, objet de tant d'espérances et de vœux. Le premier il avoit soutenu le choc des Mamelouks, et leur avoit appris à connoître la supériorité des armées européennes. Après avoir partagé les dangers des combats de Demenhour, de Chebreisse, d'Embabé, et facilité par la rapidité de ses marches la conquête du Caire, il avoit pris position sur la route de la Haute-Égypte. C'étoit là qu'il devoit trouver l'ennemi le plus brave que l'armée française dût avoir à combattre. Car, tandis qu'Ibrahim, politique plus habile que guerrier courageux, abandonnoit à l'ennemi des provinces qu'il se sentoit hors d'état de lui disputer, Mourad-Bey, capable de soutenir et de réparer la mauvaise fortune, se retiroit lentement dans la Haute-Égypte, à la tête d'un corps nombreux de Mamelouks braves comme lui, et prêts comme lui à tous les sacrifices, plutôt que d'abandonner à l'ennemi les contrées soumises à leur puissance.

Encouragés par son exemple, une foule d'Arabes, de Fellahs étoient venus lui offrir leurs bras et grossir son armée. Un ennemi de ce caractère étoit digne de Desaix. Ce fut à lui que Buonaparte confia le soin de triompher de Mourad-Bey, et de faire la conquête de la Haute-Égypte. Le général établit un camp retranché à quatre lieues en avant de Giseh, sur la rive gauche du Nil. Ses avant-postes touchoient à ceux de son ennemi. Pendant un mois les deux partis se tinrent en présence;

mais, le 23 août, Desaix résolut de se porter en avant. Il s'embarqua à la pointe du jour avec quatre bataillons de ligne , deux de troupes légères , et l'artillerie attachée à sa division; il étoit soutenu de deux galères armées en guerre, et de quelques autres bâtimens.

Il apprend que les Mamelouks remontoient le fleuve et protégeoient un convoi nombreux de barques chargées de vivres et de munitions; il presse sa marche, les atteint à Richnissey, les combat , les dissipe, et s'empare du convoi. Vingt jours après , il arrive à Siout, pénètre jusqu'à l'entrée du canal, laisse sur le Nil six bâtimens de guerre pour garder le canal, continue sa route, et, après une navigation pénible , il rencontre au village de Menekia un parti de Mamelouks , fait débarquer un détachement, et force l'ennemi à se retirer.

Cet avantage n'étoit que le prélude d'une affaire plus importante. Mourad-Bey évitoit depuis long-temps un engagement sérieux ; tout occupé de rassembler des forces imposantes , il vouloit, avant de se commettre avec un ennemi dont il avoit appris à estimer la valeur, s'assurer de tous les avantages qui pouvoient lui promettre la victoire. Lorsqu'il se vit à la tête de trois mille Mamelouks et de mille Arabes, il résolut d'attendre enfin Français et d'arrêter leurs conquêtes. Il position à Sedyman, et disposa tout pour la bataille. Mais il avoit affaire à un ennemi aussi actif que brave et expérimenté. Instruit de ses mouvemens, le général Desaix se détermina à le prévenir. Il se mit en marche le 7 octobre, suivit l'inondation du Nil et les bords du désert, et aperçut bientôt Mourad-Bey à la tête de son armée.

Les Mamelouks hésitent un instant; mais bientôt, reprenant leur audace accoutumée, ils poussent de grands cris, et se précipitent intrépidement sur la division française qu'ils s'efforcent vainement d'entamer; de toutes parts ils trouvent un front impénétrable, et sont repoussés par le feu terrible de l'artillerie et de la mousqueterie. Désespérés de ce désavantage, ils se jettent tous ensemble sur un des pelotons de flanc, et bravant la mort, leurs meilleurs soldats viennent périr dans les rangs. Enfin le nombre l'emporte; le peloton est entamé, on s'y bat corps à corps, de chaque côté on se signale par des prodiges de valeur, et les Français rétrogradant, sans cesser de se battre, se replient sur le carré de la division. L'impétuosité des Mamelouks est de nouveau arrêtée; ils attaquent vainement des pelotons isolés; ils trouvent partout une résistance invincible. En ce moment, Mourad-Bey essaye un nouveau moyen de victoire; il développe toutes ses forces, entoure la division, démasque une batterie de plusieurs pièces de canon placée sur un monticule de sable, et fait un feu meurtrier.

Il falloit des soldats aussi intrépides que les Français, pour sortir avec gloire d'un danger aussi pressant. Desaix prend son parti, ordonne à la division de marcher sur la batterie, et l'enlève à la baïonnette. Maître des positions et de l'artillerie de son ennemi, il retourne contre lui ses propres canons, et par un feu terrible, l'oblige à une retraite précipitée. Il le suit dans sa déroute, arrive à Sedyman, s'empare d'une partie de ses bagages, et le pousse jusqu'au lac de Gazah, dans la province de Faïoum.

Il repart avec la flotille, s'empare des barques des Musulmans, entre à Faïoum, parcourt la province pour lever des contributions, soumet les villages insurgés, et brûle ceux qu'il ne peut réduire. De son côté, Mourad-Bey n'oublie rien pour réparer son échec et profiter de la sécurité des Français. Il envoie des beys dans toutes les parties de la province, pour armer les Arabes et les Fellahs; il ordonne à un corps de mille Mamelouks de marcher sur Faïoum, et d'y surprendre les Français.

Cette ville, ouverte de tous les côtés, n'avoit

que 550 hommes de garnison, commandés par le chef de bataillon Expert. Cet officier, brave et aguerri, instruit des mouvemens de l'ennemi, se hate de se retrancher dans la maison où étoit l'hôpital, et place des détachemens dans les rues les plus faciles à défendre. 3000 Arabes, les Mamelouks et une quantité prodigieuse de païsans armés de toutes manières attaquent la ville, forcent les faubourgs, se précipitent sur les postes français, et les tournent; ceux-ci couvrent de morts les défilés qu'ils défendent, se replient en bon ordre et se rallient au corps de la garnison. Le danger étoit imminent; les Arabes et les Fellahs maîtres de la ville avoient escaladé les maisons, et marchoient de toits en toits, tandis que le reste de l'armée musulmane se précipitoit sans précaution dans les cours. Tout sembloit perdu; mais tout est sauvé par la présence d'esprit du commandant de la place. Il avoit prévu la faute de l'ennemi, et, pour en profiter, il avoit distribué sa petite troupe en trois corps, l'un, placé dans l'intérieur du bâtiment, destiné à faire feu sur les assaillans; les deux autres partagés en deux colonnes qui ne devoient se montrer que quand l'ennemi se livreroit lui-même. Elles sortirent en effet, prirent les Mamelouks en flancs, les forcèrent de se retirer en désordre, les poursuivirent de de rue en rue, et répandirent partout une si grande terreur, que les Arabes et les Fellahs; fuyant précipitamment du haut des maisons, se renversèrent les uns sur les autres, et offrirent aux Français des victimes faciles et nombreuses. On en fit un grand carnage; ceux qui échappèrent au fer du soldat, furent poursuivis pendant une lieue au-delà de la ville.

A peine le général Desaix avoit-il reçu la nouvelle du danger qui menaçoit sa petite garnison, qu'il s'étoit mis en marche pour la secourir. Il arriva pour être témoin de la victoire; et, tranquille désormais sur les dispositions des habitans, il envoya des colonnes dans les provinces de Benesoueh et de Minieh pour y lever des contributions. Mourad-Bey de son côté faisoit des incursions semblables pour les percevoir. Déplorable condition des peuples d'être également opprimés par le vainqueur et le vaincu !

Quels que fussent les succès et l'activité du général Desaix, son ennemi lui échappoit par la rapidité de sa marche, et, réparant habilement ses pertes, continuoit de se montrer avec des forces imposantes. Buonaparte, irrité de sa constance, envoya au général Desaix un renfort de mille cavaliers, commandés par le général Davoust, avec ordre d'expulser entièrement Mourad de la Haute-Égypte, et de le rejeter au-delà des cataractes du Nil ; projet plus facile à concevoir qu'à exécuter.

Desaix se mit en marche le 16 décembre, obligea Mourad d'abandonner ses positions, et de se retirer dans le Haut-Saïd, et le poussa jusqu'à Girgeh. Mais là il fut obligé de suspendre sa course et d'attendre pendant vingt jours sa flottille, retardée par les vents contraires. Mourad-Bey profite de ce délai, ranime le courage des habitans, arme les villages et suscite partout des ennemis aux Français. Un rassemblement s'étoit formé près de Girgeh. Le général Davoust s'avance pour le dissiper, le charge avec impétuosité, tue huit cents hommes et oblige le reste à prendre la fuite. Mais à peine il rentre à Girgeh, qu'on apprend qu'un autre rassemblement, plus considérable que le premier, menace Siout. Le général Davoust sort de nouveau, atteint l'ennemi, l'enfonce, dissipe un corps de cavalerie qui fondoit sur son arrière-garde, et reconnoit avec plaisir le pavillon de la flottille française s'avançant par Siout.

Mais l'infatigable Mourad-Bey prépare aux Français de nouveaux combats. Il parcourt toute la Haute-Égypte, en soulève les habitans, rassemble une foule d'Arabes braves et bien armés, et, fier de se voir à la tête d'une armée formidable, il prend lui-même l'offensive, et se met en marche pour attaquer les Français. Son avant-garde vient coucher à la hauteur du village de Samanouth.

Aussitôt Desaix prend sur la flottille ce qui lui est le plus nécessaire, et s'avance à la rencontre des Musulmans. Les deux avant-gardes se joignent à Samanouth, et le combat s'engage entre elles. Desaix avoit besoin de toute son habileté pour soutenir une lutte aussi inégale. Les ennemis inondoient toute la plaine, et menaçoient de cerner la division. Le général forme son infanterie en deux carrés, place sa cavalerie au milieu, et attend intrépidement l'armée de Mourad-Bey. Les Mamelouks, comptant sur leur nombre, entourent de toutes parts la troupe européenne. Une colonne d'infanterie, composée d'Arabes d'Yambo, se porte sur le lit d'un ancien canal et commence à inquiéter la gauche de notre armée par la vivacité de son feu. Desaix donne ordre à un détachement de dragons de se jeter sur le flanc de l'ennemi, et de le charger avec impétuosité, tandis qu'une colonne de carabiniers, pénétrant elle-même dans le canal, s'avancera pour enfoncer celle des Arabes. Ces habiles dispositions déconcertent les Musulmans. La colonne arabe étonnée se rompt et prend la fuite; mais elle est soutenue par d'innombrables bataillons d'infanterie qui s'avancent en poussant des cris horribles. Les Arabes se rallient et se jettent sur Samanouth pour l'emporter; le combat devient opiniâtre et sanglant, mais Samanouth reste aux Français.

Irrités de tant de résistance, les Mamelouks n'écoutent que leur bravoure et se précipitent sur les carrés. Ils avoient à leur tête Mourad lui-même, et Hussan schérif des Arabes d'Yambo, et capitaine renommé par sa valeur. Nos impénétrables bataillons bravent leurs efforts et les obligent à se retirer en désordre. La cavalerie française s'apprêtoit à les charger, lorsque Mourad-Bey, toujours fidèle à sa tactique, prit le parti de se retirer en laissant 200 de ses cavaliers sur le champ de bataille. On le poursuivit pendant deux lieues; mais l'intrépide Mamelouk s'enfonça dans le désert, et échappa encore à l'ardeur de son ennemi.

C'étoit le 18 janvier que Desaix avoit livré la bataille de Samanouth. Il se remet en marche le 24, arrive à Hesneh le 28, et se jette dans le désert. Pendant trois jours, il supporte des fatigues excessives; la chaleur, la soif, la privation de tout ombrage, tous les maux enfin que l'armée française avait déjà essuyés, l'assiégent de nouveau; enfin, il arrive à Syène. Son ennemi fuit devant lui; il redouble d'ardeur pour l'atteindre, et telle est l'activité de sa marche, qu'il réduit Mourad, Hassan, Solyman et huit autres beys à se jeter dans les horribles déserts de Brèbe, au-dessus des cataractes du Nil, à quatre journées de Syène. Ainsi, dans l'espace de quelques semaines, les ordres du général en chef se trouvèrent exécutés

En ce moment Buonaparte étoit occupé de l'exécution de ses plus vastes projets. Il savoit que les pachas de Syrie rassembloient des forces considérables; que Djezzar, gouverneur de Saint-Jean-d'Acre, étoit l'âme de cette vaste coalition; que la sublime porte faisoit, de son côté, des préparatifs menaçans. Il voyoit que ces dispositions donnoient de la confiance et inspiroient de l'audace aux Égyptiens. Prêt d'être attaqué de toutes parts, il prit la résolution de prévenir ses ennemis, et de porter la guerre dans la Syrie. L'issue de cette expédition a eu des suites si importantes, qu'elle mérite une attention toute particulière.

CHAPITRE XV.

Expédition de Syrie.

La Syrie, par la gloire et l'antique puissance de ses monarques, la magnificence de ses monumens, l'éclat de ses arts, et les brillantes expéditions des croisés, est une des régions les plus célèbres de l'Asie. Elle touche par la Palestine et ses provinces maritimes aux frontières de l'Égypte ; mais, plus heureuse que cette dernière contrée, elle tient une partie de ses richesses de la fécondité de son sol. Ce n'est point, comme la terre du Nil, une terre artificielle, frappée par elle-même de stérilité, et tenant toute son existence des caprices d'un fleuve. Elle n'est point située sous un ciel inexorable, d'où ne descendent jamais ni les pluies ni les rosées. La vigne, l'olivier, le mûrier, les blés l'enrichissent de leurs abondantes productions ; le Liban, de ses cèdres ; l'Oronte et le Jourdain, de leurs eaux vivifiantes. Cependant elle n'est comparable ni aux belles provinces de la Grèce ni aux régions de l'Europe situées sous un beau ciel. L'air y est tempéré sur les montagnes, chaud, humide, et quelquefois brûlant dans les plaines. La Syrie offre deux espèces de climats. Ici c'est le même ordre, et presque le même caractère de saisons qu'en France : dans l'hiver, un froid vif et rigoureux, la terre chargée de neiges, des ruisseaux enchaînés par les glaces. Là, c'est le ciel des plus belles provinces de l'Espagne, des orangers, des dattiers, des bananiers qui ne se dépouillent jamais de leurs feuilles, et se couvrent en janvier même de fleurs et de fruits. La Syrie est moins heureuse sous le rapport politique.

Ce pays célèbre n'a plus rien de son antique splendeur. Les invasions des barbares, l'ignorance et le fanatisme ont transformé en monceaux de ruines ses plus riches cités. Vingt nations, vingt races différentes occupent ses belles provinces. Ici vous trouvez les restes de ces anciens Grecs qui se sont partagé la succession d'Alexandre. Là, c'est la postérité de ces Arabes, qui, le fer à la main, établirent dans l'Asie la doctrine de Mahomet; plus loin, des Turkmans, des Kourdes, des Bedouins, tribus errantes chez lesquelles la civilisation et les arts ne sont point encore parvenus.

Le teint des habitans varie suivant la nature des races et le climat ; mais il n'est point basané comme en Égypte, et ne tient rien de celui des Nègres. Sur le Liban, il ne diffère en rien de celui des Français. On vante même la blancheur de la peau des dames de Damas.

La langue générale de la Syrie est l'arabe.

Le syriaque ne se retrouve maintenant quer dans la liturgie de quelques moines qui ne l'entendent plus; et la langue d'Homère, qui dominoit autrefois dans ces contrées, s'est tellement dénaturée, qu'on la reconnoît à peine parmi les tribus qui prétendent la parler. Les Turcs sont les souverains de ce vaste état; ils habitent plus particulièrement les villes, où ils exercent les emplois civils et militaires. Les Grecs et les Arabes forment la classe des païsans dans les villages, et du bas peuple dans les cités.

La Syrie est divisée en cinq pachaliks, Damas, Tripoli, Saint-Jean-d'Acre, Alep et la Palestine.

A l'époque où les Français débarquèrent en Égypte, celui de Saint-Jean-d'Acre étoit surtout célèbre par la tyrannie de Dgezzar, pacha. C'étoit un vieillard d'une âme altière, d'un courage qu'il poussoit jusqu'à la férocité. Sa patrie étoit la Bosnie, son véritable nom *Ahmad*. A seize ans il fut obligé de s'expatrier pour éviter la punition d'un viol qu'on l'accusoit d'avoir tenté sur sa propre sœur. Dénué de toutes ressources, il prit le parti de se vendre lui-même à l'un des ces marchands d'esclaves qui recrutoient pour l'armée des Mamelouks. On le conduisit en Égypte; Ali-Bey l'acheta, reconnut en lui des qualités élevées, mais fa-

rouches; il se l'attacha et lui confia quelques-
unes de ces exécutions sanglantes par lesquelles
les Turcs se défont de leurs ennemis. Ahmad s'acquitta avec tant de zèle et de fidélité de ces commissions meurtrières, qu'Ali lui donna le surnom
de *Dgezzar*, mot arabe qui signifie boucher.
Il quitta bientôt le service d'Ali, revint à Constantinople, sollicita vainement de l'emploi, et
passa en Syrie, où il entra comme simple soldat
dans les troupes de l'émir Vousef, qui commandoit alors cette peuplade célèbre établie
dans les montagnes du Liban, et connue sous le
nom de Druses. Son avancement fut rapide,
et l'émir lui confia le commandement d'une
place maritime nommée *Bairout*. Dgezzar, infidèle à son prince, la livra aux Turcs.

Vousef l'assiégea, et, secondé des Russes
et du fameux pacha de Saint-Jean-d'Acre,
Daher le força de se rendre à discrétion. Mais
telle était la haute opinion qu'on avoit de ses
talens que, loin de le punir de sa perfidie, ses
vainqueurs le traitèrent avec distinction, et
Daher lui donna le commandement d'une expédition en Palestine. Dgezzar trahit encore
son nouveau bienfaiteur, traita avec les Turcs,
et vint avec le capitan pacha assiéger Daher
lui-même dans la ville d'Acre. Ses perfidies,
son courage et sa capacité lui valurent successivement le pachalik de Séide et celui de Damas.

Enflé de sa puissance, il attaqua et battit les Bédouins, les Druses, les Motualis, et réduisit ces derniers à quatre ou cinq cents familles, qui cherchèrent un asile dans les rochers de l'Anti-Liban. Tant de succès éveillèrent son ambition ; il conçut le projet de se rendre indépendant, et, profitant de la foiblesse du gouvernement, il s'en appropria les revenus, et n'entretint avec lui d'autre relation que celle que réclamoit son intérêt personnel. La Porte essaya vainement de le faire périr. Toujours en garde contre les attaques ou les embûches de ses ennemis, il fit périr lui-même ceux qu'on avoit chargés de lui ôter la vie, et devint de plus en plus redoutable à la cour de Constantinople.

Parmi les actes de férocité dont on l'accuse, on en cite un que nous sommes loin de garantir, car il n'est rapporté que par ses ennemis.

Les Russes étant venus l'assiéger par mer à Bairout, Dgezzar en fit réparer l'enceinte ; et comme il se défioit de la fidélité d'un grand nombre de Grecs, il les fit enfermer tout vivans dans les remparts, en ne leur laissant passer que la tête, pour prolonger leurs douleurs, et jouir plus long-temps de leur supplice. Il joignoit à une extrême cruauté une extrême avarice, et c'étoit une opinion répandue dans toute la Syrie, qu'il avoit rassemblé à Acre des trésors immenses.

Si l'on en croit sir Sydney Smith, ce fut la soif de l'or et le désir de conquérir ces richesses qui déterminèrent uniquement Buonaparte à porter la guerre en Syrie. Mais il est constant qu'il eut des motifs d'un ordre plus élevé.

Lorsque l'Europe vit rassembler à Toulon une armée formidable, qu'elle vit une flotte nombreuse traverser la Méditerranée pour se rendre en Egypte, on ne douta point que cette vaste entreprise ne couvrît le projet d'ouvrir aux légions françaises une route jusque dans l'Inde ; les relations de Tippoo-Saïb avec le gouvernement de France donnoient à ces conjectures le plus haut degré de probabilité.

Ce prince, ennemi irréconciliable du nom anglais, attendoit depuis long-temps l'occasion de secouer leur joug, et d'affranchir sa patrie de l'oppression des étrangers. Dès 1797, il avoit envoyé deux ambassadeurs au gouverneur de l'île de France, avec lequel il entretenoit depuis long-temps une correspondance secrète. Ils étoient chargés de demander des secours en hommes, et de solliciter une alliance entre le sultan et le gouvernement français. Ils furent reçus avec de grands honneurs, et défrayés pendant tout leur séjour aux frais du trésor public. Une proclamation du gouverneur annonça aux habitans de l'île l'objet de cette ambassade, et promit des encouragemens à ceux qui prendroient parti dans cette guerre patriotique.

Quelques mois après, ils partirent, emmenant avec eux un corps de deux à trois cents hommes, avec plusieurs officiers français, qui arrivèrent à Mangalore, au mois d'avril 1798.

En même temps Tippoo envoya une ambassade à Zemaun Shah, prince souverain de Cabul (l'ancienne Bactriane), pour l'engager à faire une irruption dans l'Inde.

Le royaume de Cabul, auquel se joint celui de Candahar, est vaste et populeux ; il comprend tout le pays entre l'Indus, les rives méridionales de la mer Caspienne, les frontières orientales de la Perse et la Grande-Bucharie. Les habitans de Candahar passent pour les soldats les plus intrépides de l'Asie. La population de ce royaume et de celui de Cabul n'est pas bien connue, mais il paroît constant que le souverain de ces deux états peut facilement mettre sur pied cent vingt mille hommes.

Une alliance aussi imposante étoit de nature à donner des inquiétudes au gouvernement anglais. Lord Mornington, gouverneur général des Indes, instruit des dispositions de Tippoo, et des soins qu'il se donnoit pour former une ligue redoutable contre les Anglais, s'adressa d'abord à ce prince, et dans une lettre qu'il lui écrivit, le 8 novembre 1798, il lui représenta que ses relations avec les Français pouvoient avoir pour lui les suites les plus funestes ; qu'en attirant dans ses états un peuple turbulent et sans religion, il exposoit aux plus grands dangers sa puissance, la tranquillité de son empire, et même le culte de Mahomet.

Mais lorsqu'il apprit qu'une armée française étoit descendue en Égypte et en avoit pris possession, frappé de la liaison de cet événement avec les préparatifs de Tippoo-Saïb, il se hâta de donner les ordres convenables pour la sûreté des possessions anglaises, et résolut de déployer un appareil militaire capable d'imposer à Tippoo et de le détacher de son alliance avec les Français. Il ordonna au gouverneur de Madras de rassembler toutes ses forces disponibles, de les faire marcher en toute diligence vers les frontières du Carnate d'y prendre des positions, et de se tenir prêt à se porter sur Seringapatnam, s'il étoit nécessaire. Il enjoignit également au gouverneur de Bombay non-seulement de réunir toutes ses troupes, mais de lever encore tout ce qu'il pourroit trouver de soldats sur la côte de Malabar. En même temps, il travailla avec ardeur à dissiper la faction française dans toutes les parties de l'Inde.

Il renouvela les traités de la Grande-Bretagne avec le Souba du Décan, et déploya tant de prévoyance et d'activité, que le gouvernement britannique put être désormais tranquille sur le sort de ses possessions.

Bientôt instruit de la défaite de la flotte française à Aboukir, il s'empressa de faire part de cette nouvelle à Tippoo-Saïb, et lui annonça que non-seulement la flotte de S. M. Britannique avoit remporté une grande victoire, mais que, par une suite d'heureux événemens, S. M. avoit conclu avec le Souba une nouvelle alliance, et détruit l'influence des Français dans le Décan; qu'une escadre anglaise couvroit les côtes du Malabar, qu'elle attendoit de nouveaux bâtimens récemment équipés, et que les forces britanniques s'étoient déployées sur tous les points, de manière à ne laisser aucun doute sur l'issue des événemens.

Lord Mornington proposoit en conséquence au souverain de Mysore de recevoir le colonel Doveton pour entrer en négociation, et terminer à l'amiable tous les différens entre lui et le gouvernement britannique. Dans cette vue, il se rendit lui-même au fort St.-George pour accélérer la conclusion des affaires, et y reçut une réponse du sultan.

« Je me félicite, disoit Tippoo, d'avoir été
» assez heureux pour recevoir les lettres pleines

» d'amitié que vous m'avez adressées. Les nou-
» velles que vous m'avez données d'une grande
» victoire navale remportée par la flotte an-
» glaise sur la flotte française, m'ont causé plus
» de joie que je ne saurois vous l'exprimer.
» J'ai le plus ferme espoir que le gouverne-
» ment anglais, qui n'a cessé de marcher dans
» les routes de la franchise, de la bienveillance
» et de l'humanité, sera partout victorieux et
» triomphant ; et que les Français au con-
» traire, nation sans foi, ennemie du genre
» humain, sera bientôt vaincue, exterminée.
» Votre Excellence a pris, pour m'écrire,
» la plume de l'amitié. Elle me marque qu'elle
» n'ignore point les relations que j'ai avec les
» Français, ces irréconciliables ennemis de la
» puissance britannique, qu'elle ne sauroit
» être indifférente aux engagemens que j'ai
» pris avec eux. Voici à quoi toutes mes rela-
» tions se réduisent. Il existe, dans les états
» que Dieu a bien voulu me confier, une tribu
» marchande qui s'occupe uniquement de
» trafiquer par terre et par mer. Un bâtiment
» de cette tribu ayant exporté du riz dans l'île
» de France, une quarantaine d'individus
» français et hommes de couleur s'embar-
» quèrent avec eux et vinrent dans mes états
» pour y chercher de l'emploi; ceux qui con-
» sentirent à prendre du service restèrent, les

» autres furent renvoyés au-delà des frontières;
» et j'ai lieu de croire que ce sont ces misé-
» rables (car les Français sont remplis d'arti-
» fice et de mauvaise foi) qui ont répandu des
» bruits fâcheux et propres à rompre la bonne
» intelligence entre mes états et les possessions
» de S. M. Britannique.

» Au reste, le premier et le plus sincère
» désir de mon cœur est de maintenir entre
» l'Angleterre et moi la bonne amitié et la foi
» des traités qui nous unissent. J'ai dû être
» extrêmement surpris en apprenant que vous
» suspectiez mes intentions, et que la nature
» de mes démarches vous mettoit dans la né-
» cessité d'adopter des mesures de précaution
» et de défense.

» Votre amitié vous a mieux inspiré quand
» vous m'avez proposé de m'envoyer le colo-
» nel Doveton pour concerter avec moi les
» moyens les plus propres à dissiper tous les
» soupçons et consolider la paix et la bonne
» intelligence sur les bases les plus durables.
» Vous attendez, me dites-vous, que j'indique
» le temps et le lieu où il me conviendra le
» mieux de le recevoir. Mais je représente à
» Votre Seigneurie que, grâce à Dieu, les
» derniers traités qui nous lient ont été con-
» çus et rédigés avec tant de sagesse et de pré-
» voyance, que les parties contractantes les

» ont unanimement regardés comme des mo-
» dèles dignes de servir d'exemple aux négo-
» ciateurs de tous les âges. Je ne pense pas
» qu'il soit nécessaire de recourir à d'autres
» moyens pour maintenir entre nous la sécu-
» rité, l'harmonie et la bonne amitié. »

Cette réponse d'un homme adroit et dissimulé étoit loin de satisfaire le gouverneur général. Il écrivit de nouveau au sultan pour le presser d'ouvrir des négociations; et imitant la fierté des consuls romains, il ne lui donna qu'un jour pour se décider. Tippoo différa de répondre. La présence de l'armée républicaine en Égypte lui inspiroit la plus grande confiance, il attendoit avec impatience des nouvelles de Buonaparte, et ce général lui avoit en effet adressé une lettre conçue en ces termes :

« *Buonaparte, au puissant et magnifique*
» *sultan Tippoo, notre illustre et grand*
» *ami.*

» Vous avez appris mon arrivée sur les
» bords de la mer Rouge, avec une nombreuse
» et invincible armée, pour vous délivrer du
» joug des Anglais. Je saisis cette occasion
» pour vous témoigner le désir d'avoir des
» nouvelles de votre situation politique par la
» voie de Moscate ou de la Morée. Je vous

» engage à m'envoyer à Suez ou au Caire une
» personne intelligente et sûre, avec laquelle
» je puisse conférer. Que le Très-Haut ac-
» croisse votre puissance et détruise vos en-
» nemis ! »

Mais à l'époque où Buonaparte écrivoit, les Anglais étoient maîtres de toutes les communications. Sa lettre tomba entre leurs mains, et les confirma pleinement dans l'opinion qu'ils avoient des desseins du sultan de Mysore. Tippoo voyant le temps s'écouler sans apparence de secours, prit enfin le parti d'écrire à lord Mornington, et lui manda que, devant faire bientôt une grande chasse vers les frontières de son empire, il étoit prêt à recevoir le colonel Doveton et à conférer avec lui. Mais sa réponse venoit trop tard. L'orgueil anglais, offensé de ses délais, avoit ordonné sa ruine, et déjà les armées britanniques pénétroient dans l'intérieur du Mysore. On sait quelle fut la fin tragique de Tippoo. Dénué de tout appui, et fidèle à la haine qu'il avoit vouée au nom anglais, il s'ensevelit sous les ruines de son palais.

Lorsque l'armée française partit du Caire pour aller de nouveau à travers les déserts porter la guerre en Syrie, on pouvoit naturellement penser que cette expédition cachoit le dessein de s'ouvrir bientôt des routes nouvelles, d'aller seconder les belliqueux projets de Tippoo, et frapper la Grande-Bretagne dans ses possessions les plus précieuses. C'étoit un mot devenu familier dans les cercles politiques de Paris, qu'il falloit prendre Londres aux Grandes-Indes. Ce dessein étoit gigantesque, et condamné par toutes les règles de la prudence humaine. Mais dans la fièvre révolutionnaire qui exaltoit alors les têtes républicaines, rien ne sembloit impossible, et Buonaparte s'étoit long-temps flatté de renouveler les prodiges d'Alexandre et d'aller planter sur les bords du Gange l'étendard tricolore. Tout annonce même qu'il nourrissoit l'espoir du succès lorsqu'il laissa la capitale de l'Égypte pour aller combattre le pacha de S.-Jean-d'Acre.

L'armée destinée à cette expédition étoit peu nombreuse, mais composée de l'élite de ses soldats. Elle étoit distribuée en quatre légions, sous les ordres des généraux Kléber, Regnier, Lannes, Bon. Le général Murat commandoit la cavalerie, le général Dammartin l'artillerie; le génie étoit sous la direction du général Cafarelli. Sa force totale étoit de 12,428 hom. (1)

---

(1) Les rapports des Anglais portent l'armée de Syrie à 12,945 hommes; ce qui diffère peu de l'état que nous donnons ici. Le général Berthier ne la porte qu'à 10,000 hommes; mais cet état ayant été rédigé par M. Miot, commissaire des guerres, il n'est guère possible de douter de son exactitude.

Le parc d'artillerie comptoit quatre pièces de douze, trois de huit, cinq obusiers et trois mortiers. Chaque division avoit deux pièces de huit, deux obusiers, deux pièces de trois; le corps des Guides, quatre pièces de huit et deux obusiers.

Buonaparte répartit dans les villes d'Alexandrie, de Damiette et du Caire la légion nautique, la légion maltoise et divers autres corps pour former la garnison de ces places, les protéger contre les Arabes, et contenir les provinces de la Basse-Égypte. Le général Desaix continua d'occuper la Haute-Égypte.

Le premier rendez-vous fut indiqué à Katieh. C'est une station pour les caravanes, située dans le désert, à dix-sept lieues de Salahieh, sur la route d'El-Arisch. Le général Regnier y envoya son avant-garde vers le 20 de janvier. Kleber y arriva le 7 février.

Ce général, après son départ d'Alexandrie, n'étoit resté que quelques jours au Caire. Il s'étoit précédemment élevé entre Buonaparte et lui quelques nuages. Kleber ayant ordonné des paiemens à Alexandrie, et pris quelques mesures que les circonstances lui faisoient regarder comme indispensables, Buonaparte s'en étoit offensé, et avoit cassé ces arrêtés. Kleber, incapable de supporter un affront, s'étoit plaint vivement et avoit demandé des passe-ports pour

retourner en France. Le général Cafarelli re-
montra à Buonaparte le danger de s'aliéner un
homme tel que Kléber, et Napoléon, toujours
prêt à revenir sur ses pas quand ses intérêts l'exi-
geoient, lui écrivit: « Les nuages sont de peu de
» durée sous le ciel où nous vivons; j'espère
» qu'il en sera de même de ceux qui se sont
» élevés entre vous et moi, et que la sérénité
» renaîtra incessamment. Venez, général, em-
» brasser au Caire un camarade d'armes qui
» seroit fâché d'avoir pu affliger un guerrier tel
» que vous. »

Kléber ne put se défendre de répondre à
cette obligeante invitation, il vint au Caire, et
en repartit pour prendre le gouvernement de
Damiette, confié provisoirement au général
Dugua; ce fut de ce point qu'il se rendit à
Katieh.

Les deux divisions réunies marchèrent à
l'instant sur El-Arisch, pour en former le blocus.
Le fort de cette place est d'une grande importance pour celui qui le possède. Il assure la
jouissance des citernes abondantes en eau douce;
il donne la faculté d'établir des magasins, soit
qu'on veuille se rendre d'Égypte en Syrie, ou
passer de Syrie en Égypte. Il est nécessaire à la
sûreté de ce dernier état dont il a toujours fait
partie. Dgezzar accourut au secours de la place,
et, réuni aux Mamelouks d'Ibrahim, forma avec

ce bey, le projet de prendre à dos le peu de troupes qui se trouvaient devant El-Arisch et de les mettre entre deux feux.

Kléber et Régnier le prévinrent, et, par un mouvement habile, tournèrent sa position pendant la nuit, attaquèrent le camp, et l'enlevèrent en un instant. Cet échec imposa à l'ennemi, qui n'osa plus inquiéter l'armée. Buonaparte faisoit marcher successivement ses divisions. Il partit le 10 février, conféra le commandement du Caire au général Dugua, chargea M. Poussielgue de l'administration civile, donna le commandement d'Alexandrie au général Marmont, et arriva, le 12, à Salehieh, où l'on avoit établi des magasins.

Au sortir de cette place, l'armée se retrouva dans ces sables brûlans, qui n'offrent à l'œil de l'homme pas un arbre pour se défendre des ardeurs du jour, pas une fontaine pour se désaltérer; au milieu de ces monticules mobiles, sur lesquels le pied ne sauroit se reposer, et que le vent dissipe dans les airs en nuages de feu.

L'ardeur du soleil étoit excessive. Le soldat, chargé de ses armes, de ses munitions, de ses vivres, se traînoit à peine sur cette terre embrasée, qui cédoit sous ses pas, et l'obligeoit de reculer presque autant de fois qu'il vouloit avancer; les rafales lui brûloient le visage comme les bouffées ardentes qui sortent de la bouche d'un four embrasé; s'il vouloit se reposer, c'étoit sur un sol dont la main pouvoit à peine supporter la chaleur, et qui s'élevoit souvent à 44 degrés du thermomètre de Réaumur. Nulle part la nature n'a amoncelé de sables plus mobiles et plus profonds; tantôt le vent les élève en montagnes impénétrables, tantôt il les étend en vastes plaines, tantôt il les roule en nuages épais; leur forme, leur position, leur hauteur changent à chaque instant. Il falloit parcourir 17 lieues sur ce sol désolé avant d'arriver à Katiek. Là un bois de palmiers d'une fraîcheur vivifiante et d'une assez vaste étendue, offre enfin un ombrage salutaire et une eau potable. La saveur en est à la vérité désagréable, mais elle n'est point nuisible à la santé. Avec quel plaisir l'armée se reposa sous cette voûte de verdure! Avec quelle avidité elle étancha la soif qui la dévoroit! Les bosquets de l'Éden et ses limpides ruisseaux lui eussent paru moins délicieux.

On s'empressa de s'assurer la possession d'un poste si précieux; on y éleva à la hâte des fortifications; on y laissa un détachement pour le garder, et deux jours après le reste de l'armée se remit en marche. Mais de nouvelles fatigues l'attendoient. Vingt-deux lieues de terres inhabitables séparent Katich d'El-Arisch. On retrouva bientôt les mêmes sables, les mêmes vents, les mêmes privations, les mêmes souffrances. Les phénomènes du mirage s'y renouveloient sans cesse ; illusions cruelles, qui ne faisoient qu'irriter davantage le sentiment de la soif. On se flattoit de trouver à cinq lieues de Katieh quelque adoucissement à tant de maux. Vaine espérance! Le puits de *Bir-el-Ab* (*puits du père*) ne fournit qu'une eau amère et salée, que la bouche de l'homme rejette avec dégoût. Les animaux ne la refusent point; mais elle est si malfaisante, que les chevaux qui en burent périrent presque tous. Il fallut donc se résoudre à parcourir encore dix-sept lieues dans ces horribles solitudes. Accablés par la fatigue, irrités par le besoin, les soldats ne connoissoient plus la discipline; ils se jetoient sur tout ce qui pouvoit leur procurer quelque soulagement. Ils perçoient les outres des généraux, et les généraux, témoins de leurs souffrances, oublioient les droits du rang pour ne songer qu'à ceux de l'humanité. Ce fut ainsi que les divisions commandées par Buonaparte arrivèrent enfin sous les murs d'El-Arisch.

CHAPITRE XVI.

Premiers succès de l'armée française en Syrie. Prise d'El-Arish, de Gaza, de Jaffa. Massacre des prisonniers de guerre. Marche de l'armée sur Saint-Jean d'Acre.

Toute l'armée se trouvant ainsi réunie, on pressa vivement le siége d'El-Arish. Cette place n'est plus qu'un affreux village, dans le plus affreux des déserts; sa force consiste dans une tour carrée, qui ne tiendroit pas, vingt-quatre heures, contre quelques pièces d'artillerie de siége; mais l'armée n'en avoit point, les sables du désert en avoient rendu le transport impraticable.

On se contenta donc d'enlever le village à la baïonnette, et d'établir, hors de la portée du fusil, une batterie de pièces de campagne, en face de la tour; cette batterie faisoit peu d'effet : les boulets, repoussés par une forte muraille en pierre, revenoient sur eux-mêmes, et tuoient nos soldats jusque dans le camp. La faim commençoit à faire de cruels ravages; les provisions qu'on attendoit de divers points n'étoient pas arrivées. Bientôt on fut réduit à tuer les dromadaires et les mulets pour se nourrir de leur chair. Si la place eût fait quelque résistance, l'expédition de Syrie pouvoit se terminer devant cette misérable tourelle, car il étoit aussi impossible d'avancer que de reculer; mais la terreur de l'ennemi sauva l'armée. Le général Berthier le somma de se rendre, menaçant de passer tout au fil de l'épée, si le fort étoit pris d'assaut. La garnison effrayée offrit de capituler, et de remettre la place avec tous ses magasins. Elle s'engageoit à ne point servir dans l'armée de Dgezzar, et demandoit à retourner par le désert à Bagdad. Ces propositions furent acceptées avec empressement. On trouva dans le fort deux cent cinquante chevaux, une grande quantité de provisions de guerre et de bouche, dont on avoit le plus grand besoin. La garnison étoit composée de quatre cents Maugrabins, espèce de barbares sans chefs, de huit cents hommes venus des bords de l'Euphrate, et d'une trentaine de Mameloucks [1]. On incorpora les Maugrabins dans l'armée, et contre la foi des traités; on dirigea les paysans de l'Euphrate sur Jaffa; les Mameloucks furent envoyés au

---

[1] Le général Berthier, dans son *Histoire de l'expédition d'Égypte*, porte à deux mille hommes la garnison d'El-Arich; mais les états les plus exacts ne la portent qu'à douze cent trente-six. Le général Berthier écrivoit sous les yeux de Buonaparte, et ne pouvoit éviter l'exagération ou la réticence, deux grands moyens de flatterie.

Caire avec les drapeaux pris à l'ennemi; trophée d'un médiocre honneur, et dont la conquête avoit coûté peu d'efforts.

Après s'être assuré la possession d'El-Arish, l'armée se remit en marche et se porta sur Kan-Jounes, premier village de la Palestine. Si l'on eût suivi la route directement, cette marche se seroit terminée en un jour; mais, trahi par un guide infidèle, le général Kléber, qui commandoit l'avant-garde, s'étant égaré, erra pendant quarante-huit heures dans le désert, éprouvant tout ce que la chaleur, la faim, la soif et l'inquiétude ont de plus cruel. Les divisions des généraux Bon et Lannes, qui le suivoient, s'égarèrent sur ses pas, et partagèrent toutes ses souffrances. Enfin, quelques Arabes le remirent dans la route, et les trois divisions, qui devoient marcher à quelque distance, arrivèrent ensemble au *Santon*, trois lieues en-deçà de Kan-Jounes.

Le hasard avoit forcé Buonaparte de s'y rendre en même temps. Il étoit parti le 20 février d'El-Arish pour rejoindre l'armée à Kan-Jounes. Il arrive sans avoir de nouvelles de la division Kléber; il pousse quelques hommes de son escorte dans le village, et s'étonne de le trouver occupé par des Mameloucks. Il n'avoit qu'un simple piquet. Si les Mameloucks eussent connu leur avantage, il ne pouvoit leur échapper; mais la fortune, toujours fidèle, le servit encore dans cette occasion. Les Mameloucks effrayés prirent la fuite et lui donnèrent le temps de se replier à trois lieues en arrière.

C'étoit de ce point que devoient commencer les grandes opérations de la campagne de Syrie. Dgezzar, plein de courage et d'activité, n'avoit rien négligé pour soutenir la guerre avec honneur. A l'exemple de Buonaparte, il avoit adressé des proclamations aux gouverneurs et aux peuples de Syrie, pour les appeler à la défense de leur religion et de leur patrie. Il venoit d'être récemment élevé aux dignités les plus éminentes; le grand-seigneur l'avoit nommé pacha du Caire, et lui avoit conféré le commandement en chef des troupes musulmanes, des pachalics de Damas, de Tripoli de Syrie, de Gaza, de Ramlé, de Jaffa. Il avoit rassemblé des troupes nombreuses, fortifié les places de son commandement, et établi des magasins considérables à Gaza, à Jaffa, et partout où il pensoit qu'il seroit nécessaire d'opposer une vigoureuse résistance.

Sa première proclamation commençoit par un passage du Koran :

« Au nom de Dieu clément et miséricor-
» dieux, ô vous qui avez cru et voulu que je
» vous montre le moyen d'éviter les tourmens

» les plus terribles, croyez en Dieu et en son
» prophète, et combattez pour la cause divine,
» de tous vos moyens et de toutes vos forces.
» C'est ce que vous avez de mieux à faire, si
» vous êtes clairvoyans. Vos fautes vous seront
» pardonnées, et vous entrerez dans les jardins
» où coulent des fleuves délicieux; vous serez
» récompensés dans les demeures bienheu-
» reuses du jardin d'Eden, au comble de la fé-
» licité. »

Il ajoutoit ensuite :

« Nous vous faisons savoir que le huitième
» *chaaban*, jour béni de la présente année,
» nous avons reçu des ordres de notre souve-
» rain et des commissions glorieuses de la Su-
» blime-Porte, que Dieu veuille rendre vic-
» torieuse, et que nous avons rassemblé des
» troupes musulmanes, des armées innombra-
» bles de fidèles fantassins et cavaliers.

» Nous désirons que vous vous réunissiez dès
» ce moment à nous, pour ne former qu'un
» seul faisceau. Ralliez-vous à vos frères les
» croyans contre ces maudits infidèles. Faites
» vos efforts pour le triomphe de l'islamisme,
» car, par le secours du Tout-Puissant, vous
» serez vainqueurs de vos ennemis, qui sont
» les ennemis de Dieu. Ne vous laissez pas ef-
» frayer par leur jactance et leurs vaines me-
» naces. Prenez garde surtout à leur perfidie.

» Ils vous feront d'abord des promesses, et vous
» précipiteront ensuite dans un abîme de maux.
» Ils ruineront vos habitations, et n'en laisse-
» ront aucune trace.

» Nous nous sommes assurés qu'ils sont dans
» la situation la plus déplorable ; nous avons
» intercepté des lettres qu'ils envoyoient pour
» les Français ; nous les avons traduites en
» arabe et nous vous les communiquons, pour
» vous confirmer nos paroles et ne vous laisser
» aucune incertitude à ce sujet. Cela augmen-
» tera notre force et votre zèle, et, s'il plaît à
» Dieu, vous éprouverez de notre part tout ce
» qui peut vous satisfaire. Nous assurerons le
» repos des peuples par un gouvernement sage,
» nous tiendrons nos promesses, et ces op-
» presseurs sauront alors qu'on les attend. Que
» le salut de paix soit sur le prince des pro-
» phètes, et la louange à Dieu le maître du
» monde. »

Le corps de Mamelouks destiné à arrêter les premiers progrès des Français était commandé par Abdalah, officier d'un courage médiocre et d'une fidélité suspecte. Au moment où l'armée républicaine paroissoit à la vue de Kan-Jounes, il occupoit les hauteurs de ce village : soit qu'il jugeât cette position peu tenable, soit qu'il voulût favoriser l'armée française, il se replia sur Gaza. L'armée l'y suivit avec ardeur. Ce n'étoient plus ce ciel brûlant, ces sables arides, ces rafales d'une chaleur dévorante, qui tant de fois avoient épuisé le courage, lassé la patience du soldat: des champs de verdure, des coteaux chargés de vignes, des vallons rafraîchis par l'onde des ruisseaux, des plaines couvertes de mûriers et d'oliviers, donnoient à cette terre nouvelle un aspect ravissant. Le soldat crut retrouver sa chère Europe. Pour la première fois, depuis près d'un an, il voyoit le ciel chargé de nuages, il entendoit gronder le tonnerre, et recevoit avec reconnoissance une pluie salutaire et vivifiante. La plaine de Gaza est riante et fertile, ses jardins, arrosés par des ruisseaux d'eau vive, produisent des grenades, des dattes, des cédrats excellens. La ville est située à une demi-lieue de la mer, sa population n'est guère que de deux mille âmes. Des débris de marbre, des ruines antiques, prouvent qu'elle a été autrefois le séjour de l'opulence (1). Aujourd'hui rien n'y rappelle son antique splendeur. Toute sa défense consiste dans un château de forme circulaire, du diamètre d'environ quarante toises, flanqué de tours, et situé sur une colline peu élevée; la ville se compose de trois quartiers, qui forment comme autant de villages séparés.

---

(1) Ce fut de la ville de Gaza que Samson emporta les portes pendant la nuit.

A l'approche des Français, les habitans envoyèrent une députation et furent traités en amis. On trouva dans le fort seize milliers de poudre, une grande quantité de cartouches, des munitions de guerre, et quelques pièces de canon. La ville offrit cent mille rations de biscuit, des magasins de riz, une grande quantité d'orge et divers objets d'équipement.

On passa deux jours à Gaza, pendant lesquels Buonaparte organisa une administration civile et militaire. Le troisième jour, on se dirigea sur Jaffa.

Abdalah continuoit de se retirer sans compromettre ses soldats. La terre sur laquelle on marchoit étoit riche en souvenirs. C'étoit cette contrée illustrée autrefois par la gloire de David, la sagesse de Salomon, la naissance, les miracles et la mort du Christ. Là étaient les ondes du Jourdain, ici les hauteurs du Thabor, les forêts du Liban; sur la droite, cette cité sainte si féconde en merveilles; ces plaines signalées par tant de batailles; ces murailles, témoins de tant d'exploits consacrés par les chants du Tasse.

Le 1er. mars, l'armée coucha à *Ezdoud*, reste hideux et déplorable de l'ancienne *Azoth*; cette ville, dès le temps de Josué, occupoit le premier rang parmi les plus riches cités de la terre de Canaan. C'étoit dans ses murs que les Philistins adoroient l'idole de Dagon. Aucun siége ne fut plus opiniâtre et plus digne de mémoire que celui qu'elle soutint contre Psammitique, roi d'Egypte, s'il est vrai qu'elle ait bravé pendant vingt-neuf ans tous les efforts de ce prince.

En quittant Azoth, l'armée française laissa sur sa gauche Ascalon, ville célèbre dans les livres saints. On eut à traverser encore, si non des déserts, au moins des plaines couvertes de monticules de sables trempés par les eaux, et que la cavalerie ne parvenoit à franchir qu'avec beaucoup de peine.

Ramleh offrit des magasins de biscuit que l'ennemi n'avoit pas eu le temps d'enlever. Ce village est l'ancienne Arimathie, patrie de Joseph, qui rendit les honneurs de la sépulture à Jésus-Christ. Les Mameloucks continuoient de se retirer. Quelques corps épars d'Arabes et de barbares fuyoient à l'approche des Français. Le 5 mars, on aperçut les murs de Jaffa. Cette ville est l'ancienne Joppé, si célèbre dans l'histoire des Israélites. C'étoit dans son port qu'abordoient les vaisseaux d'Hiram, roi de Tyr, lorsqu'il envoyoit à Salomon les pierres et les bois qui devoient servir à la construction du temple de Jérusalem. On fait remonter son antiquité jusqu'à Japhet, fils de Noé. Les Sarrasins et les croisés s'en disputèrent long-temps la possession. Saladin la ruina;

saint Louis la rétablit. Devenue enfin la conquête des Turcs, elle n'offre qu'un amas de maisons mal construites, une population pauvre et peu nombreuse, un commerce mourant. Ses fortifications consistent en une simple muraille sans fossés, mais garnie de tours. Dgezzar y avoit rassemblé douze cents canonniers turcs, et deux mille cinq cents hommes de diverses nations, Arnautes, Maugrabins, Kurdes, Natoliens, Damasquins, etc. Tous s'étoient retirés dans l'intérieur de la ville à l'approche de la division Kléber, qui formoit l'avant-garde. Ce général reçut l'ordre de couvrir le siége et de contenir les Naplousains, qui se réunissoient pour inquiéter l'armée et contrarier ses opérations. Ces peuples sont les anciens Samaritains; ils sont encore aujourd'hui, comme autrefois, les ennemis des habitans de Jérusalem.

Les divisions Bon et Lannes formèrent l'investissement de la ville. On fit la reconnoissance de la place, et l'on employa trois jours à ouvrir la tranchée, à établir des batteries et à perfectionner les travaux. Le 7 mars, la ville fut canonnée; et l'artillerie joua avec tant de succès, que le même jour la brèche fut jugée praticable. Le lendemain, le général Berthier envoya au commandant de la place la sommation suivante :

« Dieu est clément et miséricordieux. Au
» nom du général Buonaparte, je vous fais sa-
» voir que Dgezzar, pacha, a commencé les
» hostilités contre l'Egypte en envahissant le
» fort d'El-Arish; que Dieu, qui est juste, a
» donné la victoire à l'armée française, et qu'il
» a repris El-Arish.

» La place de Jaffa est cernée de tous côtés;
» dans deux heures, ses murailles seront rui-
» nées. Le général en chef, touché des maux
» auxquels la ville s'exposeroit si elle étoit
» prise d'assaut, offre sauvegarde à la garni-
» son et protection à la ville. En conséquence,
» il retardera le feu de ses batteries jusqu'à sept
» heures du matin. »

Pour toute réponse, le commandant fit couper la tête à l'envoyé, et, comptant sur la bravoure et le dévouement de ses soldats, il ordonna une sortie, où l'armée turque se montra
pleine de valeur sans néanmoins obtenir de
succès.

A sept heures, les batteries recommencent
leur feu, et détruisent une espèce de tour située
au nord-ouest de la ville. Le signal de l'assaut
est donné. Le général Bon occupe l'ennemi
par des attaques simulées. Les carabiniers de
la vingt-deuxième demi-brigade d'infanterie
légère s'élancent sur la brèche, les chasseurs

les suivent, le chef de brigade *Lejeune*, officier d'un mérite distingué, est tué sur le rempart. L'ennemi se bat avec intrépidité, et fait les plus grands efforts pour repousser les carabiniers, mais ils sont soutenus par le général Lannes, dont la division pénètre dans la ville de toit en toit, de rue en rue. De son côté, la division Bon découvre une grande brèche du côté de la mer et pénètre dans l'intérieur de la place. La garnison poursuivie combat avec acharnement. Buonaparte avoit défendu de faire des prisonniers et le soldat furieux ne répondoit que trop à ses ordres : garnison, habitans, hommes, femmes, enfans, vieillards, tout est passé au fil de l'épée.

Chaque rue, chaque maison, devient le théâtre du viol, du pillage, du meurtre. Jamais, dit Buonaparte lui-même, le fléau de la guerre ne se montra sous des formes plus hideuses. Le sac de cette malheureuse ville dura deux jours, le soldat s'arrêta, surchargé de butin et fatigué de carnage. Deux officiers seuls se montrèrent sensibles aux larmes de l'humanité ; ils étoient entrés à la tête de leur détachement dans une espèce de caravanserail où quatre à cinq mille soldats s'étoient retirés, décidés à vendre chèrement leur vie ; les Français se trouvoient comme enveloppés par cette troupe brave, mais désespérée. Prête à enga-

ger le combat, elle offrit de mettre bas les
armes, si l'on vouloit lui laisser la vie sauve. La
lutte pouvoit être terrible, les Français étoient en
petit nombre, les propositions des Turcs furent
acceptées; on arbora le drapeau blanc et, sous
la protection de ce signe de paix, ces malheureux traversèrent la place sans aucun danger,
et arrivèrent devant les tentes même du général. Les deux officiers étoient l'un, le jeune
Eugène Beauharnais, l'autre se nommoit Croisier. A la vue de ces captifs, Buonaparte ne
put retenir sa colère, et la manifesta avec une
telle violence, que le jeune Croisier, désespéré,
chercha la mort à la première occasion, et la
trouva dans les rangs ennemis. On sépara de la
troupe des captifs les soldats égyptiens, qu'on
renvoya dans leurs familles; les autres, réunis
aux prisonniers d'El-Arish, attendirent la décision du général en chef.

L'événement qu'on va raconter a été enseveli long-temps dans un silence profond. La
puissance redoutable de Buonaparte, la terreur
qu'inspiroit son caractère cruel et vindicatif,
ne permettoient pas de le révéler; mais l'inexorable histoire n'admet point ces timides ménagemens, et puisque l'armée française a été assez
malheureuse pour avoir à sa tête un homme
capable d'ordonner de sang froid le massacre
de quatre mille malheureux sans armes et sans

défense, ayons le courage de faire connoître cet horrible forfait.

Les prisonniers d'El-Arish, qu'on avoit promis de renvoyer à Bagdad, étoient encore au camp. Ils formoient, avec les prisonniers de Jaffa, un corps de quatre à cinq mille hommes; leur mort fut résolue. Mais, avant de les conduire au lieu de leur supplice, Buonaparte les fit rassembler et les inspecta, dans l'intention d'épargner ceux qui appartenoient aux villes qu'il avoit intérêt de ménager (1). Parmi eux étoit un vieux janissaire dont l'âge et le maintien noble fixèrent ses regards : « Vieillard, » lui dit-il brusquement, que faisiez-vous ici? » — Ce que vous y faites vous-même, répon- » dit intrépidement le vieux soldat; vous ser- » vez votre sultan, je servois le mien. » Auprès d'un homme généreux, la fierté même de cette réponse eût sauvé celui qui la faisoit; le janissaire resta dans les rangs. De quelque secret qu'on eût cherché à couvrir cette funeste détermination, le bruit s'en étoit répandu dans

---

(1) Buonaparte, dans son rapport au Directoire, dit : « J'ai renvoyé à Damas et à Alep plus de cinq cents per- » sonnes de ces deux villes, ainsi que quatre à cinq cents » personnes d'Égypte. » Il est très-vrai qu'il renvoya les Égyptiens au Caire; mais les prisonniers de Damas et d'Alep furent presque tous fusillés.

l'armée, et tenoit tous les esprits dans l'attente.
Le 10 mai, ces malheureux eurent ordre de se
rendre sur les bords de la mer : ils étoient entourés d'un vaste bataillon carré, formé des divers corps de la division du général Bon. Il faut
suivre ici le récit d'un témoin oculaire :

« Cette colonne de malheureuses victimes,
» dit M. Miot, marchoit en silence et pêle-
» mêle; prévoyant déjà leur destinée, ils ne
» versoient point de larmes; ils étoient rési-
» gnés. Quelques blessés ne pouvant suivre
» leurs camarades, furent tués en route à coups
» de baïonnette. Lorsqu'ils furent arrivés dans
» les dunes de sable au sud-ouest de Jaffa, on
» leur fit faire halte auprès d'une mare d'eau
» jaunâtre. Alors l'officier qui commandoit les
» troupes fit diviser la masse par petites por-
» tions, et ces pelotons, conduits sur plusieurs
» points différens, furent fusillés. Cette hor-
» rible opération demanda beaucoup de temps,
» malgré le nombre des troupes réservées pour
» ce funeste sacrifice; car, je dois le dire, elles
» ne se prêtoient qu'avec une extrême répu-
» gnance au ministère abominable qu'on exi-
» geoit de leurs bras victorieux. Près de la
» mare étoit un groupe de prisonniers parmi
» lesquels, au milieu de plusieurs vieux chefs,
» au regard noble et assuré, on remarquoit un
» jeune homme dont le moral étoit fortement

» ébranlé. Dans un âge si tendre, il devoit se
» croire innocent, et ce sentiment le porta à
» une action qui parut choquer ceux qui l'en-
» touroient. Il se précipita aux genoux de l'of-
» ficier qui commandoit les troupes françaises,
» et lui demanda la vie en s'écriant : De quoi
» suis-je coupable? quel mal ai-je fait? Les
» larmes qu'il versoit, ses cris touchans furent
» inutiles. A l'exception de ce jeune homme,
» tous les autres Turcs firent avec calme leur
» ablution; puis se prenant la main, ils don-
» noient et recevoient un éternel adieu. On
» voyoit dans leurs traits cette confiance que
» leur inspiroient la religion et l'espérance d'un
» avenir heureux.

» Je vis un vieillard respectable dont le ton
» et les manières annonçoient un grade supé-
» rieur, je le vis faire creuser froidement de-
» vant lui, dans le sable mouvant, un trou assez
» profond pour s'y enterrer vivant. Il s'étendit
» sur le dos dans cette tombe tutélaire et dou-
» loureuse, et ses camarades, après avoir
» adressé leur prière à Dieu, le couvrirent de
» sable, et trépignèrent ensuite sur cette terre
» de deuil, dans l'idée d'avancer le terme de
» ses souffrances.

» Ce spectacle, qui fait palpiter mon cœur,
» et que je peins encore trop foiblement, eut
» lieu pendant l'exécution des pelotons répartis

» dans les dunes. Enfin il ne restoit plus de tous
» les prisonniers que ceux qui se trouvoient
» près de la mare. Nos soldats avoient épuisé
» leurs cartouches. Il fallut frapper ceux-ci à la
» baïonnette et à l'arme blanche. Je ne pus sou-
» tenir cette horrible vue. Je m'enfuis pâle et
» prêt à défaillir. Quelques officiers me rappor-
» tèrent, le soir, que ces infortunés cédant à ce
» mouvement irrésistible qui nous fait éviter le
» trépas, même quand nous avons perdu l'espé-
» rance de lui échapper, s'élançoient les uns sur
» les autres, et recevoient dans les membres les
» coups dirigés vers le cœur. Il se forma ainsi,
» puisqu'il faut le dire, une pyramide effroyable
» de morts et de mourans dégouttans de sang,
» et il fallut retirer les corps déjà expirés pour
» achever les malheureux qui, à l'abri de ce
» rempart affreux, épouvantable, n'avoient
» point encore été frappés. Ce tableau est exact
» et fidèle, et le souvenir fait trembler ma
» main, qui n'en rend point toute l'horreur (1). »

Ainsi se termina cette effroyable exécution,
à laquelle le général Kléber opposa vainement
de courageuses remontrances. Le soldat lui-
même en eut horreur, et l'officier de l'état-

---

(1) Mémoire pour servir à l'histoire des expéditions en
Égypte et en Syrie, par M. Miot. Deuxième édition,
page 145.

major, qui remplaçoit le général Bon, alors absent, refusa d'exécuter l'ordre, à moins qu'il ne fût écrit. Mais Buonaparte étoit trop habile pour se compromettre à ce point: il envoya, dit un écrivain anglais (1), son fidèle compagnon d'armes Berthier auprès de l'officier, qui céda. Pendant cette scène de carnage, il étoit sur une hauteur avec un télescope, observant ce qui se passoit. A la première décharge de la mousqueterie, il ne put cacher sa joie, car il craignoit vivement que l'armée ne refusât d'obéir. Elle n'eut point ce courage.

Lorsqu'en 1802, le lieutenant colonel Wilson publia ces faits, l'Europe resta étonnée et incertaine. On demandoit les preuves d'une aussi odieuse accusation. Aujourd'hui ces preuves sont acquises; les amis mêmes de Buonaparte ne nient point cet indigne massacre; mais ils essayent de le justifier.

« L'armée, disent-ils, déjà affoiblie par les pertes qu'elle avoit faites à El-Arish et à Jaffa, l'étoit encore par des maladies dont les ravages devenoient de jour en jour plus effrayans; elle avoit peu de vivres. Il étoit important pour elle de ne pas révéler à l'ennemi le secret de sa situation. Nourrir les prisonniers de Jaffa, c'é-

---

(1) Robert Thomas Wilson, Histoire de l'expédition de l'armée britannique en Égypte, tom. 1.

toit affamer l'armée française; les renfermer dans la place, c'étoit préparer une révolte; les envoyer en Egypte, c'étoit s'imposer la nécessité de tirer de l'armée un détachement considérable, et la compromettre en l'affoiblissant. Les laisser libres sur leur parole, c'étoit les envoyer grossir les rangs ennemis : tout faisoit donc une cruelle nécessité de s'en défaire. Enfin, si les condamner à la mort étoit un parti cruel, on pouvait s'autoriser de l'exemple de Richard Cœur-de-Lion, qui fit, en semblable cas, massacrer cinq mille Sarrasins.

Mais il est facile de répondre à ces allégations. D'abord, il n'est point vrai que l'armée manquât de vivres, et, pour le prouver, il suffit de citer les pièces officielles publiées par Buonaparte lui-même. Ce général, dans son rapport au Directoire, sur les premières opérations de Syrie, dit : « Nous avons trouvé à El-
» Arish trois cents chevaux, beaucoup de biscuit et de riz.

» Gaza nous a fourni quinze milliers de poudre, beaucoup de munitions de guerre, et plus de deux cent mille rations de biscuit, une grande quantité d'orge.

» Nous couchâmes le 11 à Ramleh; l'ennemi l'avoit évacué avec tant de précipitation, qu'il nous laissa cent mille rations de biscuit, beaucoup plus d'orge, et quinze cents ou-

» tres, que Dgezzar avoit préparées pour passer
» le désert.

» Nous avons trouvé à Jaffa plus de quatre
» cent mille rations de biscuit, deux mille
» quintaux de riz et quelques magasins de sa-
» von. Plusieurs bâtimens sont venus de Saint-
» Jean d'Acre avec des munitions de guerre
» et *de bouche*. Ils ont été pris dans le port. »

Avec des ressources aussi abondantes, on pouvoit donc nourrir les malheureux prisonniers, sans craindre d'affamer l'armée française. Il n'est point vrai que cette armée fût affaiblie par les pertes qu'elle avoit faites à El-Arish et à Jaffa. Le siége d'El-Arish n'avoit coûté que quelques hommes tués par les boulets qui ricochoient; le général Berthier porte à trente le nombre des soldats tués à Jaffa, et à deux cents le nombre des blessés. Le rapport de Buonaparte au Directoire n'établit pour les deux siéges qu'une perte de cinquante hommes tués et deux cents blessés. L'incorporation des Maugrabins dans les rangs français compensoit, et beaucoup au-delà, cette perte d'hommes.

Il est constant qu'un fléau contagieux, semblable à la peste, se manifesta dans l'armée peu de jours après la prise de Jaffa. La plupart de nos historiens l'attribuent à l'imprudence du soldat, qui, dans le pillage, se chargea de dépouilles infectées de miasmes pestilentiels.

Mais le célèbre docteur Assalini , auquel nous devons un excellent traité sur la peste, assure que cette horrible contagion n'exerça ses ravages que trois jours après le massacre des prisonniers de Jaffa. Les cadavres de ces malheureux entassés sans sépulture sur un sol chaud et humide , se corrompirent subitement, et répandirent dans le camp une horrible infection, qui moissonnoit tous les jours un grand nombre de soldats et d'officiers. Plus d'un an après, on les montroit encore aux voyageurs, et l'on ne pouvoit les confondre avec ceux qui périrent à l'assaut, car le champ de cette boucherie est à plus d'un mille au sud-ouest de la ville.

Buonaparte fut donc inutilement cruel, puisqu'il pouvoit ou nourrir ces prisonniers, ou en incorporer une partie dans son armée, en renvoyer quelques-uns dans leur pays, et quelques autres en Égypte. Qu'importe qu'en pareille circonstance, ce Richard Cœur-de-Lion dont nous allons au théâtre pleurer les infortunes , ait commis un acte semblable de barbarie ? Est-ce sur la conduite des tyrans qu'on doit régler la sienne ? et s'il eût pris fantaisie à Buonaparte d'incendier la ville de Paris, ses fanatiques admirateurs croiraient-ils le justifier en rappelant que la ville de Rome a été incendiée par Néron ? Le massacre de Jaffa est un crime que rien ne sauroit justifier; et quelle que soit la gloire que procure la victoire, il est des taches qu'aucun éclat ne sauroit effacer.

Après le sac de Jaffa, Buonaparte s'occupa de donner à cette ville une administration civile et militaire; il forma un divan; il fit mettre en état de défense la place et le port, et établit dans la ville un hôpital et des magasins.

La contagion, en se répandant parmi les soldats, y avoit semé la terreur. Si ce n'étoit pas la peste, elle en portoit au moins le funeste caractère : elle se manifestoit par des taches noires à la peau, et emportoit le malade en peu de jours. Quelques relations françaises ont donné à cette épidémie une célébrité qu'elle ne méritoit pas, et l'adulation, souvent aussi ingénieuse que la jalousie ou la haine, a attribué à Buonaparte un acte d'héroïsme qui n'a jamais eu de réalité que dans l'imagination des peintres et des poëtes qui l'ont célébré.

Toute la France a vu au salon d'exposition du Louvre un magnifique tableau (ouvrage d'un de nos plus grands artistes), représentant le général en chef de l'armée d'Egypte, portant avec courage sa main dans un bubon pestilentiel, au milieu d'une foule de soldats étonnés de ce trait d'héroïsme. Sans doute un acte de cette nature eût été digne de la plus haute admiration, s'il eût été inspiré par cette grandeur de sentiment qui élève quelquefois l'âme au-dessus de l'humanité. Mais il est constant qu'il n'exista jamais que sous le pinceau de M. Gros, auquel ce tableau fut commandé. Ni le général Berthier, dans sa Relation des campagnes d'Egypte et de Syrie, ni M. Miot dans ses Mémoires, ni M. Martin, ni le *Courier d'Égypte*, publié au Caire par un écrivain zélateur éclairé de la gloire de Buonaparte, ni aucun des ouvrages français ou étrangers publiés sur l'expédition de Syrie, ne font mention de cette anecdote, si digne néanmoins d'être transmise à la postérité. Elle est, au contraire, démentie par les témoignages vivans des hommes les plus dignes de confiance et d'estime.

Le seul fait qui puisse s'y rapporter appartient, non au général en chef, mais au célèbre docteur Desgenettes, qui eut le courage de s'inoculer le virus de la cruelle maladie qui ravageoit l'armée.

CHAPITRE XVII.

Proclamation de Buonaparte aux peuples de Jérusalem. — Combat contre les anciens Samaritains. — Arrivée de l'armée à Saint-Jean d'Acre. — Siége de cette ville. — Bataille du Mont-Thabor. — Revers de l'armée française. — Sa retraite.

MAITRE d'une partie de la Palestine, Buonaparte devoit à regret se voir aux portes de Jérusalem sans tenter la conquête de cette cité célèbre. Le projet de relever ses remparts sacrés, de rassembler les Juifs, de leur rendre leur antique patrie, étoit un de ceux qui devoient flatter davantage son imagination, toujours prête à s'ouvrir aux idées extraordinaires et brillantes. Ce projet avoit été concerté à Paris entre le Directoire et un comité d'Israélites, députés des différentes contrées de l'Europe et de l'Asie. Le plan de la république hébraïque étoit dressé; on devoit bientôt les voir seconder de leurs trésors et de leurs bras le restaurateur du peuple d'Israël. Peut-être ne falloit-il qu'une victoire pour réaliser une partie de ce rêve politique. Avant de s'éloigner de cette contrée, Buonaparte adressa une proclamation aux habitans de Jérusalem (1).

« Vous pouvez, leur disoit-il, choisir la
» paix ou la guerre. Si vous choisissez la pre-
» mière, envoyez des députés au camp de Jaffa.
» Si vous êtes assez insensés pour préférer la
» guerre, je vous la porterai moi-même. Vous
» devez savoir que je suis terrible comme le
» feu du ciel contre mes ennemis, clément et
» miséricordieux envers le peuple et ceux qui
» veulent être mes amis. »

Les habitans de la ville sainte ne choisirent ni la paix ni la guerre. Ils répondirent au général qu'ils n'étoient point libres de disposer d'eux; qu'ils dépendoient du pachalik de Saint-Jean d'Acre, et que si les armes victorieuses des Français leur ouvroient les portes de cette place, ils s'empresseroient de lui apporter les clefs de leur ville.

Pressé de combattre son ennemi, Buonaparte parut satisfait de cette réponse, et donna les ordres pour hâter le départ de l'armée. Quels que fussent ses desseins ultérieurs, soit

---

(1) Le *Moniteur* dit : « Buonaparte vient d'adresser aux Juifs une proclamation pour les engager à se réunir sous ses drapeaux, et à rentrer en conquérans dans leur antique patrie. » Cette proclamation ne se trouve dans aucune des pièces officielles de l'expédition de Syrie.

qu'il voulût se porter sur Constantinople, en suivant la route qu'avoient prise autrefois les croisés, soit que, vainqueur de la Syrie, il méditât une expédition jusque sur les bords du Gange, on pouvoit s'étonner qu'il tentât une si audacieuse entreprise avec des forces si peu considérables. Mais tout devoit lui faire espérer qu'il trouveroit dans le pays ennemi de nombreux auxiliaires. Depuis long-temps un comité de chrétiens schismatiques, appartenant aux principales sectes de l'Archipel et de l'Asie, avoit établi son siége à Paris, et par ses actives et nombreuses correspondances, disposoit les esprits à secouer le joug de la tyrannie musulmane. On avoit préparé, avec la même ardeur et le même fruit, les peuples du Liban et du mont Carmel à recevoir les Français comme des libérateurs. On savoit avec quelle impatience les Druses et les Chrétiens de ces vallées supportoient la domination ottomane. Les consuls de France à Alep, à Tripoli de Syrie, secondés par de nombreux émissaires, entretenoient depuis trois ans de fréquentes communications avec ces peuplades braves et impatientes du joug. On avoit répandu avec profusion des écrits, des poëmes, des hymnes propres à exalter leur imagination, et les exciter à la révolte. On pouvoit donc regarder la révolution comme organisée depuis la Méditerranée jusqu'à l'Euphrate, et le golfe Arabique jusqu'aux Indes. Les Samaritains seuls, connus dans ces temps nouveaux sous le nom de Naplousains, s'étoient refusés à toutes les séductions. Résolus de défendre leur pays, ils s'étoient réunis en grand nombre, et comptant sur l'avantage de leurs montagnes, ils ne cessoient d'inquiéter l'armée française. Le général Kléber, fatigué de leurs importunités, envoya le général Damas pousser une reconnaissance dans les défilés; mais, assailli par une multitude immense cachée derrière des rochers, il fut obligé de renoncer à son entreprise et de se replier sur le camp. On approchoit de Zéta, forteresse où l'on se flattoit de prendre quelque repos. Les Naplousains, fiers de leurs premiers succès et réunis aux Mameloucks commandés par Abdalah, occupoient les hauteurs de Korsoun. L'armée française voulut les en débusquer, et, quittant les bords de la mer, se porta rapidement vers Korsoun. Le projet d'Abdallah étoit d'engager l'armée à pénétrer dans les montagnes, et de la combattre avec avantage. Il avoit avec lui deux mille chevaux, et se voyoit soutenu de dix mille Turcs disposés à combattre avec courage (1). Les divisions Kléber

---

(1) Buonaparte, dans son rapport au Directoire sur la prise de Jaffa, dit : Abdalah, général de Dgezzar, a eu

et Bon se forment en carré et marchent sur l'ennemi, qui évite le combat. Le général Lannes reçoit l'ordre de se porter sur la droite d'Abdalah, de manière à lui couper la retraite; mais l'habile pacha s'enfonce lentement dans les défilés, attire à lui une troupe ardente et impétueuse, et la force à rétrograder, après l'avoir fusillée avec avantage au milieu des rochers.

Buonaparte, voyant l'impossibilité de tirer vengeance des Naplousains, rallia toutes les divisions, et, sans se détourner davantage, continua sa marche sur Saint-Jean d'Acre. Si la marche des soldats n'étoit plus retardée par un soleil ardent, par de vastes plaines de sables soulevés par le vent, et sur lequel le pied pouvoit à peine se reposer, ils avoient à vaincre des obstacles d'un genre tout opposé. Les chemins, inondés par les pluies, s'étoient transformés en plaines limoneuses, où les chevaux, les dromadaires et les mulets, enfonçoient d'un pied, où l'artillerie, traînée par de nombreux attelages, pouvoit à peine avancer; où le soldat

---

l'adresse de se cacher parmi les gens d'Egypte, et de venir se jeter à mes pieds; cependant, d'après le témoignage du général Berthier, on le trouve encore à la tête des Naplousains et des Mameloucks après la prise de Jaffa; mais il se rendit en effet peu de temps après.

ne trouvoit que des lits de boue pour se reposer. A travers toutes ces difficultés, on arriva le 16 mars à la vue de Saint-Jean d'Acre.

Cette ville, l'ancienne Ptolémaïs des Grecs, étoit célèbre autrefois par sa population, la richesse de ses monumens, son commerce et son industrie. Conquise, sous le règne de Philippe-Auguste, par les forces combinées des croisés, elle étoit devenue le boulevart de l'empire des chrétiens dans la Palestine et la Syrie. Aujourd'hui pauvre et dépeuplée, elle n'offre aux regards des curieux que le spectacle de sa décadence et de ses ruines, dont la mer a englouti une partie. On en trouve encore les débris dans son port, devenu par cette cause dangereux pour les vaisseaux. Elle est située dans une péninsule, dont l'extrémité, en s'étendant assez avant dans la mer, forme une grande anse qui se termine au pied du mont Carmel, sous les murs de Caïfa. Cette dernière place, plus considérable autrefois, et connue sous le nom de *Porphyria*, étoit le siége d'un évêché. Prise et détruite par le fameux Salah-el-Din, elle n'est plus aujourd'hui qu'un village, dominé par une tour, et environné de quelques foibles remparts. A l'approche des Français, elle étoit occupée par les Turcs, qui l'abandonnèrent sans rendre de combat. On y trouva des magasins abondans de riz et de biscuit, et le général en chef en donna le commandement au chef d'escadron Lambert, officier brave et expérimenté. Prêt à foudroyer les remparts de Saint-Jean d'Acre, Buonaparte voulut encore tenter auprès du pacha Dgezzar quelques voies d'accommodement; il lui écrivit :

« Depuis mon entrée en Egypte, je t'ai fait
» connoître plusieurs fois que mon intention
» n'étoit pas de te faire la guerre, que mon seul
» but étoit de chasser les Mamelouks. Tu n'as
» répondu à aucune des ouvertures que je t'ai
» faites.

» Les provinces de Gaza, de Jaffa, de Ram-
» leh sont en mon pouvoir. J'ai traité avec gé-
» nérosité celles de tes troupes qui se sont
» mises à ma discrétion, j'ai été sévère envers
» celles qui ont violé les droits de la guerre;
» mais quelles raisons ai-je d'ôter quelques an-
» nées de vie à un vieillard que je ne connois
» pas? Que sont quelques lieues de plus, à
» côté du pays que j'ai conquis? Et puisque
» Dieu me donne la victoire, je veux, à son
» exemple, être clément et miséricordieux,
» non-seulement envers le peuple, mais en-
» core envers les grands. Redeviens mon ami,
» sois l'ennemi des Anglais et des Mamelouks,
» et je te ferai autant de bien que je t'ai fait et
» que je peux te faire de mal. Envoie-moi ta

» réponse par une personne revêtue de pleins-
» pouvoirs. Il suffira qu'elle se présente avec
» un drapeau blanc. J'ai donné ordre à mon
» état-major de t'envoyer un sauf-conduit que
» tu trouveras annexé à cette lettre. »

Dgezzar répondit : « Je ne t'ai point écrit,
» parce que je ne veux entretenir aucune com-
» munication avec toi. Tu peux marcher sur
» Acre quand tu voudras. Je suis prêt à te rece-
» voir, et je m'ensevelirai sous les ruines de la
» place, plutôt que de la laisser tomber entre
» tes mains. »

Il se passoit en ce moment des événemens
qui relevoient encore le courage de ce pacha,
naturellement fier et incapable de foiblesse. Le
16 mars, l'armée française avoit aperçu deux
voiles de guerre, louvoyant dans la rade entre
Acre et Caïffa : c'étoient les vaisseaux anglais
le *Tigre* et le *Thésée*, commandés par le célèbre commodore Sidney Smith. Cet officier,
d'un courage, d'une résolution et d'une incroyable activité, a commencé à servir en 1780
en qualité de lieutenant. Il passa au service
de Suède huit ans après, s'y distingua par sa
bravoure, et mérita l'ordre de l'épée. De retour dans sa patrie, il trouva dans la révolution
française l'occasion de se signaler de nouveau.
Il servoit sous les ordres de l'amiral Hood en
1793, à l'époque où la ville de Toulon se remit

entre les mains des Anglais, et ce fut lui qui incendia l'arsenal et les vaisseaux qu'on ne pouvoit emmener, quand cette place retomba sous la tyrannie de la faction républicaine. Il employa les années suivantes à croiser sur les côtes de France, inquiétant sans cesse le commerce et les villes maritimes, et pénétrant souvent jusques dans l'intérieur des ports sous divers déguisemens.

La fortune, qui semblait se plaire à couronner son audace, l'abandonna subitement en 1796, il fut pris sur un bâtiment qu'il venoit lui-même de capturer, et conduit à Paris, où le Directoire le fit jeter dans la tour du Temple, comme espion et incendiaire. Il avoit avec lui un officier français émigré, de la maison de Phelippeaux, auquel il étoit singulièrement attaché. Si M. de Phelippeaux eût été reconnu, il auroit été fusillé. Pour éviter ce malheur, il se fit passer pour le domestique du commodore et partagea avec lui sa captivité. Le gouvernement anglais réclama vivement, mais en vain, son illustre prisonnier. Sir Sidney, réduit à ses propres moyens, s'occupa activement de sa délivrance. Il parvint à entretenir au dehors de si utiles intelligences, qu'au moment où le Directoire étoit dans la plus profonde sécurité, un détachement de gendarmerie se présenta à la tour du Temple, exhiba un faux mandat du gouvernement, qui ordonnoit la translation de sir Sidney, et, trompant par ce stratagème la crédulité du concierge, se fit remettre le prisonnier anglais, qui partit aussitôt pour Londres avec son fidèle ami. Il fut reçu presqu'en triomphe, et destiné bientôt après à commander la station du Levant, devenue de la plus grande importance depuis l'invasion de l'Egypte. D'accord avec son frère Spencer-Smith, il décida la cour ottomane à conclure un traité d'alliance avec l'Angleterre, et se rendit à l'Archipel, où il réunit toutes les croisières; et, pour détourner Buonaparte de son expédition de Palestine, il commença le bombardement d'Alexandrie. Ce moyen n'ayant point réussi, il se porta rapidement, avec les deux bâtimens le *Tigre* et le *Thésée*, vers Saint-Jean d'Acre, prit en chemin une flotille française chargée d'artillerie et de munitions de guerre, et laissa dans la place son ami Phélippeaux, qu'il chargea de la défendre. Cet habile officier, attaché à l'armée du génie, releva le courage des Turcs, fortifia la ville et fit placer sur ses remparts les canons destinés à l'attaquer (1). C'étoit une particularité remarquable de voir ainsi

---

(1) La flottille étoit commandée par le chef d'escadre Eydoun, et portoit 44 pièces de canon, dont plusieurs étoient des pièces de siége.

en présence deux anciens amis, élevés ensemble à l'École militaire de Paris, et que les circonstances avoient rendus ennemis.

L'aspect de la ville d'Acre, la faiblesse de ses remparts, l'ignorance des Turcs, tout portoit à croire que le siége de cette place coûteroit peu d'efforts, qu'elle tomberoit aussi facilement que Jaffa. Le général en chef, dit un témoin peu suspect, le crut et le dit. Le général Kléber en jugea autrement.

Le 18 mars, Buonaparte plein de confiance adressa aux habitans du pachalik d'Acre une de ces proclamations ménaçantes qu'il ne manquoit jamais de répandre, quand il se croyoit assuré du succès.

« Dieu, disoit-il, donne la victoire à qui il
» veut, il ne doit compte à personne; les peu-
» ples doivent se soumettre à sa volonté. Je
» viens vous délivrer de l'oppression de Dgezzar.
» Dieu, qui tôt ou tard punit les tyrans, a dé-
» cidé que la fin du règne de Dgezzar étoit ar-
» rivée. »

De son côté Dgezzar avoit envoyé des émissaires à Alep, à Damas et parmi les Naplousins, pour les exciter à s'armer contre les ennemis de la foi. « Ces Français si redoutés, leur disoit-
» il, ne sont qu'une poignée d'hommes sans
» artillerie et sans magasins. L'Angleterre joint
» ses formidables armées aux nôtres; pour ex-

» terminer ces infidèles, il ne faut que vous
» montrer.

Rien ne manquoit à la ville pour se défendre avec opiniâtreté. Dgezzar avoit fait disposer des fanaux de distance en distance sur les remparts, l'intérieur de la place étoit défendu par diverses circonvallations. Au dehors, elle étoit protégée par les vaisseaux anglais le *Thésée* et le *Tigre*, qui, s'étant embossés dans la rade, faisoient tous les soirs un feu terrible sur la gauche de l'armée française. La partie de la ville qui s'avançoit vers la plaine présentoit un angle saillant, dominé à son extrémité par une grande tour antique, ouvrage des croisés.

Les assiégeans n'avoient, pour commencer le siége, que trois pièces de douze, et le peu d'artillerie qu'on avoit trouvé à Jaffa.

Le général d'artillerie Daumartin vouloit qu'on attendît l'arrivée des pièces que le contre-amiral Perée avoit ordre d'amener à Jaffa. Le général Caffarelli s'y opposa, et, peu de temps après, paya de la vie son mauvais conseil. On fit la reconnoissance de la place; on construisit de mauvais chemins couverts, on dirigea un rameau de mine vers le rempart et l'on établit une batterie de brèche vis-à-vis la tour.

L'ouverture étoit à peine capable de recevoir deux hommes, que Buonaparte, qui regardoit le siége d'Acre comme un jeu d'enfant, ordonna l'assaut. Les grenadiers marchèrent, et, contre leur attente, trouvèrent un vaste fossé auprès de la tour; la mine qu'on avoit fait jouer n'avoit entamé aucun des ouvrages de l'ennemi. Cependant, fidèles à l'honneur, ces intrépides guerriers se précipitent dans le fossé, ils essayent d'escalader les remparts; mais les échelles se trouvent trop courtes. Irrités par la difficulté, ils s'élèvent les uns sur les autres, se dressent sur les cadavres de leurs camarades, et parviennent à la tour; malheureusement elle est sans issue dans la place; ces braves alors se disposent à enfoncer le plancher: à l'instant même, l'ennemi le fait sauter en dessous et les grenadiers français sont lancés à une hauteur extraordinaire. Ils périrent tous, à l'exception d'un chef de bataillon, qui, jeté à plus de cent pas vers le camp, fut assez heureux pour conserver la vie.

Ce succès enhardit les assiégés, et changea toutes les idées de l'armée française. On vit alors que le siége de la ville d'Acre dureroit plus long-temps qu'on n'avoit pensé; et le général Kléber prédit qu'on ne la prendroit pas. Témoin de la manière dont on dirigeoit l'attaque: Les assiégeans, dit-il, se conduisent comme des Turcs, et les Turcs comme des Européens.

Deux assauts tentés successivement n'eurent

pas plus de succès que le premier. On faisoit un feu terrible, et l'on épuisoit les munitions de guerre. Bientôt elles commencèrent à manquer, et l'on se vit obligé de proposer des récompenses aux soldats qui rapporteroient les boulets lancés par l'ennemi.

Les provisions de bouche devenoient aussi plus rares. Les magasins de Caïffa étoient épuisés, et le zèle des peuples voisins se refroidissoit de jour en jour. Tant que l'armée française avoit paru sûre de la victoire, les habitans des villages qui entourent la plaine de Saint-Jean d'Acre venoient en foule apporter au camp des provisions de tous les genres. Les Druses s'étoient empressés de descendre de leurs montagnes. Ils avoient à leur tête le fils de ce fameux Daher, qui avoit précédé Dgezzar dans le pachalik d'Acre (1). Buonaparte lui promettoit de le rétablir dans les états de son père, et il

---

(1) Daher étoit d'une tribu arabe établie près du lac Tabarié. Son domaine étoit Safet, dont il partageoit la souveraineté avec un oncle et deux frères. Pour se délivrer d'une concurrence dangereuse, il les fit périr. En 1749, il attaqua brusquement Saint-Jean d'Acre et s'en empara sans coup férir. Il la fit fortifier, soumit la Palestine, et le saïde s'engagea dans des guerres nombreuses et sanglantes, s'attacha Dgezzar qui le trahit, et périt en cherchant à traverser le camp des Turcs, qui étoient venu l'assiéger à Saint-Jean d'Acre.

se livroit volontiers à cette flatteuse illusion. Mais quand ils virent que l'ennemi opposoit une courageuse résistance aux assiégeans, que les efforts tentés pour s'emparer de la place étoient sans succès, leurs regards commencèrent à se porter sur l'avenir; les provisions devinrent plus rares, et l'on ne fut pas sans inquiétude sur la subsistance de l'armée. Cependant le commandant de Caïffa venoit de s'illustrer par une action qui attestoit également son courage et sa prudence. Après la prise de la flottille française, les Anglais s'étoient approchés de Caïffa, dans l'intention de s'emparer de cette place, ou d'y détruire nos magasins. Le commandant n'avoit que soixante hommes; mais il avoit une résolution propre à le mettre au-dessus de tous les événemens. Il embusque sa petite troupe dans un lieu couvert, et lui ordonne de laisser descendre tranquillement les Anglais. Quand il les voit à sa portée, il tombe brusquement sur eux, aborde une de leurs chaloupes et s'en rend maître, démasque un obusier, qui fait feu sur le reste de la flotille et la met en fuite. Les Anglais perdirent dans cette occasion une centaine d'hommes tués, blessés ou faits prisonniers, et une pièce de trente-deux qui fut conduite à Caïffa.

Mais cet événement étoit loin de compenser les désastres du siège de Saint-Jean d'Acre. Le général Berthier lui-même avoue que l'on traitoit comme une affaire de campagne un siége qui exigeoit toutes les ressources de l'art. On s'obstinoit, dit-il, à battre en brèche, sans aucune des munitions nécessaires, une place environnée de bonnes murailles flanquées de tours avec escarpe et contre-escarpe. Mais un général accoutumé à la victoire s'irrite facilement contre les obstacles. D'ailleurs Buonaparte se sentoit pressé de toutes parts; l'artillerie de siége n'arrivoit pas; une armée formidable se rassembloit sur les bords de l'Euphrate, et se disposoit à secourir la ville assiégée; une autre armée se formoit à Rhodes, et menaçoit les côtes d'Égypte. Mourad-Bey faisoit des mouvemens dans la Haute-Égypte. L'esprit de sédition se répandoit dans le Delta. En enlevant St.-Jean-d'Acre, Buonaparte imposoit à son ennemi, et disposoit de toutes ses forces pour accroître ou conserver ses conquêtes. Mais ses moyens ne répondoient pas à ses vœux. Prêt à ordonner un troisième assaut, il apprend que l'armée de Damas s'est mise en marche. Il ordonne aussitôt au général Vial de s'emparer de *Sour*, l'ancienne ville de Tyr; au général Murat de prendre possession de Safet, si célèbre, dans l'histoire des Juifs, sous le nom de Béthulie (1);

_____

(1) On y montre encore le lieu où, suivant la tradition, la belle Judith trancha la tête à Holopherne.

au général Junot, de garder Nazareth. Mais les forces commandées par ces officiers ne suffisoient point pour arrêter l'ennemi ; il passa le Jourdain sur deux points, et vint établir ses magasins à Tabarié, sur l'ancien lac de Génézareth. Le général Junot n'écoutant que son ardeur belliqueuse courut les combattre et atteignit leur avant-garde à Loubi. Il n'avoit que huit cents hommes et l'avant-garde étoit de quatre mille hommes. Malgré l'inégalité de ses forces, il livra intrépidement la bataille, et, s'il ne fut pas vainqueur, il eut au moins la gloire de soutenir tout l'effort de l'ennemi sans se laisser entamer. La garnison de Safet trop foible pour rien entreprendre se tenoit sur la défensive. Buonaparte, informé de ces détails, envoie le général Kléber avec le reste de la division au secours du général Junot. Cet habile capitaine tourne le mont Tabor, descend dans la plaine, et avec deux mille hommes formés en carré repousse l'immense cavalerie qui l'investissoit de toutes parts. Dgezzar, toujours fidèle à sa constance et à son activité, ne perdit pas de temps; dans la vue de combiner des mouvemens avec ceux de la grande armée, il fit le 7 avril une sortie générale en trois colonnes, renforcées de troupes anglaises qu'on avoit prises sur les équipages du *Tigre* et du *Thésée*. L'attaque fut terrible et sanglante. L'artillerie était servie par des canonniers européens; mais rien ne put tenir contre le courage et l'impétuosité des troupes françaises. Les colonnes furent repoussées avec perte et laissèrent sur le champ de bataille le capitaine Thomas Oldfield, officier brave et expérimenté, qui le premier étoit entré au cap de Bonne-Espérance.

Rassuré pour son camp, Buonaparte part lui-même avec la division du général Bon et arrive sur les hauteurs du mont Thabor. De là il découvre la petite troupe du général Kléber, qui, retranchée dans des ruines, bravoit intrépidement les efforts de vingt mille hommes de cavalerie. Buonaparte envoie à son secours deux demi-brigades, et fait tirer un coup de canon pour l'avertir de son approche. Il se hâte de descendre dans la plaine, et fait aussitôt ses dispositions. Il partage ses forces en trois corps, qui forment comme les trois angles d'un grand triangle dans lequel l'ennemi se trouve enfermé. Il charge les généraux Vial et Rampon de lui couper la retraite du côté de Naplouse. Il donne ordre à l'adjudant général Le Turcq d'attaquer le camp avec un corps de cavalerie, envoie le général Murat sur le Jourdain pour arrêter l'arrière garde de l'armée de Damas, qui n'avoit pas encore passé le fleuve. Lui-même, avec un corps d'élite, prend position pour couper à l'ennemi toute retraite du côté de ses magasins. Bientôt il démasque ses batteries, et foudroyant l'armée turque de trois points différens, y sème le désordre et l'épouvante. L'infanterie se sauve de toutes parts, la cavalerie imite son exemple, et tournant le mont Tabor, gagne en toute hâte la route de Damas.

De son côté, le général Murat, arrivé sur le Jourdain, n'avoit pas balancé à attaquer l'arrière-garde des Turcs. Ils étoient campés au-delà du fleuve, sous des tentes brillantes de luxe et remplies de tout ce qui pouvoit exciter l'ardeur du soldat. Ce ne fut point une marche, mais une course; tout ce que la baïonnette française peut atteindre est renversé, culbuté, mis en déroute. Les Turcs, effrayés de tant d'audace, n'osent tenir sur aucun point; ils fuient sans prendre le temps d'enlever leurs tentes, leurs équipages, leurs munitions. L'armée républicaine se précipite dans le camp, pénètre sous les tentes, et y trouve une quantité immense de sucreries, de confitures et de pâtisseries de Damas. Jamais elle ne s'étoit trouvée à une pareille fête. Après s'être rassasiée de friandises, elle en remplit ses poches, ses havresacs, et jeta le reste. On passa la nuit à danser, à se divertir, à chanter. Le lendemain on marcha sur Tabarié, où l'on entra sans coup férir. Les magasins de cette place étoient immenses, et pouvoient assurer long-temps la subsistance de l'armée française. Le général Murat y laissa une garnison et revint au camp. La victoire étoit complète, et tout avoit réussi au gré du général en chef. L'adjudant-général Le Turcq, non moins brave et non moins heureux que ses compagnons d'armes, avoit surpris le camp, pris cinq cents chameaux, toutes les tentes et toutes les provisions ; tué un grand nombre d'hommes, et fait 250 prisonniers. La perte de l'ennemi, d'après ses propres rapports, fut de 5000 hommes. Buonaparte donna l'ordre de détruire par le fer et le feu les villages de Fouli, de Noures et de Jenina, qui s'étoient armés contre lui; et victorieux de tous côtés, il ne songea plus qu'à couronner tant de brillans succès par la conquête de Saint-Jean d'Acre.

La fortune sembla vouloir un instant lui rendre toute sa faveur. Le contre-amiral Perée étoit arrivé à Jaffa à travers des périls infinis, et avoit débarqué trois pièces de 24, six de 18. On s'empressa de les transporter au camp, où elles devinrent un objet de curiosité et de spectacle. On se rassembloit autour d'elles pour les contempler comme des gages de salut et de gloire pour l'armée. Si jusqu'alors l'on avoit pu justifier la précipitation du général en chef, elle devint inexcusable lorsqu'on le vit ordonner de battre la tour, et de donner l'assaut avant que les grosses pièces fussent montées. L'attaque ne fut pas plus heureuse que les précédentes, et coûta la vie au général Caffarelli. Cet officier, né en 1756, au Falga, département de la Haute-Garonne, s'étoit distingué de bonne heure par son goût pour les études sérieuses et les sciences mathématiques. Il avoit été employé avant la révolution comme officier d'artillerie, et s'étoit signalé après la journée du 10 août par la fermeté de son caractère et de ses principes. On le vit seul refuser de reconnoître l'autorité de l'assemblée législative, et déclarer qu'il marcheroit également contre les ennemis de l'intérieur et de l'extérieur. Suspendu de ses fonctions, il ne reparut à l'armée qu'en 1795, fut frappé à côté du général Moreau d'un boulet de canon qui lui emporta la jambe gauche, et revint à Paris, où il resta sans service jusqu'à l'expédition d'Égypte. Alors il s'attacha, avec une sorte d'enthousiasme, à cette expédition, et se fit remarquer par son zèle, son habileté et son expérience, dans l'arme du génie qu'il commandoit. Il bravoit également tous les dangers et toutes les fatigues, et marchoit souvent à pied dans les sables du désert, avec sa jambe de bois.

Il venoit de faire une reconnoissance autour des ouvrages de Saint-Jean d'Acre, lorsqu'une balle l'atteignit au coude et le lui fracassa.

C'étoit la seule partie de son corps qui fut en vue à l'ennemi. On le rapporta au camp, le bras fut amputé, et ce malheureux général mourut quelques jours après des suites de cette blessure. On avoit déjà perdu un grand nombre d'officiers d'un courage héroïque, et d'une rare habileté, Lescale, Laugier, Mailly, Detroye; on perdit encore peu de temps après le jeune Horace Say, chef de bataillon du génie, officier de la plus haute espérance.

Enfin le 1er. mai, quatre pièces de 18 sont mises en batterie, et Buonaparte les fait diriger encore sur cette malheureuse tour, qui sembloit justifier tous les jours le nom de *tour maudite*, que lui avoient autrefois donné les croisés. Vingt-quatre grenadiers essayèrent inutilement de s'y loger. L'ennemi, dirigé par des chefs habiles, débouche dans le fossé, les prend à revers, et les force à la retraite, après leur avoir tué les plus braves d'entre eux.

La tour étoit presque entièrement démolie, et ses ruines n'offroient aucun débouché. Buonaparte désigne au même lieu un autre point d'attaque; la victoire, disoit-il, reste toujours au plus opiniâtre. Cependant elle ne lui resta point, et, malgré le feu terrible des pièces de siége, les assaillans furent encore forcés de rétrograder.

Les ennemis, protégés par l'artillerie de leurs

remparts et de leurs tours, étoient parvenus à élever des ouvrages extérieurs, qui rendoient de jour en jour l'approche de la ville plus difficile. On les enlevoit quelquefois par des prodiges de valeur; mais, pour les conserver, il auroit fallu une supériorité de moyens qu'on n'avoit pas. En répétant les attaques, on avoit épuisé pour la seconde fois les boulets, et l'on ne jetoit plus sur la ville que ceux qu'envoyoient les deux bâtimens anglais. L'ennemi redoubloit d'audace, venoit attaquer les assaillans jusque dans leurs propres travaux, et éventer leurs mines. Buonaparte continuoit de s'irriter contre les obstacles; chaque jour, il ordonnoit aux plus braves de l'armée de se jeter sur les places d'armes des assiégés et de les leur enlever, et chaque jour étoit marqué par de nouveaux revers. La confiance et le courage du soldat commençoient à s'affoiblir. La plaine, les fossés, les ouvrages des assiégés, ceux des assiégeans, étoient remplis de cadavres dont l'odeur infecte corrompoit l'air et entretenoit dans l'armée une horrible contagion. On commençoit à murmurer; on blâmoit hautement l'aveuglement du général en chef. Le soldat consterné ne marchoit plus avec la même confiance et la même audace. Convaincu de l'inutilité de ses efforts, il arrivoit jusqu'aux retranchemens de l'ennemi ; mais là, repoussé par l'odeur des cadavres, frappé de l'idée d'une mort certaine, souvent il s'arrêtoit.

Les plus habiles officiers plaignoient en secret le sort de l'armée, et gémissoient de l'obstination du général en chef. Le général Kleber en nourissoit une douleur profonde, qu'il exprimoit quelquefois avec toute la franchise de son noble caractère (1). Buonaparte lui-même sembloit déconcerté. Son humeur étoit devenue sombre et farouche, ses reproches injustes et offensans. Dans un accès de colère, il s'oublia jusqu'au point de traiter de lâche une demi-brigade qui avoit perdu tous ses grenadiers dans divers assauts, et de la menacer de lui donner des habits de femme. Il s'emportoit sans mesure contre sir Sidney, et l'accusoit de jeter les prisonniers français dans les bâtimens infectés de la peste. De son côté, sir Sidney assuroit que Buonaparte avoit voulu plusieurs fois attenter à ses jours; opinion dénuée de toute espèce de fondement. On répandoit le bruit qu'on avoit trouvé sur les bords de la mer des sacs remplis de Français que Dgezzar faisoit lier ensemble et noyer (2). Ces craintes, ces rumeurs,

---

(1) Il appeloit Buonaparte un général à 10,000 hom. par semaine.

(2) Ce bruit n'étoit point sans vraisemblance. Les relations anglaises avouent que ce féroce pacha se livroit à ce

le découragement des soldats ne présageoient plus qu'un avenir malheureux. L'arrivée de l'armée turque rassemblée devant Rhodes acheva de porter dans l'armée de sinistres pressentimens. Du haut d'une colline on signala en pleine mer une voile, puis une autre, puis une flotille toute entière. On remarqua dans les vaisseaux anglais un mouvement qui annonçoit de l'incertitude; le *Tigre* et le *Thésée* se hâtoient de lever leurs ancres. Étoit-ce un secours que le gouvernement français envoyoit à l'armée? étoit-ce le résultat de quelque combinaison profonde du génie de Buonaparte? Les soldats saisissent avidement cette idée, et saluent de leurs acclamations ces pavillons libérateurs. Mais, ô douleur égale à la joie! on reconnoit bientôt le pavillon ottoman, et l'on voit les bâtimens anglais cingler vers la ville que les Turcs venoient défendre.

Dans cette circonstance désespérée, il ne restoit plus un moment à perdre. Tout faisoit une nécessité de s'emparer d'Acre avant que les troupes ottomanes fussent débarquées. Buonaparte ordonne aussitôt une attaque générale; il veut qu'elle soit terrible et décisive, et son

---

cruel plaisir : *they bound two and two of them together, having first cut off their heads, in one sack, and trew them into the sea.* (History of Europe.)

armée répond à ses vœux avec une héroïque constance. Généraux, officiers, soldats, tous se jettent avec une égale ardeur dans les tranchées ennemies. La garnison turque oppose une incroyable résistance, la moitié des assaillans périt; mais tous les travaux extérieurs sont emportés. Le sang des assiégés coule par torrens, et les Français, s'élevant sur les ruines des fossés et des remparts, parviennent enfin à se loger dans la tour. Au lever du soleil, on vit le drapeau tricolore flotter sur les murs de la ville; le feu des Turcs s'étoit ralenti; les soldats français logés dans la tour s'étoient fait, du côté des fossés extérieurs et des ravelins, un rempart de sacs de terre, entremêlés de cadavres. Les troupes du général turc Hassan bey commençoient à débarquer; mais elles ne pouvoient encore prendre part au combat. Le danger étoit imminent pour l'ennemi; car la place pouvoit être emportée avant que le débarquement fût effectué. Dans cette extrémité Sidney-Smith fait mettre pied à terre aux matelots anglais, se met à leur tête, et marche à la brèche. Cet acte de dévouement excite l'enthousiasme parmi les Turcs. Hommes, femmes, enfans, tous prennent part à la joie générale. Ceux qui avoient abandonné les remparts reviennent à la charge, et se joignent à quelques braves qui se défendoient encore avec intrépidité;

mais le nombre des assaillans croissoit à chaque instant. Bientôt le combat s'engage avec acharnement ; on s'approche, on se mêle ; la baïonnette croise la baïonnette, les drapeaux se confondent ; on s'attaque, on se frappe corps à corps.

En ce moment le vieux pacha Dgezzar étoit, suivant la coutume des Turcs, assis dans son palais pour distribuer des récompenses à ceux qui lui apportoient des têtes d'ennemis. Instruit de la courageuse détermination des Anglais, il se lève et marche l'arme à la main vers les derniers rangs; il presse ses guerriers, les pousse vers les remparts, et leur représente que, si quelque malheur arrive à ses amis les Anglais, tout est perdu. Une noble émulation enflamme le courage des Turcs ; tous se précipitent sur la brèche ; et, par une opiniâtre résistance, donnent aux troupes d'Hassan bey le temps d'arriver.

Les jardins du sérail de Dgezzar, situés sur le terre-plein du rempart, offroient une position du plus grand avantage. Mais il falloit vaincre la répugnance du bacha pour le décider à y admettre d'autres troupes que les Albanois qui en avoient la garde. Ce corps étoit réduit à deux cents hommes, de mille dont il étoit précédemment composé. Sidney combat toutes les objections du pacha, et parvient à faire entrer

dans l'enceinte de son palais un régiment de
cent Turcs armés et exercés à l'européenne, et
il en prend lui-même le commandement. Toute
la garnison répond à ce mouvement général,
et défend la brèche avec opiniâtreté. Alors sir
Sidney propose à Dgezzar de s'élever au-dessus
des considérations vulgaires, et d'ouvrir les
portes du sérail, pour faire une sortie sur le flanc
de l'ennemi, et détruire une partie de ses travaux. Le pacha consent à tout, les soldats
d'Hassan exécutent la sortie ; ils sont repoussés
avec perte ; mais ce mouvement oblige les assiégeans à se mettre à découvert sur les remparts,
et fournit aux assiégés les moyens de les prendre à revers, et de les forcer à quitter la brèche ;
c'étoit la sixième fois qu'ils en étoient repoussés. On perdit dans cette malheureuse attaque
dix-sept officiers, cent cinquante-six braves et le
colonel Boyer, militaire d'un courage et d'un
talent distingués. Tant de revers, loin de las-
ser la constance du général en chef, ne faisoient
qu'irriter son âme altière ; les poudres venoient
d'arriver de Gaza, l'on prépara tout pour un
nouvel assaut. Du haut de leurs remparts les assiégés pouvoient apercevoir un groupe de généraux et d'aides de camp réunis sur une montagne qui porte encore le nom de *Richard-Cœur-
de-Lion*. On distinguoit Buonaparte au centre
d'un demi-cercle, désignant la place de son

geste, et marquant le point d'une nouvelle attaque. Le départ d'un aide de camp ne laissa pas de doute qu'elle ne fût prochaine. Des deux parts on se disposa à un combat terrible. En peu de temps les remparts offrirent une brèche vaste et facile; les assiégeans s'avancent avec ardeur. L'espoir de la victoire anime toutes les âmes. L'avis de Dgezzar fut alors de laisser l'ennemi pénétrer dans l'intérieur de la ville, et de l'y envelopper. La colonne française se précipite avec fureur dans la place, renverse tous les obstacles, et pénètre jusqu'aux portes du palais de Dgezzar. Les rues de Saint-Jean-d'Acre sont étroites, tortueuses et multipliées. On les avoit encore défendues par les travaux de l'art; les défilés, les toits, les fenêtres des maisons étoient occupés par une multitude disposée à s'ensevelir sous les ruines de la ville plutôt que de se rendre. Hommes, femmes, enfans, vieillards, tout ce qui pouvoit contribuer à la défense de la ville faisoient pleuvoir sur les assiégeans une grêle de pierres, de briques, de tuiles. Il y eut alors du désordre parmi les Français; le cri de *sauve qui peut* se fit entendre; la confusion gagna de rang en rang, et nos intrépides soldats, enveloppés de toutes parts, commencèrent à battre en retraite. Cent hommes séparés des autres périssent tous, et les Turcs portent leurs têtes en triomphe. Ces braves étoient commandés par le général Lannes, qui fut dangereusement blessé. Le général Rambaud mourut glorieusement. C'étoit pendant la nuit que l'assaut avoit eu lieu. La brèche étoit vaste, et pouvoit encore tenter l'ennemi. Au lever du soleil elle étoit réparée. Tout ce qui pouvoit travailler dans la ville avoit contribué à cet ouvrage. Des sacs de terre, des balles de laine, des pièces de bois, des branches d'arbres, entrelacés avec habileté, formoient un nouveau rempart sur lequel les boulets venoient mourir.

Pendant cette terrible attaque une multitude immense de spectateurs couronnoit les collines qui dominent la plaine de Saint-Jean d'Acre, attendant, à la lueur des flammes, suivant l'usage des peuples de l'Asie, l'issue du combat pour se joindre aux vainqueurs. Sir Sidney entreprit alors de faire une révolution dans l'opinion des peuples de Syrie. Jusqu'à ce jour ils avoient regardé les Français comme invincibles; mais, après tant d'échecs, ils devoient prendre des sentimens différens. Il adressa une circulaire aux princes et aux chefs des tribus chrétiennes qui occupoient le Liban, pour les engager à renoncer à toute relation avec les Français, et à cesser dorénavant de leur fournir des vivres. Il joignit à cette lettre une copie des proclamations où Buonaparte se vantoit d'avoir fait la guerre aux chrétiens, détruit Malte et Rome : « Choisissez, leur disoit-il, entre l'alliance d'un chevalier chrétien, et celle d'un renégat sans honneur. »

Cette lettre eut le succès qu'il en attendoit, les princes des tribus chrétiennes, frappés d'horreur pour Buonaparte, envoient aussitôt deux ambassadeurs à Sidney pour lui offrir non-seulement amitié, mais obéissance. Ils lui annoncent en même temps qu'ils ont envoyé des détachemens dans les montagnes pour arrêter les paysans qui portent au camp français des vivres, du vin et de la poudre; et, afin de lui donner un gage de leur fidélité, ils lui envoient huit cents de ces hommes qu'ils venoient de faire prisonniers, et les remettent à sa disposition.

La défection subite de ces peuplades fidèles et belliqueuses ajoutoit encore aux périls de l'armée française. Cependant tout ne paroissoit point désespéré; la division du général Kléber n'avoit point donné. Elle étoit restée à Nazareth pour contenir les Turcs du côté du Jourdain. Buonaparte veut tenter avec elle un nouvel effort; il lui confie le soin de venger l'honneur de ses drapeaux, et ordonne un dernier assaut. En même temps, le régiment turc d'Hassan bey venoit de faire une sortie, et, commandé par l'intrépide lieutenant colonel Soliman aga, avoit emporté la troisième parallèle, s'étoit jeté sur la seconde, où il avoit enlevé quatre pièces de canon. L'intrépide division de Kléber fond sur l'ennemi, engage avec lui un combat terrible, le déloge de tous ses postes, et lui arrache une partie de ses drapeaux. Ce fut tout ce qu'elle put faire; en vain elle essaya d'emporter la place; après bien des efforts, elle fut obligée de rentrer dans ses lignes.

Cette dernière tentative fut la plus funeste de toutes; elle coûta à l'armée deux cents hommes tués et cinq cents blessés. Le général Bon y périt, le colonel Vernoux, le jeune adjudant général Fouler, et plusieurs autres officiers de la plus haute espérance, moururent glorieusement sur la brèche. Enfin l'âme inflexible de Buonaparte céda à tant de malheurs. Il envoya un parlementaire à Dgezzar, lui proposer un armistice pour la sépulture des morts.

Le pacha sûr de la victoire, et craignant que cette députation n'eût pour unique objet de gagner du temps et de surprendre les assiégés, se refusa à toute proposition, et ne répondit à la lettre de Buonaparte qu'en ordonnant une sortie contre les travaux de l'armée française (1).

---

(1) Les relations anglaises attribuent ici au général en chef une perfidie dont il est difficile de le croire coupable.

On a suivi dans ce récit les relations les plus dignes de confiance. On a consulté avec une égale impartialité le témoignage des Anglais et des Français. On s'est appuyé de l'autorité vivante de sir Sidney Smith, comme de celle des officiers de l'armée française, qui ont pris part à cette mémorable expédition. C'étoit sir Sidney qui dirigeoit tout dans la ville d'Acre; et, s'il a quelquefois témoigné de la prévention contre Buonaparte, on s'est mis en garde contre ce sentiment; car la vérité ne connoît ni préjugés ni ménagemens.

Elles assurent que, tandis qu'on étoit en négociation avec le parlementaire, une décharge générale d'artillerie et de fusils, venue des lignes françaises, annonça de leur part un nouvel assaut. Que la garnison se porta aussitôt vers les remparts, et que pour sauver le parlementaire de la fureur des Turcs, sir Sidney le prit sous sa sauvegarde, l'envoya sur le vaisseau le *Tigre*, et de là le fit repasser à l'armée française, avec un message où il reprochoit au général en chef de s'être exposé à un aussi juste et aussi grave reproche.

Il est probable que la reprise des hostilités provint dans cette circonstance de quelque méprise, et qu'on s'accusa mutuellement de perfidie. Le général Berthier dans sa relation, et Buonaparte dans une lettre, jettent tout le blâme de cette violation du droit des gens sur la garnison. Ils assurent que les assiégés tirèrent sur le parlementaire, qu'on le renvoya une seconde fois, qu'il entra dans la place, mais qu'elle continua son feu.

Ses récits ne sont point toujours d'accord avec ceux des écrivains français. Ni le général Berthier, ni M. Miot, ni M. Martin, ne rapportent de la même manière que lui les dernières opérations du siége de Saint-Jean-d'Acre.

Voici le récit de M. Martin :

« Les poudres de Gaza venoient d'arriver.
» Aussitôt un nouvel assaut fut ordonné. Les
» divisions s'approchèrent; les soldats logés
» sur l'emplacement de la tour, fusillèrent et
» balayèrent les remparts et la brèche. On bat-
» tit la charge, on se jeta dans les boyaux, les
» fossés furent escaladés, et deux cents grena-
» diers de la division Lannes pénétrèrent dans
» la ville. Mais, après avoir dépassé la première
» enceinte, ils en trouvèrent une seconde que
» les Turcs avoient construite à la hâte dans
» les rues.

» Pendant qu'ils se précipitoient avec ar-
» deur sur ce nouvel obstacle, malgré une
» grêle de balles qui arrivoient du haut des
» maisons, ils entendirent tout à coup ce mot
» funeste : *Sauve qui peut, nous sommes tour-*
» *nés.* On dit que ce fut Sydney Smith lui-
» même qui, connoissant l'effet de ce cri d'é-
» pouvante dans une armée française, s'étoit
» porté dans une rue avoisinant la brèche, et
» avoit ainsi glacé le courage des soldats. A ce

» cri, chacun fit volte-face et revint précipi-
» tamment au camp.

» Les malheureux deux cents grenadiers res-
» tés dans la ville avoient déjà emporté le re-
» tranchement intérieur, et la ville eût été
» prise, s'ils eussent été secondés. Ils pénétrè-
» rent jusque dans la place, vis-à-vis du palais
» de Dgezzar; mais, s'apercevant qu'ils étoient
» seuls et qu'ils n'étoient plus suivis de leurs ca-
» marades, ils reconnurent qu'ils étoient per-
» dus, et prirent à l'instant la résolution de
» vendre chèrement leur vie. Ils s'emparèrent
» d'une mosquée, et se défendirent comme des
» lions. Cependant Smith parvint jusqu'à eux,
» et, leur ayant fait voir toute l'inutilité de leur
» défense, il en obtint qu'ils se rendissent pri-
» sonniers des Anglais. »

Le général Berthier et M. Miot sont à peu près d'accord sur les principales circonstances de cette malheureuse attaque; mais ils ne font aucune mention du cri de *sauve qui peut* jeté par le commodore Sydney-Smith, ni de la circonstance des deux cents grenadiers sauvés par la générosité de cet officier. Quant à la seconde enceinte, il est constant qu'elle avoit été construite par l'ordre de sir Sydney. Les rues de Saint-Jean-d'Acre étant très-rapprochées les unes des autres, on les avoit liées entre elles par des ouvrages en terre, qui en formoient comme un second rempart.

L'actif commodore ne négligeoit rien pour faire échouer l'entreprise du général français. Animé par l'amour de la gloire, et peut-être le ressentiment des injures que Buonaparte lui prodiguoit, il cherchoit non-seulement à lui susciter des ennemis, mais à ébranler même la fidélité de ses soldats. Pour parvenir à ce but, il fit répandre jusque dans le camp français une proclamation du grand visir, propre à y produire le plus grand effet :

« Soldats, disoit-il, le Directoire a surpris
» votre bonne foi, et vous a envoyés en Égypte
» en vous faisant accroire que la Sublime Porte
» elle-même consentoit à cette expédition.

» Doutez-vous que son unique but n'ait été
» de vous exiler de France et de vous faire
» périr tous dans des régions lointaines ? Si
» vous avez servi d'instrument à une violation
» des traités inouïe jusqu'à ce jour, n'est-ce
» pas la perfidie de votre gouvernement que
» vous devez en accuser. Oui sans doute. Ce-
» pendant il faut que l'Égypte soit affranchie
» d'une invasion inique. Des armées innom-
» brables sont en marche ; la mer est couverte
» de nos bâtimens. Abandonnez une cause in-
» digne de vous. La Sublime-Porte vous ou-
» vrira toutes les routes pour retourner dans

» votre patrie; il suffira que vous en manifes-
» tiez le désir aux commandans des forces al-
» liées. »

Mais cet écrit, loin de changer les dispositions de l'armée, ne fit que l'animer davantage. Elle se plaignoit de son général; mais elle auroit regardé comme le comble du déshonneur de l'abandonner; pour toute réponse aux vues de la cour ottomane, elle demanda un nouvel assaut.

La fortune avoit été trop infidèle pour que Buonaparte voulût encore la tenter; sa résolution étoit prise, et dès le jour même il fit annoncer la levée du siége. « Soldats,
» dit-il à ses légions, après avoir avec une
» poignée d'hommes nourri la guerre pen-
» dant trois mois dans le cœur de la Syrie,
» pris quarante pièces de campagne, cinquante
» drapeaux, fait dix mille prisonniers, rasé les
» fortifications de Gaza, de Jaffa, Caïffa, Acre,
» nous allons rentrer en Egypte; la saison des
» débarquemens m'y rappelle. Encore quel-
» ques jours, et vous aviez l'espoir de prendre
» le pacha même au milieu de son palais. Mais
» dans cette saison la prise du château d'Acre
» ne vaut pas la perte de quelques jours; les
» braves, que je devrois d'ailleurs y perdre,
» sont aujourd'hui nécessaires pour des opéra-
» tions plus essentielles. »

On évacua aussitôt tous les postes avancés

de Tyr, de Saffet, de Tabarié, de Nazareth, et l'on en brûla tous les magasins. Le 19 mai toutes les divisions de l'armée étoient réunies, et l'on se disposa à reprendre la route du Caire.

Il faut décrire encore ici un nouvel attentat contre l'humanité, un attentat, qui, dans toute la Syrie, couvre d'opprobre le nom de Buonaparte, un attentat commis non contre des ennemis, mais contre des français, contre les soldats les plus dignes d'intérêt, d'admiration et de pitié.

Le fer de l'ennemi avoit tué à l'armée française 700 hommes, en avoit blessé 2000. Mais une maladie horrible et contagieuse en moissonnoit tous les jours un plus grand nombre: s'il en faut croire le récit du colonel anglais lord Wilson, Buonaparte, voyant ses hôpitaux encombrés de malades, envoya chercher le docteur Desgenettes, médecin en chef de l'armée d'Égypte, et après une longue conversation sur les suites funestes que pouvoit avoir la maladie contagieuse, qui s'étoit répandue dans l'armée, lui dit: « Il n'y a que la destruc- » tion des malades qui puisse arrêter le mal. » Le médecin saisi d'horreur fit, au nom de l'humanité, les remontrances les plus énergiques; mais, voyant qu'il ne gagnoit rien et que le général en chef, irrité de sa résistance, se livroit à des menaces violentes, « ni mes principes, lui

» dit-il, ni la dignité de ma profession ne me
» permettent de devenir un assassin ; mon de-
» voir est de sauver des hommes, et non de
» les tuer; et, s'il faut, pour être un héros, pos-
» séder les qualités que vous exigez, je remer-
» cie Dieu de me les avoir refusées. »

Cette réponse noble et courageuse ne put détourner Buonaparte de ses desseins. Le mal s'accroissoit tous les jours ; et, quand il fallut lever le siége de Saint-Jean d'Acre, on fut effrayé du nombre des malheureux que renfermoient les hôpitaux; ils étoient comme amoncelés dans ceux de Caïffa et de Jaffa, plusieurs languissoient sous les murs de Saint-Jean d'Acre. L'humanité défendoit de les abandonner à la fureur des Turcs qui ne faisoient point de prisonniers. Buonaparte fit embarquer sur des bateaux ceux qui étoient dans le camp. Mais, arrivés à Caïffa et à Jaffa, ils ne faisoient qu'accroître l'embarras où on se trouvoit. A peine les chevaux, les mulets suffisoient-ils pour traîner les équipages de l'armée. Les soldats, saisis d'horreur au seul nom de la peste refusoient de porter sur des litières leurs compagnons atteints de ce fléau. Buonaparte, attaché à la funeste pensée qu'il avoit manifestée au docteur Desgenettes, la communiqua à un pharmacien nommé R......, et le trouva disposé à le servir. Cet indigne ministre du plus beau des arts (puisque son but est de sauver les hommes), prépara de sang-froid la liqueur qui devoit donner la mort à cinq cents soldats français, et la leur présenta de sa propre main. La plupart reçurent avec reconnoissance le vase fatal, et avalèrent sans soupçon le breuvage empoisonné.

Quelques-uns, témoins des convulsions de leurs camarades, se levèrent précipitamment, gagnèrent le rivage de la mer, et allèrent auprès des bâtimens anglais implorer la pitié de leurs ennemis. Ils ne l'invoquèrent pas en vain; ils furent reçus avec générosité, et envoyés au commandant français de Damiette. Ils partirent en comblant de bénédictions leurs bienfaiteurs, mais en chargeant d'exécration l'homme dénaturé qui avoit commis envers eux un attentat inouï dans les fastes de l'histoire.

La vérité de ces faits n'est plus aujourd'hui contestée. Lorsqu'en 1802 les journaux anglais osèrent les révéler, Buonaparte en témoigna un chagrin excessif, et s'en plaignit à l'ambassadeur d'Angleterre. « Général, lui répondit lord
» Withworth, en pareil cas le roi de la Grande-
» Bretagne n'auroit d'autre parti à prendre que
» de rendre plainte devant les tribunaux. »
Buonaparte, ne voyant en effet d'autre moyen d'obtenir vengeance, chargea son ambassadeur à Londres de poursuivre les journalistes comme calomniateurs. Celui qui excitoit le plus vive-

ment son courroux étoit M. Peltier, l'un des anciens rédacteurs des *Actes des Apôtres*, et propriétaire à Londres d'un journal français intitulé l'*Ambigu*.

Lorsque le jour de l'audience fut venu, le juge lui ayant demandé ce qu'il avoit à répondre à l'accusation portée contre lui, l'accusé se leva ; et, promenant sa vue sur la foule immense dont la salle étoit remplie, « j'aperçois, dit-il, parmi les spectateurs qui prennent intérêt à cette cause, de braves et généreux guerriers qui ont combattu en Égypte; je les adjure de déclarer s'il est vrai que les faits que j'ai racontés soient calomnieux. »

Plusieurs ayant répondu à cette interpellation, et de nombreux témoins ayant été entendus, le journaliste fut acquitté.

Aujourd'hui aucun des officiers, des savans, des soldats qui ont pris part à l'expédition de Syrie ne conteste l'authenticité de ce fait, dont le seul récit fait frémir. Le colonel Wilson, qui le premier en a donné les détails dans son histoire de l'expédition d'Égypte, dit : « S'il reste encore quelque doute sur les faits que j'ai racontés, que l'on interroge les membres de l'institut du Caire; ils diront que, dans la première séance après le retour de Buonaparte, le courageux médecin qui avoit refusé de se faire le meurtrier de ceux qu'il devoit sauver, accusa le général en chef de haute trahison contre l'honneur de la France, la vie de ses enfans et l'humanité entière; qu'il exposa avec une généreuse liberté tous les détails de l'empoisonnement des malades et du massacre des prisonniers de Jaffa; qu'il ajouta que cet attentat n'étoit pas le seul dont Buonaparte se fût rendu coupable, et qu'il avoit fait étrangler précédemment à Rosette un certain nombre de Français et de Cophtes attaqués de la peste, pour se débarrasser de ces dangereux malades.

» En vain, ajoute sir Thomas Wilson, Buonaparte essaya-t-il de se disculper, tous ses argumens furent réfutés sur-le-champ, et il fut obligé de s'enfermer dans les principes de Machiavel. Lorsqu'il eut quitté l'Égypte, les savans, indignés de cette action, élurent le docteur Desgenettes pour leur président. Ceci n'a pas besoin de commentaire. »

J'ajouterai au témoignage de sir Thomas Wilson que des personnes d'une haute considération m'ont assuré que les accusations du docteur Desgenettes avoient été consignées d'abord dans les registres de l'Institut du Caire, qu'elles en ont ensuite été retirées, mais que les feuillets en ont été soigneusement conservés par M. F.

Lorsque le pacha de Jérusalem entra à Jaffa immédiatement après l'évacuation de cette place par les Français, on trouva encore quelques malheureux soldats luttant contre les dernières convulsions de l'agonie. Ils montroient la liqueur jaunâtre qu'on leur avoit fait avaler : ce spectacle toucha les farouches soldats de Dgezzar. Si l'on en croit une relation française, ils oublièrent le soin de leur vengeance, donnèrent un antidote à ces malheureuses victimes, et en sauvèrent une douzaine, dont quelques-unes vivent encore. Mais ce trait d'humanité a peut-être besoin de confirmation.

Cependant Buonaparte n'est point cruel par tempérament ; mais il s'est fait une âme inaccessible à la pitié ; il a pris pour lui-même la doctrine qu'il a professée quelquefois, *un homme d'état doit avoir son cœur dans sa tête.*

La mort des hommes, l'incendie des villes, la dévastation des campagnes, ne sont, à ses yeux, que des considérations secondaires qui doivent céder aux grandes vues politiques ; les seules, suivant lui, qui soient dignes d'un génie élevé. C'est en suivant ces principes qu'il a commis tant d'actions que l'histoire ne pourra lui pardonner, et c'est encore en suivant ces principes qu'il exécuta sa retraite de Saint-Jean d'Acre.

Avant de quitter cette malheureuse ville, il y fit lancer une grêle de bombes, dans l'intention d'occuper l'ennemi ou d'incendier le palais du pacha, s'il étoit possible. La division du général Regnier, qui étoit de tranchée, se replia ensuite pendant la nuit, dans le plus grand silence. Tous les postes suivirent le même mouvement, tandis que la cavalerie protégeoit le pont sur lequel passoit l'infanterie; les assiégés continuèrent leur feu, et ne s'aperçurent, qu'au jour, de la levée du siége. Ils étoient excédés de fatigues; ils avoient perdu leurs plus braves soldats et un grand nombre d'officiers distingués, parmi lesquels se trouvoit le colonel Phelippeaux, qui avoit dirigé avec une habileté extraordinaire les premiers travaux du siége. On ne fit aucun mouvement par terre pour inquiéter la retraite des Français; mais le commodore sir Sidney mit à la voile pour Jaffa. L'armée française, après quelques heures d'une marche silencieuse et paisible, arriva à Tentoura. La division du général Lannes marchoit la première; ce général étoit porté dans une litière, plus heureux qu'une foule de blessés, qui, ne pouvant suivre leurs camarades, tomboient sur la route, où ils laissoient les restes d'une vie épuisée et douloureuse.

On manquoit de chevaux pour transporter l'artillerie, Buonaparte ne réserva qu'un obusier et quelques pièces de campagne. Les eaux de la mer ensevelirent le reste; la flamme dévora sur le rivage les affûts et les caissons, perte immense et irréparable. Le lendemain, l'armée coucha sur les ruines de Césarée, ville autrefois riche et décorée de monumens, aujourd'hui misérable et triste habitation d'un petit nombre de Turcs, d'Arabes et de Syriens. La route continuoit de se couvrir de soldats morts ou mourans, que les blessures, les maladies, les fatigues et la faim, moissonnoient successivement.

Ici commence une guerre de dévastation, inconnue parmi les nations civilisées. Soit que Buonaparte voulût mettre entre lui et l'armée ennemie un vaste désert, soit qu'il voulût tirer une terrible vengeance de quelques villages dont les habitans avoient attaqué ou surpris les convois de l'armée française, soit qu'il voulût satisfaire le ressentiment qu'il éprouvoit de revenir vaincu, il ordonna l'incendie générale de ces malheureuses contrées. « Bientôt, dit un témoin oculaire, la flamme » s'étend jusque dans les montagnes; la terre » couverte de cendres n'offre plus que l'image » de la désolation. Les bestiaux fuient en mu- » gissant; les habitans effrayés, la rage dans le » cœur, contemplent, sans pouvoir les arrêter, » les désastres qui signalent notre passage. »

L'armée marchoit à la hâte, tourmentée par la faim. On avoit délivré aux soldats quelques restes de biscuit trouvés à Tentoura, à raison de huit onces par homme. On s'avançoit dans des routes inconnues et difficiles, sans oser s'arrêter; on se pressoit d'arriver à Jaffa, où l'on devoit trouver quelques provisions. On y entra le 25 mai: l'infanterie campa dans les jardins, la cavalerie prit position à quelque distance pour observer les Naplousains, qui venoient harceler nos rangs.

Pendant ce séjour, on distribua aux soldats toutes les munitions contenues dans les magasins de cette ville. On frappa ses habitans d'une contribution de cent cinquante mille francs; on imposa cent mille francs à trois riches négocians, dont on croyoit avoir à se plaindre. On fit sauter les fortifications, on jeta à la mer toute l'artillerie en fer de la place, et, après avoir couvert de ruines cette malheureuse cité, théâtre de tant de désastres, on continua sa retraite.

L'armée ne marchoit plus qu'à la lueur des flammes; la cavalerie parcouroit les dunes, le long de la mer, pour ramasser les bestiaux qui s'y étoient réfugiés; l'infanterie achevoit d'incendier les villages et les moissons. Les plaines de la Palestine n'offroient plus qu'une mer de feu. Ce fut à travers ces scènes de désolation qu'on arriva à Gaza. Cette ville s'étoit constamment montrée d'une manière pacifique, on se contenta de détruire le fort qui servoit à sa défense. Les torches s'éteignirent devant ses murs; mais elles se rallumèrent le lendemain avec une nouvelle violence, jusqu'à Kan-Jounes. Là finit la Syrie. Il falloit maintenant pénétrer de nouveau dans ces vastes déserts qu'on avoit traversés avec tant de peine. L'armée s'y enfonça courageusement, mais non sans regret et sans dépit. Buonaparte n'étoit plus pour elle l'objet d'une superstitieuse idolâtrie. On se plaignoit hautement de son invincible opiniâtreté, de sa hauteur, et de tant de fatigues essuyées inutilement. Souvent même, du murmure le soldat passoit à la menace, et, s'il en faut croire un témoin oculaire, la vie du général en chef ne fut pas toujours en sûreté. Pour se dérober à ce péril, Napoléon prétexta le désir de visiter les ruines de Péluse, et partit avec les généraux Menou, Andréossy, Le Turq et M. Monge.

Le premier avoit été, dès le commencement de la campagne de Syrie, nommé gouverneur de la Palestine; mais, persuadé que la conquête de cette province étoit loin d'être assurée, il étoit resté paisiblement à Rosette, et n'avoit rejoint Buonaparte que quand la Palestine et la Syrie étoient décidemment perdues pour l'armée française.

Le désert qui sépare Kan-Jounes d'El-Arish, a onze lieues d'étendue. Il est habité par quelques tribus arabes, dont le général en chef avoit à se plaindre. On enleva leurs bestiaux, leurs chameaux, et l'on incendia le peu de récoltes qui existent dans quelques parties du désert (1).

Enfin le 2 de juin, on arriva devant El-Arish, place devenue importante depuis les revers de l'armée française. Elle étoit pour les Turcs la clef de l'Egypte, comme celle de la Syrie pour les Français. Buonaparte, de retour de son expédition de Péluse, y ordonna de nouveaux travaux, y fit élever de nouvelles fortifications, approvisionna ses magasins, et y laissa une garnison de 600 hommes, commandée par l'adjudant général Cambise.

L'armée reprit sa marche sur Katieh, et s'enfonça avec sa constance ordinaire dans le dernier désert qui la séparoit de l'Egypte. Les divisions marchoient à quelque distance pour épargner les puits. Mais, malgré toutes les précautions, les soldats eurent à endurer tous les tourmens de la chaleur et de la soif; les puits étoient moins abondans, les eaux moins salubres qu'au premier passage. Plusieurs soldats laissèrent sur les sables brûlans les restes d'une vie exténuée par la fatigue. On perdit aussi un grand nombre d'officiers blessés, et entre autres

---

(1) *Relation des campagnes d'Egypte et de Syrie*, par le général A. Berthier.

ce jeune Croisier, aide de camp de Buonaparte, qui avoit cherché dans une mort honorable l'oubli des reproches sanglans que lui avoit fait son général.

Le 7 juin devoit mettre un terme à tant de fatigues. Les divisions des généraux Regnier, Lannes et Bon, se mirent en route pour Salehieh, tandis que celle du général Kléber prit le chemin de Damiette. Après une marche de quelques heures, on s'arrêta près d'une petite *oasis*, composée d'une centaine de palmiers, et le lendemain on aperçut les plaines riches et cultivées de Salehieh. Les paysans étoient venus en foule à la rencontre de l'armée avec des vases et des outres remplis d'eau du Nil. On la payoit le prix des meilleures liqueurs ; on la buvoit avec une volupté inexprimable ; le soldat ne pouvoit détacher ses lèvres du vase qui la contenoit. Parvenue à Salehieh, l'armée se livra à tous les charmes de l'espérance, elle savoit qu'elle trouveroit sur toute sa route de l'eau pour étancher sa soif, du pain, du laitage, des œufs, des melons, des poules, des pigeons, pour apaiser sa faim; et cette assurance adoucissoit le souvenir des maux qu'elle avoit éprouvés. Le 9, elle arriva à la Koubbé, et attendit jusqu'au 12 pour entrer dans la capitale.

Ainsi se termina l'expédition de Syrie, qui

coûta à l'armée qui l'avoit entreprise plus d'un quart de ses braves, toute son artillerie, un grand nombre d'officiers de mérite, de savans distingués, et, plus que tout cela, ce titre d'invincible qu'elle avoit acquis par tant de travaux glorieux, de dévouement à son pays et de traits d'une héroïque intrépidité.

On a dit dans une brochure publiée récemment et recherchée avec avidité, parce qu'on prétend y reconnoître la main du chef même de l'expédition d'Égypte, qu'il n'avoit entrepris la campagne de Syrie, que parce qu'il y trouvoit quelque chose de chevaleresque et de brillant, que d'ailleurs cette entreprise n'avoit eu aucun but réel, militaire ou politique.

Cette assertion suffiroit seule pour démontrer la supposition de cet écrit. Il est prouvé, au contraire, et par les pièces officielles publiées à ce sujet, et par le témoignage des plus habiles et des plus célèbres généraux qui suivirent Buonaparte en Syrie, et par les propres discours de Napoléon lui-même, qu'il attachoit la plus grande importance à cette entreprise, qu'il la regardoit comme le seul et unique moyen d'assurer la possession de l'Égypte; on a rapporté son mot au général Murat: *Le sort de l'Orient est dans cette bicoque.* « Dgezzar, écrivoit-il
» au directoire, me provoque; il rassemble
» des troupes, il veut me faire la guerre, il est

» nécessaire que je le prévienne, l'Égypte ne
» seroit point en sûreté, si je le laissois conti-
» nuer ses armemens. »

C'est ne connoître guère le génie de Buonaparte, que de supposer qu'il n'a vu dans l'expédition de Syrie qu'une simple partie de plaisir ; toutes ses conceptions, toutes ses entreprises étoient toujours liées à quelques vues
de politique, de grandeur ou d'ambition. Le
prétendu manuscrit de l'île Sainte-Hélène est
évidemment la composition d'un écrivain habile, qui a voulu étonner par la précision de
son style, faire parade d'esprit et peut-être entretenir dans le public le souvenir de Buonaparte.

Il en est à peu près de même d'un recueil
de lettres publiées à Londres, sous le nom du
chirurgien Warden, et traduites en français
chez Gide, libraire à Paris (1). On lui fait dire,
au sujet des malades empoisonnés à Jaffa, qu'il
n'y avoit à l'hôpital de cette ville que sept
hommes hors d'état d'être transportés, que
les autres avoient été évacués par mer sur
Damiette, ou mis en marche avec leurs camarades par le désert ; qu'il proposa à la vérité
l'opium, mais que ce poison ne fut point admi-
nistré ; qu'il retarda de vingt-quatre heures le

---

(1) Cette traduction ne mérite pas la peine d'être lue,
tant elle est horriblement mutilée.

départ de son armée, pour s'assurer que les sept malheureux qui étoient expirans avoient terminé leur douloureuse carrière. Toutes ces assertions sont démenties par des faits et des témoignages positifs. L'empoisonnement des pestiférés de Jaffa est tellement avéré, que les hommes les plus dévoués à Buonaparte n'entreprennent point de le nier et se contentent d'invoquer pour la justification du général en chef les lois de l'inexorable nécessité. « La mort de ces soldats étoit certaine, dit-on; le général voulut en abréger le terme et adoucir leurs souffrances. »

D'ailleurs quelle confiance accorder à un écrivain qui ignore les faits les plus connus, qui confond Gaza avec Jaffa, et fait dire à Buonaparte que cette ville de Gaza (dont on s'empara sans coup férir) présentoit un aspect formidable; que le commandant fit tirer sur l'officier parlementaire qui venoit porter des paroles de paix, qu'il se défendit avec acharnement, que la place fut prise d'assaut, et que, cinq cents hommes de la garnison d'El-Arish s'étant trouvés parmi les prisonniers, on les fit fusiller sur-le-champ? N'est-il pas avéré par tous les mémoires, toutes les relations sur l'expédition de Syrie, par le témoignage de tous les officiers, de tous les hommes dignes de foi, qui prirent part à cette entreprise, que les cinq cents hommes faits prisonniers à El-Arish furent obligés, contre la foi des traités, de suivre l'armée républicaine?

Ce qui démontre que le manuscrit venu de Sainte-Hélène et les lettres du chirurgien Warden ne méritent aucune croyance, c'est que non-seulement on n'y apprend rien de nouveau, mais qu'on y trouve des faits évidemment controuvés et démentis par des autorités incontestables. Le chirurgien Warden est si mal instruit, qu'il ignore jusqu'au nom des personnages dont il parle. Il appelle *Gorgon* le général *Gourgault*, et *Colai* le baron de *Kolly*, chargé d'enlever le roi d'Espagne Ferdinand VII de sa prison de Valençay. Il est à peine une page où l'on ne trouve quelques fortes bévues de ce genre. Mais le public aime ces sortes de livres; il les recherche avec avidité et les abandonne bientôt, comme il a recherché et abandonné le fameux *Cabinet de Saint-Cloud*, de Goldsmith.

Buonaparte, près de reparoître dans la capitale de l'Égypte, crut devoir s'arrêter quelques jours pour donner plus de solennité à son entrée. On avoit répandu, en son absence, les bruits les plus sinistres; une partie des provinces d'Égypte, persuadées qu'il avoit péri avec son armée dans la funeste expédition de Syrie, s'étoient révoltées. Il voulut imposer à l'opinion publique par un grand spectacle, et déployer un appareil de forces auquel on était loin de s'attendre. Il rangea son armée en bataille à la Koubbé, fit rassembler les prisonniers, et ordonna à son avant-garde de les conduire au Caire avec les drapeaux pris sur l'ennemi. Chaque soldat portoit une palme à son casque. Les généraux Dugua et Destaing vinrent au devant de ce corps, et le conduisirent avec pompe jusqu'à la citadelle, où l'on déposa les enseignes et les prisonniers. On répandit ensuite des écrits dans la ville, où Buonaparte étoit représenté comme le vainqueur glorieux de la Syrie : « Il avoit détruit une armée formidable qui venoit fondre sur l'Égypte, il avoit tiré une vengeance éclatante de Dgezzar, et fait de la ville d'Acre un monceau de ruines. »

Le 14 juin, la garnison du Caire se rassembla sur la principale place de la ville pour aller au devant de son général. Elle avoit à sa tête le grand Divan, les membres des administrations, les Cophtes, les principaux négocians et tous les officiers civils et militaires. Le cheik el-bekry, le premier et le plus révéré des descendans de Mahomet, offrit au général en chef un magnifique cheval arabe noir, couvert d'une selle à la française, enrichie d'une magnifique housse brodée en or, en perles et en pierres fines. Il accompagna ce présent de celui d'un mamelouck nommé *Roustan*, que Buonaparte avoit paru désirer avant son départ.

L'intendant général lui donna deux beaux dromadaires richement caparaçonnés (1). Buonaparte, à la tête du cortége et monté sur le cheval dont on venoit de lui faire présent, fit son entrée par la porte de la Victoire, au milieu des acclamations de ses soldats et des demonstrations de joie feintes ou réelles d'une multitude immense. Le lendemain, on commença, en honneur de l'armée victorieuse de Syrie, des fêtes qui durèrent trois jours (2). Et, pour assurer entièrement les provinces d'Égypte, Buonaparte fit confirmer le bruit de ses victoires par une proclamation du Divan, imprimée en arabe et adressée à tous les cheiks des villages. Elle commençoit par un passage du Koran ; Dieu a dit : N'écoutez pas les con-
» seils des méchans ; ils font le mal sur la terre,
» et sont incapables du bien. Nous vous pré-

---

(1) *Histoire de l'expédition d'Égypte*, par M. Martin.
(2) On lit dans l'*Histoire de l'expédition d'Égypte*, du général Wilson, qu'à la première parade il fit avancer un bataillon de grenadiers, lui reprocha d'avoir refusé l'assaut à Saint-Jean d'Acre, et condamna les soldats à porter leurs armes bas, jusqu'à ce qu'ils se fussent distingués par quelque action d'éclat. On lit ailleurs qu'il fit fusiller huit de ces grenadiers. Ces faits me paroissent au moins douteux.

» venons, vrais croyans, pour que vous n'écou-
» tiez pas les paroles des menteurs, parce que
« vous vous réveilleriez dans le repentir.

» Il est arrivé au Caire la bien gardée, le
» chef de l'armée française, le général Buona-
» parte qui aime la religion de Mahomet; il
» est arrivé bien portant et bien sain, remer-
» ciant Dieu des faveurs dont il le comble. Il
» est entré au Caire par la porte de la Victoire.
» Ce jour a été un grand jour, on n'en a jamais
» vu de pareil. Tous les habitans du Caire
» sont sortis à sa rencontre; ils ont vu et re-
» connu que c'étoit bien le même général en
» chef Buonaparte, en propre personne. Ils se
» sont convaincus que tout ce qui avoit été dit
» sur son compte étoit faux.

» Nous vous informons que Dgezzar pacha,
» ainsi nommé à cause de ses grandes cruautés,
» avoit rassemblé un grand nombre de mauvais
» sujets Osmanlis, Arabes ou autres, voulant
» venir s'emparer du Caire et des provinces d'É-
» gypte, et les encourageant par la promesse
» du pillage et du viol; mais Dieu s'est refusé à
» ces projets. Le général en chef Buonaparte
» est parti, a battu les soldats de Dgezzar, qui
» étoient à El-Arish, et les a fait fuir devant
» lui, comme les oiseaux et les souris qui fuient
» devant le chat. Il fut ensuite à Gaza et à Jaffa;
» il a protégé les habitans de Gaza; mais ceux

» de Jaffa égarés, n'ayant pas voulu se rendre;
» il les livra tous, dans sa colère, au pillage et
» à la mort. Il a détruit tous les remparts et
» fait périr tout ce qui s'y trouvoit. Il se trou-
» voit à Jaffa environ cinq mille hommes des
» troupes de Dgezzar. *Il les a tous détruits.*
» Après, il a détruit les murs d'Acre et le châ-
» teau de Dgezzar, qui étoit très-fort; il n'a
» pas laissé à Acre pierre sur pierre, au point
» que l'on demande s'il a existé une ville dans
» ce lieu. Ensuite il est revenu en Égypte.

» Retournez donc, créatures de Dieu, vers
» Dieu; soumettez-vous à ses ordres; la terre
» lui appartient; il dispose de la puissance et la
» donne à qui il veut; n'écoutez pas ceux qui
» vous disent de détruire les Français. Ces
» conseils ne peuvent rien que vous conduire à
» votre abaissement, et entraîner la destruction
» des vrais croyans grands et petits. Lorsque
» le général en chef est arrivé au Caire, il a fait
» connaître aux membres du Divan qu'il chérit
» le prophète auquel s'adresse le salut. Il s'in-
» struit dans le Koran; il le lit tous les jours
» avec attention. Nous savons qu'il est dans
» l'intention de bâtir une mosquée qui n'aura
» point d'égale dans le monde et d'embrasser
» la religion musulmane. »

CHAPITRE XVIII.

Situation de l'Égypte et du Caire pendant l'expédition de Syrie. Troubles dans l'intérieur des provinces. Apparition de l'ange El-Mohadhy. Expédition sur les bords de la mer Rouge. Débarquement des Turcs à Aboukir. Victoire des Français.

Tandis que Buonaparte se consumoit en efforts impuissans devant les murs de Saint-Jean-d'Acre, le reste de l'armée d'Égypte, abandonnée à elle-même, soutenoit avec un courage héroïque les dangers dont elle étoit environnée. L'absence du général en chef, les bruits sinistres de ses désastres et de sa mort avoient relevé les espérances des vaincus et disposé les esprits à la révolte.

Le Delta étoit depuis long-temps agité par un esprit d'insurrection, que toutes les ressources du génie de Buonaparte n'avoient pu étouffer. L'incendie des villages, le supplice des chefs, loin de calmer les désordres, n'avoient fait que les accroître, et le sang des rebelles enfantoit chaque jour de nouvelles rébellions.

Mais, lorsque le départ d'une grande partie de l'armée eut affoibli la puissance du vainqueur, alors les Égyptiens crurent que l'heure de la liberté étoit arrivée ; de toutes parts on courut aux armes, et l'émir Hadgy (1), qui l'un des premiers s'étoit déclaré pour les Français, fut aussi l'un des premiers à trahir la cause qu'il avoit embrassée. Appelé par Buonaparte pour partager les travaux de Syrie, loin de répondre à ses ordres, il partit du Caire pour se mettre à la tête des insurgés, et leur expliqua ainsi ses intentions : « Tant que j'ai pu » croire que la France agissoit d'accord avec » la cour ottomane, j'ai secondé les Français » de tout mon pouvoir; mais, instruit aujour- » d'hui qu'ils sont les ennemis de la Sublime- » Porte, mon devoir m'ordonne de leur faire » la guerre, et de la faire terrible et sanglante. » Armez - vous donc, fidèles Musulmans, et » réunissez vos efforts pour exterminer les en- » nemis de la foi. »

Cette proclamation lui valut bientôt une nombreuse armée d'Arabes, de Mameloucks, de Fellahs, avec laquelle il parcourut les rives du Nil, interceptant les convois, attaquant les bâtimens français qui s'exposoient sur le fleuve. Six pièces de canon destinées pour la Syrie tombèrent entre ses mains. Vingt soldats qui en formoient l'escorte, furent impitoyablement

---

(1) Lieutenant de l'ancien bacha du Caire.

massacrés. L'armée égyptienne se grossissoit chaque jour, et portoit partout la terreur et la désolation.

Le Delta avoit pour commandans deux officiers également braves, actifs et expérimentés, le général Lanusse et le général Fugières. Le premier se met en marche avec cinq cents hommes, joint les insurgés, les attaque, les disperse, et venge la mort des Français en livrant au pillage et à l'incendie le village de Mit-Kamar.

Mais sa victoire n'étouffe point les germes de l'insurrection. Bientôt même le fanatisme et l'ignorance lui suscitent un ennemi plus redoutable. Du fond des déserts de l'Afrique un homme arrive en Égypte, la tête remplie de visions chimériques, se disant envoyé du Ciel, et promettant aux vrais croyans de les délivrer des infidèles. Il s'annonce sous le nom de l'ange El-Mohadhy prédit dans le Coran; se vante de faire des miracles; et, pour imposer davantage à la multitude, il affecte de ne vivre que d'un peu de lait passé sur ses lèvres.

Il marche nu, à la tête de ses disciples (car les anges ne font point usage de ces voiles importuns dont nous sommes obligés de nou couvrir); il ne possède rien; mais le Ciel met à sa disposition des trésors inépuisables. Son corps aérien est à l'abri des armes, et Mahomet lui a confié le secret d'une poudre qui rend les soldats invulnérables. A sa voix une foule d'Arabes abandonnent les déserts de la Lybie pour aller avec lui combattre les ennemis de l'islamisme. Il arrive près d'Alexandrie, dans le *Béhairié*. Il entre à Damanhour, attaque avec fureur soixante hommes de la légion nautique, seule garnison de cette place, les force de se retrancher dans une mosquée, et les y brûle

Fier de ce succès, il se porte vers Rhamanié, où commandoit le chef de brigade Lefebvre avec quatre cents hommes. La petite armée française vole au devant de lui, se bat avec un courage inexprimable, épuise ses munitions avant de disperser les ennemis, et se voit contrainte de rentrer à Rhamanié. Damanhour étoit devenue la principale place d'armes de l'ange; le reste de la province étoit occupé par ses fanatiques sectateurs. Le général Lanusse instruit de ses progrès, charge le général Davoust de poursuivre l'émir Hadgy, et accourt avec ses troupes victorieuses. Il surprend l'ange et ses légions sous les retranchemens de Damanhour, renverse tout ce qui lui oppose quelque obstacle et entre dans la ville. Les ossemens brûlés des soixante Français étoient encore entassés près de la mosquée. A cette vue, le soldat, transporté de fureur, se livre à tous les excès de la vengeance. Hommes, femmes, enfans, vieillards, tout périt, la flamme dévore ce que le glaive a épargné. En quelques heures, la malheureuse ville de Damanhour ne présente plus qu'un monceau de ruines, de cendres et de cadavres.

Mais le courage de l'ange n'est point abattu par ce revers. Il remonte la province de Béhairié, soulève partout les peuples, égorge tout ce qu'il peut trouver de Français, et remplit cette malheureuse contrée de nouveaux désastres. L'infatigable général Lanusse le poursuit, l'atteint une seconde fois, et, dans l'ardeur de la mêlée, une balle met fin à la mission de l'envoyé du Ciel. Cependant son armée ne se dissipe point. Ses fanatiques sectateurs enlèvent son corps, répandent le bruit qu'il est remonté dans les cieux pour diriger avec plus de sûreté les coups des vrais croyans. Ainsi le Nil reste en proie aux plus horribles dévastations.

Au milieu de ces mouvemens, le général Desaix poursuivoit, dans la Haute-Égypte, le cours d'une guerre qui sembloit résister à toutes les combinaisons du génie, à toutes les ressources du courage et de l'expérience. Vainqueur à Sédyman, maître des rives du Nil jusqu'au delà de ses cataractes, il auroit pu, avec tout autre que Mourad-Bey, regarder sa conquête comme assurée.

Mais l'intrépide Mamelouck ne fuyoit que pour ménager ses forces, et reparoître bientôt avec plus d'avantage. Les défaites, en irritant sa fierté, augmentoient son audace. Aussi habile politique qu'indomptable guerrier, il souffloit partout le feu de la révolte; et, dans son incroyable activité, suscitoit des ennemis aux Français jusque dans l'Éthiopie, la Nubie, et les régions situées au-delà de la mer Rouge. Ses proclamations parcouroient l'Afrique et l'Asie. Ses communications s'étendoient partout où se trouvoit un détachement de l'armée française. On vit arriver de la Mecque et d'Yambo d'innombrables bataillons qui venoient débarquer à Cosseïr, et se ranger sous les étendards de la foi.

Bientôt les deux rives du Nil se trouvent menacées par deux armées formidables. Le général Desaix n'avoit, pour résister à tant d'efforts, que quatre cents hommes. Mais son génie, le courage de ses soldats et l'habileté des généraux qu'il commandoit suppléoient à tout. On avoit vu trois cent cinquante hommes, atteints d'ophthalmie et à demi-aveugles, soutenir les efforts d'une armée d'Arabes Sammalous, et les chasser de la ville de Fayoun : ceux de la Mecque, de Darfour, d'Yambo, ne tardèrent pas à être dissipés. Mourad-Bey les avoit rassemblés à Samanhout, et, sûr du nombre de ses soldats, étoit venu défier lui-même les François. Desaix accepte la bataille, enfonce l'infanterie, met en déroute les Mamelloucks, les poursuit jusqu'au delà de Siène, les rejette dans d'horribles déserts, et charge le général Belliard de reconnoître à Philé la limite que les Romains avoient autrefois posée à leur empire. De leur côté, les Arabes de la Mecque et d'Yambo abandonnent les bords du Nil, et se hâtent de regagner ceux du golfe Arabique. La conquête de la Haute-Égypte semble donc assurée. Mais, revenus de leur premier effroi, les Arabes se rassemblent dans la vallée de Kené à Cosseïr, et menacent de nouveau les rives du Nil. Le général Desaix envoie contre eux le général Friant. On se bat avec acharnement; le fanatisme transforme en soldats intrépides une multitude sans discipline et sans ordre; cependant la victoire reste aux François.

Dans le même temps, les Mamelloucks réfugiés au-delà de Siène, avoient repris courage, et fait un mouvement pour se porter sur Siout, et rejoindre un corps de Fellahs et d'Arabes levés à la hâte par le bey Mohamad. Desaix les prévient, et remporte sur eux une victoire complète; mais la rapidité de ses marches l'avoit obligé de laisser en arrière la flotille qui portoit ses munitions de guerre, des blessés et quelques soldats. Un rassemblement venu d'Yambo, et commandé par le chérif Hassan, l'attaque avec fureur. Le bateau commandant, l'*Italie*, fait en vain tomber, de la première bordée, la première ligne des Arabes, le reste de cette armée fanatique se précipite dans le fleuve, s'empare des bateaux et tente l'abordage du vaisseau. Le capitaine répond à l'attaque par un feu terrible, mais la fortune trahit son courage. Un vent impétueux jette le navire sur le sable, et ce malheureux officier, entouré d'ennemis, sans espoir de salut, met le feu aux poudres, et saute avec le bâtiment. Son nom mérite d'être conservé à la postérité; il s'appeloit Morandi.

Cette malheureuse affaire laissoit au pouvoir de l'ennemi toutes les munitions destinées à l'armée française. Enflé de ce succès, Hassan se croit appelé à détruire l'armée des infidèles; il annonce hautement que la dernière heure des Français est arrivée, et marche audacieusement contre eux. En ce moment le général Belliard passoit le Nil. Hassan le rencontre un peu au-dessous de Kous, et lui présente le combat. Belliard n'a qu'une seule pièce de canon, quinze carabiniers composent toute sa cavalerie; mais le courage ne calcule pas. Il se forme en colonne et force l'avant-garde ennemie à se replier jusqu'au village de Benouthah, où se trouve toute l'armée : ici le combat devient terrible. Il ne s'agit plus de se mesurer avec une multitude sans discipline, et presque sans armes. L'artillerie, prise sur la flotille, est maintenant dirigée contre les Français. Une batterie, placée sur le bord d'un canal, et servie avec succès, porte le désordre dans la colonne. Le général Belliard s'en aperçoit, et charge ses carabiniers de l'enlever. Ils fondent avec impétuosité sur les pièces, massacrent les canonniers, et ramènent les canons dans les rangs français. Effrayés de tant d'audace, les Arabes se jettent dans le village, se retranchent dans les maisons, s'emparent de la mosquée, et prennent la résolution de mourir glorieusement. Chaque maison soutient un siége. Aucun ne veut ni fuir, ni se rendre ; il faut tout brûler, tout détruire ; la flamme atteint la mosquée où étoient les poudres, le bâtiment saute avec les Arabes. Ceux qui échappent à cet horrible désastre viennent encore, le fusil à la main, le sabre dans les dents, braver le vainqueur. Tous périssent en désespérés. Le corps du chérif Hassan est trouvé parmi les morts.

Cette victoire remettoit entre les mains du général Belliard tout ce qui restoit de la flotille, mais il avoit lui-même épuisé ses munitions; il ne lui restoit qu'un seul boulet et quelques cartouches; et il se trouvoit sans communication avec le général Desaix. Les Mameloucks qui avoient fui les premiers se rallient; les débris de l'armée arabe se réunissent de leur côté sous les ordres d'un neveu d'Hassan. Osman-Bey vient les rejoindre, et les bords du Nil sont de nouveau menacés. La position des Français devenoit alarmante; mais le général Desaix paroît et concerte aussitôt son plan d'attaque avec le général Belliard.

Les ennemis étoient concentrés à la *Kuinta*; c'est une espèce d'oasis, seul relâche entre le Nil et Cosseïr; car, de la *Kuinta* aux bords de la mer Rouge, on ne trouve, pendant trois journées de marche, que deux mauvaises sources d'eau saumâtre. Il étoit donc impossible qu'une armée songeât à se sauver sur Cosseïr; Desaix prit ses mesures pour cerner l'ennemi dans cette position. Il fit occuper tous les points qui communiquoient à la *Kuinta*, à l'exception d'un seul, vers lequel les Mameloucks ne pouvoient se retirer sans se séparer des Mekains. Mais les deux chefs de l'armée ennemie pressentent son dessein, et, pour lui échapper, se portent à la hâte vers le Nil. Desaix les poursuit, les atteint à Byr-el-Bahr, les fait charger par sa cavalerie et les met en déroute. Ils se replient sur la *Kuinta*, y passent rapidement, et parviennent à échapper par le seul débouché qu'on n'avoit pas gardé. Mais, en fuyant vers la Haute-Égypte, ils laissoient les Arabes isolés et sans appui. Dans cette extrémité, ceux-ci tentent un coup hardi, et s'avancent vers le fleuve dans l'intention de le passer. Prévenu de ce mouvement, le chef de brigade Morand, qui commande à Girgeh, vole courageusement à eux; mais, n'ayant ni cavalerie, ni artillerie, il est obligé de se replier. L'ennemi le suit. Il entre à Girgeh. L'intrépide Français forme aussitôt deux colonnes; l'une pour l'intérieur de la ville, l'autre pour le dehors; battus de toutes parts, les Arabes prennent la fuite, et se jettent sur le village le plus voisin. Les chefs de brigade Pinon et Lasalle les préviennent, les rencontrent, et en font un affreux carnage; le neveu d'Hassan périt dans cette mêlée.

Il ne restoit plus que deux cents Arabes. Mais il se formoit un nouveau rassemblement de nègres de Darfour et de Fellahs que Mourad-Bey avoit organisés. Les deux cents fugitifs les rejoignent, et veulent avec eux tenter de nouveau le sort des armes. Le général Davoust les attaque à Benyhady, met en fuite les Mameloucks de Mourad, force les Arabes de se jeter dans le village, met le feu à toutes les maisons où ils se sont retranchés, et ne laisse à Benyhady qu'un monceau de cendres, de ruines et de cadavres. Il livre au même sort le village d'Abou-Girgeh, qui lui avoit refusé des vivres; et, après avoir anéanti les derniers restes des Mekains, des Darfouriens, des Mograbins, il revient au Caire.

Dans le même temps, le capitaine Renaud, à la tête de deux cents hommes, marchoit sur Siène, où s'étoit formé un corps de Mameloucks; il l'attaque, le bat, le force de se jeter vers Philé, et de revenir bientôt se remettre à sa discrétion. Ainsi la campagne sembloit terminée; mais Cosseïr offroit toujours aux Arabes de la Mecque un port où ils pouvoient descendre avec sûreté. Le général Desaix charge les généraux Belliard et Donzelot de s'emparer de cette place; ils passent le désert, et entrent en vainqueurs à Cosseïr.

Dès ce moment, toutes les tribus situées entre le Nil et la mer Rouge abandonnèrent le parti des Mameloucks; le grand chérif de la Mecque s'empressa de désavouer les hostilités des Arabes de sa nation; les caravanes furent rétablies; le commerce se ranima, et le général Desaix, estimé par sa sagesse, et admiré par son courage, n'eut plus qu'à jouir des fruits de sa conquête. Il avoit, avec trois mille hommes d'infanterie, douze cents chevaux et huit pièces d'artillerie, su maintenir un territoire de plus de cent lieues.

Telle étoit la situation de la Haute et Basse-Égypte, lorsque Buonaparte, de retour de son expédition de Syrie, rentra dans la capitale. Au milieu des orages dont elle étoit environnée, cette ville avoit joui d'un calme parfait. C'étoit le fruit de la sagesse de M. Poussielgue et du général Dugua. Leur gouvernement étoit celui de la justice, de la modération et de la douceur; ils visitoient souvent les chefs de la ville et surtout ceux de la religion. Telle étoit la réputation d'équité de l'administrateur général, que, pour concilier les plus graves différens, il suffisoit d'invoquer l'intervention du *visir français*: c'étoit le titre que lui donnoient les Musulmans.

Politique habile et bienveillant, il s'étudioit à gagner le cœur des Égyptiens, et ne manquoit aucune occasion de leur être agréable. Il fit célébrer avec beaucoup de solennité la fête du *Beïram*. Ce jour est pour les Musulmans ce qu'est pour nous le jour des étrennes. C'est celui des visites et des cadeaux; les Français ne cédèrent point à leurs hôtes en politesse et en prévenances. On déploya toute la pompe des fêtes nationales; on éleva en signe d'honneur sur le sommet des minarets, les drapeaux pris à El-Arisch; des détachemens protégèrent pendant trois jours les pèlerinages des habitans à la ville des Tombeaux.

On fit avec le même appareil la belle procession du *Kesoué*, grand voile brodé en or, que la caravane de la Mecque va, tous les ans, déposer sur les tombeaux de Mahomet et de sa fille Fatime. Pour la première fois, les femmes osèrent, quoique voilées, se montrer en public : ainsi chaque jour la confiance s'établissoit entre les deux nations. Le goût des arts s'introduisoit insensiblement parmi les Turcs. Ils imitoient avec succès tous les ouvrages d'Europe, brodoient avec habileté et ne se montroient inférieurs à personne sous le rapport de l'intelligence et de l'adresse. Les boulangers avoient appris à faire un pain léger et savoureux : la viande étoit abondante, la nourriture saine et agréable.

On se rassembloit dans des jardins plantés et distribués avec le même goût que ceux de Tivoli : la maison des généraux étoit le centre de nombreuses réunions où se trouvoient des femmes, non pas toujours belles et bien élevées, mais telles qu'on pouvoit se les procurer. Le besoin avoit transformé en dames de simples vivandières, et quelques Géorgiennes que les Mamelouks avoient abandonnées. On n'avoit point encore de théâtre; mais on se flattoit d'en avoir un bientôt, et, pour y suppléer, l'on faisoit venir ces *Almés* (1), si célèbres dans les récits de

---

(1) Les *Almés* sont en Égypte ce que les Baïadères sont aux Indes. Savary en fait une description séduï-

quelques voyageurs, et si peu séduisantes quand on les voit de près.

Les savans se délassoient par des recherches intéressantes ; l'Institut poursuivoit le cours de ses études, et chaque jour le Caire prenoit une face nouvelle. Buonaparte, de retour dans cette capitale, applaudit à ces heureux changemens ; mais les soins militaires l'occupoient davantage. Les cadres de l'armée étoient incomplets ; il s'occupa de les remplir. Le soldat n'étoit point habillé, il songea à lui fournir des habits. On avoit à la vérité peu d'étoffes et peu d'argent ; on composa avec la nécessité. On eut des compagnies bleues, blanches, jaunes et vertes : bigarrure étrange, mais sous laquelle étoient cachés les meilleurs soldats du monde. On s'empressa aussi de réorganiser l'Institut, qui avoit perdu plusieurs de ses membres : le commissaire ordonnateur Sucy, privé d'un bras, et le célèbre chirurgien Dubois, dégouté du climat de l'Égypte, étoient repartis pour la France. La mort avoit moissonné le général Cafarelli, Horace Say, chef du génie, et M. Venture, membre de la section des lettres. M. Fauvelet

---

sante. La vérité est qu'elles sont, pour la plupart, laides, mal vêtues et malpropres. Leurs mouvemens sont des contorsions, et leurs attitudes les plus voluptueuses des gestes grossiers et indécens.

de Bourienne fut choisi pour remplacer M. de Say ; M. Laucret, pour remplacer M. Horace Say ; M. Larrey, pour succéder à M. Dubois, et M. Ripault pour succéder à M. Venture. L'Institut d'Égypte, plus laborieux que la plupart des compagnies de ce genre, avoit déjà enrichi le domaine des sciences et des arts d'une foule de découvertes et d'observations du plus grand intérêt. M. Denon suivoit le général Desaix dans ses actives et périlleuses expéditions, et son portefeuille se chargeoit chaque jour des dessins des plus précieux monumens de l'antiquité. Il avoit décrit les ruines de Denderah, ses quatre temples, et ce célèbre zodiaque, objet de tant de savantes dissertations. Il avoit rapporté un manuscrit sur papyrus chargé d'hiéroglyphes, et trouvé sous les bandelettes d'une momie : toutes les parties de l'Égypte que l'épée de nos guerriers rendoit accessibles, étoient examinées avec autant d'ardeur que de soin. Le désert lui-même n'étoit pas sans richesses. Ce fut dans les sables de la rive droite du Nil, au-delà du Mokatam, que M. Miot découvrit cet amas de belles et riches pétrifications de palmier, dont on conserve des échantillons dans nos cabinets d'histoire naturelle, et qui, sous la main d'un de nos artistes, se sont transformées en bijoux élégans. Mais le cours de ces heureuses et pacifiques conquêtes étoit sans cesse interrompu par de nouvelles guerres. A peine l'armée de Syrie commençoit à prendre quelque repos, qu'il fallut voler à de nouveaux combats. Mourad-Bey, toujours fugitif et jamais défait, se remontroit partout ; il animoit de ses proclamations les provinces les plus éloignées, entretenoit des intelligences dans toutes les villes ; et, malgré la surveillance des Français, parvenoit souvent à tirer, de la capitale même, de l'argent et des munitions de guerre. Ses communications s'étendoient au-delà de l'Égypte. Les Français savoient, d'une manière vague et incertaine, qu'une armée turque, rassemblée depuis long-temps par Mustapha pacha, méditoit un débarquement. Mourad en connoissoit tous les mouvemens, et n'ignoroit ni le jour ni l'heure où le débarquement devoit s'effectuer. Pour seconder les opérations de l'armée musulmane, il étoit descendu avec ses Mamelucks jusqu'aux lacs de Natron, tandis qu'un autre corps se portoit sur la rive droite du Nil pour donner la main à Ibrahim-Bey revenu à Gaza. Mais, prévenu par les Français, il s'étoit vu forcé de remonter vers les grandes Pyramides.

Buonaparte, instruit de ces mouvemens, quitte aussitôt le Caire pour aller le combattre ; mais à peine est-il arrivé aux Pyramides, qu'il apprend qu'une flotte turque de cent voiles

vient de mouiller à Aboukir. Il se rend aussitôt à Giseh, et, sans rentrer au Caire, expédie dans la nuit ses ordres à toutes les divisions de l'armée; il écrit au général Desaix de se rapprocher du Caire et de le couvrir; il envoie le général Murat et le général Lannes à Rhamanieh : il recommande au général Kléber de quitter Damiette avec une partie de sa division, pour occuper Rosette; au général Régnier de surveiller les Arabes et les Fellahs, et de pourvoir aux approvisionnemens d'El-Arisch, de Cathieh, de Salehieh et de Belbéis; il loge deux cents Grecs avec du canon dans des couvens propres à servir de forts et à défendre l'approche des lacs de Natron; il fait mettre en état de défense la citadelle du Caire; recommande la ville à la prudence et au courage du général Dugua; il part lui-même avec son quartier général le 16 juillet, et arrive, le 20 du même mois, à Rhamanieh, où devoient se réunir toutes les troupes. De là, il écrit au divan du Caire :
« Quatre-vingts bâtimens ont osé attaquer
» Alexandrie; mais, repoussés par l'artillerie de
» cette place, ils sont allés mouiller à Aboukir
» où ils commencent à débarquer. Je les laisse
» faire, parce que mon intention est de les
» attaquer, de tuer tous ceux qui ne voudront
» pas se rendre, et de laisser la vie aux autres
» pour les mener en triomphe au Caire. Ce

» sera un beau spectacle pour la ville. Cette
» flotte porte des Russes qui ont en horreur
» ceux qui croient en un seul Dieu; parce que,
» selon leurs mensonges, ils croient qu'il y en a
» trois; mais ils apprendront bientôt que ce
» n'est pas le nombre des dieux qui fait la
» force. Le musulman qui ne rougit pas de
» s'embarquer sur un bâtiment où la croix est
» arborée, est pire qu'un infidèle. Je désire
» que vous fassiez connoître ces choses au
» peuple. »

Alexandrie avoit pour commandant le général Marmont. C'étoit le 11 juillet que les premiers bâtimens de l'expédition avoient paru devant le port. La flotte comptoit treize vaisseaux de soixante-quatorze, neuf frégates et dix-sept chaloupes canonnières. Le reste étoit composé de transports. Elle faisoit route à l'est. Le général expédia aussitôt des courriers au Caire pour annoncer cette nouvelle, renforça de deux cents hommes le poste d'Aboukir, et manda au commandant de Rhamanich de lui envoyer toutes les forces dont il pourroit disposer. Le fort d'Aboukir étoit gardé par un officier d'une extrême résolution. C'étoit le chef de bataillon Godard. Il écrivit au général Marmont qu'on pouvoit compter sur lui, et il tint parole.

Mais le général Destaing, ayant amené six cents hommes au général Marmont, celui-ci se détermina à quitter Alexandrie pour s'opposer au débarquement. A peine avoit-il fait deux lieues qu'il apprit que le débarquement étoit effectué; il crut alors sa présence inutile, et rentra dans Alexandrie.

On lui a reproché vivement cette retraite. Il n'avoit, à la vérité, que douze cents hommes et cinq pièces de canon, et la renommée portoit à douze ou quinze mille hommes les forces de l'armée musulmane; mais les Français étoient depuis long-temps accoutumés à ne pas compter leurs ennemis.

Si le commandant du fort d'Aboukir eût été secondé, il se proposoit de faire une sortie et de mettre les Turcs entre deux feux. Mais, se voyant sans appui, il prit la courageuse résolution de tenir jusqu'à la dernière extrémité. Le fort étoit d'un accès difficile du côté de la mer, et, du côté de terre, défendu par une redoute. Il laisse trente-cinq hommes dans le fort, et se jette lui-même dans la redoute avec deux cent soixante-un hommes, seul reste de toutes ses forces. Il soutient pendant près d'un jour l'effort de toute l'armée ennemie, et peut-être l'eût-il forcé de renoncer à son entreprise, sans un accident imprévu; le caisson qui contenoit ses poudres prit feu, et le priva de toutes ses munitions. Les Turcs, témoins de ce malheur, montèrent à l'assaut, et les Français, n'ayant pour toute défense que le sabre et la baïonnette, périrent tous en combattant avec une valeur héroïque.

Le commandant du fort, abandonné à lui-même, soutint un siége de deux jours. Enfin, n'espérant plus de secours, il se rendit prisonnier, avec sa petite troupe de trente-cinq hommes. Lorsqu'ils sortirent, les Turcs se jetèrent sur eux pour les égorger, en s'autorisant du massacre des prisonniers d'El-Arisch et de Jaffa. Il fallut tout l'ascendant d'un émigré français pour leur sauver la vie.

Si l'armée ottomane eût été commandée par un chef actif et entreprenant, elle auroit marché sur Alexandrie, et cette ville seroit probablement tombée en son pouvoir ; mais Seidman-Mustapha, pacha de Romelie, qui commandoit cette expédition, étoit un homme d'un caractère présomptueux et obstiné. Fier de sa puissance, il avoit refusé de suivre les plans du commodore Sidney Smith, qui, s'étant ménagé des intelligences avec Damiette, vouloit qu'on attaquât cette place. Il aima mieux descendre à Aboukir, et, lorsqu'il s'en fut rendu maître, il perdit à s'y fortifier le temps qu'il pouvoit employer à prendre Alexandrie. Il avoit à peine les notions les plus communes de l'art militaire, et ce fut l'un des officiers de sir Sidney, qui lui traça son camp et dirigea ses retranchemens.

Mais, tandis qu'il s'occupoit à se défendre, Buonaparte se préparoit à l'attaquer.

Il arriva en effet à Alexandrie, le 25 juillet, à dix heures du soir, fit aussitôt la visite des forts, et envoya vingt-cinq dragons reconnoître la position de l'armée turque. Elle étoit dans la plus profonde sécurité, enfermée dans ses lignes, sans postes, ni gardes avancées, ne paroissant pas même soupçonner l'arrivée des Français.

Si l'on en croit M. Martin, qui a décrit avec une exactitude remarquable cette partie de l'expédition d'Égypte, Buonaparte, rentré chez lui, eut une conférence fort animée avec le général Marmont. Il lui reprocha vivement de ne s'être point opposé au débarquement des Turcs. — « Considérez, lui répondit le géné-
» ral Marmont, que je n'avois que douze cents
» hommes, et que les Turcs en avoient quinze
» mille. — Eh! avec ces douze cents hommes
» je serois allé jusqu'à Constantinople. » Le général n'osa lui répliquer qu'il en avoit eu lui-même l'occasion à Saint-Jean-d'Acre.

Après avoir pris quelques heures pour faire ses dispositions, Buonaparte sortit d'Alexandrie avec toute son armée, campa sur les ruines d'un ancien château, et le lendemain, à sept heures du matin, donna l'ordre d'attaquer. Le général Lannes commandoit l'aile droite ; Murat, avec la cavalerie, occupoit le centre; l'aile gauche étoit sous les ordres des généraux Lanusse, Fugières et Destaing.

Le combat s'engagea par la gauche, sur les bords de la mer : deux demi-brigades, pleines d'ardeur, attaquèrent le premier retranchement, et l'emportèrent ; les Musulmans effrayés se replièrent précipitamment dans la redoute qu'ils avoient enlevée aux Français ; le vainqueur les y suit, et entreprend de l'emporter d'assaut ; mais, éprouvant quelque résistance, il se replie à son tour, pour mieux combiner son attaque. Les Turcs, enhardis par un mouvement qu'ils prennent pour une fuite, sortent de leur camp, et fondent avec impétuosité sur les deux demi-brigades. Celles-ci perdent leur avantage, et reculent jusque sur le quartier général. La ligne étoit rompue, le désordre s'accroissoit à chaque instant ; Buonaparte eut un moment d'inquiétude, et fut même sur le point d'ordonner la retraite ; mais la présence d'esprit d'un brave sauva tout.

Les Turcs sont, comme on l'a déjà dit, dans l'usage de couper les têtes de leurs ennemis, et de les porter au camp où ils reçoivent le prix de cet acte de barbarie ; les soldats sortis de leur redoute s'arrêtèrent pour se livrer à ces horribles exécutions, et laissèrent leurs retranchemens sans défense. L'adjudant général Roize s'aperçoit de cette faute, et propose au général Murat de se précipiter dans la redoute et de s'en emparer. Le général, naturellement disposé aux actions d'éclat, saisit cette idée avec empressement, s'y porte comme un éclair avec toute sa cavalerie, et s'en rend maître; il est vivement secondé par le général Lannes. qui attaque et enfonce la gauche de l'ennemi. En même temps, les brigades françaises qui avoient reculé, se rallient, poussent les Turcs sur le corps du général Murat, les pressent entre le rivage de la mer et la cavalerie et ne leur laissent aucun moyen de salut. Le carnage devient horrible; les eaux ensevelissent ceux que le fer a épargnés.

La seconde ligne des retranchemens est emportée avec la même rapidité.

Le général Murat pousse jusqu'à la tente de Seidman-Mustapha, et le fait prisonnier.

Ainsi, en quelques heures, les Français détruisirent une armée sur laquelle la cour de Constantinople avoit fondé les plus hautes espérances. A peine se sauva-t-il quelques soldats pour porter la nouvelle de la défaite. Tout fut tué ou noyé. L'armée française eut aussi à regretter des hommes d'un rare mérite. Le général du génie Crétin, l'adjudant général Le

Turcq, le général de brigade Duvivier payèrent de leur vie le courage et l'audace qu'ils déployèrent dans cette mémorable bataille. Buonaparte lui-même courut un grand danger. Un caisson de gargousses prit feu à côté de lui, et brûla son habit sans lui faire de mal.

Buonaparte a embelli son rapport, d'une anecdote à laquelle les circonstances ont donné depuis un grand intérêt. Le général Fugières avoit eu le bras gauche emporté. On fut obligé de l'amputer jusqu'à l'omoplate. Sa blessure étoit horrible, et tout le monde étoit persuadé qu'il n'y survivroit pas. Buonaparte alla le voir : « Général, lui dit Fugières, peut-être un jour » envierez vous mon sort ; je meurs au champ » d'honneur (1). »

Il ne restoit plus, pour couronner cette victoire, que d'enlever le fort. Six mille hommes s'y étoient renfermés, résolus de se défendre jusqu'à la dernière extrémité. Ils étoient sans

---

(1) Ce mot n'eut jamais rien de réel ; il est du nombre de ceux que Buonaparte inventoit pour donner de l'éclat à ses rapports. Mais il est assez remarquable que ce soit Buonaparte qui ait préparé lui-même cette épigrammatique prophétie. Quand le général Fugières fut guéri, et qu'on lui cita sa réponse : « Eh ! bon dieu, dit- » il, il n'y a pas un mot de vrai : je me suis contenté de » recommander au général ma femme et mes enfans. »

vivres, sans eau, sans munitions. Ils avoient avec eux une grande quantité de femmes et de chevaux. Ils renvoyèrent d'abord les femmes, dont les soldats français s'emparèrent. Ils chassèrent ensuite les chevaux, qu'ils ne pouvoient nourrir assez long-temps pour les manger ensuite. Leurs escadres essayèrent de leur faire passer des pièces de siége. L'armée républicaine s'en empara. On en remarquoit deux de bronze doré, dont le roi d'Angleterre avoit fait présent au grand-seigneur. Buonaparte les donna au général Murat, et voulut qu'on y gravât son nom et celui du général Roize. On dressa des batteries qui forcèrent les chaloupes canonnières de l'ennemi à gagner la haute mer. On battit les remparts avec une artillerie formidable. Les Turcs désespérés essayèrent des sorties; ils furent constamment repoussés, et perdirent, dans l'une de ces tentatives, quinze cents hommes qui se noyèrent dans la mer. Quinze cents autres furent ensevelis sous les ruines de leurs remparts. Le reste de la garnison éprouvoit toutes les horreurs de la faim et de la soif; enfin, épuisés de fatigue, hors d'état de soutenir le poids de leurs armes, ils vinrent se jeter aux genoux du vainqueur. Ils avoient à leur tête le fils du pacha déjà fait prisonnier.

Telle fut la fin de cette formidable expédition, annoncée avec tant de faste, et combinée avec tant de présomption et d'ignorance. En huit jours, Buonaparte réalisa la promesse qu'il avoit faite aux habitans du Caire : « Mon intention » est de les attaquer, de tuer tous ceux qui ne » voudront pas se rendre, et de mener les au- » tres en triomphe au Caire. » Il y envoya en effet le pacha, son fils, avec un grand nombre d'autres prisonniers, et annonça la victoire en ces termes :

« Le nom d'Aboukir étoit funeste à tout » Français. La journée du 7 thermidor l'a rendu » glorieux. La victoire que l'armée vient de » remporter accélère son retour en Europe. » Nous venons de reconquérir aujourd'hui » nos établissemens aux Indes et ceux de nos » alliés. Par une seule opération, nous avons » remis dans les mains du gouvernement le » pouvoir d'obliger l'Angleterre, malgré ses » triomphes maritimes, à une paix glorieuse » pour la république.

» Nous avons beaucoup souffert ; nous avons » eu à combattre des ennemis de toute espèce. » Nous en aurons encore à vaincre. Mais en- » fin le résultat sera digne de nous, et nous » méritera la reconnoissance de la patrie. »

La nouvelle de la victoire d'Aboukir fut reçue au Caire avec enthousiasme. On n'avoit pas vu, sans un vif sentiment d'inquiétude, le général en chef s'éloigner de la capitale avec son armée. Une défaite pouvoit tout perdre. Son triomphe, au contraire, imposoit aux Égyptiens et tenoit dans le devoir ceux qui étoient disposés à l'insurrection. On pouvoit donc compter encore sur quelque temps de repos. On ne tarda pas à apprendre que cette heureuse expédition devoit enfanter des événemens d'un intérêt bien plus élevé.

CHAPITRE XIX.

Départ subit de Buonaparte. Situation de l'armée après cet événement.

Lorsque Buonaparte avoit entrepris la conquête d'Égypte, son imagination ne lui avoit montré que des victoires à remporter, des lauriers à cueillir. Il s'étoit flatté de briser sans peine le sceptre des Mamelucks, de soumettre en quelques mois ces provinces fatiguées d'un joug odieux, et de reparoître en' France avec un nouvel éclat. On conserve une lettre de lui, adressée à son frère Joseph le 28 juillet 1798; qui donne une idée juste de ses dispositions.

« Tu verras dans les papiers publics la re-
» lation des batailles et de la conquête de l'É-
» gypte, qui a été assez disputée pour ajouter
» une feuille à la gloire militaire de cette ar-
» mée. L'Égypte est le pays le plus riche en
» blé, ris, légume, viande, qui existe sur la
» terre. La barbarie est à son comble. Il n'y a
» point d'argent, pas même pour payer la
» troupe. J'espère être en France dans deux
» mois. Fais en sorte que j'aie une campagne,
» à mon arrivée, soit auprès de Paris, ou en
» Bourgogne. Je compte y passer l'hiver (1). »

---

(1) Les Anglais ont tiré le *fac simile* de cette lettre,

Mais, lorsque Buonaparte écrivoit cette lettre, la flotte n'avoit point encore été anéantie, les communications étoient libres, les Mamelucks fuyoient, et les Français, maîtres du Caire, regardoient leur conquête comme assurée.

La victoire de l'amiral Nelson changea tout : plus de communications avec l'Europe, plus de secours à en attendre. L'Égypte devint une terre d'exil. Plusieurs la fuyoient, et la désertion devint telle, que Buonaparte en fit l'objet d'un ordre du jour :

« Je suis mécontent de la facilité avec la» quelle le médecin et le chirurgien en chef ». donnent des certificats, pour retourner en » Europe, à des individus que la lâcheté, l'in-

---

et l'ont mise en tête du second volume de la collection des lettres interceptées. On y remarque des fautes d'orthographe assez graves; mais elle est loin d'être aussi honteusement difforme que le prétend Lewis Goldsmith, qui en a aussi donné une copie dans son Histoire du cabinet de Saint-Cloud. Il est bien vrai qu'on y trouve *tu vaira*, pour *tu verras* ; *assé*, pour *assez* ; *à son comple*, pour *à son comble* ; *les papiers public*, pour *les papiers publics* ; *à mon arrivées*, pour *à mon arrivée* ; *en Burgogne*, pour *en Bourgogne*. Mais cette lettre a été évidemment écrite avec une extrême précipitation, et les autres fautes, dont Goldsmith l'a surchargée, ne s'y trouvent pas.

» constance et le peu d'amour de leur devoir
» portent à quitter l'armée avant que la cam-
» pagne soit finie; les certificats doivent être
» restreints aux malades qui ne pourroient
» guérir qu'en Europe; ce qui, dans un pays
» aussi sain que l'Égypte, doit être borné à un
» très-petit nombre d'individus.

» Ce n'est pas que mon intention soit de
» garder à l'armée les hommes qui ne seroient
» pas sensibles à l'honneur d'être nos compa-
» gnons d'armes; qu'ils partent. Je faciliterai
» leur départ; mais je ne veux pas qu'ils mas-
» quent, par des maladies feintes, le motif
» réel de ne pas partager nos périls. Nous ris-
» querions qu'ils partageassent notre gloire (1). »

Ces émigrations se faisoient ou par des neutres, ou sur de petits bâtimens qui avoient souvent le bonheur d'échapper aux recherches des
Anglais. Mais ceux qui venoient d'Europe
étoient surveillés avec tant de soin qu'ils parve-
noient rarement jusqu'aux côtes d'Égypte. De-

---

(1) Quelque temps auparavant, il avoit répondu à
l'adjudant général Beauvais, qui lui demandoit sa démission pour retourner en Europe : « Un officier qui, se
» portant bien, offre sa démission au milieu d'une cam-
» pagne, ne sauroit être dans l'intention d'obtenir de la
» gloire. Il a été conduit ici par tout autre motif, et dès-
» lors n'est point digne des soldats que je commande. »

puis la perte de la flotte, on n'avoit eu de nouvelles de France que le 4 mars 1799. Un navire génois étoit parvenu à remettre des journaux et des lettres. Les journaux avoient été communiqués à l'armée; les lettres, envoyées à Buonaparte, occupé alors au siége de Saint-Jean-d'Acre. On a toujours ignoré ce qu'elles contenoient; mais on présume qu'elles étoient d'une nature grave et importante. Depuis ce temps, jusqu'aux premières communications de l'armée française avec l'escadre anglaise, on étoit dans l'ignorance complète de ce qui se passoit en France. On savoit en général que la Russie avoit fait une alliance avec la Sublime-Porte; que l'Angleterre et les puissances continentales s'étoient engagées dans une ligue mutuelle contre la France; mais les détails de ces grands événemens étoient inconnus; le général en chef désiroit ardemment se procurer des journaux.

Quelque temps après l'expédition de Syrie, il forma le projet d'envoyer un parlementaire à l'escadre anglaise, sous prétexte de traiter de l'échange des prisonniers. Il s'adressa au capitaine de vaisseau Dumanoir, qui lui désigna le jeune Henri Descorches-de-Sainte-Croix, son lieutenant. Ce jeune officier, plein d'habileté et de dévouement, se rendit auprès de sir Sydney, s'insinua adroitement dans la faveur du commodore, en obtint une collection de journaux d'Angleterre et d'Allemagne jusqu'au 10 juin, et revint avec ces précieuses dépêches. Buonaparte connut alors l'étendue de nos désastres en Europe, et forma, dès ce moment, le projet de quitter l'Égypte. Il donna au capitaine Dumanoir l'ordre d'équiper deux frégates, et de les tenir prêtes au premier moment. Les communications entre la flotte anglaise et les officiers français furent continuées par le jeune Merlin, aide de camp du général en chef et fils du directeur.

Pour détourner en même temps toute espèce de soupçon, et couvrir le véritable secret des préparatifs du capitaine Dumanoir, on répandit le bruit que le général Berthier, attaqué depuis long-temps d'une surdité dont les progrès étoient alarmans, se disposoit à retourner en France. Ces bruits circuloient au Caire avant la bataille d'Aboukir, et Buonaparte étoit prêt à quitter l'Égypte lorsque l'apparition de la flotte ottomane vint retarder ses projets. Sa victoire ouvrit de nouvelles relations entre l'escadre anglaise et les Français, et acheva d'applanir toutes les difficultés. Le secrétaire de sir Sidney se rendit à Alexandrie, y fut reçu avec beaucoup de distinction, eut avec le général en chef des entretiens particuliers, et le quitta charmé des marques de considération qu'il avoit reçues.

De son côté, Buonaparte partit pour le Caire et alla y recevoir, en souverain, les honneurs du triomphe et les acclamations du peuple. Après quelques jours de résidence, il annonça que, content des habitans du Caire, il alloit parcourir quelques provinces pour y rétablir l'ordre et y rendre la justice aux peuples.

Cependant le contre-amiral Gantheaume et le capitaine Dumanoir s'occupoient avec activité de l'exécution de ses ordres. Les bâtimens étoient prêts et n'attendoient plus que les navigateurs qui devoient les monter. En ce moment la croisière anglaise disparoît, l'escadre turque quitte les côtes d'Égypte et fait voile vers Jaffa. Le contre-amiral se hâte de faire part de ces heureuses nouvelles au général en chef : elles arrivent au Caire le 17 août. Napoléon ne perd pas un instant, expédie des lettres scellées à tous ceux qu'il veut associer à ses nouveaux destins; il leur ordonne de ne les ouvrir qu'au jour, à l'heure et au lieu indiqués. Il prend avec lui deux cent cinquante guides, commandés par le général Bessières, annonce qu'il part pour le Delta, et se met en route pour Alexandrie.

Le jour désigné étoit le 22 août; le lieu du rendez-vous, le pharillon d'Alexandrie. Tous ceux qui avoient reçu des lettres s'y rendent, les ouvrent et y trouvent l'ordre de s'embarquer. Parmi les élus étoient les généraux Berthier, Lannes, Murat, Andréossy, Marmont, MM. Bourienne, Denon, Monge, Bertholet, Eugène Beauharnais. On conçoit aisément les transports de leur joie; ils laissent une partie de leurs équipages, abandonnent leurs chevaux et montent sur les bâtimens. A dix heures on fait l'appel; deux étrangers qui se trouvent à bord sont remis à terre, et le lendemain matin l'heureuse flotille fait voile pour la France. Les circonstances de ce départ ont quelque chose de si extraordinaire, qu'elles ont été, pour les esprits les plus judicieux, un objet de recherches et d'incertitudes. Pourquoi cet éloignement subit de la croisière anglaise et de l'escadre turque? A quel dessein et pour quel objet ces entretiens secrets du secrétaire de sir Sydney avec le général en chef? Par quel inconcevable hasard la flotille française, chargée des destinées de Buonaparte, parcourt-elle tranquillement les mers sans être inquiétée par aucun vaisseau ennemi? Sir Sidney étoit-il d'accord avec lui? Le gouvernement anglais avoit-il consenti à son retour en France? Buonaparte se détermina-t-il de son propre mouvement à quitter l'Égypte? Reçut-il des ordres secrets du directoire ou de quelques-uns de ses membres? Étoit-il d'accord avec un parti formé en France pour le mettre à la tête du gouvernement? Ces questions, dont la solution n'est pas sans intérêt, ont été souvent discutées, jamais résolues.

Quelques personnes pensent que sir Sidney Smith consentit non-seulement au départ de Buonaparte, mais qu'il poussa l'obligeance jusqu'à lui remettre des passe-ports. On ajoute que dans les entretiens particuliers de Napoléon avec le secrétaire de sir Sidney, il fut convenu que Buonaparte, de retour en France, rétabliroit la maison de Bourbon, et que de son côté la maison de Bourbon assureroit à Buonaparte une grande fortune et la première charge militaire de l'état. On cite, à l'appui de cette opinion, l'anecdote suivante :

Un Français digne de considération par sa fortune et par son rang, se trouvoit, à Londres, quelques mois avant le retour de Buonaparte, dans une société composée d'hommes d'état et de ministres; une de ces personnes, s'adressant à l'un des ministres, lui demanda s'il étoit vrai que le gouvernement eût expédié des passe-ports à Buonaparte? — « Oui sans doute, répondit le ministre, nous avons besoin de lui pour mettre un terme à l'anarchie qui désole la France. Il s'est engagé à relever le trône de la maison de Bourbon, et c'est pour l'accomplissement de ce dessein que les passeports lui sont expédiés. — Mais ne craignez-vous pas que, maître de disposer du trône, il ne veuille s'y élever lui-même?— Les Français ont trop de fierté pour le souffrir. Buonaparte n'est qu'un simple gentilhomme corse, qui se trouvera trop heureux d'occuper le premier rang après le prince, avec la gloire de lui avoir remis le sceptre. »

Ceux qui citent cette anecdote ajoutent que le contre-amiral Gantheaume, dans un déjeuner avec le général Berthier et une tierce personne, raconta qu'il avoit été envoyé lui-même par Buonaparte à sir Sidney Smith pour réclamer les prisonniers français restés à Saint-Jean-d'Acre; que le commodore anglais l'avoit reçu avec distinction, mais qu'au moment où il exposoit l'objet de sa mission, sir Sidney l'avoit interrompu pour lui dire: « Je croyois bien Buonaparte fou, mais pas assez fou pour imaginer que les Turcs eussent fait quartier à un seul prisonnier français; il n'en est resté que ce que j'ai pu sauver sur mon escadre. » La conversation s'étant ensuite établie entre eux avec assez de familiarité, il témoigna à sir Sidney le désir qu'avoit le général en chef de connoître les derniers événemens d'Europe. « J'ai ici, lui répondit le commodore, un paquet pris sur un de vos bâtimens, et adressé à votre général; j'y ai attaché si peu d'importance que je ne l'ai pas ouvert. Vous pouvez vous en charger, je vais donner l'ordre de vous le remettre. Le contre-amiral reçut le paquet avec reconnoissance, et se hâta de le faire passer à Buonaparte par le jeune Merlin, son aide de camp. On croit que ce paquet contenoit des passe-ports.

Je n'ai pas besoin de prouver que ce récit n'a rien de réel. Il est constant que jamais le contre-amiral Gantheaume n'a été envoyé auprès de sir Sidney, et tout ce qu'on ajoute à ce sujet est démenti par les faits les plus positifs. Il n'en est pas tout-à-fait de même d'une autre anecdote racontée par M. Miot dans ses *Mémoires sur l'expédition d'Égypte.* Il rapporte qu'un capitaine grec de Corfou, nommé Bourbaki, étant venu de Livourne à Paris, se chargea de remettre au général en chef lui-même une lettre de Joseph Buonaparte; qu'il reçut, pour ce service, une somme de 24,000 fr.; qu'il arriva heureusement à Alexandrie, où il s'acquitta de sa commission. Les recherches que j'ai faites à ce sujet ne laissent en effet aucun doute sur la mission du capitaine Bourbaki; mais il est certain que Buonaparte ne reçut jamais la lettre confiée à ce capitaine. Je tiens de l'autorité la plus sûre que le bâtiment de Bourbaki, retardé par les vents contraires, ne put arriver à temps à Alexandrie, et que Buonaparte avoit déjà fait voile pour la France lorsque l'équipage grec put débarquer en

Égypte (1). Ce ne fut donc ni par un ordre du directoire, ni par les sollicitations de ses frères, que Buonaparte prit le parti de se rendre en France.

Quant à ses rapports avec les Anglais, j'ai interrogé sur ce point les personnes les plus instruites, les plus profondément initiées dans les secrets de l'expédition d'Égypte : toutes m'ont assuré qu'il n'y avoit point de preuves matérielles de la connivence des Anglais avec le général français; mais plusieurs m'ont paru persuadées que ce voyage ne s'étoit point fait sans un consentement tacite des officiers de S. M. Britannique, et ce qui pourroit donner quelque poids à leurs conjectures, c'est que, peu de temps avant le départ de Buonaparte pour la France, on parloit ouvertement en Europe du projet qu'il avoit de quitter l'Égypte.

On lisoit, le 23 août (2), dans un des journaux de Paris : « Des lettres de Constantinople an» noncent que Buonaparte songe à revenir en » France; mais sir Sidney Smith fait soigneu» sement garder les côtes pour l'obliger de re-

―――――

(1) Bourbaki a joui long-temps de la faveur de Buonaparte, et ses fils furent placés au collége de Sainte-Barbe sous la protection immédiate de Lucien.

(1) C'étoit précisément le jour où Buonaparte s'embarquoit à Alexandrie.

» noncer à ce dessein. » Quelques jours après, le même journal, *le Surveillant*, déplorant la perte du général Joubert, disoit :

« Nous n'avons plus guère de grands géné-
» raux. La mort nous a enlevé les uns, la for-
» tune a déconsidéré les autres; la proscrip-
» tion en a frappé plusieurs; un grand nom-
» bre errent, en ce moment, dans les déserts de
» l'Égypte. Mais c'est surtout Buonaparte qui
» nous manque. On ne songe pas assez à lui.
» Le directoire devroit tout mettre en œuvre
» pour le faire revenir. L'entreprise est difficile,
» mais non pas impossible. Il seroit bon de
» conserver l'Égypte, puisque nous avons fait
» la folie d'y envoyer l'élite de nos troupes;
» mais il est encore plus pressant de sauver la
» France, et Buonaparte y parviendroit, en
» animant tout de son génie, en ralliant autour
» de lui toutes les espérances et toutes les for-
» ces de la république. Il n'y a pas un moment
» à perdre pour le tenter. Une simple barque
» peut nous ramener la fortune et un grand
» homme. »

Vers les premiers jours de septembre, les journaux français citèrent encore des lettres de Constantinople, qui annonçoient le retour prochain de Buonaparte. On peut donc supposer que ces révélations tenoient à quelques mots indiscrets, échappés en Égypte, soit aux confidens de sir Sidney, soit à ceux du général français. Mais d'un autre côté on peut, avec plus de raison encore, présumer qu'elles avoient été publiées à dessein par les partisans de Buonaparte pour préparer les esprits à son retour. Il est constant que le directeur Syeyes travailloit efficacement à le ramener en France; qu'il y étoit rappelé par un parti nombreux, et que, dans le désordre général des affaires, on le regardoit comme le seul homme capable d'imposer aux partis, de relever l'empire des lois, et de venger l'honneur des armées françaises.

M. Martin, qui dans sa judicieuse *Histoire de l'expédition d'Égypte*, a discuté ces questions, dit : « Quelques personnes ont conjec-
» turé que Buonaparte avoit ménagé avec sir
» Sidney Smith des arrangemens pour son
» départ. Cette hypothèse est invraisemblable
» sur tous les points, et ne peut se soutenir
» aux yeux de ceux qui connoissent le caractère
» de sir Sidney et l'aigreur, pour ne rien dire
» de plus, qui se faisoit sentir dans ses relations
» avec Buonaparte. Sir Sidney, outre son de-
» voir compromis, pouvoit-il si promptement
» oublier les injures qu'il avoit reçues de Buo-
» naparte devant Saint-Jean-d'Acre, et lui ren-
» dre un tel service au mépris des lois de l'hon-
» neur ? »

On peut ajouter à ces réflexions que l'état de détresse où se trouvoit l'escadre de sir Sidney put le déterminer à quitter sa croisière, pour se pourvoir de vivres et d'eau dans quelques-unes des îles de la Méditerranée. Il s'en falloit bien que le gouvernement turc secondât le zèle et l'habileté du commodore anglais. Mustapha-Pacha, jaloux de sa prééminence, avoit constamment dédaigné tous ses conseils. Au milieu même de Saint-Jean-d'Acre, plus d'une fois sir Sydney avoit entendu les balles siffler à ses oreilles, en récompense sans doute des services signalés qu'il rendoit chaque jour au gouverneur et à la garnison de cette ville. Il paroît certain qu'après le siége d'Aboukir il sollicita inutilement de l'escadre turque les provisions qui lui manquoient, et qu'il ne put les obtenir. On peut donc, sans recourir à des causes mystérieuses et secrètes, expliquer les circonstances les plus étonnantes du départ de Buonaparte. S'il étoit d'intelligence avec les Anglais, pourquoi longea-t-il d'abord les côtes d'Afrique, au lieu de se jeter en pleine mer ? Pourquoi, lorsqu'il fut près des ports de France, fit-il, comme nous le verrons bientôt, forcer de voiles à l'aspect des bâtimens anglais ? Enfin quel intérêt les Anglais auroient-ils eu à ramener en Europe un homme qui pouvoit rappeler la victoire sous les enseignes franaises, quand les armées françaises étoient défaites de toutes parts, et que la France n'offroit plus qu'une proie facile à saisir? Mais les événemens naturels plaisent rarement aux hommes, et la fable aura toujours quelque avantage sur l'histoire.

Buonaparte quitta l'Egypte, parce qu'il vit dans la situation de la France une occasion favorable à ses vues ambitieuses, parce qu'il avoit tout à gagner en s'y montrant, et qu'il avoit tout à perdre en restant en Egypte. Si le génie de Buonaparte se déploie avec une rare énergie dans la prospérité, le cours de sa vie prouve que dans l'adversité il ne lui reste rien de son audace, et l'adversité se montrait à lui d'une manière effrayante en Égypte.

CHAPITRE XX.

Situation de l'Égypte après le départ de Buonaparte. Disposition des esprits. Le général Kléber nommé général en chef. Ses victoires. Sa mort.

Quelque soin que Buonaparte eût pris, en quittant le Caire, de déguiser ses véritables intentions, le secret ne fut pas long-temps gardé. Depuis quelques jours, une inquiétude vague, des bruits sourds et confus, s'étoient répandus dans la ville et dans l'armée. On n'osoit d'abord se communiquer hautement sa pensée, on ne parloit qu'avec timidité et circonspection; mais quand tous les détails du départ furent connus, que les soupçons se furent changés en certitudes, l'on ne se contraignit plus. Les murmures éclatèrent de toutes parts, les guerriers les plus fidèles à Buonaparte lui prodiguèrent les épithètes les plus insultantes. Ce n'étoit plus ce brave que ni les fatigues, ni les périls, ni la mort, n'avoient jamais effrayé : c'étoit un vil déserteur qui fuyoit lâchement, un traître qui abandonnoit sans honte ceux qui s'étoient sacrifiés pour lui; c'étoit un transfuge, digne des plus sévères châtimens. Le général

Dugua s'efforça en vain de comprimer l'explosion générale, en menaçant d'un châtiment exemplaire quiconque répandroit le bruit que le général en chef avoit quitté son armée: il se vit bientôt lui-même obligé de confirmer cette extraordinaire nouvelle par un ordre du jour, qu'il fit afficher le 29 août.

« Tout annonce que le général Buonaparte
» est parti pour la France ; il a reçu, dans sa
» tournée, des ordres pressans du gouverne-
» ment. Son absence ne doit causer aucune in-
» quiétude, ni aux Français, ni aux Égyptiens.
» Toutes ses actions n'auront pour but que le
» bonheur des uns et des autres, et le général
» qui le remplacera a déjà la confiance de toute
» l'armée. »

Le lendemain, le général fugitif s'expliqua lui-même :

« Les nouvelles d'Europe m'ont décidé à par-
» tir pour France. Je laisse le commandement
» en chef au général Kléber. L'armée aura
» bientôt de mes nouvelles, je n'en puis dire
» davantage. Il me coûte de quitter les soldats
» auxquels je suis le plus attaché; mais ce ne
» sera que momentanément, et le général que
» je leur laisse a la confiance du gouverne-
» ment et la mienne. »

Buonaparte écrivit aussi au divan : Que son escadre étant prête, et qu'une armée formidable étant embarquée sur sa flotte, il avoit pris le parti de se mettre à la tête de ses forces navales, et d'aller frapper un dernier coup sur ses ennemis ; que son absence ne seroit que de trois mois ; que son successeur protégeroit comme lui la religion musulmane, et qu'à son retour il espéroit qu'il seroit content du peuple d'Égypte, et qu'il n'auroit que des éloges à donner aux cheiks. »

Enfin le général Kléber reçut aussi des dépêches qui l'engageoient à se rendre le 24 août à Rosette pour conférer avec le général en chef ; mais le général en chef s'étoit embarqué le 25. Kléber ne trouva à Rosette qu'une lettre, qui lui déféroit le commandement, et lui indiquoit la conduite à tenir dans les circonstances où il se trouvoit.

« Je vous adresse, citoyen général, un
» ordre pour prendre le commandement en
» chef. La crainte que la flotte anglaise ne
» reparût d'un moment à l'autre m'a fait pré-
» cipiter mon départ. Accoutumé à voir la
» récompense des peines et des travaux de la
» vie dans l'opinion de la postérité, j'aban-
» donne l'Égypte avec le plus grand regret.
» L'intérêt de la patrie, sa gloire, l'obéis-
» sance, les événemens extraordinaires qui
» viennent de s'y passer, me décident seuls à
» passer à travers les escadres ennemies pour

» me rendre en Europe. J'emmène avec moi
» les généraux Berthier, Murat, Lannes, An-
» dréossy et Marmont, et les citoyens Monge
» et Bertholet. Vous trouverez ci-joints les pa-
» piers anglais et ceux de Francfort jusqu'au
» 10 juin. Vous y verrez que nous avons per-
» du l'Italie; que Mantoue, Turin, Tortone,
» sont bloquées. J'ai lieu d'espérer que la pre-
» mière de ces places tiendra jusqu'à la fin de
» novembre; j'ai l'espérance, si la fortune me
» sourit, d'arriver en Europe avant le commen-
» cement d'octobre. Je vous laisse un chiffre
» pour correspondre avec moi, et un autre pour
» correspondre avec le directoire : l'intention
» du gouvernement est que le général Desaix
» parte pour l'Europe dans le courant de no-
» vembre, à moins d'événemens extraordi-
» naires.

» L'effendi fait prisonnier à Aboukir est parti
» pour se rendre à Damiette. Il est porteur,
» pour le grand visir, d'une lettre dont je vous
» envoie la copie. L'arrivée de notre escadre à
» Toulon, et de celle d'Espagne à Carthagène,
» ne laisse aucune espèce de doute sur la possi-
» bilité de faire passer en Egypte tout ce dont
» vous avez besoin, et dont j'ai l'état le plus
» exact, avec une quantité de recrues suffisante
» pour réparer les pertes des deux campagnes.
» Comme homme public, et comme particu-

» lier, je prendrai des mesures pour vous pro-
» curer souvent des nouvelles.

» Si, par des événemens incalculables, toutes
» les tentatives étoient infructueuses, et qu'au
» mois de mai vous n'eussiez reçu aucune nou-
» velle de France; et si, cette année, malgré tou-
» tes les précautions, la peste étoit en Égypte, et
» vous tuoit plus de quinze cents soldats, perte
» considérable, puisqu'elle seroit en sus de celle
» que les événemens de la guerre vous occasio-
» neroient journellement, je pense que, dans
» ce cas, vous ne devriez pas vous hasarder à
» soutenir la campagne prochaine, et que vous
» êtes autorisé à conclure la paix avec la Porte
» Ottomane, quand même l'évacuation de
» l'Égypte en devroit être la condition princi-
» pale. Il faudroit seulement éloigner l'exécu-
» tion de cette condition, si cela étoit possible,
» jusqu'à la paix générale.

» Vous savez, citoyen général, combien la
» possession de l'Égypte est importante pour la
» France. L'évacuation de cette belle province
» seroit un malheur d'autant plus grand, que
» nous la verrions passer en d'autres mains
» européennes.

» Les succès ou les revers de la république
» française en Europe doivent aussi entrer
» puissamment dans vos calculs. Si la Porte ré-
» pondoit aux ouvertures de paix que je lui ai

» faites, avant que j'aie pu vous donner de mes
» nouvelles de France, entamez la négociation;
» persistez toujours dans l'assertion que j'ai
» avancée, que l'intention de la France n'a ja-
» mais été d'enlever l'Égypte à la Porte : de-
» mandez que la Porte abandonne la coalition
» et nous accorde le commerce de la mer Noire;
» qu'elle mette en liberté les prisonniers fran-
» çais; enfin six mois de suspension d'hostili-
» tés, afin que pendant ce temps l'échange des
» ratifications puisse avoir lieu.

» Si les circonstances vous obligent à con-
» clure le traité avec la Porte, vous ferez sentir
» que vous ne pouvez le mettre à exécution,
» qu'il ne soit ratifié.

» Vous connoissez ma manière de voir sur
» la politique intérieure de l'Égypte. Les chré-
» tiens seront toujours nos amis. Il faut les
» empêcher d'être insolens, de crainte que les
» Turcs n'aient contre nous le même fanatisme
» que contre les chrétiens. En captivant l'opi-
» nion des grands cheiks du Caire, on a celle
» de toute l'Égypte. Comme tous les prêtres,
» les cheiks sont peureux, ne savent pas se
» battre, et inspirent le fanatisme sans être
» fanatiques.

» Des vaisseaux de guerre français paroîtront
» indubitablement, cet hiver, à Alexandrie, à
» Burlos ou à Damiette. Faites construire une

» batterie et une tour à Burlos. Tâchez de réu-
» nir cinq à six cents Mamelucks, que vous fe-
» riez arrêter en un jour, au Caire ou dans les
» autres provinces, et embarquer pour la France;
» à défaut des Mamelucks, des otages d'Arabes,
» ou des cheiks qui par une raison quelconque
» se trouveroient arrêtés. Retenus en France,
» pendant un ou deux ans, ces individus ver-
» roient la grandeur de la nation, prendroient
» une idée de nos mœurs; et, de retour en
» Égypte, nous fourniroient autant de par-
» tisans.

» J'avois déjà demandé plusieurs fois une
» troupe de comédiens. Je prendrai un soin
» particulier de vous en envoyer. Ce point est
» très-important pour l'armée et pour commen-
» cer à changer les mœurs du pays.

» La place que vous allez occuper vous met-
» tra à même de déployer vos talens. L'intérêt
» de ce qui se passe ici est vif, et les résultats
» en seront immenses sur le commerce et la
» civilisation. Ce sera l'époque du terme de
» grandes révolutions. Je serai d'esprit et de
» cœur avec vous; vos succès me seront aussi
» chers que les miens propres; et je regarderai
» comme mal employés tous les jours de ma
» vie où je ne ferai pas quelque chose pour
» l'armée dont je vous laisse le commandement,
» et pour consolider le magnifique établisse-

» ment dont les fondemens viennent d'être
» jetés.

» L'armée que je vous confie est toute com-
» posée de mes enfans. J'ai eu dans tous les
» temps, même au milieu de leurs plus grandes
» peines, des marques de leur attachement.
» Entretenez-les dans ces sentimens. Vous le
» devez à l'estime et à l'amitié toute particu-
» lière que j'ai pour vous. »

Il seroit difficile de peindre l'étonnement du général Kléber en lisant ces dépêches. Son âme noble et généreuse ne pouvoit se familiariser avec l'idée d'un général qui abandonne son armée au moment des périls les plus pressans, et dans le plus cruel dénûment.

Quelque puissans que pussent être les motifs qui avoient déterminé Buonaparte à s'embarquer, il en voyoit un plus puissant encore, l'honneur! Mais, en homme véritablement grand et généreux, il cacha ses véritables sentimens, et se rendit au Caire pour y veiller aux grands intérêts qui lui étoient confiés ; rien de plus noble que la manière dont il annonça la retraite de son prédécesseur :

« Soldats, des motifs impérieux ont déter-
» miné le général en chef Buonaparte à passer
» en France. Les dangers que présente une na-
» vigation entreprise dans une saison peu fa-

» vorable, sur une mer étroite et couverte
» d'ennemis, n'ont pu l'arrêter : il s'agissoit de
» votre bien-être!

» Soldats, un puissant secours va vous arri-
» ver, ou bien une paix glorieuse. En acceptant
» le fardeau dont Buonaparte étoit chargé,
» j'en ai senti l'importance, et tout ce qu'il
» avoit de pénible; mais, appréciant d'un autre
» côté votre valeur tant de fois couronnée par
» les plus brillans succès; appréciant votre
» constante patience à braver tous les maux, à
» supporter toutes les privations; appréciant
» enfin tout ce qu'avec de pareils soldats, on
» peut faire ou entreprendre, je n'ai plus con-
» sulté que l'avantage d'être à votre tête, que
» l'honneur de vous commander, et mes forces
» se sont accrues. Soldats, n'en doutez point,
» vos pressans besoins seront sans cesse l'objet
» de ma plus vive sollicitude. »

Cette proclamation ramena la confiance et le calme dans l'armée. Kléber jouissoit d'une haute considération parmi les officiers géné-raux; il avoit la confiance et l'amour des soldats; il réunissoit à un égal degré les avantages du corps et de l'esprit; sa taille élevée, son air noble et imposant lui donnoient l'aspect d'un héros. On avoit recueilli de lui plusieurs mots pleins de sens, qui annonçoient un guerrier sage et réfléchi : « Ce n'est pas tout d'aller, il faut pou-

» voir revenir ; ce n'est pas tout de prendre, il
» faut savoir garder. » Les Turcs, qui aiment
la représentation, trouvoient Buonaparte d'une
taille bien petite pour un héros. Ils virent avec
plaisir un homme qui, à cheval à la tête de
son armée, sembloit le dieu de la guerre. Lui-
même il s'entoura de tout ce qui pouvoit augmenter leur respect ; il se fit précéder, comme
les pachas, de deux rangs de bâtonniers qui
frappoient la terre de leurs longs bâtons, en
criant : *musulmans, prosternez-vous, voici le
général en chef.*

Son premier soin fut de prendre connoissance des besoins de ses soldats, et de l'état des
finances. Il rassembla les officiers généraux, et
fit dresser sous leurs yeux un tableau de la situation de l'armée, qu'il adressa au directoire.
Rien n'étoit plus affligeant ; il faut l'entendre
parler lui-même :

« Dans l'incertitude où je suis si le général
» Buonaparte a eu le bonheur de passer,
» je crois devoir, citoyens directeurs, vous
» donner une idée exacte de la situation
» où se trouve l'armée d'Égypte. Vous savez
» et vous êtes à même de vous faire représen-
» ter l'état de sa force lors de son arrivée à
» Alexandrie. Elle est réduite de moitié, et
» nous occupons tous les points capitaux du
» triangle des cataractes à El-Arish, d'El-Arish

» à Alexandrie, et d'Alexandrie aux cataractes.

» Cependant il ne s'agit plus comme aupa-
» ravant de lutter contre quelques hordes de
» Mamelucks découragés, mais de résister aux
» efforts réunis de la Porte, des Anglais et des
» Russes. Le dénûment d'armes, de poudre de
» guerre, de fer coulé et de plomb, présente
» un tableau tout aussi alarmant que la grande
» diminution d'hommes dont je viens de par-
» ler. Les essais de fonderie faits n'ont point
» réussi. Les troupes sont nues. Le général
» Buonaparte avoit donné des ordres pour ha-
» biller l'armée en drap; mais, pour cet objet
» comme pour beaucoup d'autres, il s'en est
» tenu là, et la pénurie des finances l'eût d'ail-
» leurs mis dans la nécessité d'ajourner cet
» utile projet. Il faut en parler de cette pé-
» nurie.

» Le général Buonaparte a épuisé toutes les
» ressources extraordinaires dans les premiers
» mois de notre arrivée; il a levé autant de
» contributions de guerre que le pays pouvoit
» en supporter. Revenir aujourd'hui à ces
» moyens seroit préparer un soulèvement à la
» première occasion favorable. Cependant le
» général en chef, à son départ, n'a pas laissé
» un sou en caisse, ni aucun objet équivalent.
» Il a laissé au contraire un arriéré de plus de
» douze millions. C'est plus que le revenu

» d'une année dans les circonstances actuelles..
» La seule solde arriérée de l'armée se monte
» à quatre millions.

» L'inondation rend impossible en ce mo-
» ment le recouvrement de ce qui reste dû sur
» l'année qui vient d'expirer, et cette ressource
» ne suffiroit pas pour un mois. Le Nil est très-
» mauvais, et plusieurs provinces, faute d'i-
» nondation, ne pourront payer.

» Quoique l'Égypte soit tranquille en appa-
» rence, elle n'est rien moins que soumise. Le
» peuple, quelque chose que l'on puisse faire,
» ne voit en nous que des ennemis de sa pro-
» priété ; son cœur est toujours prêt à s'ouvrir
» à l'espoir d'un changement favorable. Les
» Mamelucks sont dispersés ; mais ils ne sont
» pas détruits. Mourad-Bey est toujours dans
» la Haute-Égypte, avec assez de monde pour
» occuper une partie de nos forces. Malgré la
» plus grande surveillance, la capitale n'a cessé
» jusqu'à ce jour de lui procurer des secours
» en argent et en armes.

» Ibrahim-Bey est à Gaza avec environ deux
» mille Mamelucks. Trente mille hommes de
» l'armée du grand vizir et de Dgezzar y sont
» déjà arrivés.

» Telle est la situation dans laquelle le gé-
» néral Buonaparte m'a laissé l'énorme fardeau

» de l'armée d'Orient. Il voyoit la crise fatale
» approcher. Vos ordres, sans doute, ne lui
» ont pas permis de la surmonter.

» Alexandrie n'est point une place ; c'est un
» vaste camp retranché, assez bien défendu à
» la vérité par une nombreuse artillerie de
» siége ; mais depuis que nous l'avons perdue,
» cette artillerie, dans la désastreuse campa-
» gne de Syrie, depuis que le général Buona-
» parte a retiré toutes les pièces de marine
» pour armer au complet les deux frégates
» avec lesquelles il est parti, ce camp ne peut
» plus offrir qu'une foible résistance.

» El-Arish est un méchant fort, à quatre jour-
» nées, dans le désert. La grande difficulté de
» l'approvisionnement ne permet pas d'y jeter
» une garnison de plus de deux cent cin-
» quante hommes. Six cents Arabes et Mame-
» lucks peuvent intercepter les communica-
» tions avec Katieh ; et comme, lors du départ
» de Buonaparte, cette garnison n'avoit pas
» pour quinze jours de vivres en avance, il ne
» faudroit pas plus de temps pour l'obliger à
» se rendre sans coup férir.

» Le général Buonaparte s'étoit fait illusion
» sur l'effet que devoit produire le succès qu'il
» a obtenu au poste d'Aboukir. Il a en effet
» détruit la presque totalité des Turcs qui
» avoient débarqué. Mais qu'est-ce qu'une

» perte pareille pour une grande nation? Aussi
» cette victoire n'a-t-elle pas retardé d'un
» instant, ni les préparatifs, ni la marche du
» grand vizir.

» Dans cet état de choses, que puis-je et que
» dois-je faire? Je pense, citoyens directeurs,
» que c'est de continuer les négociations enta-
» mées par Buonaparte. Quand elles ne don-
» neroient d'autre résultat que celui de gagner
» du temps, j'aurois lieu d'en être satisfait. Je
» connois toute l'importance de la possession
» de l'Égypte; mais, depuis la perte de notre
» marine, tout a changé, et la paix avec la
» Porte peut seule nous offrir une voie hono-
» rable pour nous tirer d'une entreprise qui
» ne peut plus atteindre le but qu'on avoit pu
» se proposer.

» Dans la détresse où je me trouve, et trop
» éloigné du centre des mouvemens, je ne
» puis guère m'occuper que du salut et de
» l'honneur de l'armée que je commande; heu-
» reux si dans mes sollicitudes je réussis à
» remplir vos vœux; plus rapproché de vous,
» je mettrois toute ma gloire à vous obéir.

» *P. S.* Au moment où j'écris, quatorze ou
» quinze voiles turques sont mouillées devant
» Damiette avec quinze à vingt mille hommes
» de débarquement; le grand vizir s'achemine
» de Damas. Il nous a renvoyé ces jours der-

» niers un soldat fait prisonnier à El-Arish,
» lui a fait voir tout le camp, et l'a chargé de
» nous dire de trembler. Est-ce de sa part, ou
» confiance dans ses forces, ou désir de rappro-
» chement? Quant à moi, il me seroit impos-
» sible de réunir en ce moment plus de cinq
» mille hommes en état d'entrer en campagne.
» Nonobstant ce, je tenterai la fortune, si je
» ne puis parvenir à gagner du temps par des
» négociations. »

Le général en chef joignit à ce rapport un état détaillé des sommes dues pour les différens services de l'armée; elles s'élevoient à 11,513,252 francs. L'état de ce qui lui manquoit en munitions de tout genre, pour le service ordinaire de l'armée, étoit effrayant: il ne lui falloit rien moins que trois cents bouches à feu, deux cent mille boulets; un million cent cinquante mille livres de poudre de guerre, un million de pierres, quatre-vingt-huit mille armes portatives, telles que fusils, pistolets, sabres, baïonnettes; tout ce qu'on avoit eu de charbon de terre étoit épuisé, et l'on n'avoit aucun moyen d'en faire. Il falloit, dans de pareilles circonstances, un homme d'un caractère tel que Kléber, pour ne pas désespérer de tout. Cependant quelques écrivains lui ont reproché de s'être fait en quelque sorte le dénonciateur de Napoléon, et d'avoir exagéré les maux de l'armée pour donner plus de poids à ses accusations.

Mais, si l'on considère les circonstances où il écrivoit, la disposition générale des esprits, l'impression profonde qu'avoit faite sur les soldats l'évasion subite d'un chef dans lequel ils étoient accoutumés à placer toutes leurs espérances, l'épuisement total, on pardonnera facilement au général Kléber quelques expressions dont il eût adouci l'amertume s'il eût écrit dans un temps plus calme.

Ce qui prouve évidemment que ses couleurs n'avoient rien d'exagéré, c'est qu'il n'est pas un seul officier militaire ou civil qui, en rendant compte au gouvernement de l'état où se trouvoit l'Égypte, n'ait tracé les mêmes scènes, présenté les mêmes images.

« J'ai commandé, dit le général Dugua, les
» deux tiers de l'Égypte pendant les expédi-
» tions de Syrie et d'Aboukir. Je connois ses
» produits, ses ressources, la force des places
» que l'on appelle de guerre, l'esprit des habi-
» tans, l'état de l'armée, de nos arsenaux, de
» nos magasins et de nos finances. Je vais faire
» passer rapidement sous vos yeux l'aperçu de
» tous ces objets, et vous jugerez s'il n'est pas
» instant que le gouvernement vienne à notre
» secours.

» Je ne vous dirai que peu de mots sur le

» départ du général Buonaparte. Il n'a été
» communiqué qu'à ceux qui devoient en être.
» Il a été précipité. L'armée est restée treize
» jours sans général en chef. Il n'y avoit pas un
» sou dans les caisses; aucun service n'étoit
» assuré. Je vous avoue, citoyens directeurs,
» que je ne pouvois croire que le général Buo-
» naparte nous eût abandonnés dans l'état où
» il nous a laissés, sans argent, sans poudre,
» sans boulets, une partie des soldats sans
» armes; des dettes énormes, plus du tiers de
» l'armée détruit par la peste, la dyssenterie,
» l'ophthalmie et les combats. Ce qui reste est
» presque nu, et l'ennemi est à huit journées
» de nous. Quelque chose que l'on puisse vous
» dire à Paris, ce tableau n'est que trop vrai;
» vous me connoissez incapable d'en faire de
» faux.

» Si le gouvernement se décide à faire des
» efforts pour conserver l'Égypte, il n'a pas un
» moment à perdre; il faut qu'il nous envoie
» au plus vite des hommes, des fusils, du
» plomb, de la poudre, des boulets, etc. Si
» nous restons ici abandonnés à nous-mêmes,
» forcés de continuer à nous battre un contre
» dix, de lutter contre les maladies les plus
» cruelles, le gouvernement ne reverra de
» l'armée d'Égypte que des aveugles et des
» estropiés, si les Turcs ont l'humanité de lui

» en renvoyer. Tout le reste aura péri, épuisé
» par les fatigues et les victoires. Je devois la
» vérité à l'armée d'Égypte, au gouvernement
» et à ma patrie. »

On auroit une idée plus juste encore de la situation de l'Égypte, s'il étoit possible de rapporter ici en son entier la lettre de M. Poussielgue, administrateur général des finances, au directoire exécutif. Ce morceau, aussi remarquable par le nombre et la netteté des détails qu'il renferme, que par la concision avec laquelle ils sont rendus, forme en vingt pages, au jugement d'un de nos plus célèbres publicistes, un ouvrage sur l'Égypte, plus complet que tous les volumes des voyageurs (1).

« Le général Buonaparte a levé, dans les pre-
» miers mois de notre arrivée, environ quatre
» millions de contributions extraordinaires.
» Il a fait percevoir un droit de deux cinquiè-
» mes des revenus d'une année, sur les pro-
» priétés foncières des particuliers, lequel a
» produit un million deux cent mille francs.
» Ces moyens sont usés. Le pays est sans com-
» merce depuis dix-neuf mois. L'argent des

---

(1) Cette excellente dépêche se trouve tout entière dans la collection des lettres interceptées, publiée à Londres en trois volumes.

» chrétiens est épuisé. On ne pourroit en deman-
» der aux Turcs sans occasioner une révolte :
» d'ailleurs on n'en obtiendroit pas ; le nu-
» méraire est enfoui ; et les Turcs, plus encore
» que les chrétiens, se laissent emprisonner,
» se laissent assommer de coups, et quelques-
» uns se sont laissé couper la tête plutôt que
» de découvrir leurs trésors. Les paysans tien-
» nent encore plus à leur argent que les habi-
» tans des villes. S'ils croient être assez forts
» pour résister, ils se battent, et appellent les
» villages voisins et même les Arabes à leur
» secours. Il faut avoir sans cesse dans chaque
» province une colonne de quatre-vingts, cent
» hommes, uniquement employés à forcer les
» villages à payer.

» Il est facile d'imaginer toutes les exac-
» tions, les dégâts et les désordres qui accom-
» pagnent ces courses. Il faut également em-
» ployer la baïonnette pour contraindre les
» villages à payer les grains qu'ils doivent.

» La caisse de l'armée est complétement
» vide. Nous avons ici dix mille ennemis ca-
» chés pour un ami apparent. Quand nous
» sommes débarqués, les Égyptiens ont cru,
» comme nous le leur disions, que c'étoit
» d'accord avec le grand-seigneur ; aujourd'hui
» qu'ils sont bien convaincus du contraire,

» ils se croient; par notre mensonge, autori-
» sés à nous trahir.

» Nous avions trente et un mille hommes
» sous les armes et bien portans, à notre arrivée
» en Égypte. Aujourd'hui l'armée, sans habits
» et surtout sans armes et sans munitions, n'a
» pas plus de onze mille hommes en état de
» marcher à l'ennemi. Dans trois mois il fau-
» dra passer une seconde fois par l'épreuve de
» la peste. Cette perspective effrayante abat
» les courages les plus intrépides. Il n'est pas
» un soldat, un officier, un général, qui ne
» soupire après son retour en France; per-
» suadés, comme ils le sont, qu'ils sacrifient
» ici inutilement pour leur pays leur santé et
» leur vie. »

Voilà les circonstances où le général Kléber se mettoit à la tête de l'armée et du gouvernement de l'Égypte. Il étoit arrivé au Caire le 2 septembre, et avoit été reçu au milieu d'un concours immense d'Égyptiens, d'Arabes, de Cophtes. Dans sa première audience aux membres du divan, il leur dit :

« C'est par mes actions que je me propose
» de répondre à vos demandes et à vos sollici-
» tations; mais les actions sont lentes, et le
» peuple est impatient de connoître le sort
» qui l'attend sous un nouveau chef; eh bien!
» dites-lui que la république française, en me

» conférant le gouvernement particulier de
» l'Égypte, m'a spécialement chargé de veiller
» au bonheur du peuple égyptien, et c'est, de
» tous les attributs de mon commandement, le
» plus cher à mon cœur. Le peuple d'Égypte
» fonde particulièrement son bonheur sur sa
» religion ; la faire respecter est l'un de mes
» principaux devoirs ; je ferai plus, je l'hono-
» rerai, et contribuerai, autant qu'il est en
» mon pouvoir, à sa splendeur et à sa gloire.
» Cet engagement pris, je crains peu les mé-
» chans. Les gens de bien les surveilleront et
» me les feront connoître. Là où l'homme
» juste et bon est protégé, le pervers doit
» trembler. Le général Buonaparte mon pré-
» décesseur a acquis des droits à l'affection des
» grands par une conduite intègre et sage : je
» marcherai sur ses traces, et j'obtiendrai ce
» que vous lui avez accordé. Retournez donc
» parmi les vôtres, réunissez-les autour de
» vous, et dites-leur : Rassurez-vous ; le gou-
» vernement de l'Égypte a passé en d'autres
» mains ; mais tout ce qui peut être relatif à
» votre félicité, à votre prospérité, sera con-
» stant et immuable. »

Ce discours plein de mesure et de dignité inspira un nouveau degré de respect pour le général ; car, quoique les désordres de la révolution eussent laissé peu de sentimens religieux aux soldats, les hommes les plus sages de l'armée, ceux qui conservoient encore quelque sentiment des bienséances, n'avoient jamais vu qu'avec peine ces indécentes proclamations de Buonaparte, où il se vantoit d'avoir brisé la croix, et promettoit aux musulmans d'élever des mosquées, et d'embrasser la foi de Mahomet.

En peu de jours Kléber rétablit l'ordre dans les hôpitaux, mit en état de défense les principales forteresses, améliora le sort des soldats, et procura aux commissions de l'institut les moyens de remplir les honorables missions dont elles étoient chargées. Rien n'échappoit à sa surveillance active et courageuse. Le 22 septembre ayant ramené l'époque de la fondation de la république, il la fit célébrer par une fête solennelle, et profita de cette occasion pour annoncer à l'armée qu'elle pouvoit enfin, après tant de fatigues, se permettre quelque repos.

« Vous avez soutenu la république; vous
» l'avez défendue par votre valeur. Au nord,
» au midi, au levant, au couchant, vous avez
» reculé vos frontières, et les ennemis qui,
» dans le délire de l'orgueil, s'étoient déjà partagé nos provinces, n'ont bientôt plus calculé qu'avec effroi les bornes où vous pourriez vous arrêter. Mais vos drapeaux, braves

» compagnons d'armes, se courbent sous le
» poids des lauriers; et tant de travaux deman-
» dent un terme, tant de gloire exige un prix.
» Encore un moment de persévérance, et vous
» êtes près d'atteindre et d'obtenir l'un et
» l'autre; encore un moment, et vous donne-
» rez une paix durable au monde après l'avoir
» combattu. »

Kléber s'occupoit en effet de terminer une guerre qu'il regardoit comme inutile et désastreuse. Il attendoit le retour de l'effendi envoyé au grand vizir par Buonaparte. Les dépêches dont il étoit chargé étoient remarquables :

« Par quelle fatalité, disoit le général français,
» la Porte et la France sont-elles en guerre?
» Comment V. E. ne sent-elle point qu'il n'y a
» pas un Français de tué qui ne soit un appui
» de moins pour la Porte? V. E. ne sauroit
» ignorer que le véritable ennemi de l'isla-
» misme est la Russie? L'empereur Paul Ier. (1)
» s'est fait grand maître de Malte, c'est-à-dire
» qu'il a fait vœu de faire la guerre aux musul-
» mans. N'est-ce pas lui qui est le chef de la re-
» ligion grecque, c'est-à-dire, des plus nom-
» breux ennemis qu'ait l'islamisme? La France,
» au contraire, a détruit les chevaliers de Malte,

---

(1) L'original porte l'empereur Paul III. Mais il n'est pas présumable que cette faute soit de Buonaparte.

» et croit, comme l'ordonne l'islamisme, qu'il
» n'y a qu'un seul Dieu. Ainsi donc la Su-
» blime-Porte, qui a été l'amie de la France
» tant que cette puissance a été chrétienne, lui
» fait la guerre au moment où la France se
» rapproche de la croyance musulmane ! Mon
» armée est forte, parfaitement disciplinée, et
» approvisionnée de tout ce qui peut la rendre
» victorieuse de ses ennemis, fussent-ils aussi
» nombreux que les sables de la mer. J'abattrai
» toutes les armées lorsqu'elles projetteront
» l'envahissement de l'Égypte; mais je répon-
» drai d'une manière conciliante à toutes les
» ouvertures de négociation qui me seroient
» faites. Vous voulez l'Égypte, dit - on ; mais
» l'intention de la France n'a jamais été de vous
» l'ôter. Chargez votre ministre à Paris de vos
» pleins pouvoirs, ou envoyez quelqu'un chargé
» de vos intentions et de vos pleins pouvoirs
» en Égypte ; on peut en deux heures d'entre-
» tien tout arranger. »

L'effendi auquel Buonaparte avoit remis cette lettre en rapporta la réponse vers la fin de septembre. Dès ce moment les communications s'établirent entre les deux armées, sans qu'on cessât néanmoins de se préparer à la guerre. Seid-Ali-bey venoit de prendre le commandement d'une nouvelle flotte de débarquement, et brûloit de se signaler par quelque action d'éclat.

Il se concerta avec sir Sydney pour enlever la ville de Damiette. Cette place étoit défendue par le général Verdier, qui n'avoit que mille hommes; la force de l'ennemi étoit de huit mille hommes; il en laissa débarquer la moitié, marcha intrépidement à eux, en passa trois mille au fil de l'épée, et reçut les autres prisonniers de guerre. Il rentra ensuite à Damiette avec trente-deux drapeaux, une pièce de vingt-quatre et quatre pièces de campagne, prix glorieux de la victoire. Sa perte étoit de vingt-deux hommes tués et de quatre-vingt-dix-sept blessés. Mais parmi les morts on comptoit le chef de brigade Dunoyer, jeune officier de la plus grande espérance. Un coup de vent dispersa la flotte turque. Sir Sidney alla presser en Syrie le grand visir d'accélérer sa marche. Rien n'étoit plus lent en effet que les préparatifs de ce suprême ministre. Étranger à l'art de la guerre, effrayé des victoires des Français, il ne vouloit tenter le sort des armes qu'avec des forces immenses; et c'est un fait qui passe pour constant, qu'à l'époque où Buonaparte se rendit à Aboukir pour attaquer l'armée ottomane, le grand vizir, prêt à entrer dans le désert, s'arrêta et consulta avec les principaux officiers de son armée, s'il ne convenoit pas d'élever le long du désert une vaste muraille, pour se mettre à l'abri des incursions des Français. Un général de ce caractère devoit se prêter naturellement aux ouvertures de paix. Sir Sydney lui-même ne s'y refusa pas; il comptoit peu sur les musulmans, et savoit tout ce que des Français poussés au désespoir étoient capables de faire.

On nomma de part et d'autre des plénipotentiaires. Kléber conféra cet honneur au général Desaix et à M. Poussielgue. Sir Sydney se rendit sur le Tigre devant le port d'Alexandrie, et les conférences commencèrent à son bord. Les parties contractantes traitoient de bonne foi. Toutes les difficultés ayant été aplanies, le traité définitif fut signé par les plénipotentiaires turcs et français : il portoit que l'armée républicaine évacueroit l'Égypte et retourneroit en France, avec tous les honneurs de la guerre, sur ses propres bâtimens, ou ceux que la Porte-Ottomane lui fourniroit ; qu'il y auroit une trêve entre les deux nations, jusqu'à l'embarquement des Français; que les places fortes seroient successivement remises aux officiers du grand-seigneur; que la ville du Caire seroit évacuée quarante-cinq jours au plus tard après la ratification du traité; qu'il seroit payé à l'armée française 3,000 bourses pour ses dépenses ordinaires, et qu'on lui fourniroit toutes les provisions nécessaires à sa consommation. Le 28 janvier le général Kléber ratifia cette convention; peu de temps après le vizir l'approuva également. Elle n'étoit point signée de sir Sydney, qui se trouvoit alors précédé en grade par le lord Keith, commandant dans la Méditerranée ; mais il avoit présidé lui-même à toutes les négociations, et il paroissoit procéder avec tant de franchise, que le général Kléber n'eut aucune inquiétude sur l'exécution du traité.

Dans l'intervalle des conférences, un incident malheureux enleva aux Français le fort d'El-Arish. On avoit envoyé un bâtiment à Jaffa pour faire part au grand vizir de l'ouverture des négociations et de la trêve conclue entre les parties belligérantes. Les vents contraires retardèrent l'arrivée du vaisseau, et le grand vizir, qui s'étoit enfin déterminé à entrer en campagne, se porta sur El-Arish. Cette place étoit défendue par le colonel du génie Cazal, officier d'un courage au-dessus de tout éloge.

Elle fut investie le vingt-trois décembre, mais si mal attaquée, que le colonel auroit peut-être pu braver avec sa petite troupe tous les efforts de l'armée ottomane, si quelques-uns de ses soldats, effrayés de leur position, n'eussent demandé à capituler. Quatre-vingts d'entre eux signèrent, à cet effet, une pétition. Le colonel la lut à la tête de sa petite garnison, et annonça que les lâches qui l'avoient signée pou-

voient se rendre à l'ennemi s'ils le jugeoient à
propos ; que pour lui, il compteroit sur les
braves restés fidèles à l'honneur. Cette courageuse détermination électrisa toutes les âmes,
et l'on jura de se défendre jusqu'à la mort. Mais
ce serment fut bientôt oublié ; les mêmes
hommes qui avoient refusé de combattre refusèrent de suivre leur capitaine dans une sortie ordonnée par le colonel ; d'autres abattirent
le drapeau ; d'autres, pour forcer leurs officiers
à se rendre, appelèrent les Turcs, leur tendi-
rent des cordes, et les introduisirent dans la
place. Lorsque les barbares se virent maîtres du poste, ils tombèrent sur la garnison et
massacrèrent ceux-mêmes qui les avoient in-
troduits. Alors la fureur transporta les Français ; traîtres et fidèles, tous se battirent comme
des lions ; dans leur désespoir ils mirent le feu
aux poudres, et s'ensevelirent avec leurs vainqueurs sous les ruines de la place.

Tandis que ces cruels événemens suspen-
doient la joie que l'on ressentoit d'une pacifi-
cation long-temps désirée, Mourad-bey,
vaincu de nouveau dans l'Egypte supérieure,
se rapprochoit du Français, et, plein de confiance dans la loyauté de leur nouveau chef,
demandoit à entrer en négociation. Il offroit
de gouverner la Haute-Egypte au nom des
Français, tant qu'ils seroient maîtres de ce pays.

Il demandoit, dans le cas où ils l'évacueroient, la faculté d'augmenter son armée et de la pourvoir de munitions, pour rentrer dans l'autorité dont il jouissoit précédemment. Le général Kléber l'accueillit avec distinction, l'invita à se rendre à Giseh avec ses mameloucks, et commença avec lui des conférences qui inspirèrent aux Turcs un grand respect pour les deux généraux, et ramenèrent la paix dans ces malheureuses contrées.

Ainsi tout prenoit un aspect favorable ; jamais l'avenir, depuis près de deux ans, ne s'étoit montré sous un jour plus heureux ; les conditions du traité s'exécutoient fidèlement. Le grand visir avoit son camp à Belbéïs ; les généraux, les soldats, les employés, les savans, tous aspiroient au jour où ils pourroient faire leurs derniers adieux à cette terre d'exil pour revoir leur chère patrie. Le général Desaix, MM. Poussielgue, Tallien, le général Dugua, s'étoient embarqués. Le général Fugières, privé d'un bras, conduisoit dans leur patrie huit cents héros mutilés. Tout à coup, on voit arriver au Caire le secrétaire du commodore Sidney Smith, qui annonce au général en chef que le gouvernement britannique n'a point jugé à propos de ratifier le traité signé par les plénipotentiaires français; on reçoit en même temps une lettre du lord Keith qui indique les conditions auxquelles l'Angleterre consent à l'évacuation de l'Égypte. Il seroit difficile de peindre l'indignation du général Kléber. Il avoit exécuté toutes les conventions du traité avec la franchise qui le caractérisoit. Les places de Salehieh, de Belbéïs, de Katieh, étoient déjà entre les mains de ses ennemis : il se hâte d'apprendre à son armée ce trait d'une indigne déloyauté :

« Soldats,

» Voici la lettre qui vient de m'être adressée
» par le commandant en chef de la flotte an-
» glaise dans la Méditerranée.

A bord du vaisseau de S. M. Britannique, la Reine-Charlotte, le 8 janvier 1800.

Monsieur,

« Je vous préviens que j'ai reçu des ordres
» positifs de sa majesté, de ne consentir à au-
» cune capitulation avec l'armée que vous com-
» mandez, à moins qu'elle ne mette bas les ar-
» mes, qu'elle ne se rende prisonnière de
» guerre, et n'abandonne tous les vaisseaux et
» toutes les munitions des ports et ville d'A-
» lexandrie aux puissances alliées ; qu'en cas de
» capitulation, je ne dois permettre à aucune
» troupe de retourner en France, qu'elle n'ait
» été échangée. Je crois également nécessaire
» de vous informer que tous les vaisseaux ayant
» des troupes françaises à bord, et faisant

« voile de ce pays munis de passe-ports signés « par d'autres que par ceux qui ont le droit « d'en accorder, seront forcés, par les officiers « des vaisseaux que je commande, de rentrer « à Alexandrie; enfin, que les bâtimens qui se- « ront rencontrés retournant en Europe avec « des passe-ports accordés en conséquence d'une « capitulation particulière avec une des puis- « sances alliées, seront retenus comme *prises* « et tous les invidus à bord, considérés comme « prisonniers de guerre. »

Signé KEITH.

« *Soldats*, nous saurons répondre à une pa- « reille insolence par des victoires. Préparons- « nous à combattre. »

Aussitôt le général en chef rassembla toutes ses troupes, fit réarmer ses ports, arrêta le départ des munitions, fit rentrer tout ce qui étoit sorti; et envoya le secrétaire de sir Sidney au grand vizir pour l'engager à se tenir à Belbéïs, jusqu'à ce que l'on pût expliquer le mystère d'événemens si étranges. Mais le vizir, fier des forces immenses qu'il commandoit, s'avança sur Matarich. Kléber indigné lui fit signifier l'ordre de quitter dans vingt-quatre heures sa position, et de retourner sur les frontières de la Syrie; qu'autrement il sauroit bien le faire reculer. — « Un vizir ne recule point, répondit « le ministre insolent. » — Eh bien, je saurai

» l'y contraindre, reprit Kléber; » et aussitôt il rassembla ses généraux, et leur présentant la lettre de l'amiral anglais : « Qu'avons-nous » à faire, Messieurs? — Nous battre, s'écria- » t-on de toutes parts. — J'avois compté sur » cette résolution. Tout est prêt, marchons. »

En effet, les soldats indignés n'attendoient que le signal du départ : *On demande nos armes*, disoient-ils ; *eh bien, nous allons les porter*. L'indolent vizir étoit encore couché dans sa tente, que déjà les Français attaquoient son avant-garde. Ce corps, l'élite de l'armée, étoit composé de six mille janissaires, commandé par Nassif pacha. Ils soutinrent d'abord avec intrépidité le choc de l'ennemi ; mais, ayant quitté leurs retranchemens, ils n'y rentrèrent plus ; atqués de toutes parts, les uns reçurent une mort glorieuse, les autres échappèrent au vainqueur par un mouvement hardi et désespéré. *Au vizir!* disoit le soldat, *au vizir!* Ce visir crut enfin devoir se montrer ; il s'avance avec toutes ses forces : elles montoient à près de soixante mille hommes ; il prend position derrière un bois de palmiers. Les impénétrables colonnes françaises s'avancent jusqu'à lui ; il ordonne à sa cavalerie de les enfoncer ; elles répondent à l'attaque par un feu de mitrailles si terrible, que le vizir effrayé prend la fuite, et se retire à El-Hanka. Le vainqueur le poursuit, s'empare de son camp qu'il trouve abondamment pourvu de vivres, l'oblige de fuir de nouveau. Alors, abandonné d'une partie de son armée, il envoie proposer au général en chef de reprendre les conférences. Il n'étoit plus temps. Kléber lui-même se met à la tête d'un régiment de hussards, et arrive au village de Koraïm. Cette position étoit occupée par la cavalerie ennemie; elle fond sur sa petite troupe, et l'enveloppe. Les habitans du village se joignent aux Musulmans; la mêlée devient sanglante, Kléber luimême est blessé à la tête, mais il reçoit un secours du général Régnier, et la cavalerie musulmane est mise en déroute. L'armée française se composoit à peu près de dix mille hommes; c'étoit tout ce qu'on pouvoit mettre en campagne. Le visir n'ose l'attendre; il prend cinq cents hommes avec lui, fuit dans le désert, et ne s'arrête qu'à Gaza.

Cette fuite fut le signal de la déroute la plus complète. Les Turcs jettent leurs armes, abandonnent leur camp, leur artillerie, leurs bagages pour suivre leur chef. Les Arabes les attendoient pour les dépouiller et les égorger. Tous ces malheureux tombèrent sous le fer ennemi; et de cette grande armée il ne resta qu'un petit nombre d'hommes, qui, par un mouvement audacieux, s'étoit jeté sur le Caire, et s'en étoit emparé. Cette troupe étoit celle de

Nassif pacha. Les mameloucks d'Ibrahim-bey, séparés du grand corps d'armée, avoient pris la même résolution. En même temps un corps d'osmanlis occupoit Boulak. Tout ce que ces deux postes renfermoient d'Européens fut impitoyablement égorgé, sans distinction d'âge, de sexe, ni de nation. Mustapha, aga des janissaires, attaché au service français, fut empalé. La garnison du Caire étoit de deux mille hommes. Elle se retira dans les forts et dans la citadelle, déterminée à se défendre jusqu'à la dernière extrémité. Mais il restoit deux cents hommes isolés dans la maison du général en chef. Nassif pacha s'y porte avec toutes ses forces dans l'espoir de les égorger. Ces intrépides guerriers rangés en bataille, l'attendent et fondent sur lui la bayonnette en avant. Ce mouvement suffit pour mettre en fuite la troupe d'assassins. Les Français profitent de leur retraite pour élever à la hâte quelques retranchemens. La population du Caire s'étoit soulevée toute entière ; pendant deux jours, elle attaque avec fureur les deux cents braves et fait d'inutiles efforts pour les entamer ; rien ne peut rompre ce bataillon d'invincibles.

Enfin le général en chef, instruit de l'état de la capitale, envoie à son secours le général Lagrange avec un forte colonne. Lui-même il arrive quelques jours après avec toutes ses forces. Boulak et le Caire étoient devenus deux places de guerre dont il falloit faire le siége. Le général en chef offrit inutilement à Ibrahim-bey et Nassif pacha une capitulation honorable, la multitude s'y opposa; il fallut recourir aux derniers moyens. Boulak, prise d'assaut, fut livrée à toutes les horreurs de la guerre, et changée en un monceau de ruines. Le Caire, attaqué de toutes parts, capitula après un mois de résistance. Les Turcs obtinrent la permission de se retirer par le désert, et furent escortés jusqu'à Salehieh. En quelques jours, toutes les places occupées par l'ennemi furent reprises. Les Anglais eux-mêmes se virent obligés d'abandonner Suez dont ils s'étoient emparés. Ainsi la mauvaise foi de leur gouvernement ne servit qu'à ramener sur l'Égypte de nouveaux désastres, et à faire inutilement couler des flots de sang.

L'Égypte entière restoit soumise. La Porte n'avoit plus d'armée. Mourad-bey étoit l'ami des Français, et les villes, en prenant les armes contre eux, avoient donné le droit au vainqueur de les traiter en pays conquis. Kléber en profita pour lever sur elle des contributions extraordinaires. La ville du Caire paya douze millions. L'armée fut pourvue de tout ce qui lui manquoit. Le général l'augmenta d'un bataillon de cophtes, armés et équipés à l'européenne.

Il acheta des esclaves noirs, en composa des compagnies, et s'occupa sans relâche de tous les soins qui pouvoient le recommander aux suffrages publics comme grand capitaine et grand administrateur.

Témoins de tant de succès, les Anglais regrettèrent bientôt d'avoir violé la capitulation; lord Elgin, ambassadeur à Constantinople, fit offrir au général Kléber d'en exécuter toutes les conditions. Son envoyé étoit un homme plus habile dans l'art de la fraude que dans celui de la guerre. Il se nommoit *Morier*; ses papiers avoient été saisis à Damiette, et l'on y avoit acquis la preuve qu'il avoit proposé à sir Sidney Smith d'employer la trahison pour perdre l'armée française : proposition que sir Sidney avoit honorablement rejetée. Il étoit au combat d'Héliopolis; c'étoit le nom que les Français avoient consacré à leur dernière victoire, et il n'avoit pas été le dernier à prendre la fuite. Il écrivit au général Kléber qu'il pouvoit évacuer l'Egypte quand il voudroit, que le gouvernement britannique n'y mettroit aucun obstacle. Le général Kléber, indigné qu'on osât employer auprès de lui un pareil intermédiaire, ne répondit à sa lettre qu'en lui envoyant l'extrait de ses papiers, et il ajouta :
« Le sieur Morier étant un fourbe, chargé,
» d'après son propre aveu, de mettre à exécu-

» tion une *ruse de guerre* à l'ombre d'un traité, » on juge qu'il est de la loyauté française de » le prévenir que tout individu qui se pré- » senteroit de sa part sera considéré comme » espion et traité en conséquence ; selon l'u- » sage de toutes les nations, il sera pendu à » un arbre; le même sort est réservé au sieur « Morier, s'il osoit s'y présenter lui-même. Il » ne peut être que désavoué par le lord Elgin, » au nom duquel il a l'audace de parler. »

Cette note, digne de la fierté d'un grand général, alloit enfin convaincre les Anglais qu'avec un homme tel que Kléber, il étoit plus facile de reconquérir l'Égypte par les traités que par les armes, lorsqu'un événement inattendu vint changer la face de cette malheureuse contrée.

Le général Kléber faisoit réparer le palais du gouvernement, endommagé par l'artillerie des Turcs. Il occupoit à Giseh l'ancienne habitation de Mourad-bey. Il avoit promis au général Damas, chef de l'état-major, qui logeoit au Caire dans une maison voisine du quartier général, d'aller, le 14 juin, lui demander à déjeuner. Il y vint en effet avec son architecte Protain. Jamais repas n'avoit été plus gai. Le général avoit l'esprit vif, fécond en saillies et se livroit volontiers au plaisir de la conversation; il étoit deux heures, et le déjeuner se prolongeoit encore, il se leva, proposa à l'architecte d'aller voir les travaux du palais, et promit de revenir prendre le café. Il falloit, pour se rendre au palais, parcourir une longue terrasse qui lioit la maison du général Damas à celle du gouvernement. Le général marchoit en causant et s'arrêtoit quelquefois, comme il arrive lorsque l'on peut disposer de quelque temps. Dans une de ces pauses, un homme sort d'une retraite, le poignard en main, et frappe le général. Kléber blessé s'appuie sur le parapet de la terrasse, et, voyant un guide passer sur la place, — « A moi! dit-il, je suis blessé. » Protain s'élance sur l'assassin et engage avec lui un combat corps à corps; mais, frappé de six coups de poignard, il tombe baigné dans son sang. Le guide porte l'alarme à l'état-major; on accourt, on se précipite vers la terrasse. Quel spectacle! Kléber expiroit; le poignard avoit pénétré jusqu'au cœur : Protain respiroit encore, l'assassin avoit pris la fuite.

Dès que cette nouvelle fut répandue dans la ville, la douleur éclata de toutes parts; le soldat ne respiroit que vengeance. La générale bat dans toute la ville; des patrouilles nombreuses visitent tous les lieux qui peuvent recéler l'assassin. Pendant deux heures, les perquisitions sont inutiles; enfin l'on découvre dans le jardin du palais un misérable caché sous un no-

II.

pal; on le présente à Protain, qui le reconnoît. C'étoit un jeune homme de vingt-quatre ans, natif d'Alep, depuis long-temps nourri dans les sombres rêveries d'un fanatisme sanguinaire. Il se nommoit *Soleyman*. Après la bataille d'Héliopolis, les prêtres avoient exalté son imagination farouche, et depuis ce temps il n'avoit cessé de se préparer au *combat sacré*: c'est ainsi que le Koran désigne l'action d'un homme qui assassine un infidèle. On l'avoit vu le matin mêlé parmi les gens du général; il s'étoit attaché à ses pas, l'avoit précédé sur la terrasse, et, caché dans une citerne, avoit saisi le moment où il pouvoit le frapper sans danger. Dès que le général Kléber eut cessé de vivre, le général Menou prit le commandement de l'armée. Ce n'étoit pas lui que le vœu des soldats appeloit à cet honneur. Il avoit peu de réputation militaire, ne s'étoit trouvé à aucune action d'éclat; et, quoique les sentimens religieux ne dominassent point parmi les soldats, l'abjuration qu'il avoit faite de la religion chrétienne pour la religion musulmane, lui avoit enlevé la considération d'une grande partie de l'armée. On eût préféré le général Regnier, officier d'un grand courage et d'une haute capacité; mais l'ancienneté du grade lui conféroit de droit le commandement. Son premier acte fut d'annoncer à l'armée la perte immense qu'elle venoit de faire.

« Soldats,

» Un horrible attentat vient de vous enlever
» un général que vous chérissiez et respectiez.
» Je vous dénonce, je dénonce au monde
» entier, le grand vizir chef de cette armée que
» vous avez détruite dans les plaines de Ma-
» tharieh et d'Héliopolis. C'est lui qui, de con-
» cert avec son aga des janissaires, a mis le
» poignard à la main du nommé *Soleyman-el-*
» *Alepi*, qui, parti de Gaza depuis trente-deux
» jours, nous a enlevé, par le plus noir des
» assassinats, celui dont la mémoire doit être
» chère à tout bon Français.

» Soldats, Kléber avoit dissipé, en marchant
» à votre tête, cette nuée de barbares qui de
» l'Europe et de l'Asie étoit venue fondre sur
» l'Égypte; Kléber, en dirigeant vos invincibles
» cohortes, avoit reconquis l'Égypte entière en
» dix jours; Kléber avoit tellement restauré les
» finances de l'armée, que tout l'arriéré étoit
» payé, et la solde mise au courant; Kléber,
» par les règlemens les plus sages, avoit ré-
» formé une grande partie des abus presque
» inévitables dans les grandes administrations.

» Le plus grand hommage que vous puissiez
» rendre à la mémoire du brave Kléber, est
» de conserver cette attitude fière et imposante

« qui fait trembler vos ennemis partout où
» vous portez vos pas. L'ancienneté du grade
» m'a porté provisoirement au commandement
» de l'armée : je n'ai à vous offrir qu'un atta-
» chement sans bornes à la république, à la
» liberté, à la prospérité de la France. J'in-
» voquerai les mânes de Kléber, j'invoquerai
» le génie de Buonaparte; et, marchant au
» milieu de vous, nous travaillerons tous en-
» semble pour l'intérêt de la république. »

A la suite de cette proclamation, Menou nomma une commission pour juger l'auteur de l'horrible assassinat commis envers le général en chef, et l'autorisa à décerner le genre de supplice qu'elle jugeroit le plus propre à imprimer au peuple une terreur salutaire.

Soleyman, amené devant ses juges, conserva, en leur présence, une grande sérénité, et répondit de sang-froid à toutes leurs questions.

Il déclara qu'il étoit né à Alep en Syrie, qu'il étoit écrivain de profession, et qu'il étoit venu au Caire dans l'espoir d'y trouver de l'emploi. Il soutint qu'il n'avoit jamais eu la pensée d'assassiner le général en chef (car sa religion lui défendoit le meurtre); qu'il ne s'étoit trouvé dans le jardin du général que parce que, toutes les issues en étant gardées, il n'avoit pu en sortir.

Que si l'on avoit trouvé des taches de sang sur ses vêtemens, elles provenoient des coups de sabre qu'il avoit reçus lorsqu'on l'avoit arrêté ; qu'il n'avoit suivi le général que pour le plaisir de le voir, et que jamais sa main ne s'étoit armée d'un poignard.

Mais les dépositions qui s'élevoient contre lui ne laissoient aucun doute sur son crime ; on ordonna donc qu'il subiroit la bastonnade pour avoir la révélation de ses complices. Un Mamelouck présent à l'interrogatoire sollicita la permission de la lui donner. Soleyman soutint ce supplice avec une fermeté inaltérable, et persista dans ses dénégations. Alors le Mamelouck l'exhorta à dire la vérité, lui affirmant que, s'il avouoit son crime, la peine qu'il avoit encourue lui seroit remise. Rassuré par cette promesse, Soleyman cessa de dissimuler. Il avoua que le sentiment de l'amour filial et le zèle ardent de la religion l'avoient engagé dans la funeste résolution qu'il venoit d'accomplir. Il étoit à Jérusalem peu de temps après la victoire d'Héliopolis. Le grand vizir, désespéré de sa défaite, inondoit la Syrie de ses proclamations, et promettoit les plus hautes récompenses à celui des musulmans qui se dévoueroit au *combat sacré ;* Soleyman professoit l'amour filial le plus tendre. En ce moment, son père, simple marchand de beurre à

Alep, étoit l'objet habituel des vexations du pacha; son fils se persuada qu'en répondant à l'appel du grand vizir, il en obtiendroit une protection particulière en faveur de ce malheureux. Il fut confirmé dans ces idées par Achmet, aga disgracié de Jérusalem, qui se flattoit aussi de recouvrer la faveur du suprême ministre, en coopérant à l'accomplissement de ses vues. La tête de Soleyman étoit facile à exalter. Doué d'une imagination sombre, ardente, mélancolique, il ne rêvoit depuis long-temps que le perfectionnement de l'islamisme, et regardoit le *combat sacré* comme la plus sûre voie du salut. Il avoit fait des pèlerinages à la Mecque, au Caire, à Jérusalem; il vivoit habituellement dans les mosquées, jeûnoit souvent, et s'entretenoit dans ses funestes desseins par l'abstinence et la prière. Bientôt il se regarda comme l'homme appelé par le ciel à délivrer l'Égypte de ses oppresseurs. Achmet l'envoya à Gaza et le recommanda à Yassim. Soleyman, accueilli avec empressement par Yassim, encouragé de nouveau à consommer son œuvre méritoire, muni de lettres pour quatre cheiks syriens qui desservoient, au Caire, la grande mosquée d'El-Hazar, se rendit dans cette ville le 14 de mai. Les quatre cheiks le reçurent dans la mosquée, il leur fit part de son dessein: ils essayèrent d'abord de l'en détourner; mais, le voyant déterminé à suivre ses résolutions, ils ne lui opposèrent plus aucune résistance, et lui gardèrent le plus profond secret. Soleyman s'appliqua à bien connoître le général, le suivit dans ses démarches, étudia ses habitudes; et, quand il se crut assez éclairé, il disposa tout pour l'exécution de son crime. Le 14 de juin, il se rendit à Giseh, à la suite du général, pénétra dans son palais, le suivit dans sa barque quand il passa le Nil, se mêla avec les gens de sa maison pendant le déjeuner : il fut d'abord repoussé, revint de nouveau; et, s'étant assuré que le général devoit traverser la grande terrasse avec un seul Français, il courut se cacher dans un puits à roue, et attendit le moment où il pouvoit frapper avec sûreté. Par une inconcevable fatalité, Kléber s'arrêta au lieu même qui recéloit son assassin, et fut percé de quatre coups de poignard avant de pouvoir se mettre en défense.

Après ses déclarations, Soleyman réclama l'exécution des promesses de Barthélemi; mais ce Mamelouck les avoit faites de son propre chef, et le procès de l'assassin fut continué. Des quatre cheiks qu'il avoit désignés, un avoit pris la fuite; les trois autres, traduits devant les juges, nièrent d'abord tout ce que Soleyman avoit déposé contre eux. Ils convinrent ensuite qu'ils avoient eu, à la vérité, connoissance de son dessein, mais qu'ils avoient cru faire assez pour leur conscience, en le détournant de ses projets. L'instruction de ce procès dura deux jours ; les trois cheiks furent condamnés à avoir la tête tranchée, et Soleyman à avoir le poing brûlé, à être empalé et abandonné vif sur le pal jusqu'à ce que son corps fût dévoré par les oiseaux de proie. Elle ordonna en même temps que l'exécution auroit lieu immédiatement après les obsèques de l'infortuné Kléber. Jamais, peut-être, une armée n'avoit répandu plus de larmes sur les restes inanimés de son général. Son corps, après avoir été exposé sur une estrade aux regrets et à la vénération de l'armée, fut déposé sur un tertre entouré de cyprès, au centre d'un des bastions du camp, et les soldats éplorés vinrent couvrir ce douloureux monument de palmes et de cyprès.

Rien ne fut épargné pour rendre cette triste solennité digne du grand homme qu'on venoit de perdre. L'honneur de prononcer son éloge fut déféré à M. Fourrier, secrétaire perpétuel de l'Institut :

« Français, dit-il, au milieu de ces apprêts
» funèbres, témoignages fugitifs, mais sincères
» de la douleur publique, je viens pleurer avec
» vous cet homme que la mort a tant de fois
» respecté dans les combats, dont les faits mi-

» litaires ont retenti sur les rives du Rhin, du
» Jourdain et du Nil, et qui vient de tomber
» sans défense sous les coups d'un assassin.

» Lorsque vous jetterez désormais les yeux
» sur cette place dont les flammes ont presque
» entièrement dévoré l'enceinte, et qu'au mi-
» lieu de ces décombres qui attesteront long-
» temps les ravages d'une guerre terrible, mais
» nécessaire, vous apercevrez cette maison
» isolée où cent Français ont soutenu, pendant
» deux jours, tous les efforts d'une capitale ré-
» voltée, vos regards s'arrêteront, malgré vous,
» sur le lieu fatal où le poignard a tranché les
» jours du vainqueur de Maëstricht et d'Hélio-
» polis. Vous direz : C'est là qu'a succombé no-
» tre chef et notre ami. Sa voix, tout à coup
» anéantie, n'a pu nous appeler à son secours.
» O combien de bras, en effet, se seroient levés
» pour sa défense ! Je vous prends à témoin in-
» trépide cavalerie qui accourûtes pour le sau-
» ver sur les hauteurs de Koraïm, et dissipâtes
» en un instant cette multitude d'ennemis qui
» l'avoient enveloppé. Cette vie qu'il devoit à
» votre courage, il vient de la perdre par une
» confiance excessive, qui le portoit à éloigner
» ses gardes et à déposer ses armes.

» Un homme, agité par la sombre fureur du
» fanatisme, et désigné par les chefs de l'armée
» vaincue pour faire périr par l'assassinat le

» général français, traverse rapidement le dé-
» sert, et suit sa victime pendant un mois.
» L'occasion fatale se présente, et le crime est
» consommé. Ni la fidélité de ses gardes, ni
» cette contenance noble et martiale, ni le
» zèle sincère de tant de soldats qui le chéris-
» soient, n'ont pu le garantir de cette mort dé-
» plorable. Voilà donc le terme d'une si belle
» et si honorable carrière! C'est là qu'aboutis-
» sent tant de travaux, de dangers et de ser-
» vices éclatans!

» Mais quel secours nos ennemis attendent-
» ils de ce forfait? En frappant ce général vic-
» torieux, ont-ils cru dissiper les soldats qui
» lui obéissoient? Pourront-ils empêcher que
» l'armée française ne soit commandée par un
» chef digne d'elle? Non, sans doute. Non, il
» n'y aura aucune interruption, ni dans les
» honorables espérances des Français, ni dans
» le désespoir de leurs ennemis.

» Armée qui réunissez les noms d'Italie, du
» Rhin et de l'Égypte, le sort vous a placée dans
» des circonstances extraordinaires; il vous donne
» en spectacle au monde entier, et, ce qui est
» plus encore, la patrie admire votre sublime
» courage, elle consacrera vos triomphes par sa
» recounoissance. Ah! lorsqu'un jour, rendus à
» votre patrie, vous vous entretiendrez de
» cette contrée lointaine que vous avez deux

» fois conquise, vous mêlerez souvent à vos
» récits le nom chéri de Kléber, vous ne le
» prononcerez jamais sans être attendris, et
» vous direz : Il était l'ami, le compagnon des
» soldats, il ménageoit leur sang, il diminuoit
» leurs souffrances.

» Oui, chaque jour, il s'entretenoit des peines
» de l'armée et ne s'occupoit que des moyens
» de les faire cesser. Combien n'a-t-il pas été
» tourmenté par les retards alors inévitables de
» la solde militaire ! Indépendamment des con-
» tributions extraordinaires, objet des seuls
» ordres sévères qu'il ait jamais donnés, il s'est
» appliqué à régler les finances, et vous con-
» noissez le succès de ses soins. Il en a confié
» la gestion à des mains pures et désignées par
» l'estime publique. Il méditoit une organisa-
» tion générale qui embrassât toutes les par-
» ties du gouvernement. La mort l'a inter-
» rompu brusquement au milieu de cet utile
» projet. Il laisse une mémoire chère à tous les
» gens de bien ; personne ne désiroit plus et
» ne méritoit mieux d'être aimé. Réunissez
» donc tous vos hommages, guerriers que vo-
» tre pays a appelés à sa défense, et vous, Fran-
» çais, qu'un sort commun rassemble sur cette
» terre étrangère. Honorons aussi dans cette
» journée les braves qui, dans les champs de la
» Syrie, d'Aboukir et d'Héliopolis ont tourné

» vers la France leurs derniers regards et leurs
» dernières pensées.

» Et vous, magnanime Kléber, objet illustre
» et douloureux de cette cérémonie qui n'est
» suivie d'aucune autre, reposez en paix, om-
» bre généreuse et chérie, au milieu des mo-
» numens de la gloire et des arts. Habitez une
» terre depuis si long-temps célèbre ; que vo-
» tre nom s'unisse à ceux de Germanicus, de
» Titus, de Pompée et de tant de grands ca-
» pitaines et de sages qui ont laissé, ainsi que
» vous, dans cette contrée, d'immortels sou-
» venirs. »

Après ce discours, écouté au milieu des émotions les plus profondes et les plus douloureuses, l'armée se rendit au lieu désigné pour le supplice de Soleyman et de ses complices. Ce malheureux marcha à la mort avec une assurance digne d'une meilleure cause, et se présenta à ses bourreaux le front calme et serein. Il soutint les horreurs de son supplice sans proférer une seule plainte; élevé sur le pal, il promena ses regards sur les assistans, et récita à haute voix la profession de foi des musulmans : *Il n'y a d'autre Dieu que Dieu, et Mahomet est son prophète.* Après quatre heures de cet affreux tourment, il expira. Ainsi fut vengée la mort du héros pleuré de toute l'armée.

Né dans un rang obscur, il s'étoit élevé

par son seul mérite aux premiers honneurs de
la carrière militaire. Son courage répondoit à la
hauteur de sa taille colossale. Il unissoit la modestie à la dignité, la prudence à la bravoure;
il étoit l'ami et le compagnon de ses soldats,
ménageoit leur sang et partageoit leurs fatigues
et leurs souffrances. Son âme fière et indépendante étoit incapable de flatterie. Jamais il ne
se courba devant les idoles du jour; il auroit
cru s'avilir, s'il eût honoré autre chose que le
talent et la vertu. Il se montra grand guerrier
à la tête des armées, administrateur habile à la
tête du gouvernement. Il avoit trouvé tout
détruit au départ de Buonaparte, il laissa tout
réparé. Dans l'espace de neuf mois, les soldats
furent habillés et payés, les hôpitaux reconstitués, les malades traités avec un soin jusqu'alors inconnu. Il établit dans toutes les villes
des commissions de salubrité publique, et vainquit en quelque sorte la peste, comme il avoit
vaincu ses ennemis. Animé par ses encouragemens, l'Institut acquit une nouvelle vie, et, par
ses infatigables travaux, assura une gloire immortelle à l'expédition d'Égypte. Le trésor
épuisé se remplit; des ouvrages importans
furent entrepris dans toutes les villes, des
ingénieurs habiles en dressèrent le plan; les
habitans furent dénombrés; des tables nécrologiques tenues avec a plus grande exacti-

tude. Les Égyptiens et les Turcs apprirent, sous des maîtres habiles, à cultiver les arts utiles ; les arts, même d'agrément, ne furent point négligés ; et ce fut sous l'administration de Kléber, qu'on vit représenter pour la première fois sur les bords du Nil les chefs-d'œuvre de la scène française ; l'urne du grand Pompée fut mouillée de larmes sur les lieux mêmes témoins de sa mort ; toutes les pensées de Kléber se tournoient constamment vers la prospérité et la gloire de sa patrie. Jamais aucune idée d'intérêt personnel n'entra dans le plan de ses vastes et généreuses conceptions. Buonaparte ne voyoit dans le commandement des armées que des moyens de servir ses projets de grandeur et d'élévation ; Kléber n'y voyoit que des moyens d'être utile à son pays. Buonaparte rapportoit tout à lui-même ; Kléber se faisoit honneur de partager ses lauriers avec ses compagnons d'armes. Buonaparte, prodigue du sang de ses soldats, ne comptoit plus les hommes quand il s'agissoit de sa gloire ; Kléber eût repoussé la gloire, s'il eût fallu la payer du sang d'un seul soldat sacrifié inutilement. Buonaparte usoit avec ostentation de la victoire ; Kléber étoit modeste au milieu des triomphes. Buonaparte, par ses imprudences, avoit préparé la ruine de l'expédition d'Égypte ; Kléber, par sa sagesse, en auroit assuré la conquête à la France, s'il eût trouvé un successeur digne de lui. L'un tomba sous le poignard d'un fanatique, l'autre reçut une couronne dans sa patrie.

La mort du général Kléber est devenue le sujet d'un grand nombre de conjectures contradictoires. Le général Menou qui lui succéda en accusa le grand vizir, et les débats judiciaires semblent confirmer cette opinion ; cependant les Turcs ont constamment repoussé cette accusation. D'autres ont imputé ce crime à l'Angleterre, imputation injuste et dictée par une haine aveugle. La haine a aussi attribué ce crime à Buonaparte.

On lit dans l'Histoire secrète du cabinet de Saint-Cloud : « L'assassinat du général Kléber
» fut conçu et ordonné par Buonaparte. Menou
» avoit reçu ses instructions à ce sujet, soit au
» départ de Buonaparte, soit à la suite des in-
» structions qu'il lui donnoit sur ce qui se pas-
» soit en Égypte. »

Pour justifier ces imputations, on rapporte quelques anecdotes particulières : Lorsque le général Kléber eut rédigé son rapport au Directoire, il le remit au jeune Barras, parent du Directeur, et l'envoya porter ces dépêches au directoire. Le jeune officier, pressé de revoir la France, ne voulut point attendre qu'on fît une boîte de plomb pour y enfermer ses dépêches,

Il se contenta de les enfermer dans un mouchoir avec un boulet de canon. Son bâtiment ayant été surpris par les Anglais, il jeta le paquet à la mer; mais le tissu du mouchoir, étant très-fin, céda au poids du boulet, qui se précipita au fond des eaux; les dépêches surnagèrent, et les Anglais s'en étant emparés les firent imprimer et en envoyèrent un exemplaire à Buonaparte. On ajoute qu'après le départ de Napoléon, Kléber convoqua un conseil de guerre, le fit condamner à mort par coutumace comme déserteur, et chargea l'ex-député Tallien et le général Desaix de porter ce jugement en France. La première de ces anecdotes est vraie, l'autre est démentie par les faits. Tallien et Desaix ne quittèrent l'Égypte qu'après la signature du premier traité, et alors toute l'armée savoit que Buonaparte étoit revêtu de la suprême puissance. Les pièces du procès de Soleyman ont été publiées en arabe et en français; l'instruction de ce malheureux procès a été publique, et rien dans les débats n'a pu motiver une opinion aussi odieuse. Ce fut le fanatisme qui arma Soleyman; quelques mois plus tôt il eût frappé Buonaparte, comme il frappa son successeur.

FIN DU SECOND VOLUME.

TABLE
DES CHAPITRES
CONTENUS DANS LE TOME DEUXIÈME.

CHAPITRE Ier. Dernières opérations de Buonaparte en Italie. Congrès de Rastadt. Retour de Buonaparte à Paris. Préparatifs contre l'Angleterre. 1

CHAP. II. Élévation de la famille de Buonaparte. Révolution de Rome. 49

CHAP. III. Situation intérieure de la France. Attentats commis dans l'intérieur de Paris. Préparatifs contre l'Angleterre. Conduite de Buonaparte. Inquiétudes du directoire. 81

CHAP. IV. État extérieur de la France. Suites de la révolution de Rome. Projets hostiles contre les rois de Naples et de Sardaigne. Événemens à Vienne. Retraite de l'ambassadeur françois. Expédition d'Égypte. Départ de Buonaparte pour Toulon. . . . 108

CHAP. V. Discours et proclamation de Buonaparte à son armée. Départ de la flotte.

Nombre de vaisseaux employés à l'expédition. Liste des Savans. Prise de Malte. 161
CHAP. VI. Débarquement de la flotte en Égypte. Prise d'Alexandrie. Détails sur cette ville. Marche de l'armée dans l'intérieur de l'Égypte. 179
CHAP. VII. Situation de l'Égypte à l'arrivée des François............... 241
CHAP. VIII. Souffrances de l'armée françoise dans le désert. Combat des Pyramides. Prise du Caire. Description de cette ville. 263
CHAP. IX. Bataille navale d'Aboukir. Destruction de la flotte françoise. Suites de ce désastre. 321
CHAP. X. Effets de la bataille d'Aboukir sur les cours de l'Europe. Insurrections en Égypte. Mesures prise par Buonaparte pour en arrêter le cours. Supplice du cheik d'Alexandrie.. 353
CHAP. XI. Insurrection du Caire. Occupation de Suez.. 392
CHAP. XII. Arabes-Bédouins. Mesures prises pour les contenir. Travaux de l'Institut. Intrigue amoureuse de Buonaparte. Son entretien dans la grande pyramide de Cheops avec les muftis et les imans. . . 425
CHAP. XIII. Détails sur l'expédition de Suez. Préparatifs de l'expédition de Syrie. . . 440
CHAP. XIV. Situation de la Haute-Égypte. Combats et victoires de Desaix. 451

Chap. XV. Expédition de Syrie. 462
Chap. XVI. Premiers succès de l'armée françoise en Syrie. Prise d'El-Arich, de Gaza, de Jaffa. Massacre des prisonniers de guerre. Marche de l'armée sur Saint-Jean-d'Acre. 481
Chap. XVII. Proclamation de Buonaparte aux habitans de Jérusalem. Combat contre les anciens Samaritains. Siège de Saint-Jean-d'Acre. Bataille du Mont-Thabor. Revers de l'armée françoise. Sa retraite. Cruelle détermination envers les malades de Jaffa. Incendie de la Palestine. Retour de Buonaparte au Caire. 504
Chap. XVIII. Situaton du Caire et de l'Égypte en l'absence de Buonaparte. Troubles dans l'intérieur des provinces. Apparition de l'ange El-Mohady. Expédition sur les bords de la mer Rouge. Débarquement d'une armée turque à Aboukir. Victoire des François. 561
Chap. XIX. Départ subit de Buonaparte. Dispositions de l'armée après cet événement. 589
Chap. XX. État de l'Égypte. Pénurie des finances. Dénûment général de l'armée. Rapport envoyé au directoire par le général Kléber. Ses combats, ses victoires, sa mort. 604

FIN DE LA TABLE DU TOME DEUXIÈME.

www.ingramcontent.com/pod-product-compliance
Lightning Source LLC
Chambersburg PA
CBHW050319240426
43673CB00042B/1470